# 走进哲学

## 练就批判的头脑

李德顺 ■ 主编

INTO
PHILOSOPHY
CULTIVATE CRITICAL MINDS

中国社会科学出版社

### 图书在版编目(CIP)数据

走进哲学：练就批判的头脑/李德顺主编. —北京：中国社会科学出版社，2021.10（2023.2重印）

ISBN 978-7-5203-8567-1

Ⅰ.①走… Ⅱ.①李… Ⅲ.①哲学—通俗读物 Ⅳ.①B0-49

中国版本图书馆 CIP 数据核字（2021）第 110037 号

| | |
|---|---|
| 出 版 人 | 赵剑英 |
| 责任编辑 | 朱华彬 |
| 责任校对 | 李　莉 |
| 责任印制 | 王　超 |

| | |
|---|---|
| 出　　版 | 中国社会科学出版社 |
| 社　　址 | 北京鼓楼西大街甲 158 号 |
| 邮　　编 | 100720 |
| 网　　址 | http://www.csspw.cn |
| 发 行 部 | 010-84083685 |
| 门 市 部 | 010-84029450 |
| 经　　销 | 新华书店及其他书店 |

| | |
|---|---|
| 印　　刷 | 北京君升印刷有限公司 |
| 装　　订 | 廊坊市广阳区广增装订厂 |
| 版　　次 | 2021 年 10 月第 1 版 |
| 印　　次 | 2023 年 2 月第 2 次印刷 |

| | |
|---|---|
| 开　　本 | 710×1000　1/16 |
| 印　　张 | 26 |
| 字　　数 | 351 千字 |
| 定　　价 | 99.00 元 |

凡购买中国社会科学出版社图书，如有质量问题请与本社营销中心联系调换
电话：010-84083683
版权所有　侵权必究

# 前　言
## 关 于 这 门 课 程

　　这门课程原名为"哲学方法论",是中国政法大学人文学院哲学系责成我来给学生们开设的一门新课,对象是哲学本科和各个专业的硕士研究生,课时是一个学期。

　　乍一看到这个名字"哲学方法论",会让人觉得有点儿奇怪。因为过去我们总是讲"世界观就是方法论"——哲学作为一门学科,即是"系统化理论化的世界观方法论"。而且在哲学层面上,"世界观"也就是"方法论"。因此应该说,并不存在一个单独的"哲学方法论"。我查了查,好像也很少有人开这样一门课程。诚然,各门学科都有各门学科的方法论,比如法学有法学方法,社会学有社会学方法。偶尔有人讲"哲学方法",从苏格拉底的辩证法到现象学的方法,也都是讲各家各派的特殊方法而已。我给博士生开过一门叫作"价值论方法"的课,是哲学里面一个分支的专门方法。我校马克思主义学院还开了一门课叫作"人文社会科学方法"。总之讲方法的很多,但叫"哲学方法论"的课程很少见。因为事实上,"哲学就是哲学史""哲学就是反思着的思想"。如果在已有的中外"哲学史"课程和"哲学原理"课程之外,再讲一套"哲学方法",很难想象这门课讲些什么、要怎样讲。

## 走进哲学
### 练就批判的头脑

从思想内容上看，哲学有三大基础理论——存在论、意识论和价值论。这三大论既是世界观又是方法论，若从对象上来分，可以分为三大界：自然、社会和思维。存在论有它看问题的方式，意识论和价值论也一样。从元理论的层次上来分，哲学就是这三大论。不管遇到什么对象，都可以从这三个方面加以研究。人类现在所有的知识，都可以说是从存在论、意识论和价值论的角度去观察自然、社会和思维而得到的，各门科学也大都是在它们的交叉点上产生的学问。在这之外到底有没有一个一般的、普遍的方法论？这个问题国内外学术界讨论了很久，但没有一致的看法。哲学讲怎么看世界，怎么想问题，这就是一套方法论。哲学往往不会像具体科学那样，提炼出一些可以程式化的、模式化的具体方法。而且，哲学的精神本身也意味着，一旦模式化和形式化了，就会凝固、僵化。所以说，哲学的精神实质或社会功能、思维功能本身，就是一套方法论。

如果照这个意思，要讲哲学方法论，就等于再把哲学史和哲学原理讲一遍，这没有必要也不可能。那么哲学方法论课怎么开呢？我认真琢磨了一下，方法这个东西不是靠讲述和灌输能掌握的，一定要自己操练。只有"在游泳中学习游泳"，在思维训练中，在文化历史的涵养中，才能掌握哲学的方法。根据这样的理解，我们将课的内容进行了设计和创新，即不是讲哲学方法的理论，而是进行哲学方法的实际体验和训练，力求培养起基本的能力，即"批判的头脑"和"发现的眼睛"。

所以，这门课是教师和学生一起，走出书本、走出课堂，回到孔子和雅典学园当年的教学方式。老祖宗开创哲学的时候，就是在街头巷尾、屋里屋外、朝堂上下，从街头到学园，在大家思考、辩论中形成的。这等于是说，学哲学要和生活实践同步，边走边看，边说边记，把讨论出来的东西记录下来，以形成自己的成果。所以，我们重在建立一套对我们自己有效的，或是我们自己能够受用的哲学体验

# 前　言

方式。

当然，这门课不是没有学术研究基础的。我们直接用的参考书，是我主编的《哲学概论》。这里需要讲的背景性、资料性的东西，大都可以在这本书上看到。以哲学原理和哲学史等其他哲学课程的学习为背景，我们训练的内容，其重点是靠大家自己去注意观察和搜集社会的热点难点问题，在互动式的思考中体会哲学的魅力。这里还是在学哲学，但采取了与其他课程不同的方式。所以在这个课堂上，主要不是讨论理论问题，也不是就事论事地讨论现实问题，而是按照我们所理解的哲学的性质和特点，进行一种"进入哲学情境与哲学思考方式"的训练和熏陶。

来上课的同学不管学的是不是哲学专业，毕业之后专门研究哲学的可能也并不多。但是，怎样能使大家尝到哲学的好处？我们开设这门课的初衷就是寻求对思维能力、思维方法的一种训练。除了开篇、总论和最后的总结由教师主讲以外，其他环节是每个学生都要参与的。我们的目标，是用这种方式来培养一种新的哲学学习或研讨方法。

课程的大体安排是：第一课由教师讲解"什么是哲学，怎么做哲学"，相当于概论，第二次开始就由学生自己进行实际训练；第二课即是"实地观察"；第三课是"文本观察"；第四课是"案例观察"；第五课是"综合训练"。

哲学的观察和思考从来不是一时、一事、一地的，而是历史的、深层的、不断积累的过程。但是这样的观察和思考也要从一时一事一地的具体对象开始。所以我们要求学生积极参与每一个环节。事实上，学生的积极性比预想的高很多。有什么可以作为我们的话题，或者可以作为我们观察、思考、批判对象的，学生们都随着课程的进程提供了很多很好的建议。

这门课先在硕士研究生的公共课堂实验，一共实验了三年，然后正式扩展到研究生多课堂和本科专业课堂，迄今已经实践了十多年。本课程原本只适宜于小课堂，但为了适应学生越来越多的趋势，哲学系组织了多名教师和我一起任课，将学生分成小组，教师分头主持。先后参加这一课程的教师除我以外，还有哲学系的李凯林、俞学明、张丽清、张浩军、辛锋、宫睿、刘震、孟彦文、倪寿鹏、李春颖、钱雪松等多位教授、副教授。

　　这里发表的，是这些年的部分记录。包括教师讲课在内的全部文字记录，都是由参加此课的学生们录音整理出来的。在最后文字汇总和加工的阶段，也由学生们自己执笔完成。我和其他教师在此基础上进行了必要的再加工。书中的照片皆由参与讨论学生自拍，表格也由参与讨论的老师或学生自己调研统计而得，在此作统一说明。

　　所以说，呈现在读者面前的这本书，是多位师生多次"头脑风暴"的共同成果！

李德顺<br/>
2020 年 12 月

第一课　什么是哲学、怎样学用哲学 / 1
　一　理论思维的三个实际要求 / 2
　二　哲学的三大特性 / 13
　三　学用哲学的双向通道和三个关口 / 33

第二课　实地观察训练 / 42
　观察一：艺术的走向——798 所见 / 42
　观察二：文化与民俗——南锣鼓巷今昔 / 55
　观察三：从书市看大众阅读 / 65
　观察四：城市文明的角落：地铁乞讨现象分析 / 83
　观察五：市场大潮中的文化守护 / 95
　观察六：其他片断 / 104
　实地观察训练小结 / 108

第三课　文本观察训练 / 112
　文本一：流言止于智者——对一份假报告的辨识 / 112
　文本二：如何解读调查数据 / 164
　文本三：康德与福柯论"启蒙" / 198
　文本四：儒学与现象学 / 223
　文本观察训练小结 / 243

## 第四课　案例分析训练 / 247

案例一：事实与价值
　　——获奖新闻照片之争 / 249

案例二：权利与责任
　　——小悦悦事件 / 272

案例三：法律与道德
　　——中西两个经典案例的剖析 / 303

案例四：舆论的泡沫与潜流
　　——"苟晶案"的反思 / 323

## 第五课　综合训练 / 347

设计方案一：从网络传播在"占领华尔街"运动
　　初期中的作用看民主的实现 / 350

设计方案二：从实践过程中发现症结
——《人民调解法》在社区的实施现状和问题研究 / 357

设计方案三：从逻辑学视角看"排除合理怀疑" / 365

设计方案四：公共领域的私人面孔
　　——主体的社会责任认同 / 372

设计方案五：关于"新工人文学"
　　——艺术与身份 / 381

设计方案六：老子的"天下"观与人类共同体 / 393

## 第六课　课程总结 / 403

# 第一课
# 什么是哲学、怎样学用哲学

掌握哲学思维的特点和方法，将来不管做什么，都能获得学用哲学之益。所以在实际训练之前，我们先讲一讲有关的基础理论和基本知识。今天主要是讲学哲学用哲学的三点经验和体会。这些经验和体会，可以简化成三个"三"。

第一个"三"，是指掌握理论思维所要达到的三个目标，或者说是理论思维的三项实际要求，是这样三句话：（1）学会"把事情看清楚"；（2）学会"把问题想透彻"；（3）学会"把道理讲明白"。

第二个"三"，是指哲学的三大特性，即"抽象性""批判性"和"反思性"。

第三个"三"，是指提升哲学思维能力和境界要通过的三个"关口"，即把握"学科与学说""文本与解读""问题和提法"之间的关系。

不难看出，这三个"三"并不是某个理论体系中现成的东西，而是来自我们多年学哲学用哲学的实际体会，是一些经验之谈。下面就来分别讲解。

# 一 理论思维的三个实际要求

把理论研究的目标要求凝练成以下三句话：一是要善于"把事情看清楚"（目的是消除观察认识的盲点），二是要能够"把问题想透彻"（强调追究未明之处），三是要学会"把道理讲明白"（能够在对话中贯彻思想），这是我国著名哲学家肖前教授八十大寿的时候，别人总结他一生治学的特点和成就概括出来的。肖前教授曾是中国哲学界的"NO.1"。他治学的特点就是上述这三句话。

三句话看起来挺平淡、简单，但是真正能做到，而且保持一贯，却非常不易。对于一个做学问的人来说，要能够把学问做出自己的水平来，这三条是非常重要的。有的人做学问，一辈子都是在说别人的，说现成的，只是介绍、翻译、搬用大家、大师经典作品中的那些现成的东西。这种学问有，在哲学界，冯友兰说叫"哲学史家"，而不是"哲学家"。哲学史家是研究哲学史上的思想成果，这对于做学问来说当然是极端重要的。不了解哲学史就不可能真懂哲学。但冯友兰很谦虚，他说，我只是个哲学史家，不是哲学家。这个说法影响很大。现在也有一些著名学者如汤一介教授等人，总是强调自己是哲学史家，还不是哲学家。原因就是，他们觉得在讲别人的、前人的东西之上，还有更重要的东西，就是自己创新思想。而像肖前这样的学者，就被认为是当代哲学家，因为他讲的东西，虽然也有出处，却不是专对某个人、哪本书、哪家学派和学说的考察或评析，而是面对现实生活和实践的历史，思考和回答现在大家关心的问题，提供自己的哲学理论和思想方法，以供决策和参考，为现实的人生和实践服务。这样的人就被叫作哲学家。

那么怎么成为哲学家呢？大家概括出来，首先就是这三条要求。

第一课 什么是哲学、怎样学用哲学

## (一)"把事情看清楚"

不管什么学问,当然都要关心现实、关心人、关心实践。在关心的时候,作为一个理论工作者、一个思想家,第一步还是要做到"把对象看清楚"。具体说就是,你要说什么东西、研究什么事物,要先把那个对象本身"看清楚",这一点恰恰是现在很多人不注意或者做不到的。有一种现状就是:事情不清楚,看法、观点和感想却特别多。看到一点点表面的或者局部的现象,就大发议论。即所谓"论点多,论据少;结论多,论证少;意见多,真理少"。这种情况是很常见的,事情没看明白就急于下结论、做判断,这对于一个思想者、社会观察者来讲,是个很大的误区。

法律上,特别是在审案子的时候,特别讲究事实要清楚,证据要充分。在证据搜集齐全完备之前不要下判断,这是一种基本的、应有的、可靠的科学态度,也是一种素养。对于学者来讲,这个素养虽然是一个起点,却很不容易到位。因为有些事情本身不是那么容易看清楚的。要看清楚它就要花工夫,要细心而且要耐心,要有客观的立场和尊重事实的谦恭态度,还要有认真细致的调查研究过程。做到这一点,在哲学上首先要分清"实然"和"应然"。在"实然"的理解和把握上,首先要消除盲点,避免偏见。如果实然不清楚,盲点很多,而应然却讲很多,这样的理论必然是一些无效的理论。事实上,这样无效的东西不少。我们看报纸杂志,每天的文章都很多,但绝大多数让人郁闷,就是不知道它说的是什么,被它说的那个东西究竟是怎么回事。他只在讲他看到了什么,他认为应该怎么样,却不交代、不论证、不告诉你何以就是那么回事。至少在他所写出来的东西里边,别人看不清楚被他说的那个事情究竟是怎么一回事儿。

譬如那些打着科学的、道义的旗号加以描述的"奇迹"。世纪之交,之所以闹出"法轮功"那么大的事儿,就是因为在这之前十来年的时间里，我们对"特异功能"到底怎么看，一直扯不清。开始有这个事的时候，是胡耀邦主政。他提出三点意见"不宣传、不批判、要研究"。但事实上，只有"要研究"不落实，其他两条则是反其道而行之：总是有一帮人在那儿使劲儿"宣传"，也有一帮人在那儿使劲儿"批判"。既宣传又批判，你批判他宣传。就是不知道谁在负责任地认真"研究"。比如耳朵到底能不能认字？用意念到底能不能移动物体？等等，到现在仍没有见到有说服力的科学研究结论。但是对它的政治意义、经济效益、文化底蕴的那些发挥，却闹得昏天黑地了。结果搞得越来越乱，终于发展成为一场悲剧性的社会事件。可见不把事情看清楚，关注和议论得越多，效果就越差。

　　现象是很引人关注的，怎么解释它，要有科学的根据和结论。如果没有这个科学研究作为前提，人人都根据自己的想象和爱好来对它进行议论、判断，就叫作"事情没看清楚"。

　　当时有不少科学家也参与了，但科学家也分成了两个阵营。所以我说："科学家到场，不等于科学到位。"科学是什么？科学就是用真实的材料加以理性的分析验证，得出一个实事求是的科学判断的活动。科学研究负责"实然"的描述和判断，没有实然作为前提，用价值判断或者用应然的追求代替了实然的把握，很多东西都是想当然地乱说。在科学研究做出判断之前，其他人是不应该乱说的。那时我注意看这些科学家们用什么办法测试，怎么搞实验，实验结果怎么样，却发现首先找不到一个负责的单位和负责的学术团体来管这个事儿。今天你有兴趣了，说两句；明天他有兴趣了，也说两句，并没有人认真地负责到底。其实，像美国和俄国的科学情报机关，也有在关注并认真研究这类现象。虽然到现在为止，他们还没有做出正式结论和公开回应，但是在社会上也没有形成什么热潮。只有在我们这里，才如此闹腾。

　　把事情看清楚有时是很难的。正是因为难，所以我主张在没看清

楚之前，大家耐心点儿，支持并等待专家拿出真相来。拿不出来的时候，也别忙着炒作。不管是批它还是捧它，都留有余地，不要把个人的判断和爱好夸张渲染，强加于人。我们就是太急功近利了。有的人看到了好处，就使劲宣传；有的人看到了坏处，就使劲反对。没有科学到场的负责研究和权威判断，就没有科学和真理。最后就成了谁有权，谁声音大，就是谁说了算。事后有位物理学家责备胡耀邦，说"早就该批他不让批"。我当面跟他说：耀邦是对的，你是错的。你虽然是科学家，但你并不负责研究这个东西。"耳朵认字""意念移物"是物理问题还是化学问题？是心理问题还是文化问题？你在这儿批判，别的科学家在那儿肯定，你让老百姓、外行的人怎么办？

肖前老师有一句话，我印象很深。1959、1960年的时候，中国人民大学有个副校长叫邹鲁风，率领一个工作组到四季青人民公社做调查研究。他们的调查报告里面涉及了"大跃进""人民公社化运动"的某些弊病，就被打成了右倾机会主义，要挨批判。找谁批判呢？当时学校逼着肖前去批判。肖前说：我又没有参加调查研究，怎么能批人家啊？后来肖前就说了这句很著名的话："有调查研究的没有发言权，没有调查研究的没有不发言权！"毛主席不是说"没有调查研究的就没有发言权"吗？而现实的情况却是，没有做调查研究连不发言的权利都没有，很明显是违背实事求是精神的。看到什么就是什么，你只说你看到的、你了解到的。对于你没有看到的，没有验证的，不了解的东西，不要妄加推断和轻率下结论，这是一种起码的科学精神。

为什么后来邓小平要恢复实事求是作风呢？从党风、政风上讲，尊重事实是一种起码的科学态度。在任何时候，它都在考验我们。越是在重要的事情上，它越是考验我们。

**（二）"把问题想透彻"**

第二条是"学会把问题想透彻"。把事情看清楚，能够完整、清

## 走进哲学
### 练就批判的头脑

晰地了解事情的面貌和过程，这只是一个基础、一个开端，并不是目标。理论研究、哲学思考的重点，在于提出和回答问题："事情已然如此了，问题在哪里？"

首先要有问题意识。马克思说："世界史本身，除了用新问题来回答和解决老问题之外，没有别的方法。"因此"主要的困难不是答案，而是问题"。"一个时代的迫切问题，……是公开的、无所顾忌的、支配一切个人的时代之声。"他同时指出："正如一道代数方程式只要题目出得非常精确周密就能解出来一样，每个问题只要已成为现实的问题，就能得到答案。""如果说在答案中个人的意图和见识起着很大作用，因此，需要用老练的眼光才能区别什么属于个人，什么属于时代。"① 在一定意义上可以说，我们学哲学就是要练就一种"老练的眼光"，善于发现问题，鉴别问题，分析和回答问题。

毛泽东说"问题就是矛盾"。通常的问题即矛盾，主要有两种：一种是，事情发展本身面临的问题，出现了什么矛盾？遇到了什么困难？或引起了什么冲突？还有一种，就是我们在理解、判断和思考它的时候，自己产生了什么疑惑？遇到了什么麻烦？要抓住这两个层面的问题，仔细分辨，透彻思考，切实回答，这是做哲学理论研究的主要工作之所在。

把对象看清楚，是任何人，特别是任何当事人大体上都可以努力做到的。而对于理论思考的使命来说，还有一个关键的环节：问题到底是什么？症结在哪里？从解决问题的高度看，可能的或者合理的出路是什么？如何从"实然"进到"应然"？……需要把这些弄清楚、想透彻。"透彻"包括要对自己提出和回答问题的根据进行反思和批判，解除这里的假象和思考中的虚假、困惑和混乱。从澄清问题入手，一步一步走下去，直接把问题想透彻。比如解决问题可以有好几

---

① 参见《马克思恩格斯全集》第1卷，人民出版社1995年版，第203页。

种方案，那么可能的方案有哪些？这些方案之间怎么比较？最后选定哪一个方案最合适？等等。什么叫透彻？就是不仅在逻辑上完整一贯，既没有环节缺失，也没有自相矛盾，而且要针对问题最终提供一个可行的解决方案。

有时候理论工作要为现实，为人的发展服务，就会面临这个问题：问题透彻了之后，怎么转化为实践？有时这一点是更重要的问题。打个比方：有人写文章讨论怎样走路。他说应该两条腿结合，不能一腿长、一腿短，一腿轻、一腿重……这样的道理讲了很多，也很对。但是它欠缺一个思考，就是你这套高论，对人们的走路有什么帮助？没你这套理论的时候，人们两腿是不是辩证结合走路的？按照你的理论，人们以后应该怎样走路？假如强调不要一腿长、一腿短，一腿轻、一腿重，一腿先、一腿后，那么是不是应该两条腿一块儿蹦？……越是复杂的理论，想透彻了之后，特别是在指导当下实践的时候，越是要能提供一个简洁的、明确的东西。比如，电流的理论和线路系统很复杂，但是交给用户的时候，就只是一个开关。这个开关很简单，但是它背后联系着全部的道理，是立足于一套科学，一个严密的理论逻辑体系的。所以我们要给自己提出的要求是：若不能够找到这样一个与现实和实践结合紧密、切实有效、可行的清晰的答案的话，这个理论就还没有透彻。

"把问题想透彻"，在理论界和学术界是最应该下功夫的地方。很多争论也出于这里。我发现，现在特别追求急功近利的"创新"，是个很大的误区。大家都还在摸索的过程中。有时问题不澄明，所以结论、结果也不澄明。创新只能是实事求是的产物，不能成为实事求是的前提。一味追求新口号、新提法、新概念，未必就一定是创新。真理是朴素的。经过艰苦探索拿出来的创造性答案，未必一定是惊人的、出乎意料的，但是它一定是实事求是、切实可行的。我这个人可能比较保守，很少有新提法，所以创不了新。20年前，《价值论》通

## 走进哲学
### 练就批判的头脑

过答辩的时候，记者问我，你这套理论应用到中国社会现实，能得出什么政治结论？我当时觉得就是一个词："民主"。20 年后的今天，我进一步观察思考，对怎样实现民主找到一个答案，也是一个词："法治"。个人的体会是，民主是实质，法治是形式；民主是国体，法治是政体；民主其内，法治其外；民主法治不可分。"民主""法治"两词一点都不新鲜，但是它们的内涵、它们与中国实际相结合的意义，我们以前显然是重视不够、理解不透的。而我们现在的问题，正好是把民主与法治分割开来，把它们都只当作工具和形式，所以我们的民主法治进展很慢，有时还倒退。这是因为，根子上对民主与法治的关系没想透彻。

把问题想透彻，很多东西就比较明白。如果不透，就总是一锅粥、一团混沌。比如有人讲历史总喜欢说"如果当初怎么怎么样，现在就怎么怎么样"。黑格尔曾嘲弄那些喜欢对历史讲"如果""应该"的人说：好像历史从来不是按照它应该的样子在发展，而是始终要等待什么人的睿智一样。黑格尔的意思是，对过去的东西，是不能"如果"的。历史已然这么走过来了，它就有自己的方式，并不等待什么人的指导。历史从来就是按照它自己所应该的、所能够的方向去发展的。把"应该的"和"能够的"统一起来去理解历史，这样的理解才比较透彻。看到什么不好、不合理、不满意，然后就对它进行批判、声讨、感慨，要求改变，这并不是理论思考的目标。理论思考的目标，应该是从现实事物自身的发展中，看出它是怎样从实然产生应然的，让"应该"引导实然，变成"现实"。要找到这样的因素、契机和过程，认清这个过程的连续性和阶段性，才是更重要的。

理论透彻并不是在话语中包打天下。从理论到实践是有许多环节的，而基本理论主要是保证方向端正、方法可行。其他环节要与具体的实际相结合才能形成。我跟实际工作部门的人接触时，他们常说：

"您讲的能不能具体一点儿,联系一下我们这里的实际?"我就说,学者给你提供的,其实只能是一些原则性的建议。犹如解数学题的方程式,只能是"算式""方程式",不能是得数。要解决你的问题,就要把你那里的变量变成定量,然后列出方程,经过计算再得出结果。就是说,联系实际的那一步要你自己去做,别让我给你提供答案。因为我不知道你的这些定量的时候,给你提供具体的答案或得数,十有八九是错的。同时,如果你的"算式""方程式"列得不对,结论也必然是错误的。

所以说,理论联系实际的要求是合理的。但理论只有真正弄透彻了之后,才可以给人们以启示,给解决问题提供应有的指导。而从理论向现实转化的时候,问题仍然是具体的。有些毛病经常出在这里。这个问题在后面讲"问题和提法"的时候再分析。

### (三)"把道理讲明白"

"把事情看清楚"要求我们在观察和体验中消除盲点;"把问题想透彻"要求我们有充分的问题意识和批判能力;而"把道理讲明白",实际上就是要求我们有足够的实践意识和表达能力。

什么是"把道理讲明白"?就是在把问题想透彻的基础上,把你透彻的思考再现出来,合乎逻辑地表达出来,让别人听明白。实际上,想没想透彻,也要看能不能讲明白。讲不明白往往是因为没想明白。"讲明白"检验"想明白"。我们的前提,是在你已经想明白的基础上,如果要想把它讲明白,就还要加上一条:理解实践、尊重实践;包括理解对方,即理解群众、尊重群众,尊重你的听众、观众。所以,讲明白还有一层意思,就是与他人的一种沟通。对他人有一种诚信的证明力或说服力,才叫讲明白。

首先要理解他人,理解你的对话对象。你讲给谁,要让他明白,就得尊重他、理解他,平等地对待他,准备接受他的反馈、批评、质

## 走进哲学
### 练就批判的头脑

疑、建议、补充等。用一种平等对话的方式讲道理，而不是居高临下，以发布命令的方式讲。不要以真理代言人或者代上帝传递旨意那种方式去讲话。为什么我会反对一些提法，如张载的那四句话："为天地立心，为生民立命，为往圣继绝学，为万世开太平"，还有"修齐治平"——"修身、齐家、治国、平天下"？因为我觉得传统儒家的这套理念，整个就是一种病态心理，不是老老实实地站在普通人的立场上说话，不是替当下的老百姓说话，而是把自己放在人民之外、之上，在"天地""往圣"，即半神的位置上说话。那样说话的感觉，总体上就是看不起一般人，看不起现实的、普通的老百姓。如果怀着这样的一种心态，那说出来的话一定也不那么可信，或者不那么可行，没什么说服力，比较脱离实际。

现实中这样的话语很多。比如，唐山市要概括唐山的城市精神，到北京来请专家咨询。我看到，他们概括的城市精神是"感恩、博爱、开放、超越"八个字，里面有"感恩"一词。唐山精神为什么是感恩呢？"感恩"是一个基督教的语言，是对上帝感恩，是下对上的感恩。为什么把感恩提出来？我知道他们的理由，是讲领导怎么照顾你、指导你，别人怎么关心支持你，用这个词就把唐山人放在一个低位势上了。一切功劳都是别人的，不是肯定自己努力奋斗，也不肯定自立和自强。这种心态，放在基督教里，是贯彻对上帝崇拜的一种语言。放在中国文化的背景之下，恐怕是矮化和贬低人民大众的一种语言。实际上，唐山人真正感人的事迹，首先是他们的自强、自立！给人讲道理时，竞相让人感恩，强调事业不是我们自己奋斗来的，而是别人和上面赏赐给的，自己没有权利也没有责任，这种意识其实是很差劲的！这样说就没有真正理解唐山人民，没有真正理解在那场灾难中，什么是他们最珍贵的、最重要的精神状态、精神成果。

抽象地讲"感恩"，跟"修齐治平"的说法是配套的。"修齐治平"是为准备被人感恩者说的话，被治的人则总要有感恩意识。这种语言的文化感觉很不好。汶川地震时，有一阵子人们都表示同情、怜悯、支持汶川人，很少注意汶川人自己的精神状态是什么样子。其实汶川人有一些东西正是应该让大家来学习、理解和赞扬的，就是他们那种面对天灾人祸顽强不屈、自立自强的精神。传统文化中总是讲人靠人，似乎谁都靠别人，而不是自己站直着。这种意识过分夸大和强调人对他人和社会的依赖感，而没有主人感、主人意识。

在实践中，哪种话语才是真正理解和尊重大众的？我发现"忽悠"这个词挺经典。现在忽悠人的人特别多，有的时候也很有效。但真正需要关注和理解的，是那些被忽悠的人。他为什么被忽悠？有一些忽悠被揭露了，但更多的没被揭露。这里有很多经验教训要总结，要把道理讲明白。我发现，讲到这里，就有对理论品质和专家人格的一个检验。比如，研究了人之后，发现了人一般有什么弱点（人都有弱点）。发现了这个弱点之后，怎样对待就是检验了。在这里就区分出两种理论、两种人：一种人想办法利用这个弱点，积极地操纵和控制他人，为自己谋利；另一种人是千方百计地维护别人，让人们不为其弱点受害，唤醒人们防护这个弱点，避开、克服这个弱点。前面的那种人是卑劣的、渺小的人；后面这种才是伟大高尚的人。一套理论或技术也是如此。当然，这两者常常比较隐蔽，所以忽悠人的东西有时候很受欢迎，保护人的东西有时却可能不太受欢迎，因为他不满足当下弱点的需求。但我认为，后者才是正直的学者、高尚的学者及其理论研究应该坚守的情操。

在理论上、科学上，这两种隐蔽的情况，实际构成了一种"潜台词"，并不是在字面上直接显示出来的。就像魔术师和骗子的区别，魔术师能当你面做出奇迹，但他告诉你这不是真的；骗子呢，他可能也会魔术，但是他告诉你，这是我的神通，所以你要崇拜我、追随我。现在社会生活中的骗子太多。我们很多时候区分不了魔术和骗子，常常是因为受骗的人缺少觉悟。这些人，你在信任他的前提下，

## 走进哲学
### 练就批判的头脑

老老实实给他讲道理，他觉得没意思；非得有人忽悠，唬他、骗他，他才觉得有劲、有意思。这不是一种"精神受虐症"吗！当然，这些都不是必然的、普遍的。但是，我们做学问的人，最终要遇到这个问题。你要研究深了，研究透了，就会走到这一点上。最终的"明白"，还是尊重人、关爱人、支持人、解放人。所以"明白"是要有价值指标的，因为这已经不是描述对象了，而是一个理论成果。

所以讲道理的时候，我特别不主张"你的问题由我提供答案"这种方式。你自己的问题要自己作答案、做选择。但是我可以告诉你这种答案一般是怎么做出来，根据什么做出来的。然后你可以根据自己的需要和能力，根据你的主体的尺度和条件来做，不要模仿照搬别人。为什么《价值论》的最后一句话，即全书的结论，是"把人的权利和责任还给人自己"？这是我的一个总的原则。就是了解了人之后，对待人的处境改善，最终归结到人们担当自己的权利和责任，即弘扬"主体性"。所谓"讲明白"的内容，最终就是明白到这个程度，知道此事应该由谁来行使权力、担当责任。剩下的就是具体的经验和技术问题了。在哲学特别是价值哲学问题上，事关"好坏、善恶、美丑"，一定要明白到这个程度，才叫作"真明白"。

以上三句话，也即理论研究的三条要求，说起来简单，做起来却很不容易。恐怕是搞研究做学问的人，一生都在努力达到的目标和境界。这是第一个"三"。

我们按这三个要求来安排课程，进行演练。下一次课，就不在教室里上了。请同学们自己选一个地方或对象，去做"实地观察"。回来后，每个人就讲自己看到了什么，看清楚了什么，然后大家互相补充或者质询提问，检验是否看清楚了。请注意三点：

一是不要记流水账。太琐碎的现象记录是不符合要求的。哲学的观察，不能没有抽象，但也不要抽象过度。重在把握事情的全貌和实质，因此有方向感。

二是先保持价值中立，不忙着评价。避免意图在先，不可按意图剪裁事实。你对事情的描述，要给多种可能的价值判断留出空间，不要描述成只有你那一种价值判断。

三是要学会用口语化的文字说话。有时过于搬弄词汇，实际是被概念牵着走，没有达到实事求是、思考透彻的火候。

有四句话，是我和几位北大研究生一起总结出来的，可作为我们学用哲学的警句：

"浅入浅出是没学问，浅入深出是假学问，深入深出是小学问，深入浅出是大学问。"

## 二 哲学的三大特性

我们这门课，是要在具体的学习和运用中，去体验什么是哲学，怎样用哲学的境界。所以不必重复哲学史和哲学教科书，而是要直接进入哲学的操练。就像我前些年讲过的，不是研究"打井学"，而是去"打井"。在"打井"的过程中体会"打井学"。

要打井，心目中先要有"井"。谁来说说，什么是哲学？

**同学甲：** 哲学既是世界观又是方法论。

**教师：** 嗯，还有别的吗？

**同学乙：** 哲学源于生活又高于生活。

**教师：** 嗯，这像文学的说法。（笑声）

**同学丙：** 我觉得哲学就是一种怀疑的活动吧。

**教师：** 这谁说的？

**同学丙：** 我说的。（笑声）

**教师：** 是你体会出来的？你是哪个专业的？

**同学丙：** 是的。我是马哲专业的。

**走进哲学**
练就批判的头脑

**教师：** 还有什么别的说法吗？……好的，我来说说。

教科书上关于什么是哲学的提法，是有变化的。如果不是学哲学的人，可能注意不到这个变化。"文化大革命"以前，我们的教科书把哲学定义为"关于世界观和方法论的学问"。"文化大革命"之后，著名哲学家、我的老师李秀林教授写了一个小册子《什么是哲学》。书中说：过去那种说法，即"关于"世界观和方法论的学问，把人的思想仅仅当作了对象。实践中的后果，哲学就变成了专门针对人的思想去管教人的工具。哲学成了专门琢磨人们的思想观念，专门进行对敌批判斗争的"武器"，却缺少反思和自我批判意识。这样的导向，后果很严重。所以他提出：哲学不应是"关于……的学问"，它就是"系统化、理论化的世界观方法论"本身！谁讲哲学，谁就是在构建、表达自己的世界观方法论。这是1978年的事了。秀林老师亲口给我讲过他写这本书的意图。从那以后，教科书才把哲学定义修改为"系统化、理论化的世界观方法论"。这个定义的变化的实质，是"人"从哲学的对象变成了哲学的主体。

### （一）界定哲学的两个层面

这个定义，和刚才你们几位所说的，都涉及对一个学科到底怎样理解和把握的问题。以往各家各派对"哲学是什么"的说法，大都属于"学说的界定"。哲学史上每出现一个大家，对哲学是什么就会有一套说法，而且每一个后起的说法都批判之前的说法。如果仅仅看到这些，那么最后就像冯友兰说的，谁也不知道哲学是什么了。但这只是从"学说"层次上看到的问题，而我们更需要从"学科"的层次来了解哲学。

大家都知道，"philosophy"这个词起源于希腊文，是"爱"加"智慧"。把"爱智慧"翻译成"哲学"，是日本人做的。但是他很懂中文，采用了《尔雅》"释言"里说的："哲，智也。"那么"智"是什么呢？是"聪明"；"聪明"又是什么？"耳灵为聪，目清为明"，眼睛和耳朵（当然连着大脑）都好使，人才能聪明。那就是说，善于倾听，善于观察、善于思考，才叫聪明。在《尚书》里，善于思考就叫作"圣"，睿智成圣了。总之"智慧"这个词，实际上就是指善于观察、善于思考。

以前常说"哲学是使人聪明的学问"。但是在现实中可以发现，有的哲学会让人变得愚蠢。那么什么样的哲学才使人聪明？怎样学哲学才能变聪明？为什么有人学了哲学却成了书呆子、"傻博士"？可见这本身就是一个大问题：什么是聪明和聪明的学问？对这个问题的回答，也就是对哲学的界定，实际上有"学说"和"学科"两个层面。

（1）各家学说的界定

古往今来各家各派的哲学、哲学家，对"智慧、爱智慧、哲学"的界定，前后有许多种。它们大都属于学说层面的界定。如：

"知识总汇"说。哲学诞生初期是一门唯一的学问，人类关于天地人生等所有的知识和经验，汇集起来就叫哲学。在哲学分化出自然科学、社会科学各个门类以前，全部知识都是哲学，它就是个"知识总汇"。

"形而上学"说。探讨存在物背后终极道理的学问，叫"形而上学"。在中国，"形而上者谓之道，形而下者谓之器"，"形而上"是万物背后玄秘的终极道理。在欧洲，亚里士多德把讲了一些超越于物理学之上的道理，放在"物理学"后面作为一章，"形而上学"就是"物理学之后"。

"认识论"说，认为哲学就是关于人类怎样知道世界的学科，包括认识的可能性、方式、规律等的理论体系。

"世界观方法论说"，这个大家都比较熟悉。

后来还有"思维方式说""人生境界说""价值观念说""语言分析说""文化批判说"，等等。

**走进哲学**
练就批判的头脑

各派的哲学家给哲学所作的概括和定义，体现了不同学派、不同学说各自特殊的角度和特点，都是在否定以前学说的基础上提出自己的新见解，看起来各有道理，但彼此似乎很不一致。这表明，关于哲学是什么的学说，总是变化着的。到现在为止，哲学的定义仍未完全统一，每一种定义也都会遭到质疑甚至否定。谁相信这个，谁就用这个。但是让别人普遍地承认的界定还没有。但各种学说界定之间，是有着历史性联系的，是一步一步发展着的。因此定义的差别，无损于哲学的存在和发展。

如果我们超越"学说"的界定，则可以从"学科"的角度理解哲学的本质。

（2）学科层面的界定

那么从学科上看，哲学是什么呢？哲学其实就是人类理性活动的最高形式，是人类思想文化发展的一个公共平台。就是说，哲学代表人类理性地把握世界的一种能力、一种层次、一套成果、一种境界。"平台"意味着，哲学是人类理性的一个公共领域，体现的是人类思维的一种公共性。这样看来，我们不妨把哲学与哲学家、与哲学界略加区别，就像把体育、健康与竞技体育、奥林匹克运动区别开来一样。体育健身是所有人都需要的，人人都能够而且应该参与。但是要参加奥林匹克比赛，则是一些专业、高水平选手的领域，只有经过选拔才有资格参加。哲学与哲学家、哲学界的关系，也像体育运动和奥林匹克运动的关系一样：哲学相当于人类的精神健身运动；哲学家相当于专业运动员，哲学界相当于奥林匹克运动。专业运动员在体育技能方面可能比普通人高很多，但他未必比普通人更健康长寿，因为是两回事儿。要区别这二者，从学科层面看哲学，可以看出它有以下主要特性：

第一，哲学是人类理性的公共领域。它体现的是人类认识和思维的公共性。哲学是一个舞台，是一个公共平台，我们要强调这是它的一个突出特点。哲学并不是某些人的特权,更不意味着全世界只有某种唯一的哲学模式。在这个公共平台上,世界上有各种不同的哲学流派、哲学思想。它们之间可以进行沟通、翻译、学习、比较、竞赛、对话和交流,取长补短,不断提升。在永无止境的追求探索中,不断地形成和证明自己是什么,不是什么,并且推动这个平台上的人类精神生活不断向前发展和演进。

但实际上存在着很多纠纷。例如按照欧洲中心主义传统,除了欧美哲学以外,别的哲学似乎不算哲学。有人不承认中国有哲学,同样也不承认印度有哲学、阿拉伯有哲学、非洲有哲学……这就是只注意了某种哲学的特性,把哲学的公共平台性质忘掉了。到现在为止,这种态度对我们学界的影响都是很大的,例如学界现在还在争论"中国哲学的合法性"问题。世界哲学团体联合会理事会(FISP)在中国开会的时候,作为东道主,我安排了中国社会科学院哲学所中国哲学研究室的学者上台发言,介绍中国哲学。来自欧洲的人却说:中国有什么哲学?你们那只能叫思想,不是哲学。我发现在他们那里,理所当然地信服黑格尔的一个看法,说中国两千年前就有思想,到现在还是思想,不是哲学,没有哲学。我就说,你们把哲学和你们心目中的那种哲学模式混为一谈了,因此不知道世界上可以有别样的哲学。这就像《圣经》里说,上帝造了第一个人叫亚当,从此"人"就只能指亚当,人就是亚当;别的人,如第二个人夏娃,也不叫"人",只能叫"女人";至于其他地方的人,就只能叫"人在哪里",而不能叫"人"了。所以,要是讨论这个问题,我们就该回过头来,深究一下到底什么叫"人"?说来说去,"人"不过就是一个多样化的物种,至少有两种性别,另外还有从胎儿一直到老年的各个年龄段,更有不同地域的不同种族。你总不能说,只有高鼻梁、白皮肤、金头发的才叫人吧?

第二,哲学是人的一种居于思维最高层次的理性能力。哲学代表

**走进哲学**
练就批判的头脑

人的一种和人的生存实践相联系的、精神上追求超越对象和自我超越的能力。这种"超越",我把它概括成"四个走向":超越个别走向一般、超越特殊走向普遍、超越有限走向无限、超越实然走向应然。哲学是人类这种追求所培养和形成的精神能力。我们要用人类的精神、理性、生命来解释哲学,不是用某种现有的哲学风格或流派来解释哲学,这就是从学科角度来把握。

作为一种理性能力的表现,哲学居于理性思维的最高层次。人的思维和精神活动,从无意识、潜意识到有意识,到有自觉意识,再到高度理性自觉的意识等,有许多层次。感觉、直观、理性里,也有许许多多可再细分的层次。而哲学,是人类在最高理性、最自觉层次上的一种思维活动。这个层次上的对象、问题、知识和规则等,构成了哲学这门学科的特殊内容。起初在"知识总汇"阶段,一切都叫哲学。后来凡是可经验化、可实证的学科,陆陆续续从哲学中分出去了。分化以后,哲学是否像李尔王,家产分给三个女儿之后,自己一无所有了?但哲学并没有消失。原因在于,学科的分化,只是按照对象领域来分解的,而哲学并不依赖于对象,不是以保持某种特定对象为自己学科存在的根据。

有人说哲学的对象就是"世界"。那么"世界"是什么,在哪里?宇宙学、天文学、地学、人类学、经济学、政治学、民族学、环境科学等,都已经把"世界"分光了,那么哲学的对象在哪里?这个问题在20世纪60年代讨论过。当时批评了"哲学的对象就是世界整体"的说法,发现哲学跟其他学科不同的地方,就是它不以特定的对象作为自己存在的根据,而是以观察任何一个对象时,其所特有的思维层次为自己的根据,而是它看问题的角度和层次。不管看什么对象,大到宇宙,小到沙粒、微尘、原子、微粒子……不管哪个对象,都可以用哲学去看。从最高度理性化、最自觉的层次上去看,这是哲学的特点。而且哲学还有一个"存在与感知"的自我区分。哲学不在于面对的对象有什么不同,而在于所知见的不同。哲学不讲哪个东西的存在,而是讲一切东西共同的那个"存在"是什么意思。

在哲学上,研究存在的理论有"存在论";研究意识的理论有"意识论";研究价值的理论有"价值论"。例如,价值论不是专讲某个东西对谁有什么具体价值,而是讲"价值"这种普遍现象。这就是在普遍的、一般的、无限的意义上来把握对象和事件。哲学能够为其他学科提供一般的世界观方法论,就在于它把握的是普遍的、共同的东西。哲学的成果,不仅为各种不同的哲学学说体系不同程度地共享和发展着,也为整个人类的生活和思考普遍地依赖和应用着,推动人类精神不断走向新的境界。可见哲学最大的特点,正是它的层次高度,代表人类思维所能达到的最高理性层次。

第三,哲学是人类精神的一种境界。哲学总是人类在精神上不断实现超越和自我超越的一门学问。因为哲学的特点就是不满足既有的结论,不受已有的思维框架的束缚。它总是在反思、批判和突破。哲学的任务,是提炼人类所面临的那些最深刻、最普遍、最具有长远意义的问题、经验和感受,并通过对思维方式和思维前提的审视与反思,去探索和开辟新的思路,提供新的理念和方法,以实现人类精神上的超越和自我超越。这一任务的不断提出和实现,既是人类生存发展能力的自我提升,也是哲学能力在积累中的不断自我提升。哲学本身始终处在不断深化、拓展、超越和自我超越的过程之中,永远不会终结。因此,哲学总是处在探索真善美的最前沿,处在人和社会发展最深刻、最具思想代表性的地位上,成为"时代精神的精华"和"文明的活的灵魂"。

那么哲学家要做的事情是什么呢?和奥林匹克运动员是一样的。奥林匹克运动员做的是向人类体力和体能的极限去挑战,目的就是达到和突破人类自己体力体能的极限,做到"更快、更高、更强"。专业哲学工作的实质,则是向人类思维的极限去挑战,冲击已经达到的思维极限，使人类的视野更开阔，思考更深刻，思维更活跃。所以我把专业的哲学研究比作是人类的"精神奥林匹克运动"。如果要给哲学学科提一个奥林匹克那样的口号，我觉得应该是："更广、更深、更活"！

### （二）哲学的抽象性、批判性、反思性

哲学与别的学科不同之处，主要在于它的以下三大特性。这些特性可算是它的长处，也可算是它的短处，总之它们就是哲学学科的特性。

1. 抽象性

所谓抽象，就是在思维中区分实然与应然，舍弃具象，从个别走向一般，从特殊走向普遍，从有限走向无限的思维方式；也就是把感觉知觉中表象的东西去粗取精、去伪存真、由此及彼、由表及里的改造制作功夫；也是把事物外在的东西去掉，把它共同的、普遍的本质提取出来。抽象是力求把握事物的本质和无限（突破有限就是无限）。所以哲学的概念不是拿出来就能找到一个实存的东西跟它对应的。哲学的抽象是一种力求把握本质和"无限"的抽象，是一种"形而上"的、将人类的抽象能力发挥到最高限度、力求把握"无限"的抽象。如：物质、存在、运动、时空、质量、可能和现实、必然和偶然等，这些概念本身往往已经超出了经验的范围。

哲学思维的抽象性，通过概念之间的逻辑关系来限定，是一种通过概念之间横向逻辑来自我限定的抽象。如"物质"与"意识"相对，"存在（有）"相对于"非存在（无）"，等等。哲学的概念范畴总是"成双成对"地出现，并不是偶然的。哲学的抽象，始终是一种力求最大限度地把握事物最普遍特征的理性创造，绝不是一种无所节制、随心所欲、脱离现实的想象和臆造。

一般要抽象到什么程度呢？是要把一个事物的普遍共性提炼出

## 第一课 什么是哲学、怎样学用哲学

来，使它区别于非它的事物。抽象到最高层次，往往就是达到"它是什么，以它不是什么为界限"。比如"物质"这个概念，是对世界上一切事物的最高抽象。说一切都是物质，那么就要了解"非物质"是什么，才能明白，这就是以"意识"来对应。物质具有不依赖于任何意识而独立存在的客观实在性，它不依赖于意识而被意识所反映。现实的所有事物都是物质的存在，唯独"物质"本身不是一种物质，而是一个观念。再如，"民主"抽象到最高层面，是要描述它与"专制"的区别；"法治"则要抽象到它与"人治"的本质区别的程度。总之抽象不是没有边界的，否则便会成了虚假的、不科学的抽象。

抽象怎样才合理？从哲学来讲，是要达到这样的一个层次：以概念之间的相互联系和区别来界定一个概念，能够得到逻辑或经验的支持。抽象有不同层次，不同层次的特点在于概念之间的联系和区别。譬如"人"这个概念，如果抽象到跟兽不能区分，就抽象过头了；如果抽象到只有白种人是人，或者只有男人是人，那么这又是抽象不足。所以要把握抽象的界限，就是描述一类事物的全体与其他事物相区别的本质与核心特征，并能得到逻辑或经验的支持。

抽象和抽象化是两回事。我们有时候批评一种思维太"抽象化"，是指一种病态或不合理的抽象，主要是说它不具体、太空玄。合理的、科学的抽象，是力求超越事物个别的、本身的、表层的东西，而把握它普遍的、共同的、深层的东西，把它提炼出来形成概念、范畴。这是哲学抽象的特点。

一般说来，抽象的层次越高，概念的内涵就显得越简单。比如中国人对"社会主义"的理解，开始时是很具象的。我小的时候听说，社会主义就是苏联老大哥的那样的生活："楼上楼下，电灯电话。喝牛奶，吃面包。（女孩）穿布拉吉，聚会跳交谊舞。"而列宁的正规提法，是"社会主义＝苏维埃政权＋全国电器化"；到赫鲁晓夫时期，则变成了"土豆烧牛肉"。斯大林时期的政治经济学教科书，把社会主义的经济特征概括成两条：1. 生产目的是为了满足人们日益增长的物质文化需求；2. 有计划、按比例、高速度发展。但是按照这两条建设社会主义，在实践中越来越失败。后来邓小平说，什么是社会主义，我们并没弄清楚。我国改革开放实践十几年之后，邓小平重新概括了社会主义的本质："解放和发展生产力、消灭剥削、消除两极分化、最终实现共同富裕。"这样的本质概括，把我们之前说的好多条条都抽象掉了，只留下这二十多个字的内容。后来，我们又将斯大林的两条中，删掉了"有计划、按比例、高速度发展"那一条，只剩下"生产目的是为了满足人们日益增长的物质文化需求"。有人不明白，觉得太少。实际从哲学的角度看，概念内涵说的少些，才能抓住本质和核心，突出重点，解放思想，敞开视野。在逻辑上，一个概念的内涵越丰富，它的外延就越窄。就是说，具体的规定越细，对人的活动范围限制得越多；相反，内涵越精简，它的外延覆盖面、适用范围就越大。解放思想，就要回到事情的本质（普遍）的层面来把握，会抽象才能够突破、才能够解放思想。我们可以设想，把计划经济这一条去掉了，就是社会主义经济体系，只要保持生产目的性。至于是计划还是市场，哪种形式和手段合适，就用哪种。这就给经济体制改革开辟了一大片天地。

"抽象"是一种很有效的方法。比如经济学中有一个小小的分支，叫"价值工程"。它是把经济管理和哲学价值理论结合在一起创立的一个小学科。在80年代是一个很热门的新兴分支。它主要研究怎样"用最少的投入产出最多的功能"。消费者买产品时，当然希望花同样的钱买到更多的功能，越是"一物多用"，才越觉得值。那么在生产的时候，就要考虑投入最少的资本，而使产品获得最多的功能。怎么做呢？"价值工程"的方法是"价值分析"。而价值分析的原则，就是尽可能地抽象：对产品的功能进行抽象分析，逐一审问每个零件的设计功能如何定义？它是做什么用的？是不是必要而充分？能不能通

## 第一课 什么是哲学、怎样学用哲学

过合并、减少零件（投入）来保持甚至增加产品的功能？价值工程就这样去做。它有一个经典例子，是对手电筒的分析：把手电筒全部拆开，逐个问每个零件是干什么用的？能不能去掉或合并？最后问到了外壳。设计上对手电筒外壳的界定，是起"固定全部构件"的作用。于是就从"固定"这个意义上来琢磨：一般都是考虑对内固定，那么能不能考虑对外固定？于是就发明了有吸盘的手电筒。若去修车，把它往车底下一吸，就可以照明了。从外壳上做文章，也发明出了各种各样新式的手电筒。这就是抽象的作用。

"桌子"的定义也是如此。如果说"桌子"是"有四条腿支撑的一个工作平面"，那么按照价值分析，就问这四条腿是不是必要的？现实中三条或多条腿的，一条腿的，甚至没有腿的（比如火车车厢里的折叠式小桌）都有，各种各样。只要适合于人，能够提供一个满足需要的平面就可以了。结果删掉了"几条腿"的规定，桌子的样式反而更丰富、多样、适用了。

很多东西，不抽象到一定程度，就把握不到它的本质，就容易被一些现象所束缚。比如人们对"民主"和"法治"这两个概念的争论，就显得抽象程度不够，过于狭窄。有人一说民主，想到的就是某些"西方民主"的形式，例如多党制、一人一票的选举制、议会两院制，等等。由于这些形式是西方采用的，有些中国人就觉得，如果搞民主，就得什么都和西方一样。也有人因此就更不愿采用。如果说，我们中国的历史和国情与西方不同，因此无法也不应该照搬人家的具体形式，这是可以而且应该理解的。但不能因为拒绝它的某些具体形式，就连民主本身也予以否定。我们为什么不来说说，适合中国国情的民主，应该和能够是什么样的？怎么搞好？我们的人民代表大会制度，共产党领导下的多党合作制，等等，这些是不是符合国情的真民主？怎样论证和检验它是真正的民主？……这样思考问题，就可以回到民主的实质和本义上去。如果抽象的层次足够高，即普遍的民主就是"人民当家作主"。不管采取了什么具体形式，是否真正做到了人民当家作主，才是关键。民主，是国家主体到位的问题。在哲学上，民主就是人民享有国家主体的权利，同时担当起主体的责任。一党制还是多党制、议会制还是代表会制，这些是形式和手段，最终由人民当家作主才是目的。局限于形式、手段层面的细节差别，忽视民主的根本意义，就达不到哲学思维的层次。

以上是哲学的第一个特性：抽象性。这种抽象是一种能力、层次、境界。这是哲学最大的特点之一。以前人们不大理解哲学，觉得很多哲学概念，似乎找不到固定的对应物，所以它说的没一个东西是现实存在的。但若真的"找到"了，把它们对应到某个单一的事物上，即"概念绑定"，却容易出更大的毛病。黑格尔甚至说，把某个"一般"的抽象当作一个实体，这种思维是"野蛮"的。"概念绑定"即将抽象概念与现实事物简单"对号入座"，是抽象化思维的一种毛病和特征。抽象化处在思维水平很低的阶段。尤其是，在我们这个社会文化朝着感官化、娱乐化低层次走的时候，抽象性尤其需要。

理论抽象，是让思想保持在一定的高度和清醒状态。至少在学界、思想文化界，这是需要倡导的。不然的话，很多严肃认真的问题，都不能在严肃认真的层次上进行思考。

2. 批判性

"批判"是指人对对象加以理性分辨、检验和超越的意识与行为。而哲学批判不同于各门具体科学批判之处在于：其他如科学批判主要是"形而下"的批判，即通过具体实证的方式，着重于对对象的现实和感性特征加以批判；哲学批判则是"形而上"的批判，即着重于对对象存在的基础、本质、条件和界限等，进行普遍性的抽象考察。

哲学承担着最深层次批判思维的功能。批判性是哲学的本性和精神标志。永远不满足于既有结果，不迷信任何权威，不拘泥于习惯和成见，而是保持一定的怀疑和审视态度，总是走向新的发现、发展和

### 第一课 什么是哲学、怎样学用哲学

超越,这是一种自觉的哲学精神。

比如对"地球是圆的"这个命题进行批判:凭什么说地球是圆的?科学的批判,是提供各种证据,说明实践中很多东西证明地球是圆的。如最初人们观察到,远处的轮船先看到桅杆,也看得到海平线是弧形;在海上远航,往东去最后又从西边回来了,用飞机环球飞行,等等。随着科学技术的发展,现在可以通过卫星给地球拍照,显示地球是个球体。这种科学批判,叫作实证化的批判,是"形而下"的批判。

而哲学的批判,是形而上的,是朝向前提、针对思维方式限度批判和超越。比如说,形而下的批判会要求试验、实践、验证。而哲学的批判则会这样问:你体验到了,你观察到了,你拍下照了,但是你怎么知道你这些体验、观察、拍到的就是地球本身呢?你的思维和被你思维的对象,你为什么相信,或凭什么想象它们是一致的呢?这就是思维与存在的关系。相信看得到的东西就是真的?那么反过来说,没被看到的就不存在、不是真的吗?谁见到过自己祖母的祖母的祖母的太祖母呢?即使没见过,但你相信她存在过,是凭什么相信的呢?……这些就是前提批判。"形而上"的批判,实际上是对人类思维的已有的经验基础、思维方式和成果进行批判和超越。追问和澄清前提,是哲学批判最重要的方法。

其实,各个学科都是靠不断批判向前发展的。比如数学,传统的欧几里得几何学认为,直线向两端无限延长也永远不会相交。但是有人设想,如果在这个黑板上画一条直线,可以把这个黑板无限放大,最后黑板在地球上就像个戒指一样是个圆,那么在上面画的这个直线,最后也相交了。非欧几何学就是这么发现的,欧氏几何学只是描述了我们日常生活的平直空间,对于非平直的空间,它就不适合了。例如,地球仪上的经线和纬线,是相交的。那么,与赤道相交的两条经线,也相交于两极。它们与赤道相交所构成的三角形,两个底角各

## 走进哲学
### 练就批判的头脑

是90°，再加上一个顶角，就大于180°了。这是在球面空间。而在鞍形面上，三内角之和就会小于180°。真实的宇宙空间究竟是什么样呢？研究发现，平直空间只是我们在地球上所感到的一个非常小的空间，而非平直空间才是宇宙中主流。如果不按非平直空间计算，那么整个航天事业就无法实现了。

批判带来超越和进步。哲学批判并不是一味地怀疑和否定。在前提性的批判中，对现实世界的反映和把握，不是表层的而是深层的，不是结果的而是原因的，不是局部的而是整体的。哲学能够使人的理性思维达到最大限度的超越。因此，哲学批判的重大问题和成果，往往联系着人类思维的重大突破、社会历史的重大变革。

回头看，哲学史上一些在高手们之间发生的重大争论，一般很少是在事实证据或逻辑推理层面上发生的，而是出自不同的前提和理论背景。就像我问：这里挂着的是什么？你说是屏幕，他说是块白布。两者有什么不同？是彼此对立的吗？这就取决于理解"是什么"这个问题的前提共识。如果从共同前提出发，就可以将答案限定在一定范围内，使两个说法统一起来，并不一定互相排斥。而现实中很多争论，在哲学上是没有意义的。例如近年的"普世价值"之争。因为争论的双方，只是一味重复自己的立场宣示，而对于理论和逻辑，却完全没有前提性的分析批判。其实双方在前提上是一致的，都是把一般与个别颠倒、混淆了。所谓"普世价值"，在他们那里都是等同于某种被（美国人）标榜的价值观念。好像关于普世价值观念本身没有批判思考的余地。因此所争论的，就只是是否承认和服从不服从那套"普世价值"的问题。结果使争论只剩下斗气斗嘴，显得太缺少理论深度，太没有哲学含量了。而真正有深度、哲学含量高的批判，正如我们在世界形势发展变化中能够看到的，是通过对普世价值的批判性思考和争论，从理论和实践的双重角度，切入当代全球化进程中的文化与价值观念变革，特别是构建人类命运共同体问题的思考，从而直

## 第一课 什么是哲学、怎样学用哲学

接触及时代性的前沿。

从哲学高度看，形而上的批判是对观念的背景、前提进行反思，是对有限性、绝对性的超越，以此来追求世界的真相。那么，哲学批判能不能提供单一的终极结论？这并不是哲学的根本目标。哲学批判最终能够理解人的思维、认识是怎么回事，它的最终前提是什么？唯物主义找到的最后的一个支撑点，是人类的实践。实践经验是我们一切思想认识的依据。人类相信自己的实践，这是一个大前提。如果不相信，我们所有的科学就都没有了逻辑上的根据和起点。承认我们思维的最终前提是实践，这一点是任何哲学都不能否定的。对这个前提持自觉的肯定态度，是唯物主义；而说实践只是我的感觉，这是唯心主义；如果对实践提出怀疑，就成不可知论了。关于认识来自实践的信念，对人类来说是一个实然的东西。如果怀疑这一点，那么怀疑的起点，其实也是实践的。就是说，当你怀疑实践的时候，你所依据的，也是来自实践的。这是人作为人，自己不能超越的一个表现。人只能在人类的实践发展中自己来超越，一点一点推进，而不能跳过实践的历史过程。所谓"哥德尔不完全定理"，说的就是这个道理：任何一个无矛盾的逻辑体系，必然有一个它自己无法证明的逻辑前提。如果拿这个体系来追问这个前提，就会发生悖论。

哲学上每一个命题都在发生争论，其实正是在寻求前提的共识。已往大家看哲学，好像比自然科学惨多了。自然科学最起码有一些公理、定律可让人依靠，哲学上却似乎没有。任何一个概念都有不同的说法。所以有人说，哲学是一个"让人发晕"的学科，是一个"把明白的事搞糊涂的学问"，是"没话找话"的学问。这样的理解过于简单化了。批判的深度使得我们的大脑保持活力，在认识和改变世界的过程中才能不断地提升和前进。同时，在这个过程中我们也在积累共识，这就是哲学这个学科存在的一些表现。很多共识都属于一级概念，二级概念就是很多分歧发生的地方。但是在一级概念中，这些共

## 走进哲学
练就批判的头脑

识就有很大的解放思想的作用。哲学总是不局限于已有的结论，而是经常在通常不认为有问题的地方发现问题，以此来推动思维，同时也推动实践向前发展。这就是为什么说哲学要有批判精神。我们说"哲学是一门开放思想，搞活大脑的学问"，就是和它的三大特性包括批判性有关。

而我们现在的社会风气，很不注意在理论层面、前提层面的批判。缺少这样的理论高度，就会把思想引向功利化、工具化的歧路。只忙着说这个东西有用无用，只要能为我所用就行。这样的浅知识、短知识、短命的学问越来越多，都是因为批判思维的不足。学哲学的人，如果不想把自己混同于没有学过哲学的人，就要注重培养这种批判性思维。

3. 反思性

哲学批判是一种在逻辑上最具彻底性的批判。这种批判的彻底性还表现为，它的批判的矛头，不仅仅是"对外"，即针对一切外部对象和已有的概念及思想成果的；同时也是"对内"的，即针对批判着的思想的自身。这就是反思，即"对思想的思想""对认识的认识""对批判的批判"即"自我批判"。对概念及逻辑完整性和彻底性的追求，是哲学反思的内在动力。因而反思也是人类思维和理性达到成熟、自觉的一个标志。

如果说，前两大特性（抽象性和批判性）在其他学科那里多少也都具备一些，那么反思性则是哲学独有的最重要的特性了。哲学要站在人类整体的高度上对人类的思维进行批判，而且是前提性的、形而上的批判和超越。因为人类有权利用自己的眼睛看世界，用自己的思维解释世界。有这个权利，也就有相应的责任来承担其后果，所以就要不断进行自我反思、批判和超越。我们平常说，人总是要知道自己说的是啥、不是啥。自己所做的判断在什么情况下成立，在什么情况不成立。对这个界限始终有一个清醒的自我意识，才能避免陷入独断主义与自我僵化的困境。别动不动就说那是世界造成的，那其实是自己造成的。而哲学家的任务，是要代表人类的理性来对人类的全部理论和思想成果进行反思。有时一个哲学家用这样的思考方式和成果来看待一件事，另一个哲学家用那样的思考方式和成果来看待这件事，哲学家之间发生争论，实际上是整个人类在进行的自我反思。

例如，人们总想问科学家：量子到底是粒子还是波？波粒二象性的研究成果出来以后，物理学界形成新认识，但哲学界和社会文化界，总觉得他们尚未完工，甚至是不了了之。而面对"量子到底是啥"的追问，科学家的回答则是：科学只能凭借证据，说出自己看到的样子。如果说这还没有"到底"，那么你说的"到底是啥"是啥意思？这种反问的启发性特别大，是个哲学问题。就是说，人们在追问"到底是什么"的时候，自己头脑当中可能有一个"底"即先定的模式。其中包括：要说明一个事物"是什么"，只能有一个单一的不变的结论，并且指向某个唯一的实体。那么这种信念本身的根据和合理性范围是什么？它是先验的吗？这正好是哲学家需要思考和回答的。而哲学中的主体性理论，也就从这引发出来的，并形成了很多新的成果。可见，抓住最信以为真、未经批判思考过因而最不自觉的前提性概念，往往是科学研究上引发突破的焦点所在。我们要学会这样思考。

有没有反思性，即他的理论包不包含站在人类的立场上的一种自我审视和超越，往往可以衡量一套哲学理论、一个哲学学者水平的高低。如果只有批判而没有反思，人类的理性就会走向一种怀疑主义、无政府主义或者叫破坏主义的状态，成为一种否定一切，怀疑一切，主观随意地解释一切和规定一切，最后无家可归的精神状态。所以说，反思就是对自己的思维视角进行审视，这成为人类对自己权利与责任的一种承担，是对人的命运和前途的一种关怀。哲学探讨的每一个结论，是因为站在人的立场上，以人的权利和责任为根基来提出和

**走进哲学**
练就批判的头脑

回答每一个问题,来看待人类所有的行为、表现它的成果。绝不能把哲学变成对人的一种精神肆虐行为,折磨精神、折磨大家或者忽悠别人、强制别人的行为。

比如,有的环保主义者的热心和出发点很好,但缺少对自己理论的反思。要保护环境生态,并把我们过去破坏环境的理念概括为"人类自我中心主义",当然是可以理解的。但他们批判"人类自我中心主义"的结果,要么说不应该以人为中心,而应该"以生态为中心",搞"环境中心主义";要么主张多中心,说人、动物、植物是平等的主体,都是中心……在说这些话的时候,他们知道不知道自己说的是什么?人类正常做事,只能以人为中心,不是以神或物为中心。比如,"环境"这个词,是人发明的,就是指以人为中心的外部自然界。"环境者,环人之境也!"它怎么还能叫"中心"?再如"资源"这个词,究竟是什么意思?那儿有条河、有座山、有片森林,它们本来就存在,为什么要叫"资源"?"资源"的本意是"可以供开发利用的物质能量来源"!就是说,这些提法本身就是以人为中心的价值概念,你再用它们否定人类中心的时候,不觉得自相矛盾么?

所以当我们回过头来反思检讨的时候,真正要考虑的是:"人是什么?人类怎样对待自己?"比如,人和自然之间能不能划出一个绝对的界限?这就好像是问一个人:什么是"我",什么不是"我"?有人回答说:"肚皮以内是我,肚皮以外不是我",那么,"我"岂不成了酒囊饭袋?有人说"家门以内是我,家门以外不是我";有人则是以国家、社会、人类为界限来理解"自我与非我";等等,这里并没有绝对分明、永恒不变的界限。它主要是人的思想境界问题。可见反思批判"以人为中心"的时候,是要对自己的思想境界有所反思,对人要有新的理解,而不是脱离人或贬低人。

按照张世英教授的说法,西方哲学中人与自然的关系,经历了三个发展阶段:第一个阶段叫"人在自然内";后来人类发展起来了,

## 第一课 什么是哲学、怎样学用哲学

叫"人在自然外";而现在的哲学理念,则叫"自然在人内",是把"人"字放大了的。而在马克思那里,则把周围自然界看作"人的无机身体",是组成人类身体的一个自然部分。所以,保护环境不是为了保护他者,实际上还是为了人自身。总之这里要否定的不是以人为中心,而是要否定对人的片面的、僵化的、功利的理解,否定"小人"的眼光,而确立"大人"的眼光。保护环境若不以人为中心,你知道自然环境要保护到什么程度吗?有人说就是要保持物种不减少。那么,没有人的时候,物种有没有生生灭灭的变化呢?至少,恐龙灭绝不是人类造成的吧?自然界本来就是有生有灭的。但由于我们人类的原因,有些物种的灭绝加速了。因此无论保护到什么程度,也不能够以动物为中心。比如在澳大利亚,鸵鸟被当作"国鸟"来保护。但后来鸵鸟太多了,政府就号召吃鸵鸟肉。实际上,若不以人为中心来思考和回答问题,就会缺少自我限定,缺少反思,那么这个理论不可能是真诚的、彻底的。

反思就是自觉地批判自己。人类这种不断自我批判的精神是非常重要的。哲学的反思常常表现出"回到起点"的特征。在哲学领域,常常是把一些老话题拿出来讨论,一些几百年几千年说过的话,又成为今天关注的热点和焦点。诚如艾耶尔所说:"哲学的进步不在于任何古老问题的消失,也不在于那些有冲突的派别中一方或另一方的优势增长,而是在于提出各种问题的方式的变化,以及对解决问题的特点不断增长的一致性程度。"[1]

而在我们的传统文化特别是儒家学说中,有时显得特别缺少这种反思。既不注意交代自己的前提背景、来龙去脉,也不交代其条件和界限,缺少自我限制。每当树立了圣人及其学说,经常是一上来就认

---

[1] [英]艾耶尔:《二十世纪哲学》,李步楼等译,上海译文出版社1987年版,第19页。

## 走进哲学
### 练就批判的头脑

为它是天经地义的，是天理和绝对真理，要人们去理解执行，把圣人仅仅当成偶像来膜拜。比如前不久电影《孔子》上演后，专家认为很成功，但市场票房却表明它有些失败。问题在于，电影是要告诉人们：孔子是伟大的。但没有告诉人们孔子自己是怎样使自己伟大的，好像孔子从来就是一个高尚的完人，却没有讲明孔子的伟大思想是从哪儿来、怎么来的。其实孔子的经历，他的思考过程，这正是人们要了解的。如果只把两千多年前说的话拿到现在来，作为既定结论加以宣传，就显得意义不大了。其实孔子有他的局限性，这一点后来的韩愈也指出过。韩愈是创立儒家道统学说的大儒。但韩愈有一个遗憾："孔子西行不到秦，掎摭星宿遗羲娥。"说孔子周游列国，却没有去秦国，犹如摸到了很多小星星，却忽视了太阳和月亮。如果当时孔子能去秦国看一看，他也许会改变某些思想，会更加伟大。传统的儒家学说给人的一种感觉，就是总在那里代圣贤立言，"为天地立心，为生民立命"，站在一个既定的、已经是绝对真理和高尚化身的立场上说话。这种东西越说越圆满，越说越了不起，越说越伟大，但是越是信奉它，越是推崇它，整个中国社会也因此越弄越封闭，越弄越僵化。这个教训是应该吸取的。

反思式的表达有一个特点，就是开口前明白：话是对谁说的？应该由谁来说？这些都要自觉把握，必要时交代清楚。比如说"要坚持四项基本原则"，对于一个省委书记，和对于山沟里一个老农来说，其要求能是一回事吗？舍弃了主体，以为我说的就是所有人都应该接受的，就表明意识里缺少主体性的反思意识。而处处保持理论上的反思意识，正是哲学思维的基本内功。这是第三大特点。

以上所讲的是哲学的三大特性。这三大特征就是使哲学之为哲学，哲学之为一个公共文化平台的东西。哲学作为一个学科，不管哪家学派，哪一种学说，都有着共同的特征：抽象、批判、反思。这些思维方式，别的学科也有，但哲学在这个方面达到的极致，即自觉性层次和机制化的程度,是其他学科所不具备的。三个特点代表了哲学学科的生命力和自我发展的动力,也是其他学科不能代替的。

对于同学们来说,你学没学过哲学,学的怎么样,不在于你是否天天看哲学书,说哲学话,而在于你面对生活中一些问题的时候,会不会这样的思考。学会这样地思考,你就进入哲学了。

## 三 学用哲学的双向通道和三个关口

### (一)双向"通道"

学哲学用哲学,要"进得去,出得来",有赖于这样两个通道:

1. 知识与经验的积累:从观察做起

哲学虽然很抽象,说出来的都是一些抽象的概念,但每一个概念,每一个判断的背后,都包含着深厚的社会文化和历史底蕴,如果你没有足够的知识和经验的积累,就只是在背一些词句而已,你就不能真正地理解它,反而容易被概念吓唬住,把头脑弄僵化。所以黑格尔说,同样一句格言,从一个饱经风霜的老人嘴里说出来,和从一个乳臭未干的少年嘴里说出来,韵味是不一样的。

所谓知识和经验的积累,我主张要从学会观察做起。观天观地观人生,观书本观生活观历史。哲学的知识和经验,不可能样样事事都经过你的实际经验和操作,更多的是靠观察中的经验和体验来领悟。所以要学会观察。这就回应了前面所说的"看清楚"。

在知识和经验的积累方面,《红楼梦》里说:"世事洞明皆学问,人情练达即文章。"这里既说了学问,又说了文章。我们写文章表达思想的时候,里面总要有尽可能充实的知识,也要有人文的情怀和素养。这其实跟对人生的全面理解有关。所以,一开始就要注意积累知识和经验,要学着体会。不要一上来就钻到某一个学科、某一家之言,或者某一本书中去。我觉得我们的学术风气中,有一个严重的毛病，就是门户之见太重，各学科分支之间相互分割，互不往来，弄得眼界和心胸都很狭窄。这对培养高层次的人才来说是很不利的。

我不太主张天天喊创新，是说创新能力可以培养，创新口号却不可以泛滥。创新，是要走到前人的顶点之后再往前走。不然都只是在消化和吸收前人的东西。能够走到顶点已经不易了，还要超越前人，站在巨人的肩上，这个要求在学生阶段太脱离实际了，甚至会让那些踏踏实实学习的人没有活路。轻率地编新词、造新话、弄新事，是文化浮躁的一个表现。

在现代知识体系中，大学本科阶段，其实只能打好普遍知识的基础，还谈不上专业。若是过于强调专业化，恐怕就会停留于大中专科的水平；到硕士阶段，也主要是打好某个专业方向的基础；读到博士阶段，才能真正进入学科比较前沿的领域。但是前面的基础如何，仍然决定能否到达前沿或开拓创新。所以，整个学习过程中，打好基础始终是最重要的。

正因为如此，我对目前普遍要求学生论文要有"创新点"，一直有保留看法。这种"创新"的追求，往往鼓励急功近利，搞市场运作。真正有效的，至多是把某个学科的成果转化成商品。而要想在理论层次、基础知识上创新，那可不是容易的事情。恩格斯说过，要改变一个理论观点，往往要经过几代人的努力。所以本科生、硕士生同学，我建议你们把现有的课程学习好，能够想明白、说明白就行，不必忙于创新。盲目鼓励标新立异，哗众取宠，首先就把学风给搞坏了，实际是逼着人家去模仿、抄袭。一边要求创新，一边还要打假"查重"，结果必然弄得学术氛围很紧张。其实是自找麻烦。只有实事求是地说自己的问题，讲自己的道理，力求把它弄深弄透，才可能有真正的创新，有利于培养真正的创新人才。

门户之见加上急功近利，导致一种不注重学识积累的风气。比如，研究哲学的人不关心、不重视自然科学。以前我们的哲学研究则不同，国内研究哲学的代表人物，很多是学理科出身的：肖前教授在西南联大是学物理学的；黄枏森教授上大学时也是学物理学的……同学们年纪轻轻的更不要门户之见太重，以至于画地为牢；不要过于急功近利，以至于作茧自缚。要关心生活，热爱生活，关心人，理解人，对与此有关的所有东西都感兴趣，肯走路肯动脑，才能达到高水平、大境界。

2. 继承与创新的训练：熟读哲学史

在继承和创新的训练上，我主张大家从"史"入手。哲学史，思想史，文化史，或者具体部门、行业的历史。从"史"入手，几千年历史上人们的经验、思考、争论和困惑，我们可以在短期内经历一番，然后才可以走到前人思考的顶点或尽头。你在那个顶点或尽头上再发现问题，思考和回答问题，这就是创新！不走到那个尽头的创新，说不定是在"敲那敲开的门"，做重复的、无效的工作，甚至是瞎忽悠。

历史进程越长，这个积累或继承过程也就越长。我们要把整个历史作为自己的基点、起点，不是一朝一夕的事。可以从你做什么学科，哪个方向、什么题目这些角度来看历史。比如你要搞法律史，就从法律史学史这个角度看一看，法律史以往的研究问题是什么？做哲学就看哲学史，研究文化就看文化研究史，这样来看看前人已经做了些什么，从那里寻找自己的立足点。在这个基础上，面对现实去观察、思考和批判，学会提出和回答问题。

比如读西方哲学史，我建议至少要读三部哲学史书：黑格尔的《哲学史讲演录》、文德尔班的《哲学史教程》以及罗素的《西方哲学史》。我观察这么多年，比较可靠又有不同风格的，有利于解放思想的，主要是这三本。

读中国哲学史，我也推荐三个人的著作：一是冯友兰的《中国哲学史》，二是任继愈的《中国哲学史》，三是张岱年的《中国哲学大纲》。

　　学马哲的同学，在读硕士期间至少要将《马克思恩格斯选集》一字不落的读一遍。我觉得，它是比现有的任何马哲史书都更合适的精编马哲史。强调一下，一定要读马克思主义经典。现在社会上对马克思主义哲学好像有点歧视，主要是有些人把它搞坏了。实际上，最应该好好读的书是马恩著作。2003年请哈贝马斯来中国的时候，我还在中国社科院哲学所。哲学所曾安排了一个半天，由我单独跟他对话。有一点我印象很深，就是哈贝马斯认为，他自己是坚持和深化马克思主义的，他的学说是来自马克思的，他还在坚持和发展马克思主义。而法兰克福学派的那些前辈不认同哈贝马斯，是因为前辈们强调批判，而哈贝马斯强调对话和建设。基于此，哈贝马斯并不去争辩什么是马克思主义，但内心坚守着这样一个信念：马克思的理论在当代依然是最先进、最科学和最能解决问题的理论。他要用这个理论一个一个地去面对和回答现实问题。现在还没有哪个学者敢说达到或者是超越了马克思的水平。有些只是提出了一些问题而已。有人为了夸大自己观点的意义，甚至去贬低马克思，其实远不如马克思深刻。这就是马克思总是被"批"而不倒，"超"而难"越"的表现。当代很多有影响的思想，其实都与马克思有关，不是延续他的，就是针对他的。很多像哈贝马斯这样的大家，也承认自己的根在马克思那里，自己的理论可以列入马克思学说的"子目录"。所以，与其迷信这些大家本人，还不如从读好马克思开始。

## （二）三个"关口"

　　我在离开社科院的时候，曾申请在"中国青年哲学论坛"上讲一次《哲学与治学》，作为临行前的"学术交代"。内容主要是：我们培养的人，不应该是小学匠、学术掮客、文化侏儒，而应该是真正的学者、独立思想者，将来成为思想家、大手笔。所谓"大师"，依我看就是能够提出或回答大问题的人。他提出和回答的问题，是大家都不能回避的。比如休谟提出了一个"是"和"应然"的因果关系问题，就让哲学家们思考了那么多年。"大"主要大在这儿，不是个儿大、嘴大。那么，成为大师的人，他自己的心态是怎样的？或者说，怎样的治学心态，有助于造就一代思想家、理论大师呢？我观察了许多大师的成长经历，发现有三个"坎儿"得过，即要会处理三个关系，通过三个"关口"。这三个关口是：

1. 学科与学说

懂得这层关系，才能立足学科看学说，有足够的学科自觉与学术勇气，着眼于学科来建设自己的学说。学界有个很大的毛病，就是习惯于用一种学说遮蔽一个学科。在心理上和行为方式上，经常是把一个学科下的某个学派、某个学说的观点，当作这个学科的原则、真理和权威定论。他们自己不能站到平台上去，而是追逐这个平台上的某个演员、某家学派，以此为目标，甚至以为这就是学科的全部了。例如不能区分"哲学"和"西方哲学"。很多"哲学概论""哲学史""哲学经典书目"，等等，其实都是以介绍和沿袭西方哲学为荣。这是受"欧洲中心主义"传统影响的表现。

也有相反的极端。例如曾有人问我：哲学，不就是马克思主义哲学吗？除了马克思主义，其他的不都是唯心主义的、错误的吗？这个问题很有代表性，表明他还不懂学科与学说的关系。我告诉他：马克思主义哲学与哲学，是学说和学科的关系。这种关系，就像"某些人"与"人类"的关系一样。人类是各种各样人的总体，其中也包括"坏人"。你可认为某人是"坏人"，但断言"坏人不是人"，则是过去的一种学说偏向，并不代表全部"人学"。

总之，用一个学说体系遮蔽一门学科，必然会使人的思想和视野受限制，变得狭隘僵硬。就是只有学说立场而没有学科的眼光和胸怀。这样的治学心态，是站不高、走不远的。这是第一个要过的关口。

2. 文本与解读

可以说,任何理论工作都是在"解读",被解读的对象叫"文本"。我们的解读,不可仅仅停留在前人的字面文本,而不知道社会生活实践和历史才是它们的最终文本。实际上,一切真实的问题,最终都来自人类生存发展的实践和思考,来自历史本身;一切真实的答案,也都来自人类生存发展的实践和思考,来自历史本身。

文本,作为前人的著作,是前人对历史生活实践的解读。我们看他的书,实际上是"解读一种解读"。我们看前人的书,如果只看字面表达,不知道他背后的社会生活实践和历史,就会"只知词句不知精神"。只有把这种解读和被他解读的历史社会生活联系起来,才能读懂读透;只有和我们自己的生活历史和实践结合起来,才能获得启示,成为自己的资源。比如读黑格尔的时候,我要知道黑格尔讲这些话的社会条件背景和社会影响,才能更好的理解他;同时我还要知道我的生活、我们现在的社会历史条件,有什么问题,需要什么,我才能从他那里得到我需要的东西,受到启示。不是说,我读黑格尔的时候就一味迷恋他,甚至想变成黑格尔。我读康德就想变成康德,变成苏格拉底、柏拉图……整天变来变去,像个变色龙,反而迷失了自己。只有把生活实践历史当作最终的解读文本,才能通过前人以往的解读,学会找到自己解读的对象和问题,才能形成新的解读,这是第二个要过的关口。

3. 问题与提法

"问题"是指生活实践思考中的矛盾、冲突和纠结等,它们是客观存在的真实情况。只有真正抓住问题,才能正确地提出和回答问题。但是我发现,对于各种客观存在的问题,一旦人们用理论、学术的话语表达出来,构成"提问"的时候,往往会在不经意中被扭曲变形,或者被遮蔽,结果使真问题变成了假问题,有效的问题就变成了无效的问题。这就是需要我们反思的时候。这时要注意的是自己提问的设置框架,提问的机制,其中往往暴露出概念逻辑体系本身的弱点和缺陷,是需要反思和超越的。

把真问题变成假问题,变成一个误导人的问题,这样的现象并不罕见。比如,本来是解放人的学说,却变成了一套限制人的提法;我们的传统特别爱讲道德,但讲出来的道理,却往往助长不道德,这种情况很多。王海出来打假,知假买假然后索赔。大家议论纷纷,有各种各样的说法。经济学家看到的是市场经济秩序问题,法学家强调公民作为消费者的权益,需要立法和司法的保护等。而那时主流媒体看到的是什么呢?是个人道德!电视台、报纸上都在讨论:王海这样靠知假买假来赚钱的行为,是不是合乎道德?有人天真地说,他打假得来的钱如果交公,就是道德的;如果归自己,就是不道德的。甚至有个卖假货的商店经理还说,我代表"公",你代表"私",你这么打我,是"损公肥私!"——歪理都能讲到这个水平了!问题出在哪里?其实提问"王海这么做是否道德",一开始就把事情本身给阉割、扭曲了。实际上,这件事有很多方面,并不只是道德问题;就算是道德问题,为什么不去追问制售假冒伪劣商品的厂商的职业道德,却只追究王海的个人道德?这就是扭曲真相的提问方式。

我在国外曾顺便了解一下他们是怎么打假的。结果发现,市场经济初期假冒伪劣商品泛滥曾是普遍现象。但他们打假,靠的就是支持"王海"们,建立小额法庭,随时受理投诉。而商家、厂家若不能拿出证据来证明不是假冒伪劣,那么就判他赔偿,罚得他倾家荡产。这样的结果,是制假贩假的成本越来越高,最后终于消失了。同时,社会上的"王海"也越来越少,最终失业了。他们靠的就是依靠法治和合作机制,打掉了假冒伪劣。而在我们这个只强调个人道德的环境里,却是迫使王海自己成立了一个合法的打假公司。一成立公司,他就不是消费者而是经营者了，他和那些制假贩假者，也就处于同一个利益链上。这意味着，作为消费者的打假，宣告彻底失败。普通消费者打假之难、之苦，还是老样子，只能依靠政府部门打假。消费者个人打假的问题从没有在法律、经济结构秩序、社会舆论方面得到理解和支持，这就是一个真问题如何变成假问题，最后导致不应有的后果的案例。

  这样的案例很多。大专辩论赛中，也会不时出现一些似是而非的假问题。比如有一个辩题是："嫁得好不如干得好"与"干得好不如嫁得好"，显然是针对青年女性的。然而，这种提问，把青年女性置于一个什么样的社会地位？这个背景却没人反思。就像过去报道中说，有个村，在改革开放之前叫光棍村，姑娘都不往这儿嫁；改革开放富了之后，各地的姑娘都争着往这儿嫁。用这种例子来歌颂伟大成绩，我就要问了：你们的宣传，把中国女性描绘成了一个什么样的社会群体？给女性塑造了一个什么社会形象和价值导向？她们的地位和命运，应该是这个样子的吗？这个问题，其实是一个更大更普遍的社会问题。所以我批评这样的辩论赛：问题提错了还争论，是因为这种辩论本来不是为了追求真理，而是为了输赢。抽到什么就为什么辩护，只是培养强词夺理，"为赋新辞强说愁"的作假本事。

  假问题太多，就要求我们，在看到一种现象的时候，首先想到应该怎么提出问题？这也是检验你观察能力和水平的一个标志。我们要注意发现问题，提出问题。但是，同时也要注意自己发现和提出问题的提法，对这个提法要有批判性的反思。只有超越主体性的局限，才能在批判与反思中自觉地走向真理。

  以上三个关口，是中国的学者尤其是年轻的学者要过的三道坎。过了这三关再进一步，才能不被眼前的东西所束缚，才能真正出大成

## 第一课 什么是哲学、怎样学用哲学

果，从而才能超越和自我超越，成为真正意义上的独立的思考者、思想者、批判者和践行者，而非那种小家子气的小学匠、文化掮客、精神侏儒。

关于这门课程的构想，已经讲出来了。接下来的事情，就是我们操练起来！

## 第二课
## 实地观察训练

**教师：** 观察就是对任何事情的过程与细节、纵向与横向关系、表层与深层含义、客观与可能趋势进行切合实际的、有根有据的考察，力争把事情看清楚。

上周请同学们各自选择一个对象去做观察。下面请大家就各自的观察进行描述，并就观察的方式和效果（不是观察对象）进行相互评论。现在就开始。

### 观察一：艺术的走向——798所见

**同学甲：** 我的材料分为两个部分，前面是观察，后面是我的一些感想与评价。

798是一片很大的区域。旧的厂房与仓库中间，有很多的画展、影展及雕塑，有中国的、外国的以及一些少数民族风格的艺术品展示其中。有的风格很抽象，有的又很写实。在露天场地有很多富含创意的雕塑非常抢眼，有的是扭曲的想象，有的是怀旧与复古。在里面行走的时候，人会变得很安静。

我重点观察的是经营这些画廊的人、艺术品作者，以及来到这里

的人。我看到，经营这些画廊的绝大多数是中年人，很少有年轻人。偶尔听到他们在工作室中的只言片语，也都是与钱和盈利相关的话题。他们基本上待在工作室，不会特别关注来的是些什么人。而作者比经营者的年龄范围要广一些，基本上是以三四十岁为主。有一些画展的作者在前台接受咨询，当然很少看到这样的情况。来这里的人是最引起我注意的，是因为什么样的人都有，老外、年轻人居多，令我意外的是还有不少老年人。大家都是三三两两结伴而来，这里拍拍，那里照照。老外拍作品的比较多，中国人拍自己的比较常见。我在一个展厅里观察了很久，几乎没有人关注展览的前言，哪怕在画前驻足的人也不是很多，大多数都是随意走走看看就出去了。

我认为传递真正的艺术是画本身，画的质量是保证。下面是关于画的本身、这片艺术区的创意、画的创作者以及对来这里的人的一些想法。

这些画本身，不论是抽象的还是写实的，都有某些现实的所指，或者表达哲学的思想和体悟。我观察的第一个作品是雕刻与现代技术

## 走进哲学
### 练就批判的头脑

结合的东西,主题叫《他者》。一看到这个,我就联想在哲学上它表现了什么。但是我观察了一遭,却体悟不到它要传达的思想。

一个香港工作室的作品给我印象非常深刻。画家叫赵洪杰。给我印象最深刻的两幅画分别是《稻草人》和《愤青》。他描绘的所有愤青的形象都是睁一只眼闭一只眼。最后一副很震撼,是耶稣被钉在十字架上,这个耶稣也是睁一只眼闭一只眼的。在《稻草人》中,他把现代人都比喻成了"稻草人",表现的或是愤怒,或是残酷。

另一个叫刘亚明的画家有一幅画叫《通往冥界世界的自由之路》,也具有强烈的警示的意味。现实的扭曲、自然的人性、丑恶的真实以及单纯的红色怀旧成了为人称道的创意。这或许来源于现实繁重的生活压力,人与人之间的掩饰遮蔽太多,而让人们彼此不真实。还有的也可能体现的是在多元间选择成本过高而令人厌烦,让人们感到精神的匮乏和不知所措,使其将这些称之为创意与艺术。我觉得像刘亚明那样的画家现在已经不多了:关心这个社会现实,同时以他的笔触展现出来,真实而有感染力。他尊重人,热爱人,也热爱生命,珍惜生命和人的一切。我认为中国的艺术界应该多出些这样的人。

来这里看画的大多数是中国人,很少有人真正懂艺术,他们只不过图着追求热闹,追求时尚,关注自己远比关注艺术要多得多。从价值上说这也是合理的,只不过目光未免有些短浅,艺术虽然是以一种直观的方式给人以启迪与解释,但很多人却懒得动脑去思考其深层的内涵,所以艺术对其而言只不过是一种谈之无益,食之无味的与我绝缘体。

**教师**:你在798呆了多长时间?

**同学甲**:我下午一点多到那里,晚上五点多回来的。那地方很大,去一次根本就看不过来,我只在一个小的区域依次看。刚开始的时候觉得都一样,后来看到那两个画家的画才很受触动。那种直观的冲击和看文字是不一样的。

**教师**:同学乙,你也是去了那里的吧?在那用了多长时间?

**同学乙：**嗯。大概五个多小时。我的思路和她不太一样。我是先全面参观，然后重点观察一个艺术品。因为一直在想老师的要求（概括性、价值中立、有一定视角），所以我没有准备太多的描述，而是按照这三个要求对一件艺术品进行叙述。这一件艺术品属于整个展馆中的一个，但很遗憾我没有记住展馆的名字。展馆中其他几个给我印象深刻的作品，一幅是戴着"红卫兵"袖章的毛泽东，其中有正在发言的林彪，旁边是周恩来总理，再旁边是江青和康生。时间写的是 1966 年。一个地方写有几个大字：毛泽东主席是我们心中的红太阳。另外一幅作品画的是一艘红色战舰，上面是毛主席巨像，下面很多人穿着晚礼服与西装在跳交际舞。我觉得它要反映的可能是中西文化的交流。

整个展区的作品有表现"文化大革命"的，有表现中西文化结合的。说起"文化大革命"，大家多持有一种否定的、反感的价值评判。我暂不做价值评判，我只是觉得"文化大革命"是一个对文化的选择问题。它摒弃了一些文化，比如所谓的资产阶级文化或者儒家文化，也保留了一些文化，比如红色文化，这是对文化传承的一种取与舍。再有就是中西文化的结合，谈的也是一个文化的问题，我认为整个展区都是在谈一个文化的选择和结合，它也想引起人们的思考，也就是对于文化的接受和拿来应该做一个怎样的处理。

而我着重观察的是这样的一幅雕塑：上面是层层叠叠很多的书，下面是被书压着、用手撑着地的一个人。我把那个人看作一个历史遗传的继受者。按照老师的三个要求，我是从历史遗传继受者，还有历史发展的角度对它进行分析的。历史遗传就是历史社会文化的遗传，具体描述是分三个方面：

先描述他现在的状态，丰富厚重的文化积累由其继受者吃力地支撑着，继受者的身体和四周都被前人的文化所笼罩，他埋着头看不到前方；

下一步分析它的起因，也就是这样一种状态是怎样造成的，随着

## 走进哲学
### 练就批判的头脑

历史的进步，人类的精神文明越来越充实，越来越丰富，这些精神文化在社会各方面的作用下，形成一个沉重的包袱，这个负重者是被动地、封闭地在承受着这些压力；

最后我再说一下未来，也就是这个现状会有怎样的一个发展趋势，我觉得这个继受者是无法承受这种丰富的文化财富的，也无法向前再走一步。

这是我按照老师的要求做的描述。

**教师**：嗯，还有谁去过798？

**同学丙**：我。因为同学甲去过的地方正好我都去过，所以我接着她说的那部分说，后面再来谈我自己看到的。

从她的评述来说，比如1966年"文化大革命"那张图，我觉得总的说来，从展区的氛围来看，这幅画的基调应该是持否定至少是负面的态度的。后面紧接着的两张，前面一张是有一个很大的飞机，后面是一艘战舰，下面有很多人在跳舞。我开始看的时候有一点震撼，下面很小的这些人，穿着西装与晚礼服，上面一个红色的飞机特别醒目，视觉冲击力很强。我就想中国真的拥有这样的武器吗？后来我仔细看了看，发现它是电脑制作的一张图。因为你可以看到飞机的颜色就是我们国旗的颜色，上面几乎包含了现在已有的所有武器类型，而且下面那些跳舞的人其实就是两个人的反复出现。后面的战舰上面是一座巨大的毛主席招手像，也就是我们经常在很多大学校园所见到的那样。这在现实的军事武器中是不存在的。我认为这其实反映的是"文化大革命"时期革命伦理中那种"高、大、全"精神的体现，也就是说红色精神中那种无所不包、无所不能。这里所反映的，实际上就是在红色精神的高大形象之下千人一面的广大民众的精神面貌。

**教师**：你看的那幅画有没有自己的题目？作家给它定义的主旨是什么？那是作品的传神点睛之笔。

**同学丙**：这两幅画的题目我没有找到，不过前面她说的那座雕塑

## 第二课　实地观察训练

的名字我知道,叫《尽信书不如无书》。这就是这个展馆的情况。

在去之前,我在网上搜索了798的图片,希望以此记住一些自己喜欢的场景。我去的时候坐车还是很顺利的,进门的时候正好遇上一个外国人组成的旅游团,用自己仅有的英语跟他们交流了几句。因为雨刚停,所以人还很少,四周显得很冷清。前行的路上没有遇见什么人,但是进去了之后看到了很多外国人,觉得在这种地方那种中外交流的感觉是很强烈的。

因为整个区域太大,要看完还是很难,所以我当时选择走一个倒"U"字形的路线。因为天气很冷,受不了的时候,我就选择进入各种的展馆里待一会儿。后面我印象最深的有两个地方,一个是叫"795"车站,它保存了一段最原始的火车轨道,两旁是煤堆和碎石,一个小型的早期候车室,前面是几截旧火车,上面写的是1976年唐山机电厂制造。有很多人在那里拍照,这里很像许多影视剧和期刊杂志上描述过的样子。

**教师**:对,那是过去我们那个时候最普通的场景,这个场景就相当于把它原封不动地保留下来。

## 走进哲学
**练就批判的头脑**

**同学丙**：嗯，与此相类似的就是在一个小巷子里见到的一家店，叫"童年记忆"。进去就可以看到许多"文化大革命"初期的绿军装、军帽和上面的红五星。给我的感觉就是在我们这个全面学习西方的时代，对于过去的"文化大革命"记忆，即使是在此中受过迫害的人们，大家仍然都存有着一些珍视的部分。另外一个感觉就是西方化的风格很明显，我去过一个古巴和一个俄罗斯的文化展览馆。因为我曾在一些西方的文学作品以及网络上对于他们有过一些了解，所以看的时候，我就会事先存在一个预期。比如当我进入古巴厅之前，我就在猜想他们同样作为社会主义国家，是不是与我国在意识形态上十分雷同。但是看了之后，它给人的感觉并不是如我所想的。比如其中有两幅画，一幅叫《古巴牛》，一幅叫《美国牛》。他画的古巴牛是很温顺的，并且被图画之外一个无形的东西用铁链给牵着的；而对面的美国牛并不如我所想的被丑化，命题反而是强壮的伟大的美国水牛。另外具有宗教因素的一幅图，其中画的是一个钵盛满了水，水从边沿往下滴落。水面上是一艘小船，三个人在上面奋力地向前划去，抱着圣子的圣母这时候就出现在他们的面前。画的主题叫作《偶遇圣母》。出乎我意料的就是，原来古巴也具有这么强烈的西方基督教的文化背景。这里面反映的有世人向救世主、向圣母追崇的意思。他并不是如我们所说的，整个社会是在马克思主义和无神论的笼罩之下，宗教荡然无存。

让我格外注意到的是，在这样一个雨后的天气，每一家店面门前的水洼里的水都是被保留下来的，而且还有随处飘落的树叶。这与我们在其他的购物中心或者人口集中地区感到的就不太一样。这种自然随意的感觉，是现代城市的规整化屏蔽掉了的，失去了的。这也就是我所理解的艺术的一个有机组成部分，即自然的倾向所在。

另外一点就是，艺术会把生活中的个例，比如奇异的造型、绝望的表情和屠杀的场景变得常态化，使得冲突被集中释放，取得震撼与促人思索的效果。这是对于平和状态下的我的一种点破与刺激。可是对于我曾经一度想要追求的那种振奋人心的刺激与领悟,我依然没有找到。这些微小的感悟依然逃不脱自我预想的俗套。

**教师:** 有刺激没有启蒙,对吧?

**同学丙:** 对。所以当我回来以后写下这样的日记:艺术本身根源于生活,同时也是生活的提高。可是在我们中国,你总会觉得有一些无形的东西罩在艺术的上面,使得它无法达到最真最纯的境界。落于俗套的艺术作品失去了对于民众想象力的启发作用,不能产生把社会向上拉的感觉,也就是说我们的艺术堕入了一种普遍的平庸。

**教师:** 你这是已经开始和艺术家们进行更加深层次的对话了。

# 小 结

**教师:** 有三个人去了798。接下来我们一起讨论一下。在我看来,在你们的观察里,主要是两个主题。

一个主题,是艺术家们眼中的人生与社会百态,也就是他们在解读我们的生活。特别是,如果有前后历史比较,就能够从中看出一定的思想文化走向。比如,过去的艺术作品都特别写实。而798代表中国民间兴起的一种现代艺术风格,跟国外潮流形成呼应,与我们传统的艺术,特别是与官方倡导的艺术不同。那么,在这样的一种艺术思潮里,我们的生活得到了一种怎样的描述与启示?比如刚才你们说的重点,一个是中国人对于历史的反思,对人的理解,特别是对"文化大革命"时期社会生态的反思;再有一个是对于中西文化碰撞的描述与感受。

就拿画人来讲,798里面多是刻意追求略微有点变形的人的形象,强调某种"千人一面"的状态。一个场景下的人都一个模样,就像照片上那对男女被不断复制,从而成为一片人。那些人的面部表情麻

## 走进哲学
### 练就批判的头脑

木、呆滞、困惑、黯淡。这种描述人的风格，与20世纪70年代后期即1978年、1979年的时候是很不一样的。那时候最出名的一幅画是罗中立的《父亲》。那幅画很大，比一个人还高，但是只画了一张脸。当时中国美术馆的画展让观众投票，几乎99%的人都投了这幅画的票。一看这幅画就特别震撼，"文化大革命"刚结束的时候，这幅画和当时人们的心境相结合：父亲的一张饱经风霜的脸，充满关切和期待的眼神，每一条皱纹、每一个毛孔都画得非常清楚。还有一个关键因素，是画家给这张画起的名字："父亲"。父亲是一个在我们生活中承担全部重任的角色，如同我们国家的人民。看这画的时候，我的第一感觉就是："父亲"是这样的，辛苦操劳了一生，而我们对他怎么样？对得起他不？这就是"文化大革命"结束时大家反思的一个焦点。

所以我说，你们看画的时候，一定要注意作家给它起什么名字。同样是画的一张脸，但是主题不同，画的方式和效果就大不相同，后来新一代的画家画出来的，多是瞪着眼睛，麻木、忧伤、困惑，各种表情交织在一起。不像那个《父亲》，既饱经风霜，很贫困、很朴实，又带有一种很明确的期待感。这就是不同时代对人的不同看法与理解。罗中立表达的是一种反思，后来这些表达的则是另一种感受。这些艺术家眼中的社会与人生状况，是我看798时想到的第一个主题。

第二个主题，是艺术在我们这个社会里存在与发展的生态问题。有的艺术作品自身反映了这个过程，但是798的发展过程更能说明这种经历。最先是在一个废旧的厂房仓库区域，一群北漂的艺术家在一起，租了这些房子做自己的画室、工作室，也住在那里。一开始是民间自发兴起来的，后来慢慢受到关注。现在已经被纳入了北京市文化产业发展规划了，政府对它加强了管理。它现在成为一个旅游点，就像同学甲说的，很多人去是图个新鲜，跟去看其他旅游点的心态是一样的，拍照的也都怀着那种"到此一游"的心态。但是也有不少人能

## 第二课 实地观察训练

从作品中受到启示。我很关心的一点就是，因为它毕竟是在北京市的核心区，政府把它正规化管理起来以后，就像秀水街一样，它的人气会不会就差了？通州区的宋庄会不会慢慢替代它的位置？因为有一些画家、雕刻家慢慢地集中到那里去了。那里的作品，有的能卖出高价，作家自己的生活也就改善了。有的还是在那里找出路，还在谋生。这就是艺术发展与社会发展生态的演变问题。我碰到过有些年轻的画家，自己坐在路边，把作品摆在前面，也不定价钱，凭你拿，给多少算多少。而那些已经功成名就的人，就有自己定的价格，比较贵。有些人像淘宝一样，去这里淘那些画。他们可能比较懂，估计有些人将来可能火，保值升值的潜力很大，就赶紧趁便宜收藏起来。人们的心态也是各种各样的。这样一种社会与艺术的互动，我们的艺术生态会怎么样发展下去？

我想，大家观察到的大概就是这两个方面的现象和问题。你们第一次去看就能够发现一些问题、提出一些问题，这很不错。但我想强调一下"观察"的质量。

比如，怎么解读艺术作品，是你们谈的重点。要说解读一部作品，光看画面不行，画面也得看全，比方说，作家给它定义的主题是什么？根据这个主题，你才能够理解他的意图即他对生活和社会的看法。就像罗中立那幅画，他要是起名《人像》，就会变得很普通。他起名叫"父亲"，这幅画的意义就非常大。在我们的文化传统中，父亲母亲是两个普遍性的概念，是我们家庭生活的主要承担者和支柱。你了解了它的主题之后，就会注意他的那些关键性的细节。如果对它的主题不清楚，那么，什么是它真正的细节，他构图和造型的真正的用意是什么，哪个地方最能说明他的用意，你都会不清楚。像你（同学丙）说的那座雕塑，它的主题叫"尽信书不如无书"，也就是作家用这句古人的话作为题目时力图表达的东西，是不是在说："书越多越压倒人，不如自己去听、去看"？解读这幅作品时，你可以朝这个

## 走进哲学
练就批判的头脑

方向去思考：这座雕塑是怎么表现"尽信书不如无书"的？于是就能够看到你应该看到的细节。

有很多细节，比如画人，鼻子、眼睛、嘴都得要，这是必然的。但是在要传递某种感情、某种意图的时候，作家对鼻子眼睛做了怎样特别的处理，就是我们需要着重关注的。那幅上面是大船，底下有很多人的画，因为不知道它的题目，所以我不好做判断。是战争阴影笼罩下的歌舞升平？还是精神强制下的千人一面？抑或是别的什么？要是不看它的题目，你就没办法知道画的本意。

我去过几次，都没有看到你说的那幅作品，好像你走的路线跟我的不一样。当然，那里的两个门，从哪个门进去都不可能看全，都可能看得不一样。它旁边还有一个799。那里有好几个老工厂，撤走后留下的厂房和仓库，被改造成了展区。这里原来的电子工业城，当年是很先进的地方。

**同学丙**：那里有好几个厂，但是我很疑惑，为什么他们的名字都是用数字来表示的？

**教师**：在"文化大革命"之前凡是那样命名的，都是保密工厂，一般都是国防企业一类，还有像印刷人民币的工厂。这是我国体制的一个特点。

从哲学的观察角度看，解读艺术作品，它的名字其实就是主题，就是一种概括。这个概括越准确、越清晰到位，那么你对细节的观察可能就会越敏锐；如果概括不到位、细节特别多，你就不容易抓到点子上。《童年的记忆》也是。它是个人的童年记忆，还是民族的童年记忆？你要说20世纪五六十年代是童年记忆，那么它好像是说这一代人即50后、60后。这一代人的童年就是"大跃进""人民公社运动"和"文化大革命"时期。对他们来说这是童年。但是对于我们这个国家民族来讲，对新生的共和国来讲，在精神上的某个领域、某个方面，也可能是一个有待启蒙的童年状态。这种个人的记忆和民族

## 第二课　实地观察训练

历史文化关联在一起，用怎样的一种方式来表达，是作家的意图所在。但是，当你和作家对话的时候，你说有刺激但没有启蒙，艺术作品与哲学理论的不同也就在这里：艺术作品更多的是表达直觉的、直观的感受，它更多的是发现问题、揭露问题。要回答问题和解决问题，是很多作品本身还做不到的，需要大家进行整体性的思考，历史性的共同思考。所以我们看作品的时候思考，就已经超越了它本身。

比如说，现在我们应不应该把人都理解成千篇一律、傻呆呆的、多少有些变形的样子？现在的人的精神状态跟罗中立画的那个形象的差别何在？罗中立所画的父亲形象也包含着一些麻木，那是被生活、命运折磨下的麻木。但是作家并不强调这种麻木，实际是要表达一种贡献，一种劳动的辛苦，一种风霜的经历。然后用人物的期待来唤醒观众的良知和觉悟。它不是要引导人们消沉。但是，一些现代的画虽然反映的是现实，但它们多半强调迷惘、怀疑、困惑、反叛。这让有的人会觉得痛快、解气，然而痛快以后怎么办？他并不直接回答。艺术与理论、政治的区别就在这里。好的艺术作品，它本身能够提供深刻的思考，那就是大家的作品了，它本身已是一种哲学、一套政治。但是一般的艺术家就达不到这一点，从他那个角度发出呐喊就行了。

艺术形式的变迁、艺术家处境的变化、艺术作品主题的变化，都是具有历史性的。像798那么大一个事物，你们第一次看时就分别有了自己的重点，这很不错。由于是有心观察，而不是盲目地旅游，效果就挺好。有些问题你要是抓到了，就可以在此基础上进一步搜集材料，研究下去。比方说下次你要专注解读某一个作品也行，或者你对艺术形式的转变比较在意也行，或者就针对艺术作品中的人物表情来考察现代的人文环境、人文精神也行。总之可以提出一个问题，然后从某个角度一直做下去。别看798那么闹腾，但做深度研究分析的现在还很少。像我们中国政法大学的人，能不能研究798这样的产业的法律保护、法治保障问题？我们已有的法律法规，哪些是合理的、有

## 走进哲学
### 练就批判的头脑

必要的,还欠缺什么样的法律法规,在执行过程当中,需要什么样的因素与条件,等等,都是可以研究的题目。例如我个人更关注的是798的生态。很多东西都在变,还要继续观察下去:那些作者们的命运怎么样?我们的社会与政府怎样有效地扶植这样一种民间的创作,让它健康发展?因为在往后的发展中,它有很多种可能:官方可能希望把它变成宣传工具,有些国外媒体可能希望把它变成他们的意识形态渠道,业界也可能有人发现这里的商机,把它变成生大财、赚大钱的地方……这些情况对于中国艺术事业的前途会有怎样的影响,要怎么样做,才能给我们的社会提供更好的艺术精神食粮,而且在将来涌现出世界级的大手笔、大作品和大画家、大雕塑家,等等。当然,这是我们的国家和政府更应该考虑的问题。

第二课　实地观察训练

# 观察二：文化与民俗——南锣鼓巷今昔

**同学甲：** 我们组统一行动，观察对象是南锣鼓巷。虽然是同一个点，但是大家关注的内容不一样。有的人关注商品，有的人对文化有更多的探讨，也有人对食品很感兴趣。在讨论的过程中发生了很多争议，现在由我先来做一个整体的介绍。

南锣鼓巷。位于北京东城区，南北走向，北起鼓楼东大街，南止地安门东大街，全长786米，宽8米，与元大都（1267年）同期建成。作为北京目前为数不多、保留完整的胡同区，东西各有8条胡同整齐排列。中间的一条为南锣鼓巷商业街，而东西走向的胡同里将传统与商业运作很好地结合，成为北京示范商业街。

我们的观察方式是摄像、录音和访谈，选取了在南锣鼓巷街道上的四个观察对象。

第一个是"本土意识"小店里外来经商的售货员，一个普通的年

轻员工。对于我们提出的诸如"开店理念""开店缘由"等非消费行为不愿搭理,对"文化问题"不愿谈及。

第二个是"文宇奶酪店"的女老板,属于本地居民经商者。对我们提出的关于奶酪的历史渊源问题耐心分享,同时也擅长迎合市场的需求和时代的变化,例如对传统奶酪改良加工,增加了咖啡、草莓、香芋等。

第三个是居住在帽儿胡同的中年妇女,很有北京女人身上热情豪爽的性格,右臂戴着一个红色袖章:"治安管理志愿者"。在我们聊天的过程中,他们还不忘给游客指路,很适应游客熙熙攘攘的热闹生活。

第四个是十年前从德胜门花鸟市场搬迁至南锣鼓巷周围的老太太。她去市场买菜会经过南锣鼓巷商业街,在交谈中,我们发现她对于南锣鼓巷的变化态度冷漠,也不熟悉街上小摊小贩的情况,倒是一

直在和我们述说自己被迫从四合院搬迁，居住在"盒子房"（政府的安置房）如何不适应的烦恼。

观察之前我们搜集了一些资料，发现关于南锣鼓巷的热点问题，是商业街的运行模式和传统老北京文化之间的冲突。但是考察中我们发现，与我们想象的不太一样。比如通过查找资料发现，关于南锣鼓巷的争论点在于文化保护和经济发展的平衡。但都是从局外人的角度来考虑，没有考虑谁才真正有权利说这种变化是好是坏。在我看来，对政府和社会来说，这类主体应该是经济发展和文化保护的对象：售货员关注商品的销量；当地经商的妇女积极争做市场经济的受益者；对于居住在这里的居民，乐意参与到市场化的管理，也热心与游客交流，传播南锣鼓巷的胡同文化；对搬迁至此十年的老奶奶，更关心的是自己的生活和利益，她没有关注南锣鼓巷商业化的进程。不同人对南锣鼓巷的变化有不同的意见和需求，对文化的保护和传承有不同的态度。这类差异使我觉得应该在整个南锣鼓巷规划的过程中更多考虑主体性的问题。

**教师：**南锣鼓巷的文化发展与经济保护有没有相冲突的地方？你举的从外面搬来的老奶奶的例子，是说南锣鼓巷也面临原住民的保护问题吗？

**同学甲：**不是原住民保护问题。我想表达的意思是：南锣鼓巷不是我们原来认为的一条街，而是一片街区：商业街为主干道，几经翻修扩建，主要为商业开发地，成为以酒吧、各色小吃和创意文化产业为特色的时尚商业街，吸引了大量的游客，带动了当地的经济发展。而东西走向的几条胡同，基本保持原有的格局和文化遗迹，有的被人买下来了不对外开放，有的被政府保护起来了，但也是封闭的。

**教师：**那么，你想表达南锣鼓巷的发展到底面临什么问题呢？商业化影响了巷子里的传统文化吗？

**同学甲：**我想说的是，不同于美国，南锣鼓巷的范围是一个区

## 走进哲学
### 练就批判的头脑

域,保存着最具北京特色的棋盘格局,中间扩建了一条特色的商业街,沿街有些居民通过房屋的出租,有些居民通过沿街商店来就业或者加工一些手工艺品增加他们的收入。其间也散落很多名人的故居,有的完全封闭,仅能观其形,说明政府已介入对传统文化的保护。整条街不由一个公司统一运作和经营,实际上这是保护同时又改善了居民的生活条件,但在这个过程中更应该尊重在这片区域里生活的居民和商人,这些人的主体地位,使文化保护、居民生活条件的改善和产业适度发展三者有机联系和协调起来。

**教师**:只观察了半天,就能说出这么多,真是动脑筋了。

**同学乙**:据了解,南锣鼓巷得名于民国初年,巷里有巷,纵横有18个胡同,是集时尚玩意、老北京特色、特色小吃为一体的购物街。店面古色古香,穿着时尚的各色人等穿梭其间。说到现代时尚与中国特色的结合,有三点可以证明:第一为销售的商品,如陶瓷、刺绣、绸缎、军绿色帽子等;第二为建筑,如店面、行政部门在设计风格上都在一定程度上传承了中国特色;第三点为牌匾,牌匾是中国独有的一种商业语言、文化符号,其表现形式多样。

具体而言,第一,某些店铺的名称通常采用书法的形式。如"对翅",这家店非常有趣,书写牌匾时,把字都倒了过来;第二,如"本土意识",采用了奖状的方式;第三,如"青花的记忆",牌匾上有印章,橱窗里摆放着画有旗袍的纸板,展现了中国风;第四,有些店面的牌匾为木材所制,并且在颜色上还原了木材所固有的颜色,有一种古色古香的感觉,如"陶笛公社""六十号"等;第五,有些店面的牌匾上的字为金黄色,并且以繁体字写成,如"江南织造";第六,有些店铺的名字很现代,但因其以印章的形式写成,如"东堂餐吧",巧妙地将现代风格和传统文化结合了起来;第七,有一些店面将一些现代的语言以传统的方式表现出来,如名为"无语"的店铺等。

本人对上述牌匾的整体特征进行了归纳,可分为以下五点:第

### 第二课　实地观察训练

一，在字体上，多采用繁体字；第二，牌匾上所提字多以书法的形式写成；第三，店铺名称往往采用"××园"等形式；第四，牌匾上所提字的颜色多采用红色、金色等；第五，牌匾的选材多为木材。本人就牌匾设计采用上述形式的优点进行了总结，即可以营造一种怀旧的气氛，提醒现代人不要忘记老祖宗留下的无形资产；同时也可以向外国人推行老北京文化，从而使老北京文化走向全中国，乃至全世界。牌匾代表和传承着老北京深厚的商业文化精髓，作为宝贵的文化遗产和财富的标志，它将继续保持并焕发更加旺盛的生命力。

**教师：**你们是怎么想到要去南锣鼓巷的？

**同学乙：**我之前听说那里的奶酪很出名，比较有特色，所以就去了一趟。（笑）

**教师：**就是说你们这次是有目的，有准备地去，你的重点是考察牌匾？

## 走进哲学
### 练就批判的头脑

**同学乙**：是的。

**教师**：使用这些牌匾的店铺都是做什么的，是否有思考？

**同学乙**：有一些思考。比如说有一家叫"火柴语录"，就是卖火柴等物品。

**教师**：你去看牌匾的时候，可以重点考察名称和经营的联系，因为这种联系可以体现一种文化意象、意境。那么，你观察的结论就是以上的那几点好处吗？

**同学乙**：我觉得人们生活在现代的都市难免有压力，而且有一种浮躁的感觉。如果在假期或者空闲的时候，能够在这种古色古香的巷子里走一走，沉浸在怀旧的氛围之中，可以起到一种缓解心理压力的效果。

**教师**：这是你感到的这类牌匾在文化意义上的价值，是吧？

**同学乙**：是的。现今，大量欧美商业文化流入并影响我们的生活，我们本土的文化却在逐渐地被淡化。前几天，我看了个微博，题目是"还记得我们的传统服装是汉服吗？"。就这一点，我个人觉得就挺值得反思。换个角度说，我们可以通过牌匾这种事物向世界展示我们优秀的民族文化。

**教师**：总体上讲，你是以欣赏的角度来看待这类文化现象的，是吗？这中间有没有批判呢？

**同学乙**：我们在小组讨论的时候就有分歧。部分同学说商业运营使得这种文化氛围被淡化。但从我个人成长环境来看，由于我是朝鲜族，没有像大家一样从小就深刻接触我国的传统文化。因此对大家司空见惯的东西，我反而会感觉很新奇。南锣鼓巷的事物对我而言都是新的，所以就我而言，可能欣赏的倾向会比较重。

**教师**：就是说传统文化还是有不少好东西的，挺有味儿的？

**同学乙**：是的。

**教师**：你们小组还有哪些观察成果？

**同学丙**：我来补充一下。去之前我们在网上查了一下资料，南锣

## 第二课 实地观察训练

鼓巷是目前中国最具有老北京特色的景点，于是我们就带着一个目标去了——"探寻老北京文化"：

### 一　南锣鼓巷不仅仅是"老北京"文化的代表

去了之后我们发现南锣鼓巷已经不仅仅是老北京文化的代表了，它是中国传统文化的代表。它已经融合了中国南北文化、古今文化乃至中西文化。

（1）南北文化。它有江浙文化的"苏绣"，有代表老北京传统小吃的"文宇奶酪"——在这之前我从来不知道原来我们也有奶酪，我一直以为奶酪是西方传统食物，它的口感不同于西方的奶酪，不是那种臭臭的东西，它的口感更偏重于酸奶的乳制品。

（2）古今文化。有一家叫"若水堂"的油纸伞店，据说制作油纸伞的技艺已经传承了几千年，相传是鲁班的妻子发明的。南锣鼓巷还有一些近现代的文化，其中最具代表性的就是刚才同学乙向大家介绍的"本土意识"那家店。"本土意识"可以说唤起了我们儿时的记忆，里面卖的都是20世纪80年代的一些东西，比如白色搪瓷大茶杯、我们父母结婚时候用的那种写着大红喜字的铁皮水壶、红领巾奖状、军用小挎包，等等，就连店里面的电视放的也是我们小时候看的动画片——《金刚葫芦娃》。这是南锣鼓巷包容古今文化的体现。

（3）中西文化。中国人自古对石头都很推崇，这在世界上都是比较罕见的。南锣鼓巷就有一家印章店，主营寿山石（里面不仅仅卖印章，还有石雕摆件等），这是中国文化。说到南锣鼓巷里的西方文化，我想最典型的就是酒吧了，但这里的酒吧很不一样，它的建筑风格完全是中式的（里面的装修也是中式复古风）。

所以我的总结就是南锣鼓巷已经不仅仅是老北京文化的代表了，它融合了中国南北文化、古今文化乃至中西文化。

**走进哲学**
练就批判的头脑

## 二 观察到的问题

这些东西的存在跟商业化的操作分不开,店铺追求的是特色商业,并不仅仅是政府定义的"老北京文化"。相比于"老北京文化"而言,商家追求的更多的是特色和客流量。这些商业化的操作当然也带来了一些问题。

(1) 找不到老北京人的生活状态。我们对老北京文化通常的理解就是老北京人的一种生活状态:遛遛鸟、逛逛花市。但是在这儿我们看不到这种生活状态。因为这儿是个景点,所以人比较多,就使得南锣鼓巷少了些宁静质朴,多了些繁闹喧嚣。

(2) 商品"同质化"。我刚才说了一些很有特色的店,但是商业的竞争使得这里的文化产品出现了严重的"同质化"现象。比如有一家店卖火柴,如果这个火柴很畅销,那么就会有好几家卖火柴的店跟着出来,都卖火柴。就连刚才说到的"本土意识",在这里也能找到两到三家,还有卖皮质文具的店,在这里也能找到很多。

(3) 商品价格昂贵。比如在那家卖苏绣纺织品的店里,一条手帕就卖200到300元,一个肚兜卖到近400元。还有卖火柴的店,一盒火柴最便宜的也要卖到15元钱。

这种现象引发了我们小组的激烈讨论,即这种文化商业化的现象究竟是促进还是阻碍了文化的传承?大家主要有两种观点,支持方认为这更有利于中国文化的推广;反对方认为,文化应该更贴近生活,我们保护文化,但不能利用商业操作把文化推广成奢侈品,从而使之离我们的生活越来越远,这种方式将不利于文化的传承。我个人持反对观点,所以我引用某同学的几个问题来表述一下反对方的观点:如何在商业化之下保持中国文化的特色?对文化的保护是不是只能局限于对建筑的保护?

**教师:** 在文化商业化的现象上,你个人持什么观点?

第二课　实地观察训练

**同学丙**：我个人持反对的观点。我认为文化应该更贴近生活。

**教师**：在南锣鼓巷，你观察到的文化商业化现象是什么状况，是一个苗头啊，还是一种趋势，还是已经成为风气？

**同学丙**：是一种趋势。来这个地方的人们关注的可能不是文化本身。游客关注的是什么东西好玩，而商家关注的什么东西能带来更多的客流量，从而给他们带来更多的利益。但最后我们发现，当我们在讨论这种文化商业化的现象对文化传承是好是坏的时候，其实我们搞错了一个前提，那就是南锣鼓巷是条商业街而不是文化街。

**教师**：它的全称是"南锣鼓巷商业街"？

**同学丙**：是的。所以我们不能苛求一群商人为了传承文化而放弃经济利益。客观一点说吧，文化有其自身的内涵和外在的表现形式，商业也有其自身的内涵和表现形式，只不过南锣鼓巷的商业用了一些文化的符号，用了文化的表现形式。

**教师**：那么这里面能不能体现一种商业与文化的融合呢？

**同学丙**：南锣鼓巷用文化的形式发展商业，所以它其实就是文化和商业的结合。

**教师**：你所观察到的这种结合体现在哪儿呢？

**同学丙**：主要是文化产品。

**教师**：主要的就是同学乙说的"牌匾"，这些商家在起名字的时候特讲究文化。

## 小　结

**教师**：你们的观察还是有细微之处的。最开始你们是带着探寻老北京文化去的，后来你们观察到了南锣鼓巷是个商业街，却是打出文化与商业结合的牌。那么在这之后可探讨的东西就相当多了。为什么这样的文化产品在商业街会成为主流？你还可以进一步观察

> **走进哲学**
> 练就批判的头脑

这里的旅游群体哪些人进行了消费,又消费了哪些产品,这些产品在大家的眼中又代表了什么样的文化,等等。这些确实可以进行深入研究。你们的整个线索都挺好,但还需深挖一下,支撑资料也还不够丰富。有很多人可能像你一样,抱着探寻文化的目的去了。商业街既满足探寻文化的需求,又使得这些商家赢得利润,而商家的盈利又反过来支撑着商业街的运作,这之间的相互支撑很有意思。

用观察到的材料来说明你的观点,咱们的训练课就是要训练这个能力。不是说要有看法,任何人都可以有任何看法,关键是要通过观察,形成你自己调查出来的看法。你的看法要处处有你的材料即事实来支撑。

第二课　实地观察训练

# 观察三：从书市看大众阅读

**同学甲：**我们这一组去的是地坛书市。我在观察地坛书市时做了五段描述，这五段描述都有大致相对的两者或者三者是共存的，我把他们叫作这些存在的图景。

首先进入描述一：那天我们去了地坛书市，那是一个很大的地方。共存一：在那里有许多小出版社，比如远方、青岛、中国轻工业。也有许多大出版社，比如三联、商务、中华书局。共存二：有许多正版书，比如尚未拆封的《輶轩使者绝代语释别国方言》。也有许多盗版书，比如《中医教你治乙肝》。还有一位自由作家坐在地上，卖自己没有出版的书。共存三：有一些禁书，比如《国色天香》《醋葫芦》。有古书，比如《卧云楼琴谱》《民间文艺季刊》。也有畅销书，比如《世界如此险恶，你要内心强大》，摊位上这样的"幸福密码"比较多。而《2012年全国硕士研究生入学统一考试思想政治理论考试大纲解析》，当当网上近期畅销书榜排名首位，但是在摊位上就见得不多。

这是描述一。现在进入联系一：我感觉世界是无限多样的，世界是多元的。

现在进入描述二。共存一：在一堆好爸爸、坏爸爸、成功学、幸福经中间，夹杂着一本《论天问中的特指句式》。它们默然地在那里，以至于人们都没有想过将那本书抽出来放回学术书原位的冲动。好像在这些书中夹杂着一本专业书籍似乎是生活中最正常的状态。共存二：在书市里的人，有老人，也有孩子。当时在书市里面，中年人群据我们的观察是不多的，可能是因为上班等各种原因。但是老人和小孩手拉着手，两手之间正是中年。于是在我的眼中，中年人群在书市的缺失，就这样被淡化了。共存三：面对书市既有正版书、也有盗版

## 走进哲学
### 练就批判的头脑

书的现象，作为主体的人群，反应是非常和谐的。从正版书穿梭回盗版书，从盗版书穿梭回正版书，人们心安理得、心平气和、心知肚明、心照不宣。抽身回校的时候，我们都是义愤填膺地讨伐盗版书，不过在书市里的时候，我们看见它们，依然像大部分读者一样无感。我们沉默而习以为常。

接下来进入联系二。我对描述二的感受是：相对来说，主体是一元的，客体是多元的。看上去相对的东西，它们却能够默然共存。就好像正版书和盗版书、老人和孩子，还有那些专业书和畅销书，从未因人的价值判断而挪动半步。回想起来，就"行为的主体"而言，出盗版书的人是错误的。然而当盗版书与正版书共存于我们面前的时候，我们却没有资格对这样的现象说，你错了。为什么呢？是因为老天既宽容、又悲悯，允许了一切的共存吗？或者，是因为在真实的世界里，一个太阳和一片叶子本来就各有特点，没有高下呢？是因为盗版书或正版书、速成书或经典读物，其实都各忙各的，呼应了不同群体的需求吗？这共存的图景，究竟是"花开千万亿，朵朵见如来"的欣喜呢？还是悲伤的和谐呢？

接下来进入描述三，这里的书很多，然而我却没有找到一本自己喜欢的书。我很郁闷地站在那里。这里，请允许我用李德顺老师《生活中的"多元"与"一元"》中的几句话来安慰自己：承认现实的多元与主张自己追求多元是两回事，不能把它们弄颠倒或混淆了。就因为现实是"多元"的，所以每个主体就更要认清自己的"一元"，保持自己的"一元"。所以，绝不是任何事情都可以"多元"。虽然这里的书很多，我却没有找到一本自己喜欢的书，就是因为我坚持了自己的一元性啊。

接下来进入描述四，我没有找到一本自己喜欢的书，然而我转身一看，看到了一个人提着一大袋子书，脸上露出了满足的笑容。我什么都没有，而他有许多。老天从上往下看着这一切，看到这个世界如

## 第二课　实地观察训练

此平衡，一定也会感到很和谐的。

联系四：我想到了顾城的一句话："我觉得一个胜利者，一个成功的统治者，在某种意义上是个失败者，因为他服从了统治和获取成功的规律。"这个念头一闪而过，中国人真是活得太明白了。"我和那个人站在那里，我什么都没有，而他有很多书，我们是以不同的方式感悟着地坛。所以，我们大家非常和谐地回学校了。有些东西文字才能表达，有些东西音乐才能表达，有些东西什么都不说才能表达，有些东西无法表达才能表达。所以，我们大家还坐在一起吃了一顿米线。有人吃荤，也有人吃素。

接下来进入描述五：以上这些共存的图景告诉我们，个人并没有找到最合适的，然而整体却非常完满。

接下来进入联系五：个人与整体之间，一元的主体与多元的客体之间，都不像我们小时候搭积木那样，一块一块地拼拼凑凑，就能妥妥帖帖。这个游戏是这样子的：个人，是真的找不到最适合的，然而由个人搭建的整体，却能够非常完满。

**教师：**你的这个观察的主题似乎就是那句话：个人不一定找到合适的，但是人类的整体是和谐的。是这个意思吗？我听来听去，你的主题是这个。但是用来支持你这个结论的主要材料是什么呢？

**同学甲：**是描述一、二、三、四。

**教师：**你那个概念已经把我弄晕了，描述一，括弧还共存一、二、三。你就说下描述一证明了什么，描述二证明了什么。

**同学甲：**描述一证明了小出版社、大出版社，正版书、盗版书的共存现象。描述二证明了当小出版社、大出版社，正版书、盗版书，专业书和那些畅销书相杂摆放的时候，形成这样一种相对的两者共存的现象。

**教师：**你说有这样的现象，有这样的现象就能证明世界整体是和谐的，又是各得其所的，是吧？你刚才反复说的那个例子，就是一堆

## 走进哲学
### 练就批判的头脑

养生书里面夹着一本艺术概论。你说的时候还是觉得它不和谐,是吧?

**同学甲**:和谐,因为这是人们乱放的,不是大家刻意摆放的。人们可能在插进去的那个直觉中,就没有想把它放在专业书的那个冲动。

**教师**:人们已经习惯了?

**同学甲**:习惯了,大家都习惯了。

**教师**:习惯了就意味着它是和谐的?习惯了就意味着一种自然的现实?

**同学甲**:对啊,无论意味着对还是错,对错的两方都不能够消失,尽管他们的体积面积可能在改变,它们都要依存在这样的一个整体当中。

**教师**:你那里有一个哲学命题,"主体是一元的,客体是多元的",什么意思?

**同学甲**:就是说个人在人生中所坚持的那些东西,不可能是很多的,不可能他是一个诗人,又是一个建筑家又是一个画家,但是社会却提供了许多的位置,面对这样多元的社会,我们要认清自己的地位。

**教师**:那么主体是指个人,客体是指社会,是吗?你为什么把社会与个人看成主客体关系?

**同学甲**:因为面对这样一个书市的时候,我要从这个书市里做出自己的选择。所以,映射到社会上就是面对这个社会的多重选择,是我在其中做出自己的选择,社会相对我来说是客体,我相对社会来说是个主体。

**教师**:她的核心是逛书市找书没有找到,这是一个事实过程和结果,她的主要过程在于感受即个人感受,"联系"这个词应该改成"联想"。看到的现象本身并不多,但是你的联想很遥远很广阔很多

## 第二课　实地观察训练

样,包括人生、宇宙、古往今来,都联想到了。这是一种文学的方式,文学的片段,她的文学意境挺浓的,虽然和哲学也有联系,但更像诗人。诗人记叙所观察的事情时,对描述是很不耐烦的。当年沙皇很重视普希金的时候,想提拔他,让他去调查蝗虫。普希金看不出什么,就写了首诗:"蝗虫飞呀飞,飞来就落定。落定一切都吃光,从此飞走无消息。"这四句诗就表明他作为诗人,把这个事看得很乏味,很不耐烦。

但是我们上哲学课要讲哲学,要有哲学的严谨。像"主体是一元的,客体是多元的"这种话,就不符合哲学的理论和逻辑,不管哪家学派都不会这么说。观察事情,得有批判现实的眼光,分析的眼光,不能和自己的联想随意嫁接在一起,它经不起推论。你不是说自己没找到书不圆满么?那么,你怎么就认为别人乱糟糟的就圆满了呢?这太以自己的内心为中心了。观察要求我们少以自己的感受为中心,要对对象尽可能准确深入全面地了解,要给自己提问题。这与作诗不一样。好,现在请你们组第二个发言。

**同学乙**:我主要描述和讨论的是:"从地坛书市管窥社会的阅读价值取向。""取向"即每个人的阅读兴趣和阅读选择。我想从以下四个方面来谈这个话题。

第一,书市上有各种各样的读书群体,读着各种各样的书籍。大致分为如下五类人群:第一类主要是大学师生,其中学生居多,他们主要是在商务、三联、中华书局、人民文学这几个大出版社买书,多为文史哲类书籍。这确实是京城读书圈一个盛大的节日,每年三次书市,我们很多人都会去那儿买书。那里的图书价格非常便宜,我们很多人都觉得不论带多少钱都可以花光。这一类人是书市的主要消费群体。

第二类是白领工作者和小资群体。他们一方面有上一类群体的阅读取向,但另一方面更多的是阅读、描写职场、官场以及财经类的作品，或者可以说是那些狭义上的畅销书，而非经典作品。这一点我们工作日去书市观察不到，工作日去的多为学生和老年人，周末的时候白领群体才去的较多。

第三类是中小学生群体。他们的主要阅读取向是漫画、儿童文学和青少年流行文学，很少有人阅读世界文学名著。这是一个很突出的现象，因为我在买书的时候刻意留心观察了一下这个方面。

第四类是老年人群体。地坛书市里老年人居多，这个地方平时就是一个老年人聚集的场所，书市开市的时候他们也都会过来。通过观察他们的购书选择，我们可以知道他们的阅读取向多是老一代的红色经典读物，包括以前的老版本和现在翻印的新版本，令人觉得怀旧气息比较浓厚。

第五类就是中年人群体，是地坛书市里人数最小的人群。但周末的时候也会看到有一大家人一起逛书市的。他们有的是为孩子买书，有的是挑选自己年轻时候喜欢的图书，或者是购买一些官场类、财经类、历史类图书。譬如前几年卖得特别火爆的《明朝那些事儿》，出租车司机就挺爱读此类书籍。

第二，我想谈谈下述现象：地坛书市上充斥着速成类、成功学、养生类的书籍（譬如《把吃出来的病吃回去》等），此类图书的购买群体最多；而那些大出版社虽然拥有大学师生这样的主要购书群体，但其在量上跟那些社会群体比起来还是显得非常小的。这一点我们觉得是一种"文化沙漠""文化快餐"现象。

第三，从出版社工作人员或书店销售人员对地坛书市的意见来看，他们觉得书市上的盗版图书和粗制滥造的图书太过泛滥，大社出版的严肃读物太少了。同一种书籍有各种各样不同的版本，譬如《红楼梦》，他们建议大家购买人民文学出版社出版的俞平伯校订、启功注释的版本，别去购买那些别的出版社（譬如远方出版社等）随便编辑、没有任何注释的版本。但是，这一点只有那些有过购自大出版社

## 第二课 实地观察训练

图书经历的读者方能体会到，一般的购书群体是不会了解到这一点的。这也是我们在地坛书市观察到的一个现象。

第四，我们尝试对以上现象做一个评述，但又不想把自己的立场强加于别人。我们应该怎样看待这种杂然并陈的社会阅读状况呢？如果从学生的立场来看的话，自然是"非经典不读，非经典不买"。但是别的人不知道这一点，他们觉得买那些随意编辑的书读起来也是挺好的。这是不同的读书群体之间无法弥补的鸿沟。以前没上《哲学方法论》课程时，我们有一种强烈的价值判断，觉得那类随意编辑出版的图书就是垃圾，我们从来不会看，也从来不会买，别人如果看的话我们也会尽量劝他不要购买。但是，如果从价值中立的角度来看的话，这确实是现实中共存的现象，我们没有办法对之予以评判，我们只能对之予以描述和观察。

从地坛书市引申开来，我们了解到，三联书店的北京总店通往其地下室书库的楼梯台阶上坐满了一排排捧着图书阅读的读者，这种壮丽景象被称为三联书店"一道美丽的风景线"。与之形成鲜明对比的是，我在暑假结束返校的火车上，经常看到一些大中专院校的学生手捧一部玄幻小说或穿越小说，津津有味、手不释卷地阅读着（甚至没有买到座票者竟然还能站着阅读）！虽然让人看来心中不禁暗自好笑，却也只能无奈地将之与三联那道"美丽的风景线"列为共存的世间景象，即便二者构成了这么大的鲜明对比！这类阅读大部头玄幻武侠作品的行为，私下里很令大家排斥——因为同样是休闲类武侠作品，金庸古龙的著作相对来说就要严肃得多，但是总有一些人会不加甄别地阅读！

谈及杂乱纷呈的阅读现状，我的一位已经工作了的本科同学说道："现在这个时代，如果有人还在读书的话，我就觉得已经是很令人欣慰的事情了，而不会去挑剔他读的是什么书。"从这位同学的角度来看，我们确实不应该再有什么不满和抱怨，每个人都有每个人的

## 走进哲学
**练就批判的头脑**

阅读选择和阅读价值取向。如果我们再回想一下自己年少时读物稀缺的年代,接触不到太多书籍,或是只有中学里非常简陋的图书馆可供阅读,我们的阅读状况也是多么的贫乏啊!从这个角度来看,我们对于那些阅读粗制滥造或随意编辑而成的读物的群体,又有什么理由对之微词呢?或许这也仅仅只是一种杂然并陈的现象罢了。

我的发言差不多结束了,我们主要是想从地坛书市观察到的现象来看社会上不同的阅读价值取向问题。

**教师:** 结论呢?你看出来什么阅读取向了?

**同学乙:** 结论就是我上面所举的那五个例子,不同的人群有着不同的阅读价值取向。

**教师:** 这就完成了?不同人有着不同的阅读取向,结论就是这样?

**同学乙:** 我们想描述的就是一些现象,就是一些各种图景共存的现象,不想对之有什么价值评判。

**教师:** 那么你能不能大体地概括一下,你在地坛书市看到的目前主要的阅读价值取向是什么?

**同学乙:** 目前最主要的阅读群体还是大学师生这个群体,而且他们的阅读价值取向是比较正统的阅读价值取向。但是跟那些社会群体比起来,他们的人数在量上相对来说还是要少一些。社会群体的阅读价值取向,就是阅读那些对于我们学生来说不会去读的图书,根本不管版本优劣、不管图书内容的阅读价值取向。他们的人数较大,而且阅读对他们来说也是很开心的,所以我们也没有理由从自己的立场来鄙视别人的阅读价值取向。本来如果我们没有开《哲学方法论》这门课,如果不是老师跟我们强调从价值中立的角度来观察和描述现象的话,起初我们私下里都是很鄙视或者看不起这种阅读价值取向的。

**教师:** "我们……"代表你们小组里面所有的人吗?

**同学乙:** 我们小组讨论的时候,大家都很反对盗版书。

## 第二课　实地观察训练

**教师：** 很一致吗？有没有个别持反对意见的？

**同学乙：** 都很反对，没有人持别的意见。同学甲说的是一种共存图景，她不是说那是一种和谐，她只是把正版书和盗版书共存的现象描述出来。

**教师：** 反对盗版这一点我明白了。还不太明白的是，其他的你还反对什么？

**同学乙：** 有的人称之为"文化快餐"，我们并没有把它称为"文化快餐"，而是从那些世界文学名著的粗制滥造的版本意义上来说的。

**教师：** 哦，就是说，是因为它的出版社不好？那么"粗制滥造"在这里是什么意思？我还不太明白。

**同学乙：** 图书出版有很多环节，不能仅仅因为一个现象就说出版社不好。我们是说这么一个出版社出了这种书，这种书是根本就不讲究编辑和校订就出版了的。这种书非常多，在书市里面很泛滥，不知道的人就会为这种表象所迷惑，以为书市里面没有那些大出版社的好书出售。但是我们经常去逛（书市）的人就知道这一点，所以我们不从我们的立场来反驳别人，只是把它作为一种现象来描述出来。

**教师：** 你们有没有了解一下，不挑拣、不去主动区分正版还是盗版、优质书还是劣质书，反正是我想要什么书我就买什么书，或者是同样的书哪个便宜我就买哪个，这样的读者是怎样想的？

**同学乙：** 他们说，同样是《红楼梦》，这个便宜我就买这个。一方面是便宜，一方面是他们不知道还有更好的版本。

**教师：** "好"怎么界定啊？

**同学乙：** "好"（书）的话，从社会学的角度是不好界定的，但是如果我们自己是读书多的人，都知道自己心里面有这么一个评判标准。

**教师：** 对一个老太太来讲，她可能觉得，哪个便宜哪个就是好的。

## 走进哲学
### 练就批判的头脑

**同学乙：** 老太太讲究，老太太其实是很讲究的，因为她们之前读的书都是好版本的。我们主要是想从学生的立场来描述一下所观察到的现象。

**教师：** 只是看到了盗版书还有市场这个现象，没有再进一步对这个进行提问，为什么它还有市场？在什么情况、什么条件下？这不是判断，而应该是你的观察啊？

**同学乙：** 我们观察了，刚才也讲到，这个共存现象是没有办法避免的，谁也没有办法——因为只要有人看书，它就有各种各样的图书版本。

**同学甲：** 相对于那些正版图书来说，盗版图书更好编辑……

**教师：** 那是对于出版盗版作品的人来说的理由。盗版的"好处"就是成本低，可以多赚钱。那么，读者能不能鉴别正版书还是盗版书？它的条件、意义究竟如何？

**同学乙：** 我觉得这完全是个人化的事情，因为他自己不知道如何鉴别出来……

**教师：** 恐怕不能简单地定性为个人化的问题。你知道吗，我们跟美国人在版权问题上一直存在着争论。版权、知识产权，差不离儿就行，我们盗你的版，还宣传你的文化成果呢！普通老百姓买一个正版的花不起那么多钱，有时候盗版的（譬如软件什么的）能起到和正版一样的作用（好用），且适合老百姓的消费水平，它就有市场。打击假冒伪劣的规律就是，危害消费者利益的那些劣质产品容易打掉；不危害消费者利益、只危害生产者利益的那种假冒产品，到现在在全世界都很难打掉，因为它们实际上是生产者和生产者之间的利益冲突，而消费者在这中间选择的标准，就是能够满足我的消费需要。所以，消费者本性上是不怎么重视、不会直接尊重知识产权的。只有当保护知识产权使消费者获得了应有的利益，并且为消费者所认识的时候，消费者才会有维护知识产权的积极性，是吧？

## 第二课　实地观察训练

就是说，看这个问题进一步落实到哪里，不是说我们有个评价态度就行了。我们知道，有些人没有能力或者没有兴趣去专门挑些正版的，或者只去欣赏正版的，现在还有相当多的人甚至不得不去选择那些盗版的，是吧？我们要理解人，要尊重历史，要了解群众，不是仅仅去就事情的好坏做一个判断。你的观察要力求深刻，就要问问，为什么有些人的阅读价值取向是那样的？你讲的重点不在于内容即阅读学术专著还是通俗读物，而在于人们不区分正版和盗版，（同学乙：他们也不懂得区分）。那么，重点放在这里的时候，你就要想办法去了解。比如你看一个人比较了解正版和盗版之后，他买了盗版。你就应该去了解一下，"你知道不知道这是盗版的啊？""你为什么买盗版的啊？"这样你会了解他的想法，可能就是"反正专家说的那些个错字、漏字、标点符号错误什么的，对我们来说都不重要，重要的是我看到的基本上是原样的《红楼梦》，那我就买，我可以少花好多钱，因为我还要买别的书"，等等。这就是他的理由，或者是还有别的理由。

就是说，为什么说我们在这个过程中主要是观察，而不是判断呢？观察过程中你要把你准备得出判断的那个必要的证据找到。不能一看到这个现象，就想当然地得出那个结论。即使真是那个结论，你也不能想当然地推出来，你要拿出观察证据来。

**同学乙**：有些情况下，必须得有你自己的判断。例如，《把吃出来的病吃回去》等养生类图书，前两年特别火爆，但是后来被央视的《每周质量报告》栏目给检举了，这本书也就随之在市面上被禁了。但是我们学校有一位同学，研究生毕业之后工作了，却要挑这类书来买。我就问他为什么？他说想了解一下，了解一下人体结构怎么就可以把吃出来的病再给吃回去，或者今后饮食方面应当注意哪些方面；他还说要买一些成功学的书籍，说是进入职场需要阅读这一类书籍。这就是一种阅读价值取向的转变。

## 走进哲学
### 练就批判的头脑

**教师**：那是他说的理由。而他的真实理由在哪里？如果你要找根据的话，光听他这样讲是不够的。你认为把这类书列为禁书的效果是什么？

**同学乙**：我知道。但是他以前跟我们的想法一样，工作之后就变了。

**教师**：他做什么工作的？

**同学乙**：他在检察院工作。

**教师**：在检察院工作？！"他想了解那些书"——你得弄明白"他想了解"是什么意思？了解什么？他是想吸收那里的"知识"，还是想识别这些书忽悠人的手法？

**同学乙**：他想自己用。

**教师**：那就是前一种。

**同学乙**：这只能是一种个人的判断。

**教师**：我觉得，这跟你所说的主题"盗版和非盗版"，是两个内容。阅读图书种类和范围与鉴别正版和盗版，已经是两个层次的问题了。盗版和非盗版的选择，与阅读生活类的、健康类的还有知识类、学术类的书，这是两个问题啊！

**同学丁**：它就是也支持他的那个论点，是"不同的人有不同的阅读价值取向"的论据嘛。类别上有一个区别，然后正版、盗版上也有一个区别。

**同学乙**：确实是这样。我们就是想把这个现象描述出来，不想做自己的价值判断。

**教师**：在类型上，人们更倾向于眼前实用的诸如养生之类的图书；在正版和盗版上，人们也不大注重区分正版和盗版图书，也是以自己眼前实用为标准，是吧？那么这个结论呢？我不知道大家感觉怎么样，好像听起来不新颖，是吧？

**同学乙**：这个现象是很严重的，而且大家每次去都发现这一点。

## 第二课 实地观察训练

大家私下里都对之义愤填膺。

**教师**：你私下里义愤填膺，是对的。但是你的论据呢？严重到什么程度？在观察中你有没有掌握相应的材料？比如具体数字统计或者是场景？

**同学乙**：可以。就是它们那类书的书摊面前人头攒动，但是人民文学出版社那边就冷冷清清。

**教师**：你觉得，仅凭在书市上看买什么书的人多，这种观察和统计，能够在多大程度上供你判断当前中国人的阅读价值取向？就这个材料总体上而言，它能够占多大分量？你自己有个分析没有？

**同学乙**：所以我这个题目叫作"管窥"，不是说非要精确地表述，就是"窥其一斑"的意思。

**教师**：（笑）还有一个怎么理解价值中立的问题。价值中立是不带有价值取向地描述对象，不是说你自己就没有价值判断。我们只是说，你的价值判断需要实实在在的证据支持。价值中立只是说对支撑你的那些材料保持中立。谁说价值中立就是最后不要有一个结论或自己的看法？到底应该怎样理解价值中立呢？

**同学乙**：当时老师讲的观察的三大条件之一，最后一点就是价值中立。

**教师**：观察描述的时候，我们要保持中立；保持中立是为了把事物原本的面目表达出来，不要用偏好剪裁事实。

**同学丁**：可是老师也说，在价值中立的过程中应当容纳可能的价值判断。

**教师**：可能的价值判断最好有自己的证据支持。我们要强调这一点。

行了，鼓鼓掌。下一个是谁？

**同学丙**：我重点选取了其中一个角度，把考察结果制作成一个考察报告。我们为什么选取地坛书市作为研究对象呢？因为一个民族的

## 走进哲学
### 练就批判的头脑

精神境界，在很大程度上取决于它的出版物的水平和全民族的阅读水平，所以要研究一个社会的文化动向、思想状态、价值倾向，最好从研究它的图书市场，研究它的出版物和读者群体入手。正是基于这样一种认识，我们小组决定对地坛书市进行考察。我们用了一天的时间，详细调查了书市现状、图书营销模式、新兴媒介形式，并对市场上的畅销书目做了统计，对购书者的年龄、职业和读书频率、阅读书目等做了相应调查，得到相关数据，并对这些数据做了科学分析。但是限于我们的统计条件、人手和统计方法，这些数据也不能全面反映读者群体和他们的阅读习惯。

近几年来，对社会的畅销书籍和读者的阅读倾向进行研究成为获取一手资料的一种重要手段。我们采取总体与局部相结合的考察方式，综合运用流量统计、调查访问等手段，获取了丰富的信息。

通过对商户的调查走访和我们的粗略统计，我们发现本届书展的人流量，较去年有大幅下滑。究其原因，一方面是在新兴电子媒介的冲击下，传统纸质图书的市场正在被逐渐蚕食；另一方面是网购等新兴商业模式使得购书渠道多元化，也让实体的书店失色不少。还有一个重要的问题，就是市场中盗版书籍的泛滥，这在中国是一个老问题，关于盗版书籍存在的利弊，社会上的争论颇多。我们在现场做了一个小范围的调查，有人认为它扰乱了市场秩序，也有人认为它使得我们能以更低廉的成本获得知识，众说纷纭。我们在这里只将这种争论罗列，并不做价值评判。

在调查中我们发现，一些书籍的功能超越了其原有的使用价值。以往的书仅仅是用来阅读的，但是如今却衍生出许多新的功能来。比如精装礼品书：在家中摆上一柜书，仿佛就能体现主人的知识渊博；送人一套书，既有礼数又不失风雅。于是越来越多的精装、珍藏版书籍充斥市场，价格昂贵。

书市给我们的另一个直观的印象就是经营向多元化方向发展，以前的书市仅仅就是买卖书籍，现在均被冠以文化市场的头衔，经营范围也越来越广。其中包括印刷制品、小饰品、电子数码产品、古玩、手工艺品、字画等。

在地坛书市，最让爱书之人难以接受的是它浓得让人窒息的商业气息。近几年来，组织者为了收取摊位费，把好端端的书市变成了嘈杂的庙会。各个出版社借助书市的平台把自己库存积压的图书倾销出去，美其名曰服务读者。几年下来，书目都没什么变化，价格更是难得变化，书虫们总有"去年今日此门中，书名价格仍相同"的感觉，如果客流不减，那真是没有道理了。越来越多与书籍、读书毫不相干的商品进入地坛书市，真正卖书的越来越少，有市无书，"书市"两字，"书"不见了，只剩下"市"了。

这些仅仅是我们考察后得到的初步印象。另外，我们选择了书市中几处规模较大、图书种类较为丰富、人流量较多的摊位做了重点考察。我们希望通过对热卖图书，消费群体的调查研究，挖掘其背后更深层次的文化原因，深入认识我们这个时代社会的精神状况和价值取向。

我们选择了中老年人、青年人、中小学生作为对比观察的对象，考察了他们各自的购书倾向。我们发现中老年人比较青睐养生保健类的图书，他们在市面上流行的养生书籍面前停留的时间是最长的；而青年人的兴趣似乎在于能直接向他们提供海量信息的文化快餐，如各种解读老庄、三国的快餐文学，只是浮光掠影、浅尝辄止式的涉猎，而忽略了对更深层次知识的探求，他们的购书行为都有着明显的功利倾向：计算机、股票、房地产、现代管理等实用书刊非常走俏，外语、经济、商贸、金融类书刊是青年人关注的热点之一。另一个倾向就是以娱乐消遣为主的通俗文化越来越受欢迎，而代表一定时期科学、文化、思想较高水平的学者们创造的，代表主导文化方向的高雅文化，反而被边缘化，乏人问津。中小学生比较喜欢的则集中在侦探

## 走进哲学
### 练就批判的头脑

历险读物、卡通漫画、幽默读物、名著读物和武侠言情读物等。从各大书店每日推出的最畅销排行榜看，卖得较多的书首推通俗文艺类，约占六成，其次是社科、文教类、电子科技类等书籍。据我们观察，各家书店摆放最新通俗小说、名人新作（如朱镕基新作）的地方最拥挤，最受关注，而生涩的纯理论类书籍，则鲜有问津，只有少数专业人士淘寻他们需要的书。

通过对市场上的文化产品和消费人群的分析，我们大致可以得出如下结论：当代中国的大众文化，在功能上逐渐蜕变成一种游戏性的娱乐文化；在生产方式上它是一种由文化工业生产的商品；在文本上它是一种无深度的平面文化；在传播上它是一种无等级的泛市民文化。因而可以说，大众文化是借助于现代文化工业日臻完美的传播技术和复制手段，为人们提供的是一种消遣性的"原始魔术"。它通过对观众无意识欲望的调用，为大众制造出一个又一个以快乐为原则的狂欢节。它们放弃对终极意义、绝对价值、生命本质、历史意识、美学个性的孜孜以求，也不再把文化当作济世救民、获取知识的法宝。因此，我们认为在这种以信息的快速复制、传播技术为背景的大众文化，千篇一律、缺乏智慧，是不利于塑造我们的国民性格的。它使我们逐渐丧失了基本的审美能力，而成为一种快餐一样的廉价工业产品。所以我们担心在这种文化工业浪潮的冲击下，我们公民的价值观念何去何从。

**教师：** 你像在写论文了。

**同学丙：** 当时我们小组讨论了一下，我认为这是一个观察活动，不应太多联系到理论层面，我的视角是不同的。

**教师：** 行，视角不同。从形式上看，你的发言比较成熟，像一个完整的报告，像一篇学术论文。现在我就想问你几个小问题。第一，你说的这个"我们"到底是谁？

**同学丙：** 指的是我们小组，包括我、同学戊、同学己这几个人。

## 第二课 实地观察训练

**教师：** 第二，你们三个人用多长时间完成了这么多的调查统计？

**同学丙：** 前面已经说了，我们用了接近一天的时间。

**教师：** 接近一天就能做那么多调查活动？第三，你们能不能展示一下你们调查的原始数据或者问卷？

**同学丙：** 我们没有做问卷调查，只是做了一些书面的随访，对（市场）人流量做了一个初步估算。

**教师：** 怎么估算的？你们数了一下单位时间通过人数，然后乘以时间，是吗？

**同学丙：** 我们选择了门口，我们觉得它能反映平均流量。

**教师：** 你声称做了很多数据的考察，能不能出示一下你的数据？

**同学丙：** 这篇报告的数据并不是特别准确，我们只是考察了大体情况，访问了一些商户。

**教师：** 观察、描述一个事情是要负责的。

**同学丙：** 当时我们做这个考察的时候，老师说要有问题意识，结果发现很难找到切入点。我们三个坚持要把这个项目做下来，后来我们找到了一个文化工业化理论，我们觉得可以从工业文化对大众精神价值的侵蚀这个角度入手。

**教师：** 选题角度很有高度。从这个报告来看，作者也懂得怎么观察，最大的问题是你实际上能否做到，做到什么程度。

**同学丙：** 数据不太充分。

**教师：** 数据不充分，议论那么多，这是观察的最大忌讳！我不是批评过吗，"材料不多观点多，问题不多答案多"。关键就在于，知道一个题目怎么干好，这是必要的，但是你真正扎扎实实做到没有？并不是知道了就行，那中间还有很多事要做。

对同学丙来说，不光是一个数据问题，数据可能是技术上的。我觉得在立意上可能也有些问题。你有没有想过，地坛书市这样一个特定的场所，它所能够显示的信息有什么特点？对于调查研究来说，这

**走进哲学**
练就批判的头脑

是样本选择的问题。样本选择是可以讨论的，而且各家有不同观点。但你选择的前提、根据要交代给大家。要说明你的这个大题目，为什么上那儿去调查？你用什么方法找到需要的事实根据？这才是做科学的、认真负责的研究。关键之处不能轻率地、想当然地一晃而过。一晃而过就是忽悠了。把握这一点很重要。

第二课　实地观察训练

## 观察四：城市文明的角落：地铁乞讨现象分析

**同学甲**：地铁这个快捷、便利的交通工具，在都市生活中扮演着越来越重要的角色，它如同一个浓缩的小社会，每天都会发生各种各样的事情，折射出世间百态和人情冷暖。我们组选择这个地方，目的是通过十个成员不同的视角发现问题，并进行探讨。

我与同学乙根据之前乘坐地铁的经历，经过思考，一致决定将观察的重点放在地铁乞讨现象上。乞讨现象并不少见，在地铁上更是家常便饭。但是有不少乞丐给人的感觉是职业乞讨者，他们经常在地铁里活动，对于城市风貌和地铁环境造成一定程度的不良影响。这种现象究竟能否得到有效的制止，或者能否从根本上解决？抱着这一系列的疑问和好奇，我们确定了观察目标，进入地铁站。

我们的第一个目标是同地铁工作人员、站务人员进行交流，了解他们对于乞讨问题的看法和解决意见。我们首先遇到一位男安检人员，看了半天没好意思开口，因为他太忙了。几分钟后一个看起来比较温和的男工作人员过来协助乘客购买地铁票。等他忙完我们立马冲上去问：您好，我们是附近的大学生，有个问题想请教您。请问您在这边工作的时候有没有遇到乞讨人员进入地铁站行乞？这位工作人员说，他来的时间只有四个月，是个新人，并且在十三号线上很少见到乞丐，那些人主要集中在四号线或者二号线上。建议我们去那边看看。

第二个目标：我们换乘二号线到达积水潭站。积水潭站的人流量很大，不少站务人员都在忙碌。我们把目标转向一位清洁员工，大概五十岁左右的年纪，正在四处打扫乘客丢在地上的垃圾。我们走上前同他交谈："您好，我们是大学生，想要跟您了解一下关于地铁里的乞丐的一些信息。"大爷很热情地说："乞丐在这边很常见，各种各样

## 走进哲学
### 练就批判的头脑

的都有，绝大部分是外来人员，彼此间多为老乡。残疾人、抱小孩的妇女居多。"我们问："地铁的工作人员不管吗？为什么他们可以自由地出入地铁站进行乞讨，而地铁公司却天天都有广播号召大家文明乘车，爱护站内设施，共同抵制乞讨卖艺等行为？"大爷说："不是不管，是管不了。这些人打游击战，前脚赶走后脚就又转回来。并且人家买票进站，进站时候是乘客，没有理由阻止他们。更何况还有人拿着残疾证，连票都不用买。"从乘客化身为乞讨者，也就是一瞬间的事。地铁的员工并没有执法权，不能限制这些人的自由，最多也只能好言相劝。说得稍微厉害点，乞讨者还会跟他们吵架。"那难道就没有办法限制他们了吗"？大爷说："有乘客举报或者他们工作人员发现的时候，也会举报到公安，公安机关有拘留或者罚款的权力。当然这也得看情况，如果真的是可怜人，没有生活来源的老弱病残，也是没有办法。""为什么愿意在地铁里乞讨？""地铁里冬暖夏凉。也没有城管驱逐，加上人流量大，愿意给钱的人相对较多。乞讨成功率高，并且一进来就可以待一天，不用怎么换地方。""据您的了解，乞讨人员的收入是怎样的呢？""一天多的可以讨到好几百，有的月收入达到五千多。我一个月早晨四点起床，从六点半工作到晚上九点半，也才一千二百六的工资。加上补贴最多才两千。我是临时员工，那些正式的地铁站务人员，固定工资也是从一千多到三千多之间。跟乞丐比还真差不少。""怪不得有报道曾经说乞讨者遭到地铁工作人员制止时，很不屑。您认为根本的解决方法存在吗？""有，社会的贫富分化太严重了，这些人终究是可怜人，要地方的政府来管，给他们以经济来源和固定的工作。不要都来到北京，北京的收容所、福利院也不够，一般这些人去了也是给送回原籍地，还是要地方给予一定的协助来解决生存问题。这样就不会有这么多的人流浪北京了。影响市容、影响地铁的形象。"

接下来，请同学乙介绍一下我们同第三个目标的交谈内容。

## 第二课　实地观察训练

**同学乙：** 第三个目标是一名穿着警服的公安人员。我们来到13号线西直门公安站点，以乘客身份向他们反映说自己在地铁上遇到了乞讨者，影响乘车，应该向谁反映这个问题？怎么解决这个问题？公安人员回答说："如果是在行进的地铁上，比较麻烦，较难控制住，乘客可拨打110。如果是在站台遇到乞讨者，可以向站台工作人员进行求助。由于这些乞讨者也是买票进入地铁站，没有权力阻止他们进入，唯一可做的是劝说教育他们别在地铁上行乞，但又有人有这个同情心，愿意给他们钱，所以他们也就继续在这儿行乞了。"

最后，我们在乞丐较为集中的2号线上，看到一位穿着较为邋遢的矮个女子用布背着一个几个月大的孩子，手中拿着一个布袋向乘客乞讨，乘客见此状，多为垂下头、看手机、玩游戏等。在以前坐地铁的过程中，我们还碰到其他形式的乞丐：前面的乞讨者拿着麦克风，身上挂着喇叭，后面牵着一位盲人或一位老人，唱着凄凉歌曲；还有失去双腿坐在滚车上，用手协助自己前进的乞讨者。

接下来由同学甲来分析一下乞讨现象产生的原因。

**同学甲：** 乞丐分为两种：真乞丐和假乞丐。真乞丐即老弱病残幼，为了生计迫于无奈；假乞丐懒惰，想要不劳而获。有些新闻报道说乞丐的收入大于白领，月收入达到一万多元，有房有车吃喝不愁，导致某些想发家致富又不愿意付出努力的人仿效。根据报道，位于北京郊区的苹果园（地铁1号线终点站）是地铁乞丐的聚居区，至少有50—60人。那里有些老房的月租才150元，不仅便宜，而且离地铁很近。绝大部分乞丐选择在人流量较大的地铁1、2、5号线换乘站一带乞讨。乞丐们一般不在上下班高峰期出现；每逢春节、"五一"等大节，乞丐为躲避严查都先回家躲避，这样就形成了相对完善的乞讨模式。

我们分析，乞丐产生的具体原因有：

1. 城市乞讨的管理机制不完善，分工不明，管理不当。公安、城管、交通、卫生、民政部门之间的分工不够明确,协助配合不足,很容易出现"踢皮球"的现象。

2. 对于欺诈乞讨和犯罪型乞讨的打击力度不够。

3. 社会保障制度和流浪者救助制度不完善。救助制度虽然存在,但是在执行的时候,对于被救助者群体的范围定义不明确,救助措施的可持续性不足,被救助者如果无法获得稳定的经济生活来源,很有可能再次沦为乞丐,造成恶性循环。很多乞丐不愿意去救助站,认为耽误挣钱,不自由而且不能常驻。很多乞丐尤其丐帮的主要成员,离开一天,其收入就会减损很多。

4. 公民素质有待提高,对此类群体的人生观和价值观的教育不足,造成伦理道德的缺失。不劳而获、懒惰思想影响比较严重。

那么,他们为何选择在地铁里乞讨呢:地铁里环境好,冬暖夏凉。而且不容易被管理员驱逐。买一张二元的票就可以在地铁里待一天。投资少、效率高,基本零风险。乘客人群集中且相对稳定。以学生和白领、上班族为主。同情心较重,有一定的经济实力。每个人在地铁里停留的时间至少一站地,足够行乞者达到自己乞讨的目的。

通过我们的观察,乘坐地铁的人以20到50岁的年龄段为主,比较注重自身的形象,爱面子。行乞者尤其喜欢向爱面子的中年男子、年轻女性、恋爱情侣乞讨,成功率较高。特别在面对情侣时,一般男性会更愿意在女友面前表现自己,所以很容易拿到钱。

**总结:当前我国解决地铁行乞问题的措施**

**同学甲:**1. 警方表示,不提倡个人在地铁给乞丐钱物,以助长不劳而获的思想,见到类似的乞讨行为,乘客可以马上和站台的协警或者地铁公司投诉中心联系,由警方进行处理。

2. 地铁公司人员表示:我们接到乘客的投诉后,会立即与轨道交通公安分局联系,他们会通知定点稽查警务人员到指定车厢去执法。

我们地铁公司没有执法权，不能强行制止那些乞讨者。我们能做的是倡导乘客抵制他们，其次是加强巡视。

3. 社会学家周孝正说，地铁乞丐是一种正常的社会生态，在具体操作时，既要体现一个城市的人性温暖，又不能过分纵容。他认为，应尽快修订《城市流浪乞讨人员救助管理办法》，以"分而治之"：对残疾人、未成年人和老年人，要积极引导他们到救助站；对恶讨、强讨、骗讨行为以及非法组织乞讨团伙，要予以严厉打击。

4. 北京市石景山区救助管理站站长李立新认为，它反映了市民的环境权与乞丐的行乞权之间的矛盾。"在特定时期（如国庆日等）的特定时间段设立临时禁讨区是平衡两者权利的处理方式之一。"目前很多城市为解决乞丐影响社会管理秩序的问题，设立了永久性禁乞区域，然而很多社会学者分析，根本的解决方法，还是要加快完善社会保障和救助体制。

这是我们对乞讨现象存在的原因分析以及所了解到的国内对于乞讨现象的解决方案。接下来请同学乙给我们介绍国外对于这个问题的一些解决方法。

**西方国家救助流浪乞讨人员的政策**

**同学乙**：1. 美国：政府在救助管理上推行"小政府、大社会"政策，救助资金主要来源于政府资助和社会资助。政府资助包括联邦政府、州政府、市政府的资金投入，社会捐赠包括慈善机构、教会及一些个人、企业、社会团体的捐赠等。美国的救助站里面非常干净，每个人都有单人床和贮物柜，生活设施一应俱全。此外，救助站还有图书馆、医务室、阅览室、计算机房、健身房等其他配套设施，甚至连宗教祈祷场所也都是配套的。被救助者可以根据自己的情况决定何时离开救助站。

2. 法国：巴黎"无家可归者救助队"就是一个专门为居无定所

的流浪者提供帮助的警察机构。一旦接到无家可归者打来的求助电话，或者是市民的"举报电话"，机构会立即通知在附近巡逻的队员，要求他们火速赶往指定地点实施救助。队员在对无家可归者进行简短审查，确定他们的身份和所需要的帮助后，根据不同的情况与相应的救助中心联系。

3. 澳大利亚：2008年陆克文政府发表一份流浪者白皮书——《回家路》，建议大幅改善对无家可归人士的服务。此外，澳大利亚鼓励全员参与救助流浪者，并注意维护流浪者的自尊心。在澳大利亚有一种名为 Soup Kitchen 的食堂，专门为流浪者提供免费饮食。这项措施大大维护了流浪者的自尊，也提高了流浪者的自我评价。

### 从法律角度看乞讨行为

《北京市城市轨道交通安全运营管理办法》第三十四条第五项有相关禁止规定。第五项规定不得从事兜售物品、散发广告或者反复纠缠、强行讨要以及以其他滋扰他人的方式乞讨等影响乘车秩序的活动。

《城市生活无着的流浪乞讨人员救助管理办法实施细则》中有较为详细的规定，如流浪乞讨人员向救助站求助时，应提供本人情况；救助站为受助人员提供服务；受助人员在站内突发疾病如何处理；受助人员放弃救助离开救助站的相关事宜等。

虽然颁布了较为详细的救助办法，但乞讨人员还是不愿离去，这是为何？从网上看到一个采访——《为什么乞讨者不去救助站》。首先，个别救助站条件之差，令人望而生畏。救助站虽说各方面条件还不错，但每天也只是保证6元的生活费，这点钱他们在外面很容易乞讨到。其次，流浪乞讨人员住在站里，几天之后就要被送回去，不是长远之计。某行乞者说，虽说住在里边吃喝不愁，但没有银子进账，在里面也待不住啊。最后，住在里面，肯定有里面的规矩，这对他们自由散漫惯了的人来说，无异于受罪。

通过分析调查的资料，我们得到了一些启示，接下来探讨一下。

**同学甲：**我来讲一些个人的想法，不一定科学，希望大家批评指教。

1. 行乞者个人：习惯了"伸手要钱"的生活方式，缺失积极进取的生活态度，需要心理治疗。对其价值观和人生观进行科学引导尤其重要，要帮助其树立自立自强的生活观念。同时没有技术、手艺，难以在社会上生存，可以从最简单的做起，进行就业技术指导。

2. 国家对比：发达国家救助流浪者，除提供物质保障外，已经开始考虑如何提高其自尊心了。另外，即便澳大利亚是发达国家，其慈善工作也不是由国家独自承担，而是由个人、非政府组织等共同参与。我们应考虑从制度层次改善。

3. 社会人文关怀。国家制度建设固然重要，对于残障人士和贫困家庭的资助与尊重也很重要。此举可拉近人与人之间的关系，让他们感到自身的价值，使他们从心理上感到尊重。

4. 乞讨现象是否能从根本上解决呢？在我国它是自古存在的，纵然是美国、澳大利亚等发达国家，乞丐也是普遍存在的。这个现象是不是人类社会所固然存在的，不可能消灭的？乞丐是由贫穷产生的，还是因个人素质不高和生活价值观不正而产生的？乞讨现象无法消除，它可能是这些人自己选择的一种生活方式，那么我们是不是应该考虑，如何让他们能成为一个体面的乞丐，让他们能融入我们的公众生活，同我们和谐相处？如果说乞讨现象会一直伴随着人类社会的发展，那么乞丐的存在或许有它存在的价值，甚至说它可以时刻提醒政府，提醒我们每一个人，这个社会一直存在贫富差距，存在着一些弱势群体，他们需要我们的关心和帮助。

我们的报告先到这里，感谢指导老师的帮助和全体成员的配合，请大家提问、讨论。

## 走进哲学
### 练就批判的头脑

**同学丙**：我觉得她们这个做得特别好，观察全面、深刻，而且中外进行对比。我之前在《南方周末》看到一篇关于乞讨的文章。从那篇文章来看，组织性非法乞讨是目前大城市最主要的一种形式，它有自己的内部生态，不是谁都可以去乞讨，你穷也不一定让你乞讨，你乞讨必须加入一个组织，进入一个管理系统。还有更可怕的，现在社会上拐卖儿童很多，被拐卖的儿童有一批是被特殊处理了，直接在幼儿时被伤残，年龄不大被人背着去乞讨，大一些自己去乞讨。有这样一个循环在里面，残疾让我们的恻隐之心受到极大触动。这种集体性有组织性的乞讨行为，是我们更应该去关注的，而且关注难度大，维稳成本也大。组织性的乞讨行为可能随着我们经济的发展会慢慢缓解，因为这种组织性毫无疑问有它非常深刻的文化背景。所以可能的话，她们组这个调研，往非法的有组织性的乞讨去找一找，看有没有这样的资料。

**同学丁**：你知道去年微博上发起随手拍解救被拐儿童的活动，事实上网上那么轰轰烈烈，几乎人人参与，他们有成果吗？他们最后只找到两三个孩子。《南方周末》最后没有报道，是另外一个报纸报道的。他们预设有这么个前提：这些儿童被拐后会怎么怎么样，要帮他们找父母，最后没有找到。

**同学丙**：但是你这个现象会出现两个结论，一个结论就是你说的——没有，第二个结论就是太难找，难找就是因为他这个组织太严密，你不可能去突破他的组织，或者以我们目前所付出的精力和所投入的相关方面的措施是不够的。你说得像微博只是网友一个简单的参与，这个东西是完全不够的。

**同学甲**：它是个违法犯罪行为，国家机关要负责，它是个犯罪团伙，这不是公民力量可以解决的。

**同学戊**：我们经常看到抱着吉他在表演的人，以我的心态来说，我觉得他唱得挺好的，才愿意给他钱，完全不是因为他在乞讨，这类

## 第二课 实地观察训练

人能算到乞讨范围么？我觉得这里面是存在交易行为的，他表演，我给他钱。

**同学甲：** 我们没有把这类人归到我们今天要说的地铁行乞者，他们可以算成街头艺人。

**同学戊：** 因为刚才听到你们列举了，没有把此类排除在外。

**同学甲：** 我们刚才说的是那个唱着歌、带着喇叭的行乞者。他们一般都是唱着比较凄凉的歌，而且没有什么水平。和你说的不是同一种。

**教师一：** 什么是观察？观察不只是用眼睛在看东西。所有的观察都要分析，把来龙去脉搞清楚，而不只是看见什么。看只能见到外表，说明不了更多。分析思考则是进入到事物里面观察，搞清楚来龙去脉，这才叫观察。

再一点，她俩从地铁谈及了美国、澳大利亚。能想到去网上查国外的资料，查法律资料，这就是一个视角的拓展。从一个点谈及另外一个点，从小的现象看到大的问题。你不是想出来的，是通过考察、搜集、整理资料来找这个视角，分析它。这就是实实在在的观察。不是联想，而是思想。这样你说得再多，人家都不觉得多，反而觉得没说够。不怕你谈多远，只怕你不知道怎么说到远的。一定要找一条路，把多个事物联系起来。思想，在这里就是把所有东西能够联系到一起，而且这种联系都是有迹可循的，这就是逻辑。可见光是观察这一项，能把这个事情弄清楚，本身就已经很复杂了。

目前乞丐是无法根除的，是一个必然的负面现象。只有在一个梦想的社会里根除它才不是一个梦想，在现实社会是无法根除的。那么，设想怎么能够在合理的范围之内，让大家的同情心、爱心得到体现，人们的处境得到改善，不受侵犯，有做人的尊严？社会所能做的工作是通过一套社会机制以及个人的努力，让这个事情正常化。

**教师二：** 谁愿意做乞丐？乞丐是不体面的。发达国家也有很多乞

## 走进哲学
### 练就批判的头脑

丐,但他们的乞丐很体面,大部分要钱的时候很隐蔽,不让人看出他是乞丐。所以,我们分析的重点不在于是什么原因让他们做一个乞丐,而是说什么原因让他们不能成为一个体面的乞丐?中国的乞丐是赤裸裸的、不体面的,我觉得这也是可以策划的一个讨论话题。

**教师三:** 两个同学发言准备充分,论证充分,很好。有一句话:"让他们活得有尊严,成为一个体面的乞丐。"这让我想起很多。我们小时候很穷,怎么没想到做乞丐呢?是我们的政府有问题还是乞丐有问题?谁的价值观有问题?我觉得你们刚才有一句话是不对的,说乞丐"没有科学的价值观"。我觉得其实是我们的社会有问题。"叫花子"这个词,不知道你们有没有考查过,它不是不劳而获的意思。乞丐是以乞讨为生的,是社会发展不完善的结果,但绝不是一个社会的丑闻。真正的丑闻,上边有吃不完的饭、喝不完的酒,而很多人却生活无着落。前几天我在公主坟正好遇到一个真乞丐,一个小女孩,毛笔字写得特别好。我走的时候给了她五十元,本想多给,但是很多人在拍我,所以就有点无奈。有句话是对乞丐的不尊重:"打击乞讨卖艺。"这不是一个文明政府应该说的话。谈及救助,我们有,西方也有。但我们的救助主要是为了打击,是打击的过程中的一种补救措施,不是救助。所以我觉得,你们应该考虑怎么改进对乞讨人员的管理和救助,而不是讨论乞丐们应该怎么做。每个人都有自己选择人生生活方式的自由。

**同学甲:** 老师批评得也对,但是我们刚刚讲的,缺乏科学价值观的乞丐,指的是现在社会上存在的一些假乞丐,特别是一些乞丐犯罪团伙,通过各种欺骗甚至犯罪的方法,比如拐卖儿童甚至将小孩子故意致残来组织乞讨。真正的老弱病残,我刚才也讲了,他们是迫于生计而降低自己的尊严乞讨的,他们只求维持生计,这种乞丐我们是当然抱以同情和关怀态度的,不能指责他们没有科学价值观、人生观,苛求他们应该如何自立自强。

## 第二课 实地观察训练

**同学乙**：对于老师所说的第二个问题，我们其实也有过搜集资料和思考，只是觉得说出来有点大空话，政府应该怎么做来改进对乞丐的管理、救助，比如民政部门、民间力量如何加强组织领导，这些都是比较空和宽泛的，至于特别有执行力或者更加具体的解决方法和政策，一是我们没能力参与，二是也确实没想到。

**教师一**：这个观察报告是我们见过最好的，不但内容完整，"七个W"全部具备，时间、地点、人物、原因、过程、结果、看法都具备了。而且形式也很新，陈述方式有实景感。刚一上来，我还想你们是不是要说相声？说相声也可以，一个捧哏，一个逗哏。但你们现在是"接龙式"的，这个形式很好，有创意，值得肯定。将来还可以用问答式、辩论式的。我觉得有一点希望再突出或提升一下。你们说到这个问题是一个世界性的有争议的问题。过去把乞丐当作下等人、最不齿的人，那种等级观念现在被颠覆了，因为开始重视人权了。

当然，你们所说的用非法的不道德的方式去赚钱的"假"乞丐，是要根除、要打击的。剩下的所谓"真"乞丐，其实也有两种：一种是为生计所迫，不得已的。这种乞丐是社会要重点救助的，保护和尊重他们的权利，不管什么部门，都应认真考虑，端正态度去解决他们的生计问题；还有一种，选择以乞讨作为生活方式，不能说这种生活方式是不劳而获的，乞讨也可以当作一项工作，要打扮、要设计、要营造场景。

**同学甲**：有的就类似街头艺人了。

**教师一**：对，类似"街头艺术"。这种之所以存在，就在于能要到，甚至比地铁工作人员的月收入还高。有人愿意要，有人愿意给，为什么不行呢？现在问题的焦点，就是做乞丐是一种什么样的生活方式？再进一步分析的话，其实还有区别：有人是反社会的，抗议式的，抗议社会制度体系，对抗公众道德；另一种是逃避式的，不愿意或者觉得自己没能力做别的事情，就选择做乞丐。我在国外比如东京

## 走进哲学
### 练就批判的头脑

地铁也见到过,地下室很空的地方,有的乞丐就用纸箱子圈起来,作为自己生活的小圈子,放着黄色读物,风不吹雨不淋,想干什么干什么,自由,过得很滋润。他喜欢这样的生活方式,这就是他个人的人生价值选择和定位,是一种思想状态和价值观。

  作为一个哲学观察,我们可以把问题集中在这里:如果是我,我为什么认为应该或不应该这样选择?要把这里的问题想透,把道理想明白。就个人来讲,每个人都有选择的权利,做乞丐还是就业,是可以选择的,也是可以分析的。每个人都要有选择。那么我为什么认为这样选择是对的,那样选择是错的?道理要讲透,要服人;而国家应该怎么做,公安应该怎么做,或者社会学家说应该怎样,都有人说过了,还可以再从哲学角度考虑一下。总之,国家、社会怎么样对待这样的事情是最合理的,个人怎么看待这个事情是最道德的,最有尊严的,要让最合理的理念形成一种社会共识,这就是哲学层面上的人生价值的思考。

第二课　实地观察训练

## 观察五：市场大潮中的文化守护

**同学甲**：我今天分享的题目叫"潮流书店——文化传承的阵地，实体书店的生存方式与文化传承"。我选取的对象是三联韬奋在三里屯的24小时书店。它是三联书店企业集团下的分店。三联是现有实体书店中的一个老字号。但是这家分店很新。它成立于2017年，选址是全北京租金水平很高的一个潮流地带，也是北京的夜生活中心。看一下图片，三里屯的夜景非常繁华，灯火通明，人流如织。这个书店的选址导致了它的一个生存困境，就是高成本。而传统实体书店的利润又是非常低的。它为了生存下去，一定要保持利润率，不能只靠什么信仰。因此这个新兴实体书店就在原有的单一的售卖书本的基础上，扩大自身的职能，增加了许多新的职能。从它的经营许可证上就可以看到，它的经营范围扩大了，出现了很多类似文化IP周边的售卖的经营权限，比如里面有大面积的漫威的漫画书、海报，很多文化IP的纪念品，还有故宫的文创产品等。书店已经不再单一地陈列书本。此外，它还在一层专门划出了占书店面积大概20%咖啡消费区；在结款台处，将很大部分租赁给了一个手工陶瓷培训机构，用于教学销售。我去的时候，就有很多家长带着孩子过来上手工陶艺课。有些家长会在旁边看书，孩子上完课之后会带孩子进书店逛一逛。

我采用了社会学中的调研方法如观察法、深度访谈法，还有问卷调查等。这家书店的一大特色，是它的室内装潢设计，是在一个高挑的空间建了两层，然后有一个环形的走廊，通过这个环形走廊可以穿过整个书店。这个特色可以说是一个网红景点。它吸引了很多自媒体和网红进行拍摄，很专业地拿着三脚架、单反，还有布光，甚至还有话筒什么的，都是在寻常书店中不太会见到的。

通过以上职能转变的观察，我们可以看出三联老字号新开的这个

## 走进哲学
### 练就批判的头脑

书店,其生存方式已经发生了极大的转变。由于网络售书的快速发展(网络销售有低廉的仓储成本),实体书店与网络相结合,才能改变盈利方式,谋求长期发展。当然,这并不意味着实体向网络的单方面投靠。事实上,在我对消费者进行的访谈中,所有人都认为,书店是他们最重要的常规文化场所。除了一些学生可以在教室或者自己学校的图书馆看书以外,对于很多工作的人来说,除了他们自己家的书房,书店是他们的第二个文化场所。而对于没有书房的家庭来说,则是第一文化场所。可见实体书店生存方式的转变,不仅仅是迫于网络售书的外部竞争压力,也是为了适应新时代消费需求的积极转变。驱动实体书店进行自身转型的原因,主要是以上两点。

  转到主题上。我认为它是一个文化传承阵地,在文化研究视野下,也是一个文化领导权谈判的阵地。为什么?上面我刻意省略了一个部分:当我进入这家书店的时候,有一个"北京国际图书节百家千场系列阅读活动",主办者落款是"北京市委宣传部",可见是一个具有官方意识形态属性的活动。这也代表这个书店兼任的一种职能,就是作为国家文化建设的一个阵地,发挥着文化教育的重要功能。三里屯这条街,曾是北京一个著名的脏街,充斥着以寻欢作乐为基调的低俗夜生活的标志。直到2017年,在北京市政府的治理行动中,脏街经过整改,诞生了这家24小时书店。它的出现很必要,并非偶然。它以温和的方式,为在这个区域曾经纸醉金迷式消费的青年群体,为一直在这里逛街、吃饭喝酒的人提供了一个全新的选择,就是去看书。所以说,它不仅仅是一个零的突破,还是一种有要比没有好的选择方式。我把它比喻成"灯塔式的阵地"。我觉得,这个书店创造了一个实践性、动态性的场域,为多种不同文化的交汇提供了条件,同时也塑造了一种新的平衡。这种平衡有利于文化的传承,起着积极的推动作用。不论是推动文化的发展,还是满足青年亚文化群体的自身的需求,它都起到了非常好的平衡作用。这就是我的主要观点。谢谢

## 第二课　实地观察训练

大家!

**教师一**:现在大家谈谈吧。同学甲的观点很鲜明,而且他选了一个咱们班可能大多数人都去过的书店,所以大家应该比较有想法。

**同学乙**:那我说一下吧。我从网上查了一下,这个书店的成立和开业是 2018 年 4 月 23 日。有文章说,该书店是由政府主导的意识形态和青年文化之间的谈判,这一点我有所认同。因书店出门左走不远处就是各国使领馆。在如此特殊的地方建书店,必定有引领文化交流、传播中国文化的含义。但现在是否真正起到了这样的作用,还有待商榷。据开业当天媒体对负责人的采访可知,该书店自己的定位,是"让读者感到舒适、自在,能够停留交流,这非常重要。书店,不仅仅是售书场所,而且是城市社区的文化生活空间。"三联另外几家 24 小时书店盈利非常好。基于多种原因三里屯店也选择了 24 小时模式。总之它是身兼数任,不要单一化理解。

**同学甲**:好的,谢谢同学乙的提问。这个书店的店长接受采访时提到了,成立初期就是有意的。因为附近居民有时不堪热闹喧嚣的骚扰,很希望保持一点平静。所以说,这个地方的文化空间的职能,和我所说的文化阵地的功能,是重叠在一起的。这是不同的论述空间。

**教师一**:问题显现了:文化的空间环境功能与意识形态功能,二者是否冲突?同学们都谈谈。同学丙,你当时是不是也去了这家书店?

**同学丙**:对,我们也去了。我对同学甲的阐述有三点疑问。首先,你讲到"实体书店的生存方式转向",而我只看到转变后的景象,并没有看到转变之前的经营模式。我个人认为,将二者之间的对比展现出来比较好。

第二点,你提到"存在于夜生活中心的书店……面向那些……对商业化、娱乐化反感的人提供一个栖息地"。我对这句话存在疑问。书店就是销售商品的商店,而且我发现该书店将一些更贴合市场的书

## 走进哲学
### 练就批判的头脑

放在显眼的位置,比如直映眼帘的,是它摆放了很多符合当下大众口味的书,如之前大火的一个综艺节目叫《奇葩说》,出了一系列的书,还有《一禅小和尚》《断舍离》《阿弥陀佛么么哒》,等等。而文化底蕴深厚的一些书,却不是很容易找到的。这样的做法很有迎合市场资本的趋向,说它是反对这种商业化、娱乐化的心灵的栖息地的观点,是有待商榷的。同学甲把书店的地位拔得太高了。它肯定有文化教育的功能,但把它作为"阵地式、灯塔式"的,个人认为并不是特别恰当。

第三点,就是书店里的手工陶艺课、咖啡店,它在这里能够吸引人们去消费的原因是什么?跟专业的陶艺店、咖啡店相比,它的优势又在哪?不知同学甲有没有做这方面的调查?

**同学甲:**谢谢同学丙。我就回答一下我能回答的部分。第一,我主要是被这家书店的特点吸引了。当然如果增加样本量,尤其是通过对比方式的话,肯定是更具有说服力的。但是,传统书店的经营方式可以说是不言自喻的。我们从小就去那种书店,包括一些二三线城市的新华书店,还保留着传统的方式,就是大面积卖书,有些变化,也只是增加一些小片的座位,本质上还是以售书为主业,或者说就是方便居民去买一些特定读物如教辅书,保留一个国有大牌的形象。而这个书店截然不同的地方,就在于它增加了很多文化周边产品,包括非常费工夫同时也费钱的室内装潢设计。所以我觉得这是新兴的潮流书店与传统书店的一个区别。现在的传统书店也在不断地向潮流书店转变,已经很难找到纯粹意义上的传统的书店了。

第二点,你刚才提到,书店本质上是一个售卖书籍的商店,它运用一些新兴的、现代的、符合消费者需求的商业营销模式是必要的,包括畅销书籍的陈列,这应该是书店营销惯用的手段。本质上,在商业书店场所内讨论它的营销方式是合理的。无论是采用什么样的营销方式,都是一个书店应该做的事情。至于它是否能真的承担我提到的

## 第二课 实地观察训练

对反感商业化、娱乐化的人提供一个栖息地的角色,首先可以这么想:这个书店自身有很多非常专业类的书籍,包括历史的、哲学的。我当时印象很深的就是,从左边门进去的时候看到的先是《艺术的慰藉》,很火的一本艺术哲学书。再往上走,就是那些摆得很密集的、关于历史、哲学、文学的书。所以这个书店不缺乏有深度的选择供应。只不过它根据消费者的喜好进行了陈列。我想,如果真的想去看有深度的书的人,他会径直地越过畅销区,走到他自己想要去的地方。

这家书店非常有意思。它的北边有一个养老院,存在很久了。我近几年去过很多次三里屯,一直觉得这个地方非常吵,会不会影响老人们休息?酒吧变成了书店,客观上肯定是降低了喧闹程度。我以前不想去三里屯,因为那个地方都是高消费的场所如酒吧什么的,没有我想要的东西。现在我想去了,因为那里有个书店。从这个意义上讲,我觉得它提供了一个栖息地。至于这个灯塔式的意义,不是在拔高它,而是在提纯它。这家书店由于肩负服务我国文化发展的职责承担了这样的一个职能,我觉得是合理的。从这个意义上讲,我觉得是可以提纯出它作为一个"阵地式、灯塔式"的存在的。我相信,对于经常活跃在这个区域的寻欢作乐的年轻人来说,当他们凌晨从酒吧里出来的时候,发现有个书店还开着,可以不用去 KTV,而去书店遛一遛。所以说它的意义就在这里。灯塔本来就是一个导航的作用,它的实际占地面积是很小的,它这个光其实就是星星之火那种感觉。所以我觉得从这个意义上讲,它不具有灯塔式、阵地式这么一个意义。

**教师一:** 同学甲关于拔高与提纯,还有对灯塔的陈述很有意思。激情而雄辩。但刚才涉及的问题,在事实描述方面似乎差别不大,只是对其意义的评价表现出一定的差别。我们不妨再深入一些:通过传统书店和新兴书店的不同模式比较,大家对书店一方面要承载文化传承和引领,另一方面书店为了生存和发展必须遵循市场规律,二者之

## 走进哲学
### 练就批判的头脑

间是一种怎样的关系？目前出现了何种转变？大家可以从多角度分析，不必完全针对发言的同学。

**同学丁**：我提两个问题。第一个问题，我觉得同学甲的这份报告缺少了一份对三联韬奋书店顾客和三里屯酒吧顾客重合度的调查。因为从日常生活经验看，如果一个人今天晚上去三里屯，那他要么选择去酒吧刷夜，要么选择去书店刷夜，有谁去完酒吧之后，真的再要去书店看书？今年元旦的时候，我和朋友去了韬奋书店。我们在看书的时候，就有警察来带走了两个喝醉的人。因为他们喝酒之后没地方去，就去24小时都开业的韬奋书店睡觉。有顾客不小心踩到了他们，于是就发生了冲突。所以我觉得，同学甲说的这个"灯塔式"作用，是理想化的。所谓"灯塔"的受众到底是哪些人？是否真的有人会在唱完歌喝完酒后，再去书店逛？换句话说，有多少人真的受到了"灯塔"指引？如果想要证明这个地理位置特殊的书店的文化交流性，还是需要有一些具体的调查。

第二个问题，同学甲在第一段说他采用了深度访谈这个调查形式，但是文章中也没有说起具体是怎样操作的。我想请问一下，有没有对这方面的补充？

**同学甲**：谢谢同学丁的提问，我觉得她提的非常好，确实点出了不足，激发我的思考。首先，那个深度访谈的调研方式，我是用手机的备忘录列了几个问题，在店里随机选择一些顾客，对他们进行长达3—10分钟的对话。当然要有对方的配合意愿。设置的第一个问题，就是你是特意来到这家书店的，还是仅仅路过？我觉得这个问题可以反映出他的目的重合度。这个重合度，其实很能作为一个结果来反映它的灯塔式意义的，那究竟它能发挥多大作用。当然我没有去问你去了酒吧之后会不会去书店，或者去了书店会不会再去酒吧。我当时设置的问题只是你是特意来还是路过。印象是，大多数人是特意来的。因为他们听说三里屯有一个网红书店，就奔着这个名声来了。我当时调查了 8 个人，里面有 5 个是附近的居民，从三里屯南区和北区穿过的时候，发现有一家书店，就进来逛逛。3 个是冲着网红店直奔而来的。这个问题好。如果有时间，我可以进行长期调研，去看看究竟这个灯塔式的意义有多大。这在文章中的说服力确实不是很强。

关于深度访谈，我先做了一个问卷，然后和对方进行沟通。我问他们：除了书店以外，你们有没有其他可以看书学习的文化场所？当时那个答案真的很出乎我意料。因为作为一个学生，我觉得我一直有学习的地方，就是教室和图书馆。但对于那些社会人来说，真的很少有时间或者有专门场地去学习。所以我才意识到，书店真的是一个非常好的文化场所。

**教师二**：刚才的讨论很精彩，有很多观点我也非常认同。同学甲是否有点拔高了书店的文化定位、功能定位、使命担当？这一判断是因人而异的。同学甲说它在三里屯这个特定的位置，有政府的行政干预，因此实际上有一种灯塔的意义。这点我是同意的。我想三联韬奋书店设在三里屯，肯定要通过朝阳区政府批复的。政府既有商业目的，还有出于提升区域的文化品位、改变周边的文化环境的考虑。要说它是一个灯塔，在一种隐喻的意义上，或者说在一个文化的意义上，可以这样去理解。从经营者的角度来说，这是一种有战略担当的文化眼光。你看它，24 小时不打烊，不管你来不来，我就在这，我就开着灯，开着门，始终是一个开放的、欢迎的姿态。不管你是在周边工作的人、来娱乐的人，还是周边的居民，只要愿意来，我都欢迎的。这种姿态可能是一个很关键的因素。以前的新华书店不是这样的。所以我觉得它的积极功能可能还是有的。但它会不会成为一个很主要的阅读学习场所，则要分群体看，因人而异。住在远郊区县的人，离朝阳很远的人，去一趟的交通成本、时间成本是很高的，是一件奢侈的事情。这个书店的阅读群体的确是大众型群体，在周边居住、周边工作的人，去三里屯比较便利，利用业余休息时间去放松一下，看看

## 走进哲学
### 练就批判的头脑

书，会觉得很舒畅。

"潮流书店"体现了传统与现代的结合，多元文化元素（流行文化、快餐文化、娱乐文化，跟官方的意识形态的东西、学术文化以及外来文化和本土文化等）交汇融合，这对提升当地的文化品位，改善文化环境，还是有很积极的作用的。

据说这个书店的设计灵感，来自北宋的《溪山行旅图》。书店以蜿蜒曲折的拾级而上的方式摆放图书，就像引导人们去爬山。你要从低处往高处爬，要用一些力气，而且沿途可以欣赏到不同的风景。可以驻足旁观，可以凝神沉思，也可以高瞻远瞩。这种设计的空间布局也有他的用意。如果俯看，书店的整体结构就像是一个数学中的无穷符号。无穷这个符号大家可能都在高中数学中学到过。俗话说"书山有路勤为径，学海无涯苦作舟"，书店的设计可能也有这样的寓意。任何一个书店尤其是实体书店，在当代科技的和阅读方式背景之下，最重要的就是怎么样能够把你的卖点、你的情怀，很好地跟消费群体能够接受的那个点结合起来。我想在三里屯开这个书店，肯定前期做了很多调研、论证、构思，从目前来看还是很成功的。

**教师三**：对于书店，可以从几个维度去谈。不能仅从纯粹商业的角度去考察，更应该从文化的角度去考察。就是说，可以将书店对我们所在城市的文化引导作用以及对文化环境的塑造作用作为一个重点。刚才同学甲说是一个灯塔，是有道理的，但要看从哪个意义上说，需要分析消费者是谁。对于读书人来讲，这个书店肯定是很好的一个场所；对于那些到此处饮酒消费的人来说，书店可能就是他们临时驻足的一个场所，并非文化意义上的一个符号或环境。

虽然现在的很多书店是纯商业的，但也有公益的。据我了解，北京西四有一个地方叫西四红楼公共藏书楼，它是由原来一个电影院改造的。这个藏书楼里有很多书，全部是免费阅读，它不是那种商业意义上的书店。所以我们去调研书店，是从统计学意义上了解情况，还是从文化分析意义上去了解书店生态呢？如果纯粹从商业的角度来了解，我觉得意义好像并不是太大。而从文化意义上去考虑价值会更大一些。

　　另外，既然讲实体书店，那就可能相对应地与网络书店、虚拟书店、电子图书阅读、电子书店有关联。正如我们上次课堂的讨论，现在很多人都在通过手机和网络去阅读，因为阅读的成本比较低。但我觉得在网络上阅读，对知识的理解往往是比较浅的，是一种浅阅读。纸质书才有文化的书香，并且可以随身携带，反复阅读。所以我认为，在北京实体书店里，不管阅读的人多或少，从文化意义上来讲，书店文化就像雨一样，滋润人的心田，像风一样，传递馨香的味道。这总比老是闻到那些世俗的烟火味儿好很多，可以让人的心灵得以安静。所以我觉得书店存在的意义，应该是我们此次实体店调研的一个目的、一个方向。

> **走进哲学**
> 练就批判的头脑

## 观察六：其他片断

### 水立方

同学乙在考察水立方之后，认为其开放程度不够高，没有落实"与民共享"的宣传理念，老师的追问如下。

**教师**：你这次观察得很清楚很准确，但是如果想用你这个观察再进一步得出你的分析和意见的话，你还得观察。比如你认为官方在这些措施上失信于民的背后，到底是他不想还是不能？如果是不想，凭什么、为什么？不能，又是由于哪些问题？解决这些问题的权利和职责到底是谁的？我们应该怎样去推进这些问题的解决？可以结合有关安检问题、票价问题、服务问题的管理决策机制，针对这些提出更深刻、更具体的意见。

观察不能只停留在实然，同时要考虑应然；知道应然也还不够，还要考察从实然走向应然的条件、过程和抓手。我最佩服马克思的就是这一点：他从来不是只说"应该"怎么样，而是重点考虑这个"应该"在现实中有什么样的条件和基础。依靠潜在的趋势，就能够慢慢将应然的东西转化为实然。对任何事情，如果能够看到这一步，就不再仅仅是"愤青"，而开始成为社会改良的推动者、建设者。

### 潘家园旧货市场

同学丙对北京一个古玩市场"潘家园"做了实地观察，他描述了自己看到的一些"古玩"，比如玉石、木雕、珊瑚等。老师的追问如下。

**教师**：嗯，你观察的是潘家园，那么是潘家园的什么方面？刚才叙述了一些最直观的现象，那么你评价一下如何？

**同学丙**：对老百姓来说，潘家园里卖的那些东西，基本上是没有实用价值的。但是为什么人们还是想来这里，这里的生意依然做得火热？我想主要有这样几个原因：第一，人们很有可能把它同清朝时代的潘家园、琉璃厂联系起来，觉得其中会有一些清朝的文物。尽管现在已经没有了，或者不多了。但买到的即便是假的，比如古钱或者字画，也是一种精神享受。商家就迎合这种心理，从民间或者其他地方搜集来这些古玩或者稀奇古怪的东西。虽然很多东西是假的，但是老百姓有这个需求，所以市场看来仍然很繁荣。

**教师：**你的观察只是描述外在现象，用眼一路看过去，有点像中小学作文，不太像哲学观察。哲学观察需要有宏观的立场和角度，从这个立场与角度出发，分层次逐渐深入你要说的问题。比如你说的供与需的问题，应该怎样分步骤分层次地慢慢接近这个目标？你所描述的现象怎样来论证你要表达的观点？比如供需关系是怎样体现的？买卖什么东西的人多，什么东西讨价还价比较激烈？从中看到的能证明你后面所说的结论。这样的部分要突出出来，抓住要点。不然你的观察与后面的结论就脱节。现象层面的观察与透过现象看出背后的关系和结构，二者是不一样的。怎样用你所描述的来揭示背后的关系，这是观察的深度问题。

### "养老防儿"

同学丁看到社会上有了"养老防儿"的说法，于是认为，目前出现"啃老"现象的本质是"年轻人所面对的经济压力的增加远远超过了个人收入水平的提高"……

**教师：**我对你的本质定论没有评价。但我首先对你提出的现象提出质疑。因为，你这里并没有自己的观察。你只是听人家说了，就去解释它。比如，现在有多少人提出了"养老防儿"的问题，什么样的人属于这种情况？我最近刚好听说了一个"养女防老"的话题。儿子在家都是少爷，在丈母娘家是壮劳力。所以女儿才可靠。我的意思是，你的这种结论，跟"养女防老"一样，都是个别的现象。描述本

## 走进哲学
### 练就批判的头脑

身没有说出它的普遍性、必然性在哪里。你要确认它们，就必须先看清楚，是什么样的人在什么情况下强调"养老防儿"？可能是那些遭遇了"啃老族"的人的说法。但"啃老族"现象在什么层面、什么意义、什么程度上是一个具有普遍性的问题？这是需要严格考察的。有些媒体喜欢捕风捉影、片面夸大，我们不能轻易跟着它跑。观察要用自己的眼睛，不是替人解释。不能只看到了一点，就去解释它。要深入地观察了解，就要先看清楚事实情况，对它的来龙去脉进行完整了解，把握它的本质。不要急于轻信什么人的判断。

哲学观察，不是说找到一个概念套上去就行了。而是要贴着这个现象本身，随着你的思考，你的观察要展开、要深入，找到它所体现的那个普遍性问题，给予概括。最重要的，是要立足于事件本身，通过其过程和中间环节来进行你的表述。这样才能抓住具有普遍性的东西，也才能够找到回答问题和解决问题的过程与方式。不然就是所谓的"过度抽象"了。

哲学不仅是这两个字或几个概念。有时候我们更在意你思考问题的方式是哲学的，就像黑格尔说的，哲学就是究竟之极的学问。把一个问题说清楚、说全、说透，说到各种细节的理由，都可以被我的这个范畴囊括进来，予以解释和解决。

### KTV 文化

同学戊在网上搜集了一些资料，对 KTV 文化的起源以及它的名称由来进行了一些考查，并对出入 KTV 的不同年龄、不同文化层次的人进行观察。通过观察，他认为，KTV 原来作为一种大众自娱自乐的文化形式，也在发展中异化成一种腐败堕落工具，并提出"我们的社会在怎样的层面上来接受 KTV 文化，以及它与政府所倡导的道德标准怎样协调"等疑问。老师追问如下。

**教师**：观察的时候就容易有这个问题：事情只看个大概，而问题

## 第二课 实地观察训练

的意义和分析,则经常用自己的联想与推理来代替,并不是用观察中的材料来支持你的观点。你前面关于 KTV 的渊源就扯得太远,好像现代人不去 KTV 就没有现代意识。这就夸张过度了,有点像 KTV 商家的广告词。后面的问题则是没有用你的材料来支撑你的观点,事情本身只看到一个大概,然后就用别人的解释与发挥来支撑你的观点。这样就失去了独立观察的意义。面对同样的事实,你的想法却是别人加给你的,或者是你主动地去搬过来的。要走出这个路子,就是要你自己去提炼出问题来。就像你刚才所说的,KTV 如何从过去没有演变成一种大众的娱乐形式?这种自娱自乐的消费文化的意义就是,比如我不是歌星,但我爱唱歌,我就可以去唱,主要是满足自己的文化需要。有了这种大众的文化消费以后,对它的服务就可以成为一种商机。既然有了商业经营,在商业利益加入之后,经营者就开始赋予它别的性质和意义。再进一步,使它扭曲,越来越背离了 KTV 文化那种自娱自乐的性质。你有这种看法,就要尽量用你自己的东西来支撑它。

总之,这个观察对事情本身看得不是太细,观点并非深刻地根据观察中的关键细节得出,还有一些套概念的嫌疑。第一道关为什么是"把事情看清楚"呢?你看到了什么,你想到了什么,你需要再看什么,再看什么,才能再看清楚对象……这样深入地去观察。这是一个需要积累的过程。从网上搜索资料也很重要,但这些资料仅仅起参考作用,不要让它们框住你,更不是预先就变成你的结论。

要实事求是,不能先列出分析的公式,然后向里面填事件。这种思维方式是不合理的。你觉得挺有道理,实际上仅仅是把别人的道理组合到一块,你的脑袋都是被别人牵着跑的。观察一定要是自己的眼睛看到的,自己的耳朵听到的,自己的脑子分析想到的,然后由自己的嘴说出来。要排除很多先入之见,排除很多概念的诱惑,这很重要。我们现在的人整天都被忽悠,被忽悠多了,就不会自己看,不会想了。

**走进哲学**
练就批判的头脑

# 实地观察训练小结

**教师**：同学们做了认真的观察，进行了认真的交流。总的感觉如何？我觉得非常有益，收获多多！表现为大家的积极性越来越高，对象更多样，思考也更深入了。目前我的判断是，同学们有"思考的头脑"，但还需要更进一步练就"发现的眼睛"。

这是个什么问题呢？

观察有两种：一种是事先想好了，要去哪看，为什么去看，有了想法和准备，这是"调查研究"。像南锣鼓巷之行基本是这种。其他大部分是随机观察。随机观察和日常活动相结合，并不一定专门要去哪，这是可以的。但是随机观察的毛病是目的性不强。不管是哪种观察，都需要在观察中随时调整、随时聚焦，才能引导深入。如果没这个本事的话，那就可能事后发现，虽然经历了整个事情，而该看的却没注意看。当时注意看的，事后却发现并不到位或并不重要。

我们还有一个共同的毛病，是看到一点现象，接下来是想象加推论，讲出了很大的东西。这叫"小马拉大车"。就是选择提炼出来的实际资料，与你要阐述的意见相比太弱了。材料太少而观点和想法太多，就做不到严格地从实际出发、实事求是。说实话，这种讲法，在我们现有的知识和价值体系下，是讲不出新东西来的。因为你的框架和材料的选择，都是凭第一感觉就可以知道的。这就是缺少发现。

"发现的眼睛"有几个环节。首先是在观察过程中你要不断地提问。比方说，对这个事情有个第一印象了，那么第一印象准确不准确，正确不正确？你要通过观察什么来验证它？对此要心里有数，要给自己提这个问题。或者在观察中，你对对象发生了什么疑问？你要再通过观察什么来解答这个疑问？你也要提出来，以形成自己的认识和判断。"是不是这样？""是不是那样？"你要随时给自己提出问题，

## 第二课 实地观察训练

才能促使观察聚焦。提出第一步问题，然后提出第二步、第三步的问题，这样就引导观察走向深入。不是在共同的表层说出大家共同的感受就完了。如果局限在这里，就是缺少发现。难以见人所未见，言人所未言。你的观察就缺少一种发现的效果。

我们每个人从自己的视角出发去观察的时候，都不断给自己、也给对象提问，这是只有从你这个角度才会看到才会想到的问题；提问后再努力用对象的事实与材料来回答。如果不断这样问下去的话，你就会有所发现，见人所未见，言人所未言。如果没有追问，你后面形成的判断，每一步都缺少检验和支撑，顺着原有的思维习惯走下去，推出的只是现成的结论，自说自话，老调重弹了。

首先，观察不是扫描，不是简单拍照、整体吞食，而是有筛选，有选择，有校正的过程。这个过程就靠我们的提问和反问来解决，这就是"反思、批判"。一定要避免看到一点情景，就想当然地认为如何对待这种常犯的毛病。这个毛病不只你们年轻学生有，就是我们一些学者、专家、教授、博导也常犯。它使我们很多问题的研究总是不够深入，停留在看似众说纷纭，实则人云亦云的阶段。这是一种学风、文风的通病。

再有，就是观察中的背景知识、材料与我们独立地观察思考之间的关系。只观察到一点点，为什么就能得出那么多看法和结论？就是因为我们有大量背景资料和经验。你多半是从自己的背景资料和既得知识那里出发，进行联想。这在心理学中叫作"格式塔（完形）"效应。给几段弧线，在你脑子里就成为一个圆。所以我们要重视在观察过程中对背景知识、资料的检验和批判。你在网上或其他地方查阅已往对这个问题的讨论，可以知道人们一般都习惯于怎样认为。这些背景资料当然很重要，但是你要自觉，你的观察也要针对它们提出和回答问题。如果不自觉，不知道背景资料的界限和局限在哪里，就不一定能把握眼前观察的重点和突破点。同学们在现场看了以后，回来上

## 走进哲学
**练就批判的头脑**

网查查，还有什么情况？事情进展如何？再加以思考：从中可以抓住什么问题进行阐述？讲什么？重点是什么？这样就有了前进的方向。不然的话，如同生活中90%的话语是在重复，我们很可能是把自己不知道的旧东西，当作新东西说了。可见注意背景资料的充实很重要，但不能代替自己的观察和思考。总之，掌握背景只是为了让我们知道什么是新东西。

最后是大家提到的"价值中立"问题。描述中讲价值中立，是为了保证描述的客观性，不要用自己的趣向来剪裁事实。但是，描述是不可能绝对中立的。我们追求的描述的客观性，其实是指价值、评价的公共性。不是说，不要随便判断好坏，就意味着事情本身没有什么好坏可判断。所谓价值中立，是指相对每个个体是中立的。你说好，我说坏，我的描述先不说你的观点对还是我的观点对，我们先要在确认事实的基础上，有一个公共的话语平台、话语空间。像同学刚才讲的那个问题：南锣鼓巷的发展，怎样是好的，怎样是对的，要按照谁的意向来评价？你不可能单听售货员的、也不可能单听老太太的。要把南锣鼓巷这条街放在整个区域、整个北京市乃至全国文化发展的整体格局中来判断。描述的客观性，是为走向合理的公共性评价提供一个合理的基础和根据，并不是回避价值判断。就像新闻报道为什么要强调提供完整的准确的事实，而不能用自己的好恶取舍事实？价值判断会因主体不同而不同，而我们作科学研究的责任，是为公共评价、公共价值选择提供基础。要认清这里价值关系的多样性、复杂性，在描述中给它们留有余地，也就是给从整体的、公共的角度做出评价判断提供基础。

大家可以感到，观察、看一看是容易的，到哪看都容易。现在甚至有了钱也可以去太空看看。但看清楚很不容易。我想，我们第一阶段"实地观察"最大的收获，就是大家开始知道观察的严肃性、复杂性。观察不是一次就能完成的。

## 体会絮语

➢ 所谓哲学观察，不是说找到一个现象，能用哲学概念套上去就行。而是要贴着这个现象本身，找到它本身具有的普遍性和意义。

➢ 哲学的观察，要求"把事情看清楚，把问题想透彻，把道理讲明白"。而我们的实践表明，这三者其实是一回事。

➢ 我们的观察不能停留在实然上，要同时考虑应然；考虑了应然也还不够，还要考察从实然走向应然的条件和关系，它的过程和方式在哪里。

## 第三课
## 文本观察训练

### 文本一：流言止于智者——对一份假报告的辨识

**教师：**这一课还是要进行观察，但是叫文本观察。我找了个文本发给大家，文本并不长，是美国兰德公司关于中国人的一个研究报告。这个报告是从网上下载的，它本身的真实性可靠性准确性我都不确定。所以我不加任何说明和评论，拷贝给你们。你们拿去爱怎么看就怎么看。看完以后还是按照这个程序，讲讲你看到了什么，应该怎么看，怎么想。

网络文章：《十年后中国将成为世界上最穷的国家》
2010年9月20日

原文按语：兰德公司发表了一个关于中国的报告，无论题目还是内容都够耸人听闻的。中国未必能像兰德公司的报告所说的那样，在十年之内就会迅速地衰落下去，但是，这个报告中所提出的问题却是中国最大的病根。国内学界诸多同仁多年来一直就这些问题发出呼呼，却没有得到上层的呼应。中国就这样依然病着。至于何时真正病倒，并非兰德公司所能定下时间的。中国太大，问题太多，但是最大的问题是什么？兰德公司的报告是值得我们深入思考的。为此，我在这里转发这个报告，供网上的朋友观看思考。

惊人预测十年后中国将成为世界上最穷的国家，中国真的像兰德公司预测的这样吗？不管他们预测带有什么目的，我们先思考一下日常所看到的和媒体所报道的有无类似状况，是大动干戈指责对方丑化我们，还是冷静地梳理一下。绝大多数中国人对于美国的兰德公司很少耳闻，而正是这个公司，在60年前，由于准确预测"一旦美国参与朝鲜战争，中国必将出兵朝鲜"，一炮走红，从此确立了兰德公司"世界第一智库"的显赫地位。它可以说是当今美国乃至世界最负盛名的决策咨询机构。

**教师：**文本的观察，首先要确证材料的可靠性、来历的合法性。原来担心同学们拿起文本就读，放下文本就开始发表体会、议论，没有文本观察意识。后来在小组讨论中发现，同学们有这种文本批判意识。只有在文本批判之后，才能对文本的内容是否合理，观点是否成立进行讨论。

所以今天的发言分两个方面，一方面做文本观察的发言，要举出事实例证；另一方面集中在文本中值得关注和讨论的观点和问题上。

## 一 文本来源考察

**同学甲：**想必大家都想知道这篇文章到底是不是兰德公司写的？现在我们就刨根问底，找出它的来源，分清其中引用的成分和作者自己发挥的成分。本来以为这是一个非常烦琐的任务，结果在网上看见了一篇叫《〈兰德公司对中国人的评价〉谣言追踪与真相》的帖子，大大减轻了我的工作量，不敢居功，所以先把这个作者提出来，表示感谢。

**老师：**好！很有自觉的版权意识。

## 走进哲学
### 练就批判的头脑

**同学甲**：手上的这篇文章是大面积摘抄1.0版的。这篇文章的内容已经与兰德公司没什么关系，但是为了表述的连贯性，还是提一下。这个报告是为中美经济安全评论委员会写的，从写报告的公司以及他服务的对象可以推测出，这应该是一篇针对经济问题做出的比较严肃的报告，有五个部分："一、中国与全球化；二、中国的全球化；三、中国的全球化与其他国家；四、美国获得利益和付出的成本；五、调整方面的问题。"可见兰德公司的报告和手中拿到的这种不负责任的文章没什么关系。

接下来是2.0版的，它摘抄兰德公司的5段，我们手上拿到的文章已经删除了这一部分。而3.0版中，作者自己发挥的部分，就是有关宗教信仰的论述。具体见表3-1。

表3-1 《十年后中国将成为世界上最穷的国家》一文的来龙去脉

| 版本 | 时间 | 作者 | 标题 | 出处 | 内容 | 链接 |
| --- | --- | --- | --- | --- | --- | --- |
| 0.0版 | 2004年12月14日 | 网名kaka-rudo | What is China | 美国军事论坛 | 英文 | 失效 |
| 1.0版 | 2005年3月3日 | 网名地主子弟&LYNN&汉奸是一种境界 | 美国人眼里的中国人 | 热血汉奸论坛 | 翻译为中文 | 翻不出去 |
| 原版 | 2005年5月19日 | William H. Overholt | China and Globalization | 兰德公司 | 请稍后 | http://www.rand.org/pubs/testimonies/CT244 |
| 原版译文 | 2005年8月25日前 | 何颖 | 中国与全球化 | 百度文库 | 同上 | http://wenku.baidu.com/view/953c36c52cc58bd63186bd50.html |

## 第三课 文本观察训练

续表

| 版本 | 时间 | 作者 | 标题 | 出处 | 内容 | 链接 |
|---|---|---|---|---|---|---|
| 最早删减版 | 2005年9月30日 | 网名 老猫爱偷腥 | 兰德公司：2020年，中国会非常穷 | "战斗在法国"论坛 | 不详 | 依旧翻不出去 |
| 2.0版 | 2007年3月5日前 | 网名 Janyse | 美国兰德公司对中国人的评价、美国兰德公司：中国的大学生像迷失的狗，等等 | 360图书馆 | 原版中摘抄5段，1.0版中摘抄14段 | http：//www.360doc.com/content/07/0305/16/17433_385345.shtml |

2.5版
2008年，2.0版全面爆发，成为月经贴，有辟谣，效果微乎其微，2.0版传播越来越广。在传播过程中，出现2.5版等改良版（例如在文章中很郑重地加上《中国与全球化》的链接，空城计？）

| 版本 | 时间 | 作者 | 标题 | 出处 | 内容 | 链接 |
|---|---|---|---|---|---|---|
| 3.0版 | 2010年5月1日前 | 网名 百雅仙人 | 兰德公司：2020年中国将成为世界上最穷的国家 | 新浪博客 | 删去真正属于兰德公司的那5段，保留了剩下的1.0版的文字并添加一些内容 | http：//blog.sina.com.cn/s/blog_4c1ef21a0100j2zv.html |

**老师**：你有没有尝试印证一下作者是不是基督教徒？

**同学甲**：试着找了，但没找到。

接下来是他的社会影响，比如在天涯，很多网民会怀疑这究竟是不是兰德公司写的，但同时他们也会觉得这文章写得不错，很少有人

## 走进哲学
### 练就批判的头脑

去辟谣。还有一些知识分子、社会名流，对该文不加辨识地转载，反而成了谣言的中转站。在他们的博客里，不加辨识地转载了2.0版，分别是《美国兰德公司最近对中国评价》和《美国兰德公司对中国评价》，但均未注明此文系转载。

**同学乙**：我的发言主要分为两个方面：一是，文本来源之解读；二是向老师提一个问题。

第一，文本来源。这篇文章在网上已经流传很久。我在百度、谷歌上搜"十年后中国将成为世界上最穷的国家"，得到的结果是，大部分都标榜出自兰德公司，但却极少有人标注文章来源于哪个具体网址，更有少部分人连"转载"两个字都没有加，就是赤裸的一篇文章。这可以看出很多人缺乏严谨的治学态度和自我约束的言论习惯。

很多转载的人都是以这样的格式转载：题目居中，然后换行标注"兰德公司报告"和时间"2010—9—20"。众所周知，这样一种格式传达出来的意思是，兰德公司在2010年9月20日发表的这篇文章。我想，如果找到最接近"2010—9—20"这个时间的发文作者，也许能把他作为将此文引进中国网络的第一人，这对于我们追究的"文本来源"或许有一定的参考意义。结果我找到了最接近的，这篇文章是在天涯"经济论坛"上的一篇——《2020年，中国将成为世界上最穷的国家》① 可令人失望的是，这篇文章的发表时间是2010年9月19日的11∶37。这样就混乱了，网上大约80%的人称这篇文章是2010—9—20兰德公司发表的，但在天涯上竟然出现了一篇比兰德公司提前一天发表的，并且也声称是兰德公司发表的文章，这样推理，那么那80%的声称兰德公司于"2010—9—20"发表此文的人都是错误的。当然，这得排除一种情况，即fenghui234这个人提前给兰德公

---

① 作者：fenghui234，来源：http：//www.tianya.cn/publicforum/content/develop/1/485396.shtml。

司泄密了。

这是我从互联网上,根据文章发表时间得到的"文本来源"的信息,也可以说是此文来源令人质疑的原因之一吧。

第二,此文存在明显的逻辑推理错误,比如以偏概全、推理环节的严重缺失、主观臆断等,诚如老师所说,"它有明显的偏见",并不符合兰德公司的理念和以数据说话的报告风格。这是文本来源令人质疑的原因之二。

第三,老师给的文本上称报告似"错误地引用了一位兰德公司研究员于2005年的证词"。我登录了兰德官网,并下载了文本中提到的"证词",是亚太政策研究中心主任,亚洲政策部主席William H. Overholt于2005年5月19日对美中经济安全审查委员会进行的题为"中国与全球化"的陈述。文中几乎没有提到关于中国的负面信息,而且整篇陈述都是关于中国政治经济发展的论述,并未提到关于中国人的话题。我看不出这篇陈述与我们分析的文本有什么交集。也就是说,对于《十年后中国将成为世界上最穷的国家》这篇疑似兰德公司报告的评价人,即我们手中所持有的文本的作者,其自身是否真诚严谨,也是令人难以确定的。

第二方面,我向老师提出的问题是,如何有效地对一个"烂文本"进行解读与批判?我们小组在总结时发现,我们对于这个杂乱文本的批判,徘徊在与这个文本水平相当的层次上。在生活中可以发现类似的情景,比如,在个人思维、表达水平已定的情况下,与一个思维清晰、表达条理的人辩论,自己也会相应地思维清晰、表达有条理;而如果换成与一个思维混乱、表达不力的人辩论,自己也会被带到"阴沟"里去;在个人篮球技艺已定的情况下,与一群高手合作,可以超常地发挥,否则,就可能发挥得一塌糊涂。这种现象为什么存在以及如何改正与避免?请老师指点。

**老师:** 你这个问题很好。我们提高理论素养,进行哲学训练,就

## 走进哲学
练就批判的头脑

是为了避免碰上"烂人"之后被缠乱了。我们要保持自己的一种层次、一种能力,揭露和批判一个烂文本最好的办法,就是证明它如何之烂,而不是跟着它一步步去走。鲁迅曾经说过,写战斗文章有男性和女性两种风格:女性的风格就是列举对方的观点,一一加以驳斥,这样就会跟着它走很多;而男性的风格,就是抓住它的要害,一击致命。像这个烂文本的要害是什么?就是它是一个伪文本,就是这个文本本身之不合法性。它冒充人家兰德公司而贩卖自己的私货。这一点还可以发挥,这个人为什么不说自己的观点,要戴人家的帽子?其内心之阴暗可以理解。对于它说的那些话,如果要置评的话,就在于它不是一种实事求是、认真负责的态度,而只是一种谩骂。对于谩骂有什么好讨论的?所以要有文本批判意识。一个文本"出笼"的过程及其表达形式,充分说明了文本制造者的内心。

**同学丙**:当我拿到这个文本时,第一反应就是要找到这个文本的来源,看看它是从哪里来的,怎么来的。在百度文库里我看到了一篇文章对它的来源性进行了详细的解答,我就对此进行了一一地印证。经过细细查找,我发现这篇文章首发时间不是 12 月 14 号,而是 2004 年 12 月 29 号,不过这个原文已经被删了。但是很巧合的是我在一个人的博文中找到了当时"军事论坛"上这篇文章的截图,正好上面有日期的显示。这个文本的作者是一个名叫"Kakarudo"的人,"kakarudo"是日本动漫《七龙珠》中的一个人物形象。当时有一个叫吴健的人用 Google 搜索了这个名字,却发现只有 25 个结果,而且其中好几个结果都是指向"军事论坛"上的几篇文章,其余的结果都与日本网站没有联系,他想在谷歌上不可能搜索不到日本的网站,于是就推定这个名叫"kakarudo"的人全球只有一个,就是当时搜索到的一个香港某论坛的 ID。但我认为这个不具有确定性,因为这个名字是拼音,而不是日文,就如同我们在美国用汉字搜索人名会有显示,但是如果用拼音搜索可能就搜索不到国内的拼音人名了,所以我有些

## 第三课 文本观察训练

怀疑。

那么我们来看看吴健搜索到的香港"kakarudo"这个人的信息显示。他确实是2004年注册的这个名字，而且2005年也登录过，可是之后就再也没有登录过了。根据这个文本的写作时间来看，两者是吻合的。而且香港的这个"Kakarudo"在自己的资料介绍爱好一栏写了"游戏"，而七龙珠里的"kakarudo"同时也是一款游戏的主角，我就会想这一点是不是能证实些什么关系呢。而且这个人当时是在一所英文教会学校读的书，这所学校的学生英语都特别好，他的博客我有看，是全英文的。从这里我们可以推断一下他当时二十岁左右，正处于愤青的阶段，很有可能因为受各种因素的影响而对当前社会存在着一些不满情绪，思想有一些偏激，而且香港那边政治表达相对自由一些。通过上述线索我觉得很有可能这两个"kakarudo"就是同一个人，但是在没有足够的证据情况下，我不能下定论。我一直对这个作者到底是谁十分地感兴趣，因为弄清作者是谁，是中国人，美国人或者日本人，这篇文本的写作动机、写作视角、写作立场就会一目了然。如果真是香港这个"kakarudo"写的，我们就不难看出他作为一个未经世事的20岁多一点的学生希望通过表达自己不满，在美国网站引起轰动，引起国人注意。

这篇文章最早是以全英文的形式发表在美国"军事论坛"上的，后来被三个在"热血汉奸"论坛上的人翻译成了中文。说到这个美国"军事论坛"，好多人都以为它是美国官方的军事论坛，其实不是的，从它的网址我们就可以看出，它其实是美国的一家普通的民间商业性网站，与美国政府毫无关系。所以不少人第一眼看到就想当然地认为这篇文章是美国人对中国人的评价。在之后的传播中这篇文章被冠以"美国人眼中的中国人""美国人给中国人以教训"等题目，于是引起网友们疯狂转发。我觉得这篇文本之所以传播地这么广泛，很大的一个原因就在于"美国"这两个字，如"美国人""美国兰德公司"，

## 走进哲学
### 练就批判的头脑

可能普通的一篇批判文章很少有人关注，但是一旦大家看到了是"美国"对中国人的评价后就立刻觉得不普通了，这可能是关键之处。网友们没有看清，于是就疯狂地转发。

刚才同学甲已经讲了这个文本从1.0版本到4.0版本的发展过程，我就不多重复了，只稍作补充。当1.0版本出来后，正好没过多久美国兰德公司发表了一篇名为"China and Globalization"的文章，于是衍生出来了2.0版本，对其断章取义、重新组合而成。其实兰德公司的这篇文章是直接公布在它的官网上的，不过广大网友却几乎没有去自己验证，大家想当然地认为兰德公司和美国政府有着很大的联系。在网络上学会辨别真伪很重要。2009年出现的3.0版本是在截取了1.0文本中的14段和2.0版本中的5段基础上产生的，到我们手上拿到的这个4.0版本时，2.0版本中的内容已经没有了，有的是1.0版本中的那14段以及我们尚未发现其具体来源的一些段落和语句。如关于"信仰"这一段之前是没有的，把1.0版本中的一句话提升为了标题等。

**老师**：在文本中添加内容的都是谁？是中国人还是外国人？

**同学丙**：我觉得肯定是中国人，因为之后的这些版本都是在中国网站上粘贴复制的，只是在这一过程中作了少许的修改、删节。

**老师**：这一点是不是能确定？因为在中国的网站上外国人也可以参与，比如说受某个情报机构的指示。

**同学丙**：其中加了仅仅4段，从这个量上来看应该不会是外国人所为的。

**老师**：这个要考证，不能说在"军事论坛"上发帖的都是美国人写的，在中国网站上发帖的都是中国人写的，也不能直接就断定是中国人自己写的。可能事实的确是这样，但是你得证明它。

**同学丙**：所以读完整篇文章我最大的疑惑就是"kakarudo"是不是香港的那个人。我之前在他的资料里找到他的E-mail，给他发了封很长的邮件，抱着侥幸的心理希望他能有所回应，到现在还不知道他有没有收到，有没有回复我。虽然希望很渺茫，但是我觉得还是要试一试。

**老师**：这种态度很好，亲自去证实，就能够拿到第一手的资料。

**同学丙**：在对整个文本的来源进行证实的过程中，你获得的可能远远超过文本本身给你带来的认识。首先，对从1.0版本到4.0版本升级的思考，这个升级的过程是谁在推动？而且这篇文本的搜索量已经达到了上百万条。"美国人""美国兰德公司"的看法是不是比我们自身的看法更重要？我们在更多时候是不是很害怕别人的眼光和看法。

其次，这篇文本的逻辑虽然很夸大，但是否有一些地方的描述的确很像我们自己呢？让我们在夸大的背后找到自身国民性的一部分。如果完全不合实际，我们肯定会嗤之以鼻，觉得实在是无事生非，关键在于它在某种程度上真的说中了我们的要害。

还有，在当下的网络环境下，我们对于转载的学术规范意识很淡薄，很多包括大学教授在内的人员在对这篇文章转载时甚至没有标明是转载，默示占为己有。还有很少有人关注这个文本来源的真实性问题，这也是网络上谣言频发的一个原因。

最后，从表象到内容的思考。如文本中提到的信仰问题、价值观问题以及环境问题，是否值得我们在反思过后有所作为呢？

**老师**：这几位同学讲得都很好。"流言止于智者"。这个社会不缺流言，但很缺智者。流言之所以会像滚雪球一样越来越大，就在于某些有影响力的人盲目引用，不加认证。前些年我看到过，有人在引用马克思原话的时候引用错了，后来的很多人都跟着他不加验证地引用，结果一个接一个地错。其实这是我们的学风、文风、社会风气问题。所以学习哲学观察，就是希望大家成为一个能鉴别流言、辨别真伪的智者，不要让自己的思维被别人牵着走。

## 走进哲学
### 练就批判的头脑

"蚂蚁怎么样变成大象"的故事,值得我们深思。我希望你们能组织一下,写成一篇文章,辨清这篇在网上流传甚广、歧视中国人的文章的来龙去脉。这将是一篇很有意义的文章。

### 二 文本结构与文风分析

**同学甲:** 我主要从文本论证的逻辑和思想的角度来分析这个文本。

该文本在论证逻辑上的错误主要有以下四点。

1. 以偏概全。如:"中国人没有信仰","大多数中国人从来没有学过什么是体面和尊敬的生活意义","大多数中国人不懂得优雅的举止……"以上的论证都是以所谓的"大多数中国人"作为论据,没有相关的数据支持,没法知道"大多数"是指什么意义上的大多数,如地区、年龄、阶层、性别等,因此是无效的论证。

2. 以普遍性论证特殊性。本文中有把人性中的普遍性归结为中国人的特殊性,从而论证其为中国人特有的问题的地方,如:"在中国,政治斗争是罕见残酷而无情的","中国人习惯接受廉价和免费的事物","中国人追求腐化堕落的生活,满足于自我生理感官需求","大多数中国毕业生对选择出国并为外国工作不会感到内疚……"以上论证都把人类或社会上共有的特性作为中国人或中国社会所特有的属性来论述,试想一下,政治斗争从来都是残酷无情的,东、西方人都接受廉价或免费的事物(中国商品在全球范围的流行可以充分说明问题),很多西方人同样追求腐化堕落的生活,追求感官享受。上述以普遍存在于人性中的恶性归结为中国人特有的属性的论证是不公平的,无效的。

3. 单一原因论。如:"这种以血缘关系为基础的道德观势必导致自私……","中国人没有信仰,这导致自我泛滥,缺少约束……","中国人对西方的技术与产品狂热追求却对西方管理文化所强调的坦率、直接、诚实这些品质漠不关心","……中国人最缺乏的不是智慧,而是勇气、正直等纯正品性……如今依旧准确诊断出中国综合征的病因"。以上论证把中国人人性的自私,自我泛滥,工业生产和企业管理中的落后,中国人才缺乏等现象简单地还原为缺少信仰,缺乏品性等原因,从而忽略了其他原因,如制度的缺失,技术壁垒,外国势力的干涉,缺少发展的时间和过程等,因此,这些论证也是无效的。

4. 论据无法支持论点。这是最明显的问题,即使文中提出的七小点都成立,它们作为论据都不足以说明本文的总论点:"十年后中国将成为世界上最穷的国家。"

诚然,不管本文的论证逻辑上有多大的漏洞,它确实提出许多现在中国人和社会中存在的问题和现象,这是值得我们深思的。但是,我觉得文中透露出来的一些思想上的倾向是不可取的,那就是:它以西方的价值体系("统一的信仰","理性的社会基础","冒险、勇气等的品质")作为标准来评判中国的现象,凡是不符合这些标准的都会被打到价值的反面加以批评,而抹杀了其他的价值体系的可能性。

**老师**:同学甲总体上的批驳方法,就是跟着对方去争辩其中的具体观点。有两个背景不要忘记,一是前面已经批驳了该文本的虚假性;另一个,文本提到的很多观点往往是被人们所承认的流行的观点。比如中国的社会关系建立在血缘基础之上,中国人没有信仰,它不是毫无根据。那么我们的批判要在哪个层次上找?就是把一个问题作为一个正面问题。我们在学术论战当中,我们不要去抓对手的枝节上的、表述上或技术上的那些小毛病。男性的笔法就是抓住要害。什么是要害?比如说"中国人没有信仰",这是西方人的普遍看法。我们怎么回答它?他们是把信仰和信仰基督教等同起来了。他们不懂信仰和宗教的区别。我研究我们中国人的信仰,在历史上是处于一种"有信仰无宗教"的状态。你要理解信仰与宗教的区别之后,来了解

## 走进哲学
### 练就批判的头脑

中国人的信仰特征。这是我们正面的阐述，要论证的题目，这样才能从理论上、根本上回答这个问题：信仰和宗教是什么关系？基督教的信仰和宗教信仰是什么关系？一切宗教信仰与作为我们人类精神的一种普遍生活方式的信仰是什么关系？

我们后面的发言要自觉把握怎么看这些问题。不要让自己被这种明显带有种族偏见的看法牵着走。我们要超越它，不受它们的影响。在谈及这一点的时候，我们不要忽略了多少年来国内外学者的研究成果。例如，怎么理解中国人，怎么理解中西文化的同和异？要有这些背景，我们对于它的分析或者批判才可以到达一定的高度，不至于被它死缠烂打，绕进去。因为像这样的一些武断的结论，要举例子随时可以举很多，你驳倒一千个，他会找第一千零一个。这样的纠缠，在理论论战中是没有结果的。我们必须从基本概念、普遍事实、思想方法和理论逻辑上来回答问题。

**同学乙**：这个文本主要是从中国经济、社会问题、中国人这几个方面来讲对中国人的看法。我从这个文本的语言风格上谈起。这篇文章出现了许多带有强烈感情色彩的和非学术性的、不严谨的、不缜密的词，像"无视"出现了20多次，"从来""没有"也出现多次，这些词出现在这样一篇文章中，它的可信度和真实程度就大打折扣。"只关心""只在乎""势必""却没有""缺乏"等这么武断、强烈感情色彩的词汇，在严谨的学术论文中，不会也不应该出现的太多。

**老师**：你有没有提炼和提升？比方说从大的问题上看，分几类？

**同学乙**：主要讲中国在经济、社会、环境、教育、文化这些社会问题。

**老师**：这不是提炼，这叫概括；甚至概括也不是，只是复述。你把重点放在"用词"上了。用词只能是某种迹象，某种符号化的标志。就是说，这个人的思考点、关注点和他的立场、态度反映了这些

## 第三课　文本观察训练

东西。仅仅看到这个不够，要搞理论批判仅仅抓这些"皮相之论"是不行的，不够深入、不够深刻。你有没有站在理论高度归纳这个文本主要的观点是什么，主要的根据和方法是什么？

**同学乙：** 没有。

**老师：** 从整体上看，这个文本其实主要围绕三个问题谈中国：信仰、公共主体意识、教育。首先就是信仰问题，"没有共同的信仰是中国人没有社会公共意识的根源"；作为没有公共主体意识的表现，文章分散在几个地方说；然后第三个是讲我们的教育，通过教育讲制度问题。

前两个问题是互相论证的：一个说中国人没有公共主体意识、没有公共责任意识，根源在于没有共同的信仰。那么，是没有公共责任造成了没有共同信仰，还是没有共同信仰造成了没有公共责任？它的结论成立不成立？如果成立，二者是什么关系？值得思考。

例如，中国人是不是只对自己和家庭负责，对社会不负责？是有这个问题。有时候在街上走，你也能强烈地感到：最得不到尊重，最得不到保护的就是我们的公共空间。比如马路上画出来的人行道，在许多地方，是谁想占谁就占，谁想扩建就扩建，谁想摆摊就摆摊，或者变成停车场，而公共的人行通道是最不受保护的。这是一个形象，更是一个象征。自己家里收拾得干干净净，公共场所则又脏又乱又破；过去单位里的公共自行车，一定是最先坏的……但是，这些现象能不能证明我们中国人没有公共意识？现在，我们有很多人包括政府，也包括很多市民致力于保护公共空间，不让随意占道，不让随便摆摊，停车要限定位置，要收费，这个发展、进步的过程，也不能忽视。

**同学乙：** 我觉得，像这样的现象在一个社会不成熟时期是一个必然的，像在欧洲等其他国家也有这种现象，在社会进化的过程中这是一个必然的阶段。

## 走进哲学
### 练就批判的头脑

**老师**：你是说对这种现象的看法，那前提就是承认有这种现象，是吗？

**同学乙**：对，资本主义发展早期也存在这一问题，我们不能只用现代的眼光看待这种现象，不能简单地说这是不对的。

**同学丙**：你是把它看成一种必然、应该的现象了。

**同学乙**：所以就没有必要责备它了。

**同学丁**：如果把这样的现象看成是必然的，那大家就更不会把公共空间看成自己的空间，一起去爱护它。例如，现在的禁烟规章已经出台了，"在公共场合，为了大家的健康请不要吸烟"，这应该是全社会所倡导的，但它是不容易落实的。一方面，现在还有公共的可供吸烟者吸烟的场所，另一方面又提倡大家不要在公共场所吸烟，这就很矛盾，即限制又不限制。

**同学乙**：我们设置了公共的法规，但却没有给它一个过渡的发展完善的时期。我们突然产生了很多公共法规，而老百姓的素质没有跟上，所以一时间让人们去遵守是很难做到的。欧美国家也是经过了好多年，经历了一个长期的过程才做到的。

**老师**：在哲学上，这里涉及怎样理解"存在的就是合理的"，即"实然"和"应然"的关系问题。就拿吸烟这件事来说，去年某省有个卷烟厂的厂长，也是哲学爱好者。他看到我吸烟就很高兴，希望我从哲学角度讲一讲"吸烟的好处"。我说："我不知道吸烟有什么好处，只知道自己有毛病改不了。"我的意思是不想把自己的弱点变成公共的理由。社会上也是一样的。都知道香烟的经济效益大，所以官方下不了决心完全禁烟。只是这不让吸那不让吸，却不管产烟卖烟的，就是同学丁说的"现实的矛盾"。这个矛盾表明，我们在实践中面临诸多方面因素的制约，必须多方面地考虑这个问题。

实践中有这样的问题，怎么解决？从哲学上讲，就是从"实然"走向"应然"。"存在的就是合理的"，是指其实然的状态。但是，对

## 第三课 文本观察训练

"存在"的理解不能凝固化。不要动不动就说"中国人怎么样",好像十几亿中国人都一样。其实,中国人里有支持吸烟的,也有反对吸烟的。就像我们人类污染了环境,但是认识这个污染,揭露这个污染,提出保护环境的,也是人。这是人在整体上的一种觉悟,也是人类发展的一个方面。所以在讲人类存在的时候,就不能只讲一面。说"中国人如何如何"的人,常常忘了自己也是中国人,并把拒绝不良现象的那些中国人都给排除在外了。这样就不能理解(中国)社会发展进步的动力和源泉。

文本中只看一面不看另一面的偏颇,导致它的结论是消极的、没有出路的,甚至是一种全盘否定的暴力化结论。我们怎样才不落入它的圈套,而是去批评、超越它?就得比它看得更完整、更全面,包括历史变化的动态完整过程性。

前面说过,中国传统社会的特征,是一个以血缘关系为纽带的社会。这种人际关系结构现在正在转变。乡土社会、差序格局、圈子文化在生活实践中正在解体,解体时候又会造就新的社会关系基础和结构。看不到这一方面,自然就找不到出路,除了埋怨、咒骂以外,找不到解决问题的方向。我们要批判对手,就不要抠字眼儿,不能靠指责和攻讦,要用事实和道理去超越它。通过实际观察来看清一种现象,通过文本观察来看清一种思路、一种思维方式、一种治学方式,应该引向问题批判。批判不是对人的,不是对话语的互相挑剔,而是对问题、观点、方法的一种超越性把握。听到不对劲的话,就在他的话语水平上和他争论,这固然也是一种批判;但如果我们能站在一个更高的层次上,在能够理解他的合理的根据、合理的导向的前提下,揭示他不合理的东西,才是一种超越性的批判。所以我们写文章、讨论问题或者是批判别人的时候,不要只挑对方最低级的、最边缘的小毛病,不要争论细枝末节,要抓他自己不知道,但是他最信任,最引以为根据、坚信不疑的立场、观点、材料,从对手最强的地方找到他的弱点。这样的批判才能击中要害。

　　历史的自我否定、否定之否定发展，就是通过有时候看起来很偶然的行为发生的。但是辩证法告诉我们，偶然背后都是有必然的。必然总是通过偶然为自己开辟道路。我们要善于观察生活中看似偶然，其实很深刻、很有前途、很有力量的现象。这是哲学所赋予的一种能力。这种能力需要一种很敏锐、很深入的方法。比如最近美国的占领华尔街运动，已经有90多个城市响应了。多少年以后，我们可能会感觉这是一个历史性的伟大转折点。这个运动是把矛头对准金融寡头，即这次金融危机的引发者。很多人都热衷于讨论社会主义、资本主义，要重读马克思。有一部分人还停留在阶级斗争的层面上。但是，不管社会主义还是资本主义国家，大都被卷入了这次金融危机，只是影响的深浅、大小不同罢了。影响的深浅、大小是受什么决定呢？要考察这个问题，就要注意现阶段的全球化，这是世界走入全球化进程中的第一场磨难。而这场磨难的起因就是金融系统失去了合理的形态，是银行系统炒货币，炒货币的各种符号：证券、证券的证券；房地产资本被符号化、再符号化、再再符号化，结果造成巨大泡沫。泡沫一破裂，全球经济马上陷入困境。可见这是一个全球化的现象，实质是金融的地位和作用问题。在发达国家，这些金融业的作用被夸大，脱离了实体经济，脱离了大众的生活，脱离了公民的权利。所以金融危机之后的几年里，一些美国失业的白领开始意识到了金融寡头的危害，占领华尔街运动就发生了。这其实是人类经济对金融业地位和作用的一种反思，是一种要求变革的呼声。当然，这必然要受到政府和主流媒体的抵制，政府和主流媒体都是金融寡头的工具，肯定千方百计想封杀这场运动，宣称这样做"没用，不解决问题"，用各种方式削弱和封杀它。但如果能用历史的大势观、大局观照亮关键细节的意义，我想，可以认为它是一个重大的历史事件，是伟大历史的新起点。

## 三　文本内容分析

（一）信仰问题

**同学甲：**我主要分析文本中所提到的信仰问题。请大家注意文章第二段的标题"中国人是世界上少数没有信仰的可怕国家之一"，如果我们抽掉句子的枝节就会发现，这个标题的主干是："中国人是国家"，由此可见此文章的不严肃。这篇文章指责中国人没有"自己的信仰"，缺乏"统一的精神支柱"。这里就出现了混乱，"自己的"究竟是说中国人全体，还是说个体的中国人？如果是说个体的话，那么"统一的精神支柱"就无从谈起。第二段又说中国人实质上是泛神论者，泛神论毫无疑问是信仰的一类，中国人作为整体就是有信仰的，这不是矛盾了吗？或许作者只是想指责中国不是一个宗教国家？更大的可能性是作者所认定的信仰，是而且必须是某一个统一的宗教形式。

这篇文章的原文是最初在香港教会学校流传的版本，这一版本是没有关于信仰的部分的。但是从文本看来，我依然揣测这部分很有可能出自一个基督徒之手。作者的态度是排斥泛神论，强调"统一的精神支柱"的。再看第二段末尾处，在中国"拜鬼现象十分普遍"，很明显任何一个多神教体系或是对宗教现象持中立态度的描述都不会用"拜鬼"这个充满歧视意味的词语。那么可以证明作者所持的宗教观点必定出自一神教即亚伯拉罕诸教——犹太教、基督教和伊斯兰教。又因为犹太教本是根据血缘来传播的，而伊斯兰教教义上并不指责其他宗教信仰，加之只有基督教传教时将异教视为一个不可忽视的问题，所以我们有理由猜测，本文是出自一个基督徒之手。如果我们认同这个论断，那么就能够更好地理解作者是如何站在自己的角度对中国人信仰问题进行指责的。

实际上这指责是完全站不住脚的：一方面我们可以用大量的数据

指出中国有多少宗教信徒，其比例与世界各国相比如何。但更重要的一方面，徐梵澄先生讲过，中国人内心深处都有隐秘的道教跟佛教思想在里面；更别说儒家也可以被当作儒教看待了。这部分指责中国人没有罪恶感，更是无稽之谈，中国人不但讲"神目如电""举头三尺有神明"，更对命运—天命跟因果报应理论看得极重——在这样一种世界观之下，没有罪恶感是无法想象的。

我确实也承认，这个时代我们遭遇到了一些跟信仰有关的问题，可以说是传统的信仰与精神家园受到了挑战——古今中西之争是绕不开的问题。但是即使在这种情况下，我也想恳请大家，先去思考一个问题：什么样的信仰才算得上真正的信仰？是否只要声称是信仰一种宗教、一种思想、一种主义就能够成为真正的信徒？这个问题是充满争议的，犹太教跟基督教都有关于异端的责难，道教也讲究"当愿众生，生生世世，得闻正法，学最上乘，不落邪见"，古代伊斯兰教学者赛尔顿丁所著的《教典诠释》（该书在伊斯兰教经义讲述中是一个非常重要的文本）也讲"真正的信仰与口头上的招认是有区别的，口头上招认的，有一部分不是信士"。而反过来讲，禅宗、新教本身对于经义的态度更为开放，可是所属宗教那个内核性的东西还是无可争执的。从这一点出发，很多人声称自己是宗教信徒，但是其行为举止却不符合教义与经书的教导，甚至对教义本身也一无所知，这种信徒多大程度上是信仰，多大程度上只是找一个精神寄托，其行为又在多大程度上能够受其宗教的影响，这都是或然的。而在这种状况下，去谈中国人有没有信仰，中国人有什么样的信仰，中国人为什么没有信仰，都是没有意义的。

芝加哥大学原宗教学系主任米尔恰·伊利亚德在《神圣的存在》一书中也区分了"神圣"（the Sacred）和"神显"（Hierophany），前者是各个宗教现象中存在着的那个不可化约的因素，而它通过"世俗"显现自己，而这个"世俗"也就成为完全不同的事物，也就是

"神显"。在这一过程中,神圣通过某些事物来表现自身,而神圣并不直接呈现,那些成为神显的事物并不因为他们是事物而受人崇拜,正相反,是因为它们是全然的他者,是神显的形式——这就从根本上打破了任何"拜物教"的指责。而人本身不是且不同于神圣,世俗的人类生存因为遭遇神圣才有意义。那些被称为宗教的东西,恰好是在诸多不同神显上面建立起来的——但归根到底都是神显,并无真理与谬误的区别。那么就更无理由声称某一种具体的信仰是信仰,而其他的信仰由于与它形式不符就不是信仰——这是一种奇怪的偏见。真正想要通过信仰来规范或是建立一种价值体系来影响大多数人的行为举止,就更需要对信仰问题进行深入的探讨,而不能如本文一样不经思考就大肆攻击。我的发言到此结束。

**老师:** 中国人到底有没有信仰呢?刚才同学乙也说了这个问题。中国人自古以来到底有没有信仰?有没有中华民族的、自古以来一以贯之的统一信仰?

**同学丙:** 儒家思想。

**老师:** 相对来说,儒家思想是很晚才出现的。而且儒家作为一个思想体系,它自己提倡什么、信仰什么?还是说,只是让人们把它当作信仰?这是两个概念:一个是"信仰儒家";另一个是"儒家的信仰"。

**同学丙:** 那我觉得中国也应该有啊,佛教也应该算中国的信仰。

**老师:** 那也是很晚的了,魏晋以后。

**同学丁:** 老师的意思是说,中华民族信仰文化的根子,应该更早?

**老师:** 要是只看宗教,中国有本土宗教——道教。后来各教也都来了。现在佛教、伊斯兰教、基督教,影响范围也很大。那么应该怎样看中国式信仰的这种现象?

**同学戊:** 信祖宗。

## 走进哲学
练就批判的头脑

**老师**：祖先崇拜？

**同学乙**：但是这个好像跟萨满教有些类似？

**老师**：信祖宗、祖先崇拜是一种早期的原始宗教形态。

**同学戊**：现在不也信吗？

**老师**：信吗？

**同学戊**：烧纸嘛。

**老师**：这又涉及什么是信仰了。烧纸是不是信仰？给灶王吃糖叫不叫信仰？

**同学戊**：那基督教又能否叫信仰呢？

**老师**：基督教是一整套理论。基督教形成以后，在它的范围内，形成了统一的规则程序，有它固定的形式。

**同学乙**：我觉得中国人应该是一种"泛神主义"。

**老师**：先说同学丙那个问题，从考察信仰对于造就一个民族、一个国家、一种社会生活方式所起的作用这个角度来讲，西方一些国家是按照基督教的原则建立和形成的。但中国，你说是照着哪个信仰的方式形成的？

对这个问题的分析和回答，首先涉及一个逻辑起点的问题：信仰和宗教，必须区分开来。信仰是人类精神生命，精神生活的一种必然的、普遍的形式，作为价值观的核心和最高形态。人必定有信仰，没有信仰的人，在精神上很难生存，很难成为自己。但是，信仰什么，则是多样的，是具体历史形成的。

宗教是一种社会组织化的信仰形式。宗教的核心是信仰，并且是对某个神、教主、教义的信仰。宗教和社会上各种自由的信仰不同，它有教义，有教会，有教廷，有教仪，有教规，甚至还有教服，形成了组织化形态的信仰模式。所以要区分信仰和宗教，它们有关系，但不完全等同。

而我们中国最大的特点，是"有信仰而无宗教"成为主流。中国

## 第三课 文本观察训练

人有信仰,自古以来信的就是"天"。天是最高的,"天道","天命","天意","天理",连老百姓都说"天命难违","人的命天注定"。中国人有"天"的信仰,但是没有把"天"自觉地做系统化、形象化、组织化、规范化的整理落实。"天"只是在中国各家学说里默默地作为一个理论共识和前提而存在。"道之大原出于天","天不变道亦不变",这是董仲舒说的。其实中国文化最早的起源,发端于《周易》。《周易》一开始就讲"天、地、人",对"天地"崇拜,"天"是最高的。中国人不怎么信神,或者把神放在很低的层次,很实用主义地对待神。中国传统文化中的信仰,最典型的是把三个教的教主塑在一个殿里面。孔子、如来佛、老子,儒释道三教可以合一。鲁迅说,中国民间,想抱孙子就拜菩萨,这是佛教的;想发财就供财神,这是道教的;想升官就祭孔子,这是儒教的。对各教都可以信,但是对哪个教都不认真,都不负责。为什么呢?因为,在各教之上有天。中国的统治者都依靠天,皇帝叫天子,"奉天承运",都是以天为根据,用"来自于天"解释自己。但是,我们对自己的信仰缺少一种系统化的自觉反思和建构,没有把它变成一套系统严密的逻辑,更没有把它社会组织化。它是松散的,弹性很大的。

那么天是什么?古人又讲"天视自我民视,天听自我民听",天都是用人的眼睛来看、用人的耳朵来听的,天和人是合一的,天就是人,是人间的最高力量、最高智慧和最高道德,天是人的一个最高代表。孔子主张对神采取存而不论的态度,"祭神如神在","子不语怪力乱神",不怎么主动去说神的事。别人问他死后的事,他说"未知生,焉知死?"孔子对神的态度就是:你要信就信,你若认为有它就有,但这个不要过分追究,只需把我们现在的事弄好就行。孔子教给了中国人这样一种智慧,所以中国人对神都采取很实用主义的态度,"平时不烧香,急时抱佛脚",是传统文化的一个特点。

这个特点,在西方人看来就是没有信仰,因为他们观念里的信仰就是宗教，而且多半是指基督教。在他们看来，人要是没有信仰的话，是很可怕很可恶的。因此"中国人没有信仰"的观点引发西方人对中国人怀着特别深的反感和恐惧。这是文化上的差别和对立，我们应该理解和知道。现在有人反过来，要给中国人灌输"敬畏"意识。说中国人没有信仰，什么都不怕，因此不知道约束自己，不保护环境，所以提倡要灌输敬畏意识。现在"敬畏"还有"感恩"这类词都比较流行，是拿西方的信仰观念和信仰方式来诱导或指引中国人。在社会流行的各种思潮中，就有一种要用西方社会的宗教信仰来改造提升中国人的文化境界和文化思想的主张。这是思想文化建设领域的一种趋向。

总之，如何看信仰和宗教的关系，一是怎么理解信仰的含义；二是怎么理解中国人的信仰状态。要让中国人有充分自觉的信仰，能自我约束，首先要把信仰和宗教区分开来，用中国人自己的信仰方式来解决信仰中的问题。

（二）教育问题

**同学甲：**中国的学生在受到教育之后，会选择出国，甚至选择移民。我们国家花钱教育他们，而为别的国家服务，他们不会感到内疚。除了移民之外难道没有别的出路吗？还有一种说法，中国很大一部分精英选择了移民，很多有钱人都选择在国外生活，很多学生考雅思要到国外去，中国一旦发生什么变故，也到别的国家大使馆寻求保护。他们已经对我们这个国家和政府失去了信心。

**老师：**在文章里把这个作为教育失败的一个表现，一个证据。移民现象说明什么？咱们就以教育为重点，大家谈谈看法。

**同学甲：**邓小平当年对出国留学的学生持来去自由的观点，不要求你去了以后一定要回来。但现在我们国家有个公派留学的项目，好像是去国外留学之后，五年之内不能出国，必须在中国，有这样的一个规定。我听说现在还要定期开会，强化你回来的观念。但是还是会有人宁愿付违约金也不想回来了。

**同学乙：**这是不是和从小受到的教育有关？咱们受的教育，不管家庭教育还是学校教育，都说人往高处走，不就是说为了未来的生活优越一点，自己的才能有一个能够发挥的空间吗？在这样的教育背景下，他在中国生活和工作感到条件不那么优越，而到了国外就有了更大的发挥空间，有了更好发挥自己才能的地方，这种意识就是"人往高处走"，能蹦到一个更好的地方。我感觉跟这种潜在的心理意识有关系，并不是说中国的教育有多差，他毕竟是从中国教育出来的。他自身的一个基础，还有培养的一个习惯、学习的方法，还有思想的整体过程，还是跟中国教育有关系。现在虽说会有很多海归回来，但是他们都说在国外可能没有找到一个用武之地。更多的就是，那种自身真正有能力，能够独当一面的人，才能够申请在国外生活的机会，有自己能够发挥自己才能的空间。

**同学甲：**你说的是能留的他尽量留了，留不了他才回来。但是我们从小就接受爱国教育，要报效国家，建设社会主义，成为接班人，这才是我们更多强调的，那为什么他走了之后就不回来了呢？

**同学丙：**我能为国家做贡献，但是国家给我提供了什么？

**同学甲：**这是不是就是说对我们的政府、国家失去信心了呢？

**同学丁：**有的知识分子，他想报效国家，但是国家却不一定给他机会。所以他到外面寻找一个更适应的环境。好多人即使到了国外，也还想着报效祖国，所以也可能是我们的体制使这些人才流失的。

**同学丙：**谁愿意背井离乡呢！

**同学甲：**有一个报道，说是一位耶鲁毕业的中国留学生夫妇给耶鲁大学捐了888万美元，却没有捐给中国。采访中他们说是因为受了耶鲁的教育，所以回报学校。

**同学丁：**我觉得那个事件的原因很复杂。比如现在我感谢中国的大学，我也不一定敢直接捐钱。像红十字会这类的机构还涉及一些体

## 走进哲学
### 练就批判的头脑

制问题,你捐的款能对它有直接作用吗?(同学甲:你都不一定信他。)我都不一定相信。他可能也对中国的大学心存感激,但可能会换种方式来表达吧。

**同学戊**:那对夫妇捐钱给耶鲁大学是怀着感恩之心的。因为他们出去的时候很困难,用他们的话讲,就是出国留学的时候阻碍重重,而且是他老婆先走的。他老婆在北京没有户口,而且生活特别艰苦,他们两个在北京工作的工资只有几百块钱,住的也不好,没有人帮他们。当时他们申请奖学金,只有耶鲁大学通过了,因为那个妻子挺优秀的,但是她在北京没有户口,所以找不到正式工作。但是他们出国的费用都是耶鲁大学提供的,包括生活费,所以他们后来把钱都捐给耶鲁大学了。

**同学丁**:这就说明了我们的教育还是挺不错的,我们培养的人才还是挺优秀的。

**同学戊**:但是社会没有好好珍惜这个人才,所以人家走了。

**同学丁**:所以看来不是教育出了问题。

**同学戊**:他们是对耶鲁大学有知遇之恩的,但是也有一个问题,他们怎么没有感恩本科院校,给国内大学捐钱?

**同学丁**:我的意思是说她挺优秀的,咱们国内教育还是挺成功的。

**同学己**:这也是个别现象,不能代表总体。大多出国了不回来的人总是会找各种借口。

**同学甲**:还有一个问题,我有个同学是学法律的,一讲起中国社会就很愤恨,说中国是人情社会、关系社会。若你问他现在信什么?信不信法律?他就会说,不信,现在连钱都不管用,管用的是关系、人情,我相信的是权力,不相信法律,它不靠谱、不管用。你们看,他自己是学法律的,他骂那些人情关系,但是同时他自己又不信法律。这个就是一种分裂,自己学的东西、爱的东西他又不相信。

## 第三课 文本观察训练

**同学戊：** 像马克思说的异化。

**同学甲：** 有这种倾向，就说明中国的教育出问题了。

**同学己：** 你学什么和你信什么不一定是一回事。

**同学丙：** 学这个也不一定爱这个，不能学一个就爱一个。

**同学甲：** 这个文本中也有说，中国人不勇敢，对自己觉得正确的东西不敢追求。

**同学己：** 他不觉得法律正确，所以肯定不会追求啊。他觉得法律不管用，所以肯定就不追求法律。

**同学戊：** 他可能学的比较杂，看见的深层次的黑暗面比较多。

**老师：** 在教育问题的讨论中，大家对文本批判解读的功夫还不够。比如他说中国教育失败，是从哪几个方面概括的？他分的几个自然段：第一段说公民接受教育的目的是扭曲的。第二段讲教育制度、教育体制的培养目标也是扭曲的。后面三段讲教育失败从三个方面表现出来，一是培养出来的人很少有追求真理的，都是一群投机分子；二是可以培养很多技能人才，可是培养不出钱学森那种领军人才，培养不出有创造精神的领军人才；三是讲了流失，中国培养的人才不爱中国。这个执笔者把这些出国的人骂得很厉害，说他们是一群狗。就是说，他认为教育成功的一个标志，是中国培养出来的人才应该留在中国，为国家效力。他认为培养的精英人才流失是教育失败的一个标志。有个耶鲁大学校长批评中国教育，那个文章在网上也很流行，他讲的问题是值得思考的。

**同学己：** 老师，我觉得我们除了批评文本观点的片面性以外，还真的很难从理论上对他进行反驳。他说的这个观点，我基本上是认可的。

**老师：** 就是你只好接受，对吗？

**同学己：** 想反驳很难。

**老师：** 那么你能不能设想一下，中国教育的执行者、管理者，他们会怎么解释这些问题？或者怎么反驳？

**同学己**：他们也很难做出决断。如果说青少年、年轻人学习的目的不正确，他们可能解释为受到传统文化的影响，或者是现在社会的大趋势。

**老师**：咱们的教育部受到很多批评。前些日子教育体制改革规划还挂在网上征集意见，让大家放开提意见，中国教育到底要怎么搞。现在骂中国教育的人很多，对教育体系的现状非常不满意。但是骂归骂，从骂中能不能骂出一个出路，一种智慧，一套办法来？我们可以从这个角度来看、来想问题：一是怎么来解释现在这种现象；二是从解释这个现象中找到它可能的或应有的出路。

**同学己**：发现问题和解决问题是两码事。发现问题可能是个短暂的过程，但是解决问题却没有一个一劳永逸的办法。

**老师**：这个看法就不妥。因为你说的"发现问题"是指很表层的、皮毛的、枝节的问题。如果真正发现了实质的、核心的问题的话，那么解决问题的路子也就有了。正如那句话：正确地提出问题是正确解决问题的一半。正确提出问题就是真正地揭露问题，但问题是不是在于某个人？骂校长、骂学生、骂老师、骂家长，骂谁能解决这个问题？都不行。如教育公平问题，好像谁都骂择校，但是哪个家长都舍不得不择校。辛辛苦苦攒点儿钱来，就是为了给孩子择校、交钱。不知道你们考大学的时候是怎么想的，恐怕潜台词里，还是只需要应试教育，不需要素质教育了吧。

**同学丙**：分数够了就行。

**老师**：就是琢磨怎么把分数弄够了。但是，你不那样想行不行？

**同学丙**：不行，不然考不上大学了。

**老师**：像这样的问题，就不是哪个个人的问题了。

**同学己**：上升到社会以后就没有可解决的办法了。

**老师**：为什么？

## 第三课 文本观察训练

**同学己**：因为连解决问题的对象都没有。因为社会是联动的，要解决这个问题，可能会牵扯更深层的另一个问题。另一个问题更深层的可能又联系到其他问题。一旦说是联动了，就没办法解决了。比如说我们的教育问题，可能要考虑家庭环境、社会风气、文化传播、文化源流、国外影响等等，这样就发现教育问题真的无从下手了。

**老师**：这个前提有问题。上升到社会就复杂了，就无从下手了，是这个逻辑吗？

**同学己**：嗯。

**老师**：那回过头来看，教育到底是谁的事业？有什么问题？

**同学己**：大家都觉得教育不好，就像我们得了一个什么样的病，结果你发现这个病牵涉很多很多的问题，包括各个学科的问题，然后你就会发现很难了，这就是疑难杂症。

**同学庚**：这种问题就不能靠速成了，可以从细微上慢慢调整，不能说一步到位。

**同学己**：我就是这个意思。它只能说调整、微调，慢慢地改进，就像换血一样，只能慢慢来，没有一个能很快可以解决的办法。

**老师**：还是没理出头绪来，到底是能解决还是不能解决？

**同学己**：只是说有解决的这么一个愿望，但是具体是什么时候、用什么办法解决，还是个未知数。

**老师**：什么时候解决可以不限定，用什么办法解决这个靠谁来回答？等谁来回答？

**同学己**：找不到一个责任人。

**老师**：前提就是一个责任人吗？

**同学己**：解决问题就是要找到一个存在问题的主要责任人。

**同学戊**：这不是一个人的问题。

**同学己**：如果把所有的问题都归结到社会问题，那么真的是没法解决了。比如说，医疗问题也是社会问题，教育问题也是社会问题，

## 走进哲学
### 练就批判的头脑

住房保障问题也是社会问题，但总归必须有一个人来承担责任。

**老师**：你这是问责制，主张每个问题都要有一个责任人。

**同学己**：至少有一个人要承担主要责任，否则问题就不能解决。社会问题是谁的问题？这没办法回答。

**老师**：每个领域都有主要的管理者，而且好多都是经中央讨论后决定的。从某种意义上说，责任人是有的。从责任人这个意识上来讲，至少他们都是想落实决定的。但是确定了责任人是不是问题就能解决了？

**同学己**：没有。

**老师**：我们高校，现在体会到的就是建房子、申请项目，千方百计凑分数，按照排名榜上的各种指标往上凑分数。大学主要就干这事儿。教学面积有多少，国家级项目有多少，省部级项目有多少，凑这个分数。

**同学戊**：是硬指标？

**老师**：是硬指标。既然是好事就得这么干，那还埋怨什么呢？为什么说失败呢？人家可以拿出好多证据来说明我们的教育不失败："我们的学生参加什么国际大赛成绩优异""中国学生的综合创新能力竞赛，远远比别的国家强"，等等，这样的教学质量是高还是低？我们的孩子出国以后发现小学五年级学生学的课程相当于他们中学生的水平。

**同学戊**：不过我们的学生感觉压力比较大，这是我们的教育体制有问题。但是国外的教育体制就没有问题吗？这是不可能的！

**老师**：对呀，你说孩子压力大是好事还是坏事？关于"虎妈"教育孩子的这个事情就很有争议，是吧？

**同学己**：我认为有很多问题仅仅是一个文化差异。比如说，那种开放式的教育——启发、引导与我们中国的教育方式——严谨的或严格的灌输式教育相比较，到底谁好？它们都是各有各的好处，选择哪

## 第三课 文市观察训练

一种并不是纯粹理性的判断,肯定还有文化上的差异。中国人觉得从古至今"子不教,父之过,教不严,师之惰",老师要严谨的教学,学生要恭敬地听老师讲课;但在西方有这样一传统,要活跃课堂气氛,引导学生研究问题、探索问题。都是各有各的好处。这不是一个纯粹理性的教育学问题,而是一个文化差异的问题。

**老师**:是文化问题又怎么样呢?

**同学己**:这就不能涉及价值判断,不能说谁好谁坏。

**老师**:不能说谁好谁坏,又怎么回答文本中谈到的这些问题?因为你的潜台词还是:中国教育并不失败。

**同学己**:不是很失败,至少不像文本所说的那样。

**老师**:那你就得回到这个结论上:在我们看来并不很失败,但作者说失败。那么思想方法、价值观念上的差别究竟在哪里呢?

**同学戊**:其中就有一点,他在用他们的优点来对比我们的缺点……

**老师**:哎,这样问题就深化了!

**同学戊**:我们说我们的好,他说他们的好,这种对比不是典型研究对比,也不是在一个水平线上的对比。

**同学己**:就是中餐、西餐到底谁好,类似这样一种对比。

**老师**:那还是中餐好,他们西方人到中国来,都说中餐好。

**同学甲**:我觉得,判断教育成功与否,应该从教育可以给社会带来什么来衡量。

**同学多人**:评价标准是不一样的!

**同学甲**:那是不是要讨论一下教育的本质是什么?

**同学己**:教育的本质是促进社会的文化繁荣、科技进步,还是对人的塑造,塑造完整的一个人,抑或是什么别的?

**同学戊**:你这个说的就比较远了,我刚才只是举一个很简单的例子而已。

## 走进哲学
### 练就批判的头脑

**同学己：**按你刚才说的，实际上还可以说中餐和西餐相比是一回事的话，那么西餐没味，中餐美味。

**同学戊：**那就这么说吧，你吃惯了西餐之后再去吃中餐，你就会感觉中餐好；但是你天天吃中餐，顿顿吃中餐，偶尔换一下口味去吃西餐，就会觉得西餐好。

**同学己：**那你长期吃西餐的人，突然换了中餐，一顿两顿你会觉得好，但你吃了几顿之后，还是会觉得西餐好。

**同学戊：**对呀，那不就涉及这个问题了吗——他说他们的好，我们说我们的好，时间久了，你就会反思自己的，发现问题了，你就说人家的好。

**老师：**对！这就涉及问题的高端了，就是教育成败的标准是什么？是单一的还是多样的？这个问题争议不大，答案可以是多样的，但是，衡量我们教育的成或败，究竟应该用什么标尺？文本是用什么来衡量的？而我们讲自己的教育取得的成就，或哪有问题的时候，是用什么来衡量的？是一样的标准还是不一样的标准？

牛津大学校长讲过一句话，我印象很深，他说："牛津的风格和传统就是保守！"他们以前设立的院系和我们都不一样，而且他们特别讲究传统，以前怎么做，以后就得照规矩怎么做。这引起他们内部很多教师的不满，所以有一帮青年教师"叛逃"了，跑去建了另外一所大学——剑桥。几十年以后，这个牛津大学的校长总结时就说："我们得诺贝尔奖的不如剑桥多，但是我们培养了英国的36任首相！"牛津讲自己的成就，认为自己正确有效地坚持了自己的办学方向——培养代表和引领英国社会发展的人才。诺贝尔奖也要得，但这不是牛津大学的主要目标。所以牛津很骄傲——"我们培养了英国的36任首相！"剑桥是由一群不满意牛津的保守作风、最富有探索创新意识的人建立起来的，这种创新意识使得剑桥也结出了硕果——获得了许多诺贝尔奖。英国有剑式和牛式两种办学的思路，跟这个作对比，再

## 第三课 文本观察训练

看我们中国办学的成败来反思,我们实际用的标准是什么?我们应该用的是什么标准?

**同学甲:** 对中国来说,出来的人才是整齐划一的。我们不是说要把你教育成什么,而是说不要压制你将来成为各种可能的人才。例如,我们不是说一定要把你培养成哲学家,但是,我们一定不要把我们培养成社会的渣子,你可以成为哲学家、音乐家等等,来发挥你的各种可能性。

**同学己:** 也就是说,他不给你选择具体的目标,但是给你提供可能性,是吧?

**同学戊:** 这是不是说,教育可以培养不同类型的人才,比如说,我的这个教育体制符合了我的教育目标,达到了这个目的,就算是成功的。

**同学甲:** 对,我们可以梳理一下,好多学校要培养什么样的人,以及从这个学校出来的人是什么样的,有些学校说是培养这个人将来有各种可能性,而不是在这里就把他的各种可能性抹杀掉了,大学出来的人应该有很多种类型。而像之前举例的国外学校出来的,就只有一个类型——我们培养首相、我们培养诺贝尔奖获得者,出去的时候就都已是格式化的人了。

**同学戊:** 也就是说,我这个学校有这个目标,我真的培养出了这样类型的人才,这应该是成功的。而你是说,人才应该是发散型的,应该是多种多样的,只要发挥你自身潜能,然后达到一定水平了,那么这个教育也是成功的,因为我把人的潜能都开发出来了。

**同学甲:** 这也就是标准设在哪里的问题。

**同学戊:** 标准不一定是同一的,每一所学校、每一种教育体制都有自己的模式,只要达到既定的目标,那应该就是成功的。比如说,像中国这种应试教育,有很多缺陷,但也出了很多人才;而国外的教育相对比较轻松,人家也出了很多人才,无所谓谁更好一些,谁更差

## 走进哲学
### 练就批判的头脑

一些。我们从小就在经历各种各样的教育体制改革，小学在减负，而且教材一年一换；初中要培养发散型人才，英语书突然厚了很多；高中要改成修学分；等等。教育体制改革就像一个大机器，像同学己说的一定要找一个负责人，那源头到底在哪儿？这就像齿轮一层卷一层，你不能找出最终的那个根结点。

**同学己**：出现了一个问题，那就应该有对这个问题承担责任的人。

**同学戊**：那你是要教育部长承担责任？那是谁任命的教育部长？

**同学甲**：教育部长也是受教育出来的！

**同学戊**：对呀，那归结到底究竟要谁来承担责任呢？

**老师**：这是人治主义的思路！

有个同学刚才讲了一个很好的观点，教育的成败要看教育的效果是否符合教育的目标，是否达到自己的教育目的。因为教育本身是多层、多元、多样的，比如小学教育要达到什么目标，中学教育要达到什么目标，职业教育要达到什么目标，高等教育要达到什么目标，要用效果来衡量其结果是否符合这个目标。舞蹈学校就要培养舞蹈家，学校培养了很多舞蹈家，还包括一批拔尖的舞蹈家，这就算成功。你不能说舞蹈学校教出来的学生不会画画，就是片面发展，这种要求是不合理的。因此，解决教育问题的一个起点是：如何端正和落实它的教育目的与目标。首先考虑怎么样定位、定性，把这个弄清楚了，接下来就是怎么落实、坚持的问题。就像牛津大学，就要走保守路线，因此不会也不怕被人家说缺少创新精神、没有时代感、需要改革。牛津校园都是很老的房子，越老的房子，他们越引以为荣，他们维护得很好，修整得也很漂亮。牛津大学的指导思想就使得自己成为英国文化的带领者、领军人物。牛津的教育达到了这个目的，所以这个校长就可以很自豪，诺贝尔奖比剑桥是多还是少的问题不是最重要的衡量尺度。

那么，我们中国教育现在面临的问题究竟是什么？我们教育目标

## 第三课 文本观察训练

的选择和设定有没有问题？有什么问题？还有，我们的教育方式——贯彻教育目标的路径、形式、过程，是不是有利于实现我们的教育目标和目的？它本身的结构、方法、规则以及规范体系怎么样？然后，再用效果来检验，其有效性如何？比如，应试教育培养能考高分的人，培养的学生多数能考高分，这就是有效、成功的；但素质教育要培养有思想境界、心理健康的人。那么，如果学生基本上都是心态比较健康的、自主独立的人，那就说明教育的目的达到了，考多少分就不是其主要的标准。

拿效果来检验的时候，我们回过来反思教育，就可以从教育目的或教育方针、教育体制或教育程序、教育过程或教育结果来进行。教育结果还包括，是只看培养的拔尖人才，还是看培养的大多数人才的效果？在清华校庆的时候，清华校长讲清华历史，他讲了当了大官的——中央委员、中央政治局委员、中央政治局常委有多少，省部级干部有多少，等等。这个讲话出来以后，在网上遭到很多人的批评，说他只用当官的数量来衡量清华的成就，却没讲清华一个得诺贝尔奖的学者都没有的这种耻辱，也没讲清华在各个学科里面的大师级人物究竟有多少，历史性的巨著有多少。所以一些人批评说，清华已经堕落了，从办学思想上就已经堕落了。但是我知道清华的一个办学思想，特别是新中国成立以后的一个办学思想，就是培养社会主流人才。他们的前任校党委书记曾经到政法大学来开小型座谈会，就讲了清华的主流意识：清华就是要多培养一些省部长、院士等主流的领军人物。但别的学校像北大，就不是这种风格。北大就是要培养很多社会评判者、自由学者，就要讲思想、学术、文化。清华与北大的两校学生经常较劲，争谁第一。在国内，清华常排在前头；但国外常把北大放在清华前头。这就是用不同的尺度来衡量教育的典型例子。

后来，有人问咱们政法大学到底想培养什么人才？我想，这个问题正是需要我们自觉把握的。我担心的是，咱们只想培养一批律师、

## 走进哲学
练就批判的头脑

法官等司法部门的从业者,而不把培养中国法治建设的思想家、实干家和带头人作为目标。政法大学要有自己独特的目标,法大就是法大,把法大办成一个国际知名的大学究竟要靠什么?这个目标让别人理解了,地位才能提高,这才是关键性的定位问题。目标定位能够决定办学的方式和风格,影响办学的成败。

那么哲学方法论这个课要达到什么目标?我想得比较简单,虽然你们在座的也有哲学专业的,但开设这个课的目的不是让你们都成为哲学家、哲学教师或者哲学专业工作者,而是让你学了哲学以后,在回答"怎么看、怎么想、怎么说"的问题时,能有一点新的东西,不是那种习惯性的、人人都自发地会说的东西。这就是开设这门课程的目标。

那么,我们的教育目标到底要怎么定?1987年讨论教育改革文件的时候,我们就曾建议,要从教育方针开始改革。我们过去的教育方针是"教育为无产阶级政治服务,教育与生产劳动相结合",培养德智体全面发展的共产主义接班人。这是新中国成立初期就定下的。"文革"以后,又略微修改了一下,改成"教育为社会主义建设服务,教育与生产劳动相结合,培养德智体美全面发展的接班人"。这两个教育方针的版本有一个共同的问题:总把教育放在为什么"服务"的地位上。前面讲要为无产阶级政治服务,现在讲要为社会主义建设服务。总把教育放在要为什么目标服务的位置上,而没有把教育放在国家、社会未来主体的培育上。这个教育方针从一开始定的基调,就是教育是一种工具主义的体系,而不是一个以人为本、以国家、社会的主人的培育为目标的。总是把教育看作一种工具,认为教育仅仅是为了培养各种各样的、德智体全面发展的"劳动者",而不是把教育放在培养社会主人的地位上。"主人"是劳动者与享有者的统一,既然只是工具,那么应试就是一种必然的检验尺度了,这就决定了我们的教育发展不全面。这个话说了有20多年了,我看了一下新修订的教育规划里关于教育目标的阐述,比以前有所改变,而且向着以人为本的方向走了一点儿，但还是很不明确、很不坚决，所以大伙儿印象都不深。

在实际中，国家教育的目标是引导个人、引导受教育者的。在这个层次上，我们的思考、反思很不够。至于路径、教育体制、教育形式，现在则是越来越行政化了，越来越没有科学精神、人本精神，完全是按一种工具主义的要求。现在的行政化比新中国成立前的学校更厉害，官本位、行政化、形式主义，教师和学生的潜力、潜能怎么释放、怎么发挥都受行政化的操控，这和我们的本质目标就愈发背离。

无论从制度上来讲，还是从体制上来讲，抑或是从社会风气上来讲，教育问题现在确实也是国家、社会的基础性问题。社会上的教育公平问题怎么解决？这已经是一个政治问题了。为什么应试教育不行？因为社会的等级制这个关口总是难以突破，你上学的级别和你的身份等级是相关的。有人说一个社会只要有三种人不堕落，这个社会就是可以挽救的：第一是教师，第二是警察，第三是医生。这是西方人说的，他们的警察是一个社会正面形象的标志，我们的警察始终没居于这个地位。在我国，我发现干部比警察的地位要重要。干部这个队伍腐败，失去诚信了，剩下大家还寄予希望的就是教师和医生。教师和医生大概是人们内心深处最后信赖的两种社会角色，能成为大家良心和诚信的标志。如果教师和医生都向钱看、不负责任，那么这个社会人们内心深处的最后信任和支撑就没了，那么问题就大了。但是现在的教师怎么样？对此我挺焦虑：我们的教师像不像教师？我们教师的风气在变坏，这一点是很令人忧虑的。老师不好好当老师，不为学生着想，不好好教学，这问题其实是很大的，后果很严重。

文本中说的很多事都是真实的，报告里可能很多内容不是兰德公司的，是借题发挥加进来的，很多话说得都很偏激，但是关于教育这一块，他是抓住要害了，就是前两段关于教育的目的、关于教育目的的扭曲，还是点了我们的死穴的。那么有没有出路呢？怎么改才能变好？恐怕一点一点地解决办法也会成熟。当大伙儿都骂的时候，就说明国民已经觉悟了，就是说另一面已经开始起来了。出路还是有的，问题是咱们怎么做到，咱们怎么坚持。

**成果文章**

流言止于智者①
——对一篇网络文章的探究与思考

【摘要】当下中国已拥有世界上数量最多的网民，虚拟网络对现实社会的影响无疑是重大的。本文以一篇空穴来风的网络假文为视角，通过对此文从"无中生有"到"家喻户晓"的过程的分析指出，当下网民中存在着严重的"群体性盲从""毫无根据的排斥""游戏网络"式言行盛行、"反对无力"以及理性辟谣"失声"等不良迹象，为网络信息的理性传播和和谐发展埋下了巨大隐患。最后，本文提出以"把事实看清楚"为前提，以"实事求是"为准则，以"两个避免"为批判思路的一点建议，希望构建一种健康文明的网络文化。

【关键词】文章来源；理性程度；网络文化

近几年来，有一篇题为《十年后中国将成为世界上最穷的国家》的网络文章在中国互联网上盛极一时。该文假冒美国兰德公司研究报告的名义，对中国人多加诋毁，在国内网上发表后却引起无数人跟帖、转载，数千万人参与了讨论与争议，有人说它是"中文互联网上当之无愧的第一月经帖"②。而且其影响还在持续着，不能不引起我们的注意。

---

① 梁权赠、王瑞雪、孙婧等执笔，本文发表于《中国政法大学学报》2012年第3期。
② http://bbs.m4.cn/thread-281185-1-1.html.

## 第三课　文本观察训练

### "空穴来风"何致"满城风雨"?

这篇文章题为"十年后中国将成为世界上最穷的国家",乍看上去,应该是一篇有关中国经济发展的研究报告或科学预测,然而实际上它的内容却与这个题目毫不相干。其全文完全是用不加论证的判断,对当代中国人的道德面貌横加指责。例如,它一上来就说:中国人"不了解他们作为社会个体应该对国家和社会所承担的责任和义务""只在乎他们直系亲属的福祉";并断言"中国人没有自己的信仰""由于缺乏信仰,中国人没有罪恶感,没有亏欠和内疚感,只要犯罪不被知道,就是无罪";中国人"思想被贪婪所占据""倾向于索取而不给予",而且"从来就没有学到过什么是体面和尊敬的生活意义";"中国人所说的政治除了欺骗和背叛没有其他东西",国家被"粉饰"成"表面上繁荣的伪资本主义国家";中国青少年所接受的教育是"如何说谎并从别人那里索取,而不是与别人去分享自己的所有";中国人"追求腐化堕落的生活,满足于自我生理感官需求,他们的文化建立在声色犬马之中:麻将、赌博、色情、吃欲、贪欲、色欲无不渗透在他们的生活和文化中";等等。一路骂下来,并无新意,都是重复、拼凑人们已经听说多年的陈词。例如,它说"以血缘关系为基础的道德观势必导致自私,冷酷,这种自私和冷酷已经成为阻碍中国社会向前发展的最关键因素",真不知道说的是哪个时代的哪些中国人。而且,它说的这些,与"十年后中国将成为世界上最穷的国家"的断言又有何联系?

不难看出,该文虽然打出了"兰德公司"的显赫名称,却没有一点兰德公司报告所特有的那种风格和语气,也看不出一点以实事求是的态度进行科学研究的意思,倒是以赤裸裸的偏见和蛮横,表达出了一种莫名其妙的仇恨和敌视。

那么,这样一篇既无善意又不讲理,既充满偏见又水平极差的文

## 走进哲学
### 练就批判的头脑

章,何以竟会轰动一时,流传甚广?从治学的角度来看,对文本追根溯源、考察文本的写作背景、探究作者的立场及学术素养等,在这里显然是必要的。只有这样才有利于更客观、全面地理解和评价文本。

于是,我们对此文进行了详尽的考察。在调查考证中,凡所引用或作为线索的资料,我们都到原始出处一一做了确认核实。应该感谢的是,我们也得益于一篇名为《〈兰德公司对中国人的评价〉谣言追踪与真相》①的文章。

目前在互联网上见到的,大多是《十年后中国将成为世界上最穷的国家》的最新版本,可称之为3.0版。而我们所能搜索到的最早版本,即"0.0版",是一位网名为Kakarudo的网民,于2004年12月14日在美国军事论坛上以英文发表的 What is China②。这位背景和身份均不大明朗的网民,从其使用"Kakarudo"这个带有戏谑意味的网名③中,可以多少感到一点游戏的味道;其网文的内容,也无非是一些愤懑指责的个人见解。但不久之后,这篇 What is China 就被有意放大了:2005年3月3日,"热血汉奸论坛"上有三位成员将其译成中文,并更名为《美国人眼里的中国人》④,随即在各大论坛上迅速扩散,引起了强烈反响。我们将《美国人眼中的中国人》称为"1.0版"。截至此时,这篇与兰德公司毫无瓜葛、以诋毁中国人为主要内容的《美国人眼中的中国人》,仍可能是打着"美国"旗号的一个恶意炒作。

那么它是怎样与"兰德公司"挂上钩的呢?2005年5月19日,

---

① 参考 http://bbs.m4.cn/thread-281185-1-1.html.

② 参考 http://forums.military.com/1/OpenTopic?a=tpc&s=78919038&f=8001934822&m=107109774.

③ "Kakarudo"据说是日本漫画里的孙悟空。吴健考证,这位始作者在2005年时20岁,2003年曾在香港拔萃男书院(英文教会学校)5A班念书。详情请参考 http://www.tutorial.com.hk/forum/viewpro.php?username=kakarudo&sid=JuZ47OcC 和 http://www.diocesans.net/vbb/member.php?u=942.

④ 参考 http://www.rxhj.net/phpBB2/viewtopic.php?t=1703&.

## 第三课 文本观察训练

兰德公司亚太政策研究中心主任、亚洲政策部主席 William H. Overholt 对美中经济安全审查委员会陈述一篇名为"China And Globalization"的报告①。这篇报告于 2005 年 8 月 25 日前，被何颖译为中文《中国与全球化》②，并被百度文库收集。报告的主要内容是，中国现行的政治经济政策和未来的发展趋势将对世界经济全球化进程产生积极的影响。报告整体上是对中国的正面评价，仅有的两点负面评价是"中国金融体系的不合理"和"财政状况的潜在问题"。该文依据这两点负面评价得出的结论是："如果没有奇迹般的新政策的话，中国的经济在那个时期（中国将因人口老龄化而成为世界上工作与非工作人口的比率最糟糕的国家的 2020 年）就会碰壁。到 2020 年，以我们的标准来看，它仍会是一个非常贫穷的国家。"应该说，无论是否同意这个结论，都可以肯定，它是有据可查、界限清楚、负责任的学术报告。

问题就出在这之后，一位网名为 Janyse 的网民于 2007 年 3 月 5 日将"1.0 版"（《美国人眼中的中国人》）与兰德公司上述报告"结合"了起来。它用意明显地从不无夸大的该报告网络版《兰德公司：2020 年，中国会非常穷》中摘抄了五段（其核心内容是报告中对中国进行负面评价的两点），又从《美国人眼中的中国人》（"1.0 版"）中摘抄了十四段，然后拼凑出了一篇名为《美国兰德公司最近对中国评价》③的帖子，并很有"修养"地声明：此文"转载"于美国兰德公司报告。这就是我们说的"2.0 版"。

2.0 版在网上盛传热议时被再次升级。2010 年 5 月 1 日起，本文最先提到的《十年后中国将成为世界上最穷的国家》——又名《美国兰德公司：2020 年中国将会是最穷的国家》《美国兰德公司对中国人的研究报告》，也是当下的最新版本 3.0 版——出世了。这个最新版

---

① 参考 http：//www.rand.org/pubs/testimonies/CT244/.
② 参考 http：//wenku.baidu.com/view/953c36c52cc58bd63186bd50.html.
③ 参考 http：//www.360doc.com/content/07/0305/16/17433_385345.shtml.

## 走进哲学
### 练就批判的头脑

本基本删除了属于兰德公司《中国与全球化》报告中的五段，保留了之前从"1.0版"（《美国人眼中的中国人》）中摘抄的部分，并从"1.0版"中再次摘抄了一部分内容，还加入了一些我们无法考证其来源的内容，比如关于宗教信仰的部分。目前我们能够发现的最早出现的3.0版本是"百雅仙人"的博文[①]。

为此，美国兰德公司曾在其官网[②]上专门发布了一篇中英文对照的辟谣声明[③]，原文如下：

> Several online postings containing false information regarding RAND Corporation research have appeared on various websites and blogs produced in China. With titles such as "China will become the poorest country in the world in 2020" and "RAND Corporation's evaluation of Chinese people," the online postings contain extremely negative comments about the Chinese people, and attribute those to RAND. RAND has never published the comments or reports cited in the online postings. ……
>
> 一些包含关于兰德公司研究的错误信息的网络文章在中国各大网站和博客中出现。题如"2020年，中国将成为世界上最穷的国家"和"兰德公司对中国人的评价"的报告对中国人民做出极为负面的评论，并称这些报告出自兰德公司。兰德公司从未发表这些网络文章中引用的评论或报告。……

至此，真相已经水落石出——这篇声称出自兰德公司的报告实际上与兰德公司毫不相干，只是随着版本升级，兰德公司被"华丽转

---

[①] 参考 http://blog.sina.com.cn/s/blog_4c1ef21a0100j2zv.html.
[②] 参考 http://www.rand.org/.
[③] 参考 http://www.rand.org/news/announcements/2010/10/04/.

身",成了他人施以"空城计"的道具。于是,随着 3.0 版本的完工,此文的真实作者也在其几经转手的过程中变得无从查证,而它的社会影响却继续扩大,有增无减,几近于"满城风雨"。

## 流言面前的网民心态

此文几经演变,历时之长、版本之多,都给我们的调查带来了很大困难。以"3.0 版"为例,在被转载时,就被赋予了花样众多的题目。援引一位名为"风尘棋客"的网民于 2008 年 8 月 24 日发表的题为《〈美国兰德公司对中国人的评价〉到底是谁写的?抽丝剥茧带你看 08 中文网络一大闹剧》[①] 的帖子写道:

> 2008 年网上不知从什么地方冒出一篇特别火爆的文章,名曰《美国兰德公司对中国人的评价》。Google 中文上搜索该题目有超过 57 万的检索结果,其中还不包括题目被换成《美国人对中国人的评价》《美国人眼里的中国人》等内容一致的换题文。我第一次是在校内上看一个排版很差的转载,也有六万多的阅读量,至于 57 万的检索结果所带来的全中文网络阅读量更是难以估量。

我们就以上提到的三篇 3.0 版文章进行了调查。2011 年 10 月 29 日,我们在谷歌、百度上直接输入三个中文题名,点击搜索,得到的结果如下:

搜索"十年后中国将成为世界上最穷的国家",谷歌显示"找到约 6750000 条结果",百度显示"找到相关结果约 141000 个";

搜索"美国兰德公司:2020 年中国将会是最穷的国家",谷歌显示"找到约 61700 条结果",百度显示"找到相关结果约 51600 个";

---

① 参考 http://www.tianya.cn/publicforum/content/free/1/1414922.shtml。

## 走进哲学
**练就批判的头脑**

搜索"美国兰德公司对中国人的研究报告",谷歌显示"找到约737000条结果",百度显示"找到相关结果约330000个"。

这些数据只是代表可被搜索的发帖和回帖的数量。至于浏览、阅读乃至听说过这三篇文章的人到底有多少,我们无从考证。汇总以上数据,排除一人多次在发言中直接写出三个题名或者多次发帖的情况,排除个别字眼引起的无效搜索,以最保守原则估算,发帖人大概有500000人(以大约10%有效性对搜索结果进行估算),参与回帖的平均20人/帖,阅读、浏览的平均50人/帖,那么,大概有1000万人参与了发帖和回帖,25000000人阅读、浏览过这篇文章。如果再退一步,把凡是"知道"(转载、回帖、阅读、浏览以及听说等种种途径)这篇文章的人都加进来,再次形成一个数据就是——"知道"这篇网络文章的人有25000000之多!

另外一个间接的证据是:在百度上搜索"兰德公司",排名第一位是百度百科关于兰德公司的介绍;第二位是兰德公司官网;第三位就是天涯论坛上题为"兰德公司:2020年,中国将成为世界上最穷的国家"这篇帖子。

当然,单从"知道"此文的国人数量来推断其社会影响,只能算是一个方面。为了进一步了解其影响程度,我们对网民阅读此文后的反应进行了调查统计。我们选取在百度搜索中排第三位的帖子——《兰德公司:2020年,中国将成为世界上最穷的国家(转载)》[①]。这是一个网名为"fenghui234"的网民于2010年9月19日发表在天涯论坛经济分坛上的。截至2011年10月30日09时,该帖信息显示"点击:181636  回复:742"。我们以注册网名为准,每一网名计一次回帖(即使同一网名的网民有多次回帖也算作一人回帖一次进行统计)。在742个跟帖中,我们共统计出有效跟帖652个,具体统计结果如下:

---

① 参考 http://www.tianya.cn/publicforum/content/develop/1/485396.shtml。

## 第三课　文本观察训练

表1　　　　　　　　　　跟帖网民的差异性反应

| 对文章来源的辨识情况 | 大致态度 | 具体态度 | | 赋值 | 人数（Xi） | 所占比例（Pi） |
|---|---|---|---|---|---|---|
| 未加辨识 | 同意 | 同意 | | 0 | 181 | 27.76% |
| | | 顶 | | 0 | 16 | 2.45% |
| | | 复制 | | 0 | 15 | 2.30% |
| | | 抱怨/响应 | | 0 | 73 | 11.20% |
| | | 总计 | | — | 285 | 43.71% |
| | 反对 | 无力反驳 | | 2 | 7 | 1.07% |
| | | 反对（内容） | 纯粹反对型 | 2 | 74 | 11.35% |
| | | | 理性反对型 | 4 | 51 | 7.82% |
| | | 诅咒 | | 0 | 5 | 0.77% |
| | | 总计 | | — | 137 | 21.01% |
| 有辨识意识 | 质疑真实性 | 质疑文章来源但同意其内容 | | 6 | 24 | 3.68% |
| | | 纯粹质疑文章来源与内容 | | 8 | 30 | 4.60% |
| | | 质疑文章来源与内容并以行动证明 | | 10 | 24 | 3.68% |
| | | 总计 | | — | 78 | 11.96% |
| 未知 | | 灌水/语义不明 | | — | 152 | 23.31% |

表格1备注：

（a）具体态度是"同意"的，包括仅表示部分同意，但未提出反对意见的。

（b）具体态度是"顶"的，可能有灌水嫌疑，但考虑到此类网民很可能怀有一种希望此文被更多人看到的心理，故将其归为"同意"类别里。

（c）具体态度是"复制"的，是指直接复制文章里部分词句予以回帖的一类网民态度，推测其同意复制的部分，故将其归为"同意"类别里。

（d）具体态度是"抱怨/响应"的，是指仅以抱怨内容回帖的，或仅列举了某些负面社会现象予以泄愤的一类网民态度，此类回帖虽然没有明确表示同意，但从其内容、语气上分析，应属于"同意"范畴。

（e）具体态度是"无力反驳"的，是指虽然不同意文中观点，但承认自己无力反驳的一类网民态度。

（f）具体态度是"反对"的，是指明确表示不同意文中观点的网民态度，其中分为两类：一类是仅有表态而无其他的，即"纯粹反对型"，这类网民态度比下一条"诅咒"态度表达方式更为理性，当然两者无严格界限，有一定程度上的"模糊地带"，但这种"模糊地带"的存在基本不影响数据分析；另一类是既有表态，也有指出文章的哪些具体观点存有认知错误或者逻辑错误的，即"理性反对型"。

（g）具体态度是"诅咒"的，是指情绪化谩骂发帖人的一类网民态度。

（h）具体态度是"质疑文章来源但同意其内容"的，是指质疑文章来源的真实性，但表示基本上同意文章全部内容的一类网民态度。

（i）具体态度是"纯粹质疑文章来源与内容"的，是指对文章来源与内容都有所质疑的，但没做出实际证明行动的一类网民态度。

（j）具体态度是"质疑文章来源与内容并以行动证明"的，是指以实际论证行动参与辟谣，比如张贴出兰德公司辟谣链接的一类网民态度。

（k）具体态度是"灌水/语义不明"的，是指一些语义不明，或是回复与文章无关的内容或者广告等帖子的一类网民态度。另外，网民互相间的情绪化谩骂统归为此类。

我们认为，以上调查统计结果主要反映出以下两个值得注意的问题：

首先，在明确表态的网民中，即排除"具体态度"是"灌水/语义不明"的网民，有八成多的网民对此文的来源未加辨识地接受。这里不仅包括"大致态度"是"同意"的网民，也包括"大致态度"是"反对"的网民，因为后者虽然持有反对态度，但也是在无自觉意识的情况下默认文本来源为"真"，而只对文章相关内容提出质疑，这种反对态度是不同于"大致态度"是"质疑（文章来源）真实性"的。所以，对此文未加辨识的网民的比例值为：

$$\frac{\text{"未加辨识"的网民数量}}{\text{所调查网民数量} - \text{"灌水／语义不明"的网民数量}} = \frac{285 + 137}{652 - 152} = 84.40\%$$

其次,"具体态度"为"灌水/语义不明"的网民的比例值为23.31%。若再加上"具体态度"是"诅咒"的网民,就构成了一个有着"游戏网络"式的言行,其网民比例为:

23.31% + 0.77% = 24.08%

所谓的"游戏网络"式言行,是指网民在网络言语或行为中表现出一种游戏心态,具体表现为轻佻不严肃,放纵无约束,没有遵守和维护网络公共秩序的意识和责任感,而其网络言行往往不同于其现实言行。以上数据说明,"游戏网络"式言行的网民约占全体网民1/5,是一个不容忽视的数字。

从以上数据可以看出,有大批网民对该文表达了无批判的认同。也不难想到,该文仅仅在网上就有如此广泛的市场,那么它在社会上所起的作用又会是怎样的呢?一篇空穴来风的烂文章,其影响却能够如此之大,我们在此之前都未敢想象。

### 是谁在诋毁中国人?

常言道:"流言止于智者。"那么,读过此文的知名学者、公众人物及媒体对此文的回应又是怎样呢?调查结果并不乐观,以至于我们几乎从中找不出对此文来源进行过客观、准确地调查,对其内容进行过理性批判的学者和公众人物。而草率转载、评论炒作此文的却不少见。试举例如下:

某市委党校某校领导、香港凤凰卫视《时事辩论会》特约评论员刘某某在凤凰博报的博客里转载了此文并认为,此文出自兰德公司,也提出了"中国最大的病根"[1]。

---

[1] 参考 http://blog.ifeng.com/article/9555962-27.html。

**走进哲学**
练就批判的头脑

重庆大学知名经济学教授蒲某某在转载此文时也未加辨识①，甚至"忘记"标示"转载"二字，其转载又被多家媒体再转载，以至不少人曾经误解这篇文章是蒲教授所写。

不加"转载"二字可能因一时疏忽，但自己转载时不加"转载"，却在博客中标示"本博客首发的文章可以转载，但须保持完整性，并注明转自诗性正义（justice.fyfz.cn）"，这已经不能用"疏忽"来解释了。——原西南政法大学教授、博导，现为北京理工大学法学院徐某教授的这篇博文②，截至我们成文时，也在岿然不动地坚守着。

在被公认是"全球领先、中国最大的互联网互动传媒广告平台之一"的某集团③任CEO的洪某女士，在其新浪博客中同样转载了此文④。虽然在这篇博文之首，她理性地表达：此文是"对我们这一代人的一个警钟""中国不要成为一个没有灵魂的巨人"，但她对此文来源也欠缺考证地声称"本文观点来自美国兰德公司亚太政策中心"，并认为"文章写得很狠，但耐心想想是有它的道理"。截至我们成文时，洪女士的这篇博文的阅读量为138950，访问量117787767，关注人气27980，并拥有大量"粉丝"，其影响力可窥一斑。从我们搜集的信息来看，不少网民都是从洪女士这里转载了此文。

这些本应以治学严谨、说话负责任为其本色的专家学者和媒体人士，也加入了跟风之列。很多人和一些媒体都是从这些学者和公众人物那里转载了此文，并对此深信不疑。这里面有诸多原因，不可排除的一点是人们和媒体对这些学者和公众人物的信任，尤其当后者号称是某领域的权威或者拥有传奇人生等诸多"美丽光环"时，这种信任更如加了高强度密码一样，难以被其他因素所威胁或者解除。如此看

---

① 参考http://puyjan.blog.hexun.com/19041246_d.html.
② 参考http://justice.fyfz.cn/art/203716.htm.
③ 参考http://baike.baidu.com/view/1279404.htm.
④ 参考http://blog.sina.com.cn/s/blog_476bdd0a0100ggvp.html.

来，正是他们的轻率态度，起到了推波助澜的作用。

那么，一篇没有经过考究其真实来源，在认知、态度及逻辑等方面都存有明显错误的网络拼凑之文，为何却得到了许多人包括某些知名学者和公众人物的认同与传播？是因为"美国"这两个醒目的标题字打破了我们的理性思考，还是在当下的环境中我们太习惯于盲从？……说到底，更值得反思的是：是谁在通过这种方式有意无意地诋毁着我们中国人？这个事实给予的答案是：正是某些失去了文化自觉的中国人自己！

(一) 网络非理性的泛滥，无疑是这场网文闹剧的现实基础

通过对天涯论坛上的《兰德公司：2020年，中国将成为世界上最穷的国家（转载）》一文的样本分析，我们大致推断出，中国网民在阅读过这篇文章后能对其来源、内容提出质疑，并理性反对的人确实太少，而能把自己定位在一个有责任和义务去遵守、维护乃至捍卫网络公共秩序的网络公民角色上的人，则更是凤毛麟角。相当数量的网民，尚游走在"群体性盲从"和"毫无根据的排斥"之间。

第一，在观察文本时带有很大的盲目性，极易被网络噪音所误导，进而出现群体性盲从、人云亦云的现象，形成浮躁、跟风的不良风气。这种不良的网络言行习惯，相当于在事件的起点上埋下了巨大隐患，其危险性随着事件的后续发展极可能形成"蝴蝶效应"，甚至波及现实社会。比如此文在网络上的广泛流传很可能会给国人的公共主体意识、价值观念等方面带来负面影响，使原本信心十足的改善行为变成心灰意冷的自暴自弃。

第二，容易形成错判和误解，影响到现实社会中人们对相关人或事件的看法。比如此文中，那些怀疑文章内容却默认文章来源于兰德公司的网民们，也会对兰德公司形成误解，滋生出一种盲目的反弹情绪。

第三，相关人或事件在不知不觉中蒙受冤屈，更要承担不必要的损失。比如兰德公司就被迫在其官网上以报告形式进行辟谣。且不论

相关人的后续辟谣、解释澄清等行为能否有效遏制负面影响的继续扩大，单是已有的负面影响所造成的损失和后续辟谣、解释澄清等行为所需要的时间、精力以及资源等方面的耗费，就是相当巨大的。

第四，陷入另一个极端——网络上充满怀疑、排斥、牢骚满腹或者愤愤不平。从某个极端到与它相背离的那个极端之间的距离也许是最短的——当群体性盲从、人云亦云的现象在网络上迅速蔓延的时候，它的反面现象，即被放大无数倍的莫名悲观、无合理根据的排斥乃至仇视等，几乎是同样的来势汹涌，不可遏制。

奇怪的是，"群体性盲从"和"毫无根据的排斥"通常出现在同一类网民的身上，比如，在以上分析中具体态度是"同意""顶"以及"抱怨/社会现象"的网民。仔细分析会发现，这种现象并不是那么令人费解，"群体性盲从"和"毫无根据的排斥"不过是对同一种行为进行不同视角的观察而得到的不同结果而已。比如此文中，部分网民对所谓的兰德公司的群体性盲从，也是对相关事实的毫无根据的否定与排斥。

（二）"游戏网络"式言行在网民中的盛行

针对一个网络信息或者噪音，部分网民的言行并没有传达出一种明确的态度，而且其中很多人的言行并非理性，这就是上文提到的"游戏网络"式言行。在样本直观性分析中，这部分网民数量占所有统计网民的24.08%。据我们推测，这类网民可能心存侥幸地认为网络公共秩序无关乎我们的现实生活，所以，其态度难得严肃，其言行少有约束，殊不知这种看法是片面的。——在当下网络信息时代，网络文化早已成为社会文化的重要组成部分，如果不加以遵守、维护乃至捍卫，它将会对现实社会产生极其重大的负面影响，网络文化和现实社会文化很可能就陷入了一个相互作用、相互影响且难以解除的恶性循环中。

（三）反对的"无力"与理性辟谣的"失声"

理性的、负责任的实事求是态度，自觉的反思和自我批判意识，越来越被急功近利和急于求成的浮躁态度所侵蚀，是我们社会当下令人担忧的现象。反映在网络上，这种倾向更为明显。正如样本直观性分析所呈现的，有一部分网民（样本中比例为21.01%）虽然对流言、假象等抱有一定的警惕态度，但往往或自觉"无力反驳"，或论证不充分，或情绪化表达，以致最终都难以说服其他人。这是一种反对"无力"的现象。另外，即使有一小部分网民（样本中比例为3.68%）有凡事先调查、再思考、后评价的言行习惯，并能理性表达，说服他人，但也很可能被湮没在海量的网络信息和噪音中，难以得到较多网民的关注。这种现象就是理性辟谣的"失声"。样本中652名网民反应的理性程度平均值（$E(X)=1.518$）略低于或约等于"无力反驳""纯粹反对型"所表现出来的理性程度值（等于2）。以此推测，全部中国网民反应的理性程度平均值略低于或约等于"无力反驳""纯粹反对型"所表现出来的理性程度值。换句话说，全部中国网民对于网络信息或噪音的处理能力——如果乐观估计——只是徘徊在低级认知与低级判断的水平上，对网络噪音具有相当有限的排除能力，即处于似是而非状态，能够意识到噪音存在，却没有理性论辩的能力，这种能力甚至不能说服自己，更别谈说服他人，净化网络环境。

总之，中国互联网整体上看来是一个抵御噪音干扰能力相当有限，极容易受到各种网络噪音影响，又难以自我净化，而更可能陷入越来越严重的恶性循环的一个体系。也许正是因为需要对这种前景加以抵制，所以一些人纷纷站出来打假，一些民间人士自发组织成立的"辟谣联盟"，均能备受网民的青睐。这意味着，通过网络上的充分民主，建立起常态化的网络言论自我纠正机制，已经提上了日程。

### 一点感想：怎样做个好网民

网络是个大场面，网络是个好东西。当下中国已进入网络信息时代，并且拥有世界上数量最多的网民。据中国互联网络信息中心最新

## 走进哲学
练就批判的头脑

发布报告称,"截至2011年6月底,中国网民规模达到4.85亿"①。对于一个拥有如此庞大网民数量的国家来说,它的影响——无论其利,还是其弊——必定是史前未有之大的。所以,构建一种健康文明的网络文化,维护良好的网络公共秩序,是十分重要的。这不仅是网络管理者的责任,也是每个网民的意愿。

我们年轻人大多是忠诚积极的网民。我们要为构建一种健康文明的网络文化行使自己的权力,担负自己的责任,首先就是要让自己成为一名有尊严的、负责任的网民。通过研究这篇网文事件的前前后后,我们对怎样当好一个称职的网民有了新的体会。

1. 坦言己见,要以"把事实看清楚"为先。在网络上发布信息、发表议论,是网民享有的一种言论自由的权力。一个好网民在行使自己权力时,要像做学问一样,"言之有物,言之有据",首先就是要把自己所说的对象"看清楚"。这是我们的老师、著名学者李德顺教授在课堂上反复强调的一条原则。"把事情看清楚",是要尽可能全面地了解对象的真实面貌和全过程,"消除描述的盲点"。他说,这是观察与体验的要求,是思考与评价的基础。而我们现实中一个常见的浮躁现象,正是"事情还没看清楚,看法却有了一大堆"!本文的案例给我们一个启示:对于一个网民而言,有时充当记者角色,比如发表原创作品或者转载他人作品时;有时充当评论者角色,比如跟帖时;有时充当建言者角色,比如在"百度知道"上回答他人问题时;有时充当行动者角色,比如网上购物时;等等。就记者而言,切莫为了追求轰动效果,把没有看清楚的事件报道出来;对于评论者而言,有必要先把事件的原委调查一下,把事实看清楚后再做思考与评价也不迟;对于建言者和行动者来说,在言行之前,更有必要花费一定的时间与精力去全面地调查一番,然后再坦言己见,有所作为。

---

① 参考 http://www.cnnic.cn/dtygg/dtgg/201107/t20110719_22132.html.

2. 规范网言，当以"实事求是"为准则。要真正做到"把事情看清楚"，还取决于以什么样的态度、立场以及方式增进观察和思考。这里更需要有实事求是的客观态度。实事求是既包括尊重事实，又包括把握自己的立场和态度，不要把它与事实混为一谈。对事实的描述要力求客观完整，对自己的看法要交代清楚。其中首先是尊重事实，承认事实，在任何情况下不可以用猜测代替事实，也不可以按个人的偏好和情绪去剪裁事实，更不可以凭空编造事实。所以，尽量避免用感想代替现实，填涂过多的主观色彩，以至于遮蔽了事实的本真面目，使自己的议论大厦建立在主客观相混淆的沙滩之上，是做好一个网民不可或缺的素养。

3. 保持批判意识，须有责任担当的胸怀。面对现实，我们要倡导批判意识。有批判才有超越，才有改革和创新。但保持批判意识须有责任担当的胸怀。担当就是要对自己负责，对公众负责，对后果负责。否则，批判就会盲目化，成为一味的挑剔和否定，成为无聊的宣泄和纠缠，甚至成为恶意的破坏。我们看到，网络上确有如故意"灌水"一类的噪音，大都来自不负责任甚至别有用心的叫嚣。它们严重地破坏着网络环境，力图将尚显稚弱的网络引向歧途。作为网民，我们要珍惜自己的这片家园，就一定要有真正的批判意识和责任担当的胸怀，才能有益于构建健康文明的网络环境和维护良好的网络公共秩序。

总之，反思当下网络环境，非理性泛滥的现象固然与我国转型期矛盾凸显、物质生产方式急剧变革等变化有关，但这绝不能成为放任网络文化走向愚昧和混乱的借口。构建健康文明的网络文化，维护良好的网络公共秩序，固然需要健全相关的法律和依法治理体系，同时也离不开广大网民主观能动性的积极发挥，必然有赖于广大网民理性程度的大力提高。

走进哲学
练就批判的头脑

# 文本二：如何解读调查数据

**教师**：这次给大家提供的调查数据，来自人文学院和北京市共建的项目"公民素质与价值观念的调查研究"。这个研究的理论背景是我们关于价值观念的设定，所谓"公民素质"，从公民的主体和精神方面来看，是由两方面构成的，一个是知识文化素质；另一个是思想品德素质，即价值观念的表现。一个人有什么样的价值观，他在思想品德上就是一个什么样的人。按照这个理论，重点进行了价值观的调研。这次调查研究只给了一年时间，于是就集中到一点上来，即主体意识的调查研究。

价值观是一个很庞大复杂的系统，是由五大要素构成的，一个坐标系的原点，加上 X 轴、Y 轴以及 Z 轴，这是空间四维，旁边再加上一个向量，即时间一维，这样一共五个要素，就成了一个立体的动态的坐标系，价值观念在人们心目中就是这样一个坐标系，这五个要素分别都有所指。这个坐标系的核心就是主体意识：谁是主体，主体怎样自我定位，比如说主体认为自己是谁、不是谁，自己从哪里来、到哪里去，自己的社会权利和责任是什么，角色是什么，自己和他人具有什么关系等等，这些叫主体意识或主体定位。我们把主体意识进一步具体化为三个方面：权利意识、责任意识、公平意识。注意，这里是"权利"而不是"权力"。学术界有 power 和 right 这两个词，我们这里规定"权利"是 right（等于 power 加 interest）。这跟有些人讲的不太一样，他们的意思是，power（权力）只是公共的、强制的、政府的权力；在我们这里，power、right、interest 都具有普遍性，是任何一个主体都可以享有的，并不像他们限定老百姓只有 right，而没有 power。老百姓事实上有没有，和老百姓是否应该享有，这是两回事。我们强调，老百姓既有 interest（利益），也有 power（权力），这是"权利意识"所指；人们对自己享有并行使自己权利后果的担当意识，这叫"责任意识"；而自己的权利责任与他人的权利责任之间如何彼此对待的意识，则属于"公平意识"。

调查问卷有二十几道题目，就是围绕这三个方面设计的——权利、责任、公平。调查后做了初步的统计，我把初步统计出来的半原始数据发给大家，是希望你们再做一点批判性的观察和思考，看看怎样能够有效利用这些数据，用这些数据提出和回答一些什么问题。下面，就请大家就各自准备的东西发表意见。

### 分析一：北京公民权责意识

**同学甲：** 我选的是第 17 个问题，通过对"南水北调"的看法来分析北京公民的权责意识状况。原题是这样的："您知道'南水北调'、'西气东输'工程吗？您的看法是什么？"回答选项依次为：A. 知道，保证首都发展，这样做是理所当然的；B. 知道，首都发展得益于全国支持，首都市民应该感谢和珍惜；C. 知道，与北京是否是首都没有关系，全国发展都要互通有无，相互支持；D. 知道，不支持，北京在利用资源方面不应有优先权；E. 知道，没有什么看法；F. 不知道。统计的结果是：选择 A 的占比 21.1%；最多的是 B，占比 49.1%；第三多的选项是 C，占比 16.5%。

表 3-2　　　　　　　**本题各选项频数和百分比**　　　　　（人/%）

|  | 频率 | 百分比 |
| --- | --- | --- |
| 无效 | 15 | 0.7 |
| 保证首都发展，理所当然 | 475 | 21.1 |
| 首都发展得益于全国支持，应该感谢和珍惜 | 1103 | 49.1 |
| 与北京是否是首都无关，全国都应互通有无，相互支持 | 372 | 16.5 |
| 不支持，北京不应有优先权 | 90 | 4.0 |
| 没有看法 | 85 | 3.8 |
| 不知道 | 108 | 4.8 |
| 合计 | 2248 | 100 |

## 走进哲学
**练就批判的头脑**

从表3-2中可以看出,近半数在首都生活的民众选择了B,认识到首都的发展得到了全国的支持,享受了相对多的权利,是怀有感恩之心的,并没有当作一种理所当然的特权。而16.5%的人并没有认为北京有什么特殊性,全国各处权利与责任是相统一的,在一处享受权利的同时,也在为他处承担责任。而认为北京是首都,理应享有特权的人也不少,占比21.1%,多于认为北京不应有优先权的4.0%。如果将B和C合起来,则为70.2%。也就是说,超过半数的人,对北京作为首都所享有的权利和应承担的责任,有较为一致的理解。

接着是户籍状况与南水北调等工程的交互分析(参见表3-4)。调查对象的户籍状况的分类有:北京市非农业户口、北京市农业户口、非北京市户口、在京就读学生共四类。在非农业户口中,选择比例最多的一项是"首都得益,应该珍惜",占比52.1%。

表3-3　　　　　　　　调查对象的户籍分类　　　　　　　　(人/%)

| 是否知道南水北调和西气东输工程 | | 户籍状况 | | | | 合计 |
|---|---|---|---|---|---|---|
| | | 北京市非农业户口 | 北京市农业户口 | 非北京市户口 | 在京就读学生 | |
| 保证首都,理所当然 | 计数 | 352 | 44 | 78 | 1 | 475 |
| | 户籍状况(%) | 23.4 | 23.2 | 15.3 | 3.6 | 21.3 |
| 首都得益,应该珍惜 | 计数 | 784 | 90 | 215 | 13 | 1102 |
| | 户籍状况(%) | 52.1 | 47.4 | 42.2 | 46.4 | 49.4 |
| 互通有无,相互支持 | 计数 | 223 | 27 | 112 | 10 | 372 |
| | 户籍状况(%) | 14.8 | 14.2 | 22.0 | 35.7 | 16.7 |
| 不支持,不应优先 | 计数 | 46 | 8 | 34 | 2 | 90 |
| | 户籍状况(%) | 3.1 | 4.2 | 6.7 | 7.1 | 4.0 |
| 没有看法 | 计数 | 41 | 10 | 33 | 1 | 85 |
| | 户籍状况(%) | 2.7 | 5.3 | 6.5 | 3.6 | 3.8 |
| 不知道 | 计数 | 58 | 11 | 38 | 1 | 108 |
| | 户籍状况(%) | 3.9 | 5.8 | 7.5 | 3.6 | 4.8 |

第三课 文本观察训练

续表

| 是否知道南水北调和西气东输工程 | | 户籍状况 | | | | 合计 |
|---|---|---|---|---|---|---|
| | | 北京市非农业户口 | 北京市农业户口 | 非北京市户口 | 在京就读学生 | |
| 合计 | 计数 | 1504 | 190 | 510 | 28 | 2232 |
| | 户籍状况（%） | 100 | 100 | 100 | 100 | 100 |

虽然65.6%的人权利和责任意识的差距不大，但考虑到户籍这一因素的时候，就能看到明显的差距。在"首都得益，应该珍惜"这一选项中，各种户籍制度的选择状况并没有特别大的差距，尤其是拥有北京市户口的人的比例相对较高。各个户籍状况的比例相应是52.1%、47.4%、42.2%和46.4%，并没有明显差距，但是在"互通有无，互相支持"这一选项中，拥有北京市户口的比例明显低于没有户口的比例，14.8%、14.2%均低于22.0%和35.7%，而在强调"保证首都，理所当然"的比例中，拥有北京市户口的人也明显高于没有北京市户口的人（即23.4%、23.2%大于15.3%、3.6%）。

从这样的数据对比中可以看出，人们在强调自己的权利意识时，都是从现实的角度出发，得到现实的利益才会有认同；而在责任意识方面，则是停留在想法和应该的角度，一旦需要付出实际的行动，往往是不大自觉的。从实质上讲，如果将首都公民定义为"拥有北京市户口的人"，那么首都公民的权责意识的差距是较大的。首都公民过分珍视自己的权利，而对履行与此相应的义务和责任（比如将每年GDP的一部分拿出来扶持贫困地区等），则考虑较少。这一点在与比较样本的对比中，也得到了验证。

在比较样本中，在京流动人口在"互通有无、互相支持"一项的比例远高于抽样样本，而在前两个选项中的比例都明显低于抽样样本。首都公民可能和全国其他地区居民在首都利用资源方面的权利和责任的认识之间，尚存在一定的差异。

## 走进哲学
### 练就批判的头脑

　　这种权责意识的差距是否合理呢？站在全国战略的角度来考虑，北京作为全国省市的一部分，它的可持续发展也关系到全国的整体发展，资源在全国进行合理调配也是在情理之中。但是站在北京是首都的角度来考虑，北京代表着国家形象，它的持续发展受到威胁时，国家优先考虑其发展也无可厚非，但是在北京能否为其他地方提供帮助的问题上，实际的实施就需要各种制度和政策的保障。权利和责任是统一的，首都也是全国人民的首都，并不只是某地某人的首都，如果一味地强调权利而弱化责任，将首都公民与全国其他地方的人民对立，即使是再考虑大局和合理的理由也不会深得人心。所以有必要在制度和政策上做出调整，可以充分利用北京的首都地位为其他地方创造收益，同时也应该在思想上扭转首都公民这种不合理的权责意识差距，让人们共享资源合理分配后的成果。

　　**老师：** 你的观点就是，如果首都公民只是指有北京户口的人，那么在这一部分人的权责意识里，权利感强，责任感弱，权责失衡，就是过去说的"北京大爷"意识，对吧？

　　你用了问卷里的身份关联来说明你的观点，这很好。但有一个前提需要交代：为什么（受访者）认为是"理所当然"的，就体现的是权利意识？用什么样的数据来鉴定这里的权利、责任和公平这几个概念？这些都需要交代一下。仅仅用户籍一项条件来作回归分析，显然是不够的。

　　你有自己的看法，怎样运用数据一步步进行确凿的分析呢？不要让人觉得你虽然是在做调查研究，但主观意向特强。如果对每一个数据和概念都按自己的意向去解释，那样的调查研究就不可行。比如不久前在人民论坛上有一场辩论，当时有人热炒一个概念，叫"战略知识分子"。我说，这个蹩脚的词不好，他们就公布了一个网上调查，说有70%的人赞成提"战略知识分子"。我说，你要是200年以前向全世界调查，有100%的人会认同是太阳绕着地球转！也就是说，在什么问题上调查统计数据是有效的，在什么问题上是无效的，这关系

## 第三课 文本观察训练

到各种文化背景、语义环境、社会氛围等。不经过科学的分析和证明,简单地罗列数据,那么数据也会成为游戏,特别是调查研究,不能不经过批判的审视。

再有,当初设计这个问题的时候,侧重点是首都公民的公平意识,也就是自己的权利与别人的权利之间的平衡。我们把"公平"界定为各方的权利和责任的统一和到位。如果这样理解的话,那么所谓"公平观",实际上就有权利型和责任型的区别。有的人强调是不是公平,主要是看权利是否得到保障;有的人则着重看责任;有的人则着重看权利和责任是不是对等的……你也要考虑公平意识里包含的权利和责任的关系。因为这个题的本意是追问公平,通过他认为这样是否公平,来看他的公平观是权利型还是责任型的。也有可能对自己是权利,而对他人是责任,是权责分离型的,这些只有通过调查才能做出深刻判断。

现在很多人喜欢在网上调查。弄一个问题,让你点"是"或"否"。结果出现了一些人为的、有意的组织和操控。网络推手不是说"给我十万,让你走红"么?出现这种情况,网络上的"民意"就有真有假了。什么是真正的网络民意,怎么去判断真假?是普通群众真实的看法,还是受一些人有意操控制造的?这就成了一件很麻烦的事情。

所以,调查研究的科学性、可靠性,要通过对数据的分析理解显现出来。随意地动用调查手段来支持什么东西,作为一种手段,现在一些人也很会玩了。所以我们自己要谨慎,要一步一步来。你前面的介绍是对的,但后面你把 A 的选择理解为什么,把 B 的选择理解为什么,这个就涉及自我限定。因为能不能那样判断,有时候是很复杂的。比如现在中国到底一共有多少人,就是一个搞不清的问题。人口普查的数字结果,大概能差上千万人,但我们在各种条件限制下,误差就能差那么大!科学严谨的研究不是那么容易做到的。为什么有些人厌烦了,以为"后真相时代"没有任何东西可以定论了,世界上什么都没准了,其实说到底是他们自己懒惰了,缺少哲学的批判精神及其应用。

## 分析二:公民民主参政意识

**同学乙:** 我观察的是第 12 题:对于关乎市民利益的政府决策,您认为政府是否应该征询市民意见?公民的主体地位与主体性是民主政治的基础和根据,公民的主体意识也是其民主意识中的基础性和根据性意识。公民只有意识到自己作为主体应有的权利与义务,才会有能动的政治参与意识,并外化为政治参与活动。此项问题的意义就在于此。

一 统计数据归纳

此项问题调查共统计出 9 张表格,第 1 张是总的每种选项选择的人数及比例;第 2—8 张表格是各种选项中分年龄、性别、职业等交互情况统计;第 9 张是样本比较的交互分布情况。下面依次看一下:

1. 总表按照以下四个选项:一应该充分征询,并按市民意见做事;二应该征询意见,但只作参考;三不必征询意见;四无所谓。在 2238 份有效答卷中,选择"应该充分征询,并按市民意见做事"的人数最多,共计 1238 人,占总受访人数的 55.3%;选择"无所谓"的人数最少,共计 70 人,所占比例为 3.1%。总的来看,选择第一、二项"应该充分征询"和"应该征询意见"的达到 93.5%,这说明首都居民的民主参与意识较强。

2. 市民意见与年龄的交互分布情况。分年龄组分析发现,41—50 岁一组选择"应该充分征询,并按市民意见做事"的比例最高,占该年龄组总人数的 57.1%;65 岁以上组所占比例最小,为 48.7%。认为"不必征询意见"的,以 20 岁以下含 20 岁组为最高,比例为 5.2%,比例最低的为 31—40 岁,为 2.0%;最高组是最低组的 2.5 倍。选择"无所谓"的以"20 岁以下,含 20 岁"及"65 岁以上"为主。可以看出,相比较而言,年老和年轻两端人员参与决策欲望较弱。

3. 与在北京居住时间的交互分布情况。分居住时间组分析,发现21—30岁年龄组选择"应该充分征询,并按市民意见做事"的比例最高,占该居住时间组总人数的60.8%。从数据得出居住时间越长民主意识越高。

4. 与性别的交互分布情况的分析,发现性别在选择上没有明显差别。

5. 与职业的交互分布情况。按职业类别分析,选择"应该充分征询,并按市民意见做事"的比例,属"其他"一组最高,占60.8%;其次为"国家所属单位"和"农民"。在选择"应该征询意见,但只作参考"的受访者中,"个体和自由职业者"的比例最高,占比44.7%;"国家所属单位"的比例最低,为36.2%。认为"不应该征询意见"的,以"临时职业或无固定职业"为最高,比例为8.5%,其次为"退休";选择"无所谓"的以"临时职业或无固定职业"最高。总之,要求征询意见这点与从事某种职业关系不大,而对于临时职业或无固定职业者来说,对是否征询意见的关注度显然较低。

6. 与户籍状况的交互分布情况。分户籍状况分析发现,"北京非农业户口"一组选择"应该充分征询,并按市民意见做事"的比例最高,占该户籍组总人数的57.5%。

7. 与教育情况的交互分布情况。"硕士及以上"一组选择"应该充分征询,并按市民意见做事"的比例最高,占比63.9%;"小学及以下"的比例最低,为45.1%。可见学历越高,越认为要充分征求市民意见,并按市民意见做事。

8. 与收入状况的交互分布情况。从分收入状况分析发现,"10000元以上"组选择"应该充分征询,并按市民意见做事"的比例最高,占比63.0%;认为"不必征询意见"的以"800元以下,含800元"为最高,比例为4.6%;"6000—10000元,含10000元"最低，为1.3%。选择"无所谓"的以"800元以下，含800元"最高，为4.3%。总之关注度与收入高低成正相关状态。

二　对调查数据的分析总结

根据上面数据的分析可以看出，随着经济的发展，社会的进步，首都居民的民主意识已达到较高水平，政治参与热情总体较高。深入分析同阶层人的民主意识的差别，看法如下：

1. 上层的人具有强烈的民主意识的原因是：（1）政府决策涉及自身利益，参与决策是从维护自身利益出发；（2）跟所受教育有关，接受过一些先进民主思想；（3）政府在实践决策中有一些不合理的情况存在。

2. 社会底层人的民主意识较淡漠，原因是：（1）跟所受教育有关，受封建思想的影响，缺乏民主意识，信奉"官管民天经地义"；（2）为生活奔波，无暇顾及；（3）自身素质原因，无能力参与。

3. 青少年民主意识不强的原因，主要是：（1）素质教育不够，没有很好培养青少年的主人翁意识、民主意识，缺乏社会责任感；（2）没进入社会实践的青少年，对政府决策缺乏感性体验。

三　大力推进公民民主意识建设的建议

结合第13大题："如果政府就某些政策征询意见，工作人员上门请您填写一份调查问卷，您会怎样？"发现有部分居民选择"反感，因为没有作用"，而且以高学历的中年人居多。这反映出，在推进人民的民主意识的工作中，尚有不足。为了推动社会主义民主政治建设，真正实现人民当家作主，各级政府要积极培育公民的民主意识。

1. 政府应端正态度，真心实意倾听并采纳民众合理意见，不流于形式，才能进一步激发民众参与决策的积极性。

2. 在青少年中加强民主意识、权责意识、法治意识教育，使其树立社会主人翁意识。

3. 关注社会弱势群体的生活和思想状况，适当的时候可主动上门

## 第三课 文本观察训练

征求意见，努力提高他们参与决策的意识和水平。

以上是我的一些粗略分析，请老师和同学们批评指正，谢谢！

**老师：** 你的表达比较清楚，但缺乏提炼和提升。例如，在北京生活时间越长、收入越多、文化水平越高的群体，对政府决策的民主化关注度就越高？这当然能解释为什么年轻人少，因为年轻人在这三条里面，都不可能占比较大。但是在涉及关注度的两个选择中，是否有两种不同的主体意识？比如要求政府征询并且按照民意做事，是对服务型政府的一种期待；另一种，政府可以征求意见，但不一定照着办，甚至可以不征求意见，这种认为政府是权力型、管理型、责任型的政府，由政府自己决定，自己承担责任，而群众意见不一定正确，也不一定有效。对政府民主化不满意的人要求政府成为服务性的政府，因此对现实状况不满意，认为提了意见也没有用。如果认为政府可以征求意见，但政府应按自己的权力和责任办事，这样的人可能不满意度会低一点，觉得政府已经不错了，无须听更多的意见，毕竟政府有政府的苦衷和麻烦。在北京市民里，有哪些人要求政府是服务性或责任型的？如果能在这样的基础上进一步分析、解读、提炼，可能结论会更有力量一些。这个问卷要问的，其实是市民对政府的期待和要求，政府是权力型还是责任型的？从市民怎么看自己与政府的关系，对政府决策民主化的态度，来看市民自己的主体意识。用这点来说明，会更深入准确一点。

至于年轻人关心的少就要加强教育，我觉得这个观点是不准确的。现在太多的青少年教育，实际上脱离了具体的权利条件和社会结构，一味地强调理想化的道德，结果往往是越教育越逆反。年轻人凭什么要去管政府那么多的事？你有没有给青少年充分的理解和尊重？现在动不动就"从娃娃抓起"，谁都把自己的价值判断和价值选择强加给未成年人。比如说，有些人热衷于复古，就逼着孩子背"三字经"，让孩子表演。过去的家长喜欢让孩子表演，客人一来就是"给唱个歌，给跳个

## 走进哲学
### 练就批判的头脑

舞",觉得那是一种荣耀,这其实是一种旧观念、旧方式,缺少对未成年人应有的权利和责任的保护。不是从他自己的切身经历和利益中产生的东西,而是从成年人、国家社会政府那发出的需要,这样教育出来的孩子往往逆反心较重。

这个态度用到政府和市民身上,也会发生很多的事。比如奥运会、世博会和亚运会,在举全社会之力去做一个事情的时候,把老百姓放在了什么位置上?这个问题现在已经引起很多注意。现在老百姓跟"文革"以前的老百姓也不一样了,这个调查的目的是追求能够把握时代感的公民意识,而这一点就要从时代感这个角度出发才能有所把握。

**分析三:关于个人依赖心理**

**同学丙**:我主要是根据问卷第4、5题的统计结果,进行分析与理解。公民对近5年生活状况的评价,80%左右基本满意或越来越满意,也就是说对生活状况持积极乐观态度。在对生活现状不满意的主要原因中,出于个人能力和学历弱点、个人家庭背景原因的,占比20%;对资源不足、竞争过于激烈、社会保障不足、社会风气差和社会管理不到位,也就是将原因归结于社会的,占比80%。可以看出,纵使大多数群众对生活状况基本满意,但若追究其不满意的方面,却大多将原因归结于社会。究竟是社会还是个人限制了生活状况的提高?抑或是优先改善个人还是优先改善社会才更加重要呢?这是一个值得深入思考的问题。

在进行分析之前,我认为应该明确此项调查的出发点和落脚点,既是对首都公民价值观进行客观分析和学术探讨,又是为政府部门提供相应解决对策建议。我们看到,在第4、5题的对比中,一方面,既能看到公民对政府部门的期待,又能发现对公权力在资源配置、人口问题、就业问题、管理制度和社会保障措施等方面的相对失望,这亟待进一步改进和完善;另一方面,也反映出公民主体定位是否准

## 第三课 文本观察训练

确、科学，这需要进一步考量。将导致生活状况不满的原因仅仅归结于社会，并不全面。幸福是用自己的双手创造的，生活在同一环境下的公民，幸福感因人而异，参差不齐，可见其主要原因在内不在外。以大学生就业工作为例，并不是无业可就，而是不少大学生有业不就，其直接表现为高不成、低不就，与国家倡导的就业理念格格不入。忽视自身综合素质和能力的培养与提升，也不利于国家、民族、社会的进步和可持续发展。

在对生活状况与教育状况、户籍状况、性别、年龄、地区、职业、收入的交互分析中可以看出，不同的交互因素会导致对生活状况不同评价。但是交互因素相同，对生活状况的评价是否会相同呢？主体意识的自我定位是否可以通过改善交互因素进行矫正和完善呢？这有待于问卷研究者进一步深入分析和探讨。

综上所述，我认为社会管理失范的同时，个人主体意识也有部分扭曲和错位。社会应当在帮助公民树立正确的价值取向，倡导社会主流价值观的过程中发挥关键作用，对公民的思维方式和价值标准的形成和改观施加有效影响。

**老师：**这个评论紧扣权利和责任，但还应该进一步用数据来说明。这种"我是国家社会的主人"的公共权利意识，怎样避免变成一种单向的依赖？过去大锅饭时代的"等、靠、要"，怎样转变成自己的主体权利和责任意识？个人的公共权利怎样变成一种积极的社会担当？国家公共权利体制怎样积极地引导、培养、支持、保护公民个人的主体意识，使公民不是把社会公共问题变成他人的问题，而是自己有权利有责任去担当？等等，这是一个纵深解读。要尽可能多地用数据本身的深度分析提供建设性意见，我们究竟应该怎么办。现实是，我们一方面希望公民都自觉地担当起权利和责任；另一方面在很多的政策上、管理上、教育上，却有意无意地去淡化甚至剥夺公民的这种权利和责任。比如，过去号召有志青年到基层、到边疆去，但一到毕业分配的时候，学校就都把自己认为最好的学生留着,不愿意送到边疆去。这就涉及如何更好地体制化,使公民的权利和责任通过体制得以发展的问题了。

**成果文章一**

"想要"与"做到"之间[①]

——以"环保"为例看首都公民的主体实践意识

环保问题一直是公众最关心的话题之一,尤其是随着物质生活水平的不断提高,在北京这样的现代都市里,金钱不再是衡量财富的唯一标准,人们开始关心自己每天所生活的自然、社会环境是否有益于健康,自己是否有健康的"资本"来享受未来更加美好的生活。这样,人们会特别关注环保方面的问题,比如小区的绿化率、汽车尾气排放、每天的空气质量等,这在此次问卷中有很重要的体现。

### 一 环保是首都公民目前的普遍需要

"需要"本质上是"人的生存发展对外部世界及自身活动依赖性的表现"[②]。而在实践中,人们的需要总是通过"想要"表现出来。因此,通过想要来把握需要,通过人们对自己想要的追求去判断人们需要的特征和意义,就成为理解公民主体意识的一个窗口。在本次调研中,我们通过一种假设的具体情境来了解首都公民如今的需要。如第20题:"假如目前北京市区有一块大面积的空地,您最期望将其建设为什么",供回答的选择目标包括住宅、学校、公园或绿地、医院等选项。调查结果如下:

---

[①] 王杨,本文发表于《中国政法大学学报》2012年第1期。
[②] 李德顺:《价值论》,中国人民大学出版社2007年版,第62页。

## 第三课 文本观察训练

表1　　假如目前北京有一块大面积的空地，您最期望建什么？

| 所选项目 | 人数（人） | 百分比（%） |
| --- | --- | --- |
| 无效 | 116 | 5.2 |
| 公园或绿地 | 1101 | 49.0 |
| 住宅 | 350 | 15.6 |
| 学校 | 174 | 7.7 |
| 医院 | 191 | 8.5 |
| 影剧院 | 33 | 1.5 |
| 科技馆 | 111 | 4.9 |
| 商场 | 23 | 1.0 |
| 游乐场 | 41 | 1.8 |
| 没考虑，与我无关 | 82 | 3.6 |
| 其他 | 25 | 1.2 |
| 合计 | 2247 | 100.0 |

从表1中可以看出，有49.0%的人选择了"公园或绿地"项目，占到了调查总人数的近一半，其他选项的比例则相差悬殊。这说明首都公民在城市绿化及环保方面，相较于其他生活设施及娱乐项目及场所有着更大的需要。

而第19题也是以一种假设的情境来进行调查，虽然问题表面上是涉及科技方面，但实际选项的内容很隐性地考察了人们的需要和关切。题目是"假如，北京市政府计划在科技方面投入更多资金，您认为应该优先用于哪方面？"供选项目包括"世界领先的重大科研项目，例如航天工程""与城市发展相关的科研项目，例如环保、交通、建筑等""与市民生活相关的科研项目，例如食品、卫生安全等"，几个供选项目中的"例如"有很强的导向性，其隐性考察的结果也与第20题相一致。

## 走进哲学
### 练就批判的头脑

表2　　　　　　　　　　　　　教育程度与科技投入

| 抽样样本 | | 教育程度 | | | | | | 合计 |
|---|---|---|---|---|---|---|---|---|
| | | 无效 | 小学及以下 | 初中或高中 | 中专或大专 | 本科 | 硕士及以上 | |
| 世界领先的重大科研项目 | 人数 | 0 | 20 | 96 | 73 | 46 | 7 | 242 |
| | 本教育程度组（%） | 0 | 14.0 | 11.3 | 11.1 | 9.3 | 7.1 | 10.8 |
| 与城市发展相关的科研项目 | 人数 | 3 | 36 | 316 | 269 | 203 | 41 | 868 |
| | 本教育程度组（%） | 75.0 | 25.2 | 37.1 | 40.9 | 41.2 | 41.8 | 38.6 |
| 与市民生活相关的科研项目 | 人数 | 1 | 50 | 280 | 194 | 154 | 34 | 713 |
| | 本教育程度组（%） | 25.0 | 35.0 | 32.9 | 29.5 | 31.2 | 34.7 | 31.7 |
| 说不清 | 人数 | 0 | 19 | 54 | 20 | 14 | 2 | 109 |
| | 本教育程度组（%） | 0 | 13.3 | 6.3 | 3.0 | 2.8 | 2.0 | 4.9 |

资料来源：

从表2中可以看到，在所有的调查问卷中，选择"与城市发展相关的科研项目"者比例最高，为38.6%；这一项目的"例如"中包括了"环保、交通、建筑等"；而且，随着教育程度的提升，被调查者选择与城市发展相关的科研项目的比例也呈现逐渐升高趋势。这与第20题中，人们对环保的需要趋势有着很强的一致性。也就是说，不论是直接的询问还是隐性的考察，首都公民对于绿化及环保的需要都占很大的比例；而且教育程度越高，则对绿化及环保的需要越强烈。

北京作为首都，经济飞速发展，生活在这里的人们在基本物质生活上的需要得到了相应的满足后，实际的需要不再单纯地指向最基本的物质生活条件，而是发展为寻求更有质量的生活条件和环境，即怎样才能让自己生活得更好，因此，在现实中则表现为对环保和绿化的需要非常迫切。

## 二　首都公民环保行动的潜力问题

以上几组数据都表明，首都公民对于首都绿化有很大的需要，对环保问题也十分关切。但是环境保护不仅仅只包括绿化、植树造林，同时还要应对气候变化、能源浪费等，尤其在城市里，更重要的方面还包括防治各种污染（水污染、大气污染、化学污染等）。以空气中排放的汽车尾气（主要成分为二氧化硫和氮氧化物）污染为例，据国家环境保护部2008年的环境统计年报称："2008年，北京市工业废气排放量为4316亿立方米（标态），比上年减少16.1%。二氧化硫排放量为12.3万吨，比上年减少19.1%。其中，……生活二氧化硫排放量为6.5万吨，比上年减少5.8%。"[1]

由报告可以看出，虽然在2008年，北京市的废气排放量有所下降，但生活二氧化硫和氮氧化物的排放比重却非常高，而且这两种气体污染主要是交通造成的，全国污染源普查领导小组办公室主任王玉庆在国务院新闻办公室举行的新闻发布会上说："机动车氮氧化物排放量占排放总量的30%，对城市空气污染影响很大。"[2]

可见，除了绿化以外，生活中的其他各种污染也是环保防治的重点。那么首都公民面对污染，其作为主体的实际行动体现在何处？面对力所能及的倡议是否会积极响应呢？问卷第18题重点考察了人们的环保意识及实践行动。题目为："现在北京汽车已近400万辆，您是否担心会因此出现大气污染等环境事件？您会采取哪些行动？"供选项目包括"不担心，目前与我的个人生活没有直接关系""不担心，但也希望

---

[1] 中华人民共和国环境保护部：《2008年环境统计年报·废气》，2010年4月21日，http://zls.mep.gov.cn/hjtj/nb/2008tjnb/201004/t20100421_188500.htm。

[2] 中华人民共和国环境保护部：《毫不松懈地推进污染减排特别报道　污染源普查校准减排方向——专访第十一届全国政协委员王玉庆》，2010年3月5日，http://cpsc.mep.gov.cn/jryw/201003/t20100305_186485.htm。

政府加强防御措施""担心,希望政府出台政策、法规进行限制""担心,我个人已经在某些方面采取相应行动""无所谓担心与否,这是城市发展必要的代价"等。调查的结果请参看表3。

表3　教育程度与对北京汽车数量猛增的态度以及采取行动

| 抽样样本 | | 教育程度 | | | | | | 合计 |
|---|---|---|---|---|---|---|---|---|
| | | 无效 | 小学及以下 | 初中或高中 | 中专或大专 | 本科 | 硕士及以上 | |
| 不担心,目前与我个人生活没有直接关系 | 人数 | 0 | 12 | 64 | 28 | 15 | 0 | 119 |
| | 本教育程度组(%) | 0 | 8.4 | 7.5 | 4.3 | 3.0 | 0 | 5.3 |
| 不担心,但也希望政府加强防御措施 | 人数 | 1 | 26 | 140 | 91 | 54 | 6 | 318 |
| | 本教育程度组(%) | 25.0 | 18.2 | 16.5 | 13.9 | 10.9 | 6.1 | 14.2 |
| 担心,希望政府出台政策、法规进行限制 | 人数 | 2 | 78 | 471 | 389 | 287 | 64 | 1291 |
| | 本教育程度组(%) | 50.0 | 54.5 | 55.3 | 59.2 | 58.1 | 65.3 | 57.5 |
| 担心,我个人已经在某些方面采取相应行动 | 人数 | 1 | 13 | 109 | 103 | 89 | 16 | 331 |
| | 本教育程度组(%) | 25.0 | 9.1 | 12.8 | 15.7 | 18.0 | 16.3 | 14.7 |
| 无所谓担心与否,这是城市发展必要的代价 | 人数 | 0 | 13 | 49 | 33 | 40 | 9 | 144 |
| | 本教育程度组(%) | 0 | 9.1 | 5.8 | 5.0 | 8.1 | 9.2 | 6.4 |

从表3可以看到,表示担心并希望政府出台政策、法规进行限制的比例最高,为57.5%,其次是表示担心且个人已经在某些方面采取相应行动的人数占抽样样本总人数的14.7%。也就是说,一共有高达72.2%的被调查者表示对此担心,这表明首都公民希望尾气污染得到控制的愿望十分强烈,这与首都公民在绿化方面的普遍需要也相一致。但与此强烈

## 第三课 文本观察训练

愿望形成很大反差的是,仅仅只有14.7%的人选择付出了切实的行动。而更多的人选择了依靠政府的力量来解决。

面对这样的反差和矛盾,该如何解释?

可以先看看政府在环保方面都做了哪些努力。以海淀区为例,"据海淀区园林绿化局提供的最新数据,5年来,海淀区已投入绿化美化专项资金25亿元,……家住海淀区的居民,出门平均500米以内就有一定规模的休闲绿地、公园或广场。……城市绿化覆盖率达到45%,绿地覆盖率达到44%,人均公共绿地13平方米"[1]。这样的投入和绿化成果在北京各区县中也算是数一数二,当然在所有区县中,海淀区对绿化方面的需要比例(61.2%)是最高的。即使其他区县没有如此多的投入,相应的绿化环保方面的重视程度也是有目共睹的。例如"房山区市政管委完成绿化投资3900万元,……房山新城(房、良、燕)绿化覆盖率44.15%,比去年的44.02%增长0.13%;人均公共绿地12.2平方米,比去年的12.07平方米增长0.13平方米"[2],而在调查问卷中,房山区的绿化环保需要比例(20.7%)最低,这可能是因为房山区在经济上没有海淀区发达,人们对其他物质方面的需要更为迫切,例如住房需要(21.6%)之故。

如果这些数据真实可靠,那么接下来,我们就要关注公民个人的态度和表现了。在另一个中国经济网与北京市社情民意调查中心联合进行的"市民节能环保意识调查"[3]中,"20.6%的人自认为节能意识很强,43.5%的人认为自己节能意识较强,35.4%的人自我评价节能意识一般,而认为自己节能意识较差和很差的人屈指可数,分别只

---

[1] 《北京商报》,2009年11月5日,http://www.bjbusiness.com.cn/site1/bjsb/html/2009-11/05/content_78422.htm.
[2] 房山资讯网,2007年12月14日,http://www.haofs.com/news/view_7329.html.
[3] 中国经济网,2010年6月17日,http://www.cnstock.com/index/gdbb/201006/603683.htm.

占0.2%和0.3%"①。但有意思的是，在调查中受访居民对一些生活细节的态度，反映出其节能的主观意识似乎强于实际行动。例如，"'您家是否更换了节水马桶？'9.8%的受访居民明确表示不会更换；0.8%的人表示暂时没有，等马桶坏了换新的时候会选择节水马桶；5.3%的人表示准备更换；只有37.8%的受访居民表示已更换。……调查还显示，22.7%的受访居民家中没有任何节能家电产品；19.5%的人家中有一种节能家电；17.3%的人家中有两种节能家电；10.7%的人家中节能家电有三种；19.1%的人家中节能家电超过三种"②。这与本调查中所看到的反差情形（环保意识明显，实际行动却甚微）相类似。从这一相似的情形中，并不能武断地推出首都公民在环保方面的实际行动力很差，但是起码可以说，首都公民在环保方面的实际行动力需要进一步加强，要将环保意识充分地转化为环保行动，显然还有很大的心理提升空间。

### 三　综述与讨论

综合前述的分析结果，从整体上看，首都公民在环保方面的主体意识还是很强的，对绿地和环保的关注和需要比例很高，对汽车尾气的污染也甚为担忧；但相对于这种强烈的环保意识而言，问卷表明个体在实际的行动力上显得相对不足，人们宁愿将更多的行动期待交给政府和他人，而不是选择依靠自己的努力。这里的原因当然是多方面的，不仅有个人的普遍觉悟问题，也有社会的组织、管理和教育问题，等等。如何提升我们环保行动的境界，显然还需要做更进一步的深入调查研究和探讨。

---

① 中国经济网，2010年6月17日，http://www.cnstock.com/index/gdbb/201006/603683.htm.

② 中国经济网，2010年6月17日，http://www.cnstock.com/index/gdbb/201006/603683.htm.

## 第三课　文本观察训练

环保事业是一个既宏大又细致的长期问题，需要政府等部门在宏观上规划发展蓝图，提供必要的环保设施和相应的制度建设，更需要每一个公民提高环保意识的同时，从身边的每件小事上切实的做起，总之，需要各方力量的通力合作才有可能得到相对好的结果。"想要"在现代都市中"得到"山清水秀的生存环境，更健康、更舒适的生活和发展，就要相应的"做到"自我约束、自我行动，无论是政府，抑或是公民个人，这也许是最终达到目标的重要前提。正如本文题目所言，"想要"和"得到"之间，"做到"更为重要。

### 成果文章二

"这是我的本分吗？"[①]
——关于首都青年责任意识的一点调查研究

#### 一　责任和责任意识

"首都青年"是指在北京居住的有北京市户籍和无北京市户籍的所有青年中的一部分，被随机选定为抽查对象。

关于"青年"的界定问题，向来众说纷纭[②]，原因是基于不同的划分标准。李光奇在《"青年"年龄划分标准管见》[③]中提到了影响

---

[①] 陈阳，本文发表于《当代青年研究》2012年第6期。

[②] 联合国：17—24岁的人为青年。世界卫生组织：16—44岁的人为青年。联合国教科文组织：13—34岁的人为青年。中国国家统计局：11—34岁的人为青年。共青团：12—28岁的人为青年。青年联合会：18—40岁的人为青年。港、澳、台地区：10—24岁的人为青年。（参见http://baike.baidu.com/view/20565.htm）。黄志坚在《谁是青年？——关于青年年龄界定的研究报告》中指出："共青团现行团章所规定的团员年龄14—28周岁……这是对青年的整体认识，基本符合我国社会的实际。其中，14周岁这个下限年龄目前仍可维持不变；28周岁这个上限年龄有必要依据改革开放以来我国社会的新变化，适当延伸到30周岁。其观点是：21世纪中国青年的年龄界定应为14—30周岁。14周岁为少年与青年的临界点，达到14周岁即意味着跨进了青年期。30周岁为青年与中年的临界点，达到30周岁即意味着迈入了中年期。"

[③] 李光奇：《"青年"年龄划分标准管见》，《青年研究》1994年第5期。

青年年龄划分标准的六种观点，即：1. 生理决定论；2. 教育决定论；3. 心理决定论；4. 社会决定论；5. 事业决定论；6. 政策决定论。并且指出不同的标准都是基于一定的角度做出的，比如生理决定论在司法界里就具有不可动摇的地位。而他本人倾向于以社会和事业标准来划分青年。于是他对青年的年龄划分在14—40岁之间。基于对以上观点的分析，笔者认为应该以生理为基础的前提下，考虑人的社会属性等因素来划分。那么笔者认为我国的青年年龄应该是在18—30岁之间。①

康德认为"责任不是个经验概念"②，但责任的主体必须是人的要求使得责任必定是经验中的，也就是说责任必须是具体和历史的。在谈论责任的时候不能脱离权利，权利和责任是互相依存的一对概念。只有被赋予一定权利的主体才有其相应的责任。责任是一个自由的、有理性的公民对自己所被赋予的权利的另外一种表现形式。与此相应责任必然有如下原则。

第一，责任是人的责任，物没有责任。因为物无法自由选择。没有理性和不能自由选择共同决定了物无法为自己的行为负责。可见，不是所有的生物学意义上的"人"都有自己的责任。比如婴儿和精神病人就不应也不能负责。在不负责的同时，也相应地失去了这部分权利。

第二，责任是实践中产生的，责任一定在行为中确定。世界上没有空头的责任。一个人身上被赋予责任和相应的承担多少责任不是先天的，而是在一定的责任关系中产生的；每一个责任必须有一定的境域，也就是说责任是一个历史概念。

基于以上原则责任可以划分为：责任主体、责任对象和责任

---

① 由于从人的社会属性标准来划分，那么不同的国家就会有不同的划分结果。
② ［德］康德：《道德的形而上学原理》，苗力田译，上海人民出版社1986年版，第11页。

过程三个部分。责任主体即在责任行为的实施者同时也是需要承担责任代价的承担者,可以是个人也可以是一群人。责任对象就如同实践对象,即在责任过程中与责任主体发生关系的客体,可以划分为"对自己的责任"和"公共责任"两个部分。责任过程是一个实践过程也是对主客体的认定过程,它既是责任划分的依据,也反映主客体的属性及周围环境对主客体的影响,同时也反映着主体的责任意识。

责任意识简单地说就是对责任的认识,主要指一定主体对自己应该做的事或者应该承担的责任的理性自觉的认识和判断,是对自身应该或者必须做出某种行为的必然性和合理性的主动认可。可以说,责任意识是一种深刻、自觉的价值判断,是构成自觉主体意识的一个主要方面和标志,也是决定主体实践动力的一个内在依据。

每个人对待责任的态度和负责行为表现他的责任意识。同时,人们也会对责任和责任意识有一个看法,即责任评价。在涉及看法、评价时,就往往表现出一定的主观性,但这并不是说责任是主观的,相反责任有一定的客观基础,这个基础就是责任的现实历史性。正是不同的社会现实导致了不同的评价主体有不同的责任和责任意识评价标准。责任的现实历史性是对责任主体进行责任和责任量划分的依据,也是责任评价合理与否的依据。不同的历史时期对责任的要求是不同的,我们不能拿现在的责任标准去评论古人,也不能拿古人的责任标准来评论现代人。如果说古代人治社会对人的责任要求是"忠君、孝亲、治国、平天下"的话,那么进入民主、法治社会之后,古人的责任标准就不能完全适用于现代人身上了。同时,这也并不是说要把古人所有的这些责任标准都抛弃,其中有一些普遍适用的责任要求依然存在。这就说明了我们在对待类似这样的问题时,要从一种"事实思维"的角度转换到"价值思维"的角度。

　　本次调研对象是首都公民,所有受访者都在18岁以上,笔者着重分析数据表中的"20岁及以下"和"21—30岁"两栏,同时参照比较其他年龄栏。又因为责任意识直接与受教育状况有关,所以对"××与受教育状况交叉表"也做一定的分析研究。

## 二　首都青年在面对不同对象时所反映出的责任意识

　　对责任意识的研究要通过责任主体在不同的境遇中的意愿、行为和评价来判断。数据通过不同的角度来展示出责任主体在那个确定的处境当中的反映。由于责任主体已经确定是"首都青年",我们就要在划分不同的"责任对象"中通过"实践过程"来逐个分析。那么,我们就可以从"对自己的责任"和"公共责任"两个方面来研究首都青年的责任意识。

　　(一) 对自己的责任

　　对此项的分析主要通过第2、4、5题来完成。

　　在第2题中,当问到"在您心中,北京市在哪些方面对您最具有吸引力?"时,有8个备选项:发展机会、娱乐消费、文化教育、安全保障、人际资源、生活便利、人文环境、自然风景;而结果是全部否定。没有一个被认为是最具有吸引力的地方。而青年人的选择结果与总体结果一致。也就是说,青年人也不认为其中有任何一个是吸引自己的地方。只有在发展机会一栏(表1)中,21—30岁这一栏中持"是"的人比持"否"的人多了一票;以50.1%的微弱优势胜了49.9%。而与这一栏相邻的两个年龄栏中持"否"的又胜过持"是"的。

　　总体来看,一票并不能反映全部信息,从趋势来看还是否定的。也就是说,从18—30岁的青年人总体认为北京的发展机会不是吸引自己的地方。从对自己的前途负责的角度来说,首都青年还是不认为北京有利于自己的发展。

表1　　　　　　　　北京市在发展机会方面对您是否有吸引力

| 发展机会 | | 年龄 | | | | | | 合计 |
|---|---|---|---|---|---|---|---|---|
| | | 20岁及以下 | 21—30岁 | 31—40岁 | 41—50岁 | 51—65岁 | 65岁以上 | |
| 是 | Count | 46 | 250 | 178 | 107 | 118 | 49 | 748 |
| | （%）within 年龄 | 35.4 | 50.1 | 46.0 | 29.0 | 22.6 | 18.4 | 34.4 |
| 否 | Count | 84 | 249 | 209 | 262 | 403 | 217 | 1424 |
| | （%）within 年龄 | 64.6 | 49.9 | 54.0 | 71.0 | 77.4 | 81.6 | 65.6 |
| 合计 | Count | 130 | 499 | 387 | 369 | 521 | 266 | 2172 |
| | （%）within 年龄 | 6.0 | 23.0 | 17.8 | 17.0 | 24.0 | 12.2 | 100 |

第4题，"您对近5年生活状况的评价是？"其中"越来越满意"有711份，占了总样本数的31.8%；"基本可以"有1103个，是最多的，占比49.4%；这两项合起来占比81.2%。所以从总体来看还是持肯定态度。同时，在青年人中，20岁及以下的有78.9%，21—30岁的有76.1%的人持肯定态度。也就是说，大多数的青年人基本上对自己的生活是满意的。而年轻一点的那一栏要略微高于后面一栏，可能20岁及以下的人涉入社会还不深的缘故。但是在不同年龄组的对比中可以看出，在"越来越满意"一项中，随着年龄的增长满意度持正相关的趋势增长。在"基本可以"一项中，年龄从低到高与"基本可以度"成抛物线式分布，在31—40岁组达到最高。同时还要关注到的是，在"不好说""基本上不怎么样"以及"越来越不满意"三个选项中，21—30岁的青年人大体上是比例相对较高的。也就是说，在持负面评价的人群中，青年人的比例要高于其他组。

## 走进哲学
### 练就批判的头脑

表2　　　　　　　　您对近5年生活状况的评价

| 生活状况评价 | | 年龄 | | | | | 合计 |
|---|---|---|---|---|---|---|---|
| | | 20岁及以下 | 21—30岁 | 31—40岁 | 41—50岁 | 51—65岁 | 65岁以上 | |
| 越来越满意 | 人数 | 37 | 124 | 94 | 122 | 198 | 136 | 711 |
| | 年龄中的（%） | 27.8 | 24.0 | 23.6 | 31.4 | 37.4 | 50.6 | 31.8 |
| 基本可以 | 人数 | 68 | 269 | 227 | 188 | 244 | 107 | 1103 |
| | 年龄中的（%） | 51.1 | 52.1 | 57.0 | 48.5 | 46.0 | 39.8 | 49.4 |
| 不好说 | 人数 | 18 | 52 | 32 | 33 | 39 | 8 | 182 |
| | 年龄中的（%） | 13.5 | 10.1 | 8.0 | 8.5 | 7.4 | 3.0 | 8.1 |
| 基本上不怎么样 | 人数 | 7 | 36 | 21 | 25 | 26 | 10 | 125 |
| | 年龄中的（%） | 5.3 | 7.0 | 5.3 | 6.4 | 4.9 | 3.7 | 5.6 |
| 越来越不满意 | 人数 | 3 | 35 | 24 | 20 | 23 | 8 | 113 |
| | 年龄中的（%） | 2.3 | 6.8 | 6.0 | 5.2 | 4.3 | 3.0 | 5.1 |
| 合计 | 人数 | 133 | 516 | 398 | 388 | 530 | 269 | 2234 |
| | 年龄中的（%） | 100 | 100 | 100 | 100 | 100 | 100 | 100 |

接下来第5题就问道："您对生活现状不满意的主要原因是什么？"在此题当中排前三位的主要原因是：①资源不足、人口太多、竞争过于激烈；②社会保障不足，改善生活成本太高；③个人能力和学历的弱点。分别占到25.6%、27.5%、16.6%。而青年人的排序是①③②，与总体结果的排序不同。可见青年人也看到自己的能力和学历的弱点。但是，虽然青年人还有点反求诸己、反省自身的意识，但在"资源不足、人口太多、竞争过于激烈"这一选项中，青年人的比例是最高的。也就是说，青年人更容易把责任归结为社会。

从第2、4、5三题所反映的信息来看，青年人比较关注自己的发展前途，但当遇到不满时会把更多的原因归结到社会上。

## 第三课 文本观察训练

### （二）公共责任

对此项的分析，主要研究第 7、8 题和第 10、13、11、15 题。其中，把第 10、13 两题分为一组，来研究首都青年的责任意识和权利意识的对比。把第 11、15 两题分为一组，来分析首都青年的首都观念。

在第 7 题中问道："假如您接到了诈骗电话，您会？（可多选）"其中 4 个选项中①"是否挂断就算了"选择"是"43.8%，"否"55.8%；②"是否告诉亲友"选择"是"41.4%，"否"58.1%；可见①②两组比例对比不是很明显。③"是否在电话里指责诈骗人"选择"是"11.4%，"否"88.6%；④"是否把线索告诉警察"选择"是"28.5%，"否"71.0%；可见③④两组比例对比很明显。

在第①小题中，青年人选择"不挂断"的比例 60.4% 和 56.6% 略微高于总体比例的 55.8%。在公共责任意识中，有近乎一半的青年人选择"事不关己，高高挂起"的态度①。而在不同年龄段的对比中，青年人选择"不挂断"的比例要略高于老年人而低于中年人。青年人公共责任意识中略微低于中年人的原因跟青年人还未完全进入像中年人那样必须为社会家庭承担责任的角色有关。第②小题中反映了与第①小题近乎一样的信息和原因。

在第③小题（表3）"是否在电话里指责诈骗人"中，"20 岁及以下"一栏中有 84.2% 的人选择"否"；"21—30 岁"一栏中有 88.2% 的人选择"否"。在第④小题中，选择"告诉警察"百分比最低的是"21—30 岁"组，仅有 23.6%。

---

① 因为诈骗只有对自己构成事实才是与自己有关的，否则只是可能；这时回避就是消除了对自己伤害的可能，之后诈骗人再诈骗谁与自己无关，这是一种以是否伤及自己利益为标准的处理态度。

## 走进哲学
### 练就批判的头脑

表3　　　　　　　　您是否在电话里指责诈骗人

| 是否在电话里指责诈骗人 | | 年龄 | | | | | | 合计 |
|---|---|---|---|---|---|---|---|---|
| | | 20岁及以下 | 21—30岁 | 31—40岁 | 41—50岁 | 51—65岁 | 65岁以上 | |
| 是 | 人数 | 21 | 61 | 38 | 45 | 70 | 21 | 256 |
| | 占本组中（%） | 15.8 | 11.8 | 9.5 | 11.6 | 13.1 | 7.9 | 11.4 |
| 否 | 人数 | 112 | 455 | 360 | 342 | 465 | 246 | 1980 |
| | 占本组中（%） | 84.2 | 88.2 | 90.5 | 88.4 | 86.9 | 92.1 | 88.6 |
| 合计 | 人数 | 133 | 516 | 398 | 387 | 535 | 267 | 2236 |
| | 占本组中（%） | 100 | 100 | 100 | 100 | 100 | 100 | 100 |

这无疑反映了青年人一种薄弱的公共责任意识，这除了青年人自己的原因以外，是否还有其他社会性因素？

在第8题中，当问到"为何不报警"时，其中有941人选择"感觉举报了也不会起作用"，占总体的46.7%；有384人选择"根本没产生举报想法"，占总体的19.0%；选择"曾经有过失望的举报经历"，占总体的7.9%。总的来说，人们觉得报警解决不了问题。这实际上反映了对政府和社会机制的失望。

所以，第7、8两题一方面反映了青年人"公共责任意识"薄弱，另一方面反映了社会机制、社会环境让很多青年人无法对其产生信心。

第10题："现在北京很多单位招人时，要求北京户口。您的看法是？"选择"不应该，全国人民有权利在首都平等竞争"的人数最多，占总受访人数的33.5%；其次是"应该，各地都要优先解决本地人员的就业"，占到了23.7%。人们更倾向于重视公民的平等权利，而强调北京市户口重要性的受访者则倾向于就业方面的考虑。而我们从年龄与要求北京户口交叉表中就会看出来，选择"不应该，全国人民有权利在首都平等竞争"的，比例最高的是年龄组为"20岁及以下"的一组，为43.6%；说明了20岁及以下的年轻人比较重视平等竞争的权利。但是在选择"不应该,不利于人才流动,会降低北京的城市竞争力"的受访者中,年龄组"31—40岁"的比例最高,为21.0%;在这一选项中,青年人虽然高于老年人但却低于中年人。从中我们可以看出,青年人更强调的是"全国平等竞争",而不是"是否有利于人才流动";由于找工作的主要群体就是青年人,所以这方面的要求与青年人的切身利益有关,由此可见青年人更强调有利于自己的权利。

与此相应,在第13题中问道:"如果政府就某些政策征询意见,工作人员上门请您填写一份调查问卷,您会?"在回答该题的2163份有效问卷中,选择"努力认真填写,这是行使权力"的人数最多,有1078人,占总受访人数的49.8%;其次是"努力认真填写,这是责任",占比41.6%。说明人们会认真填写,但把它看作权利还是责任有所偏差,更多的人把它看作权利而不是责任。而在"政府问卷填写与年龄的交互分布情况"表中,选择"努力认真填写,这是行使权力"组中,"21—30岁"一栏的比例要高于其他组。我们尤为明显地看到青年人更强调自己的权利而不是责任。

表4　　如果政府就某些政策征询意见,工作人员上门请您写一份调查问卷,您填写意愿

| 政府问卷填写 | | 年龄 | | | | | | 合计 |
| --- | --- | --- | --- | --- | --- | --- | --- | --- |
| | | 20岁及以下 | 21—30岁 | 31—40岁 | 41—50岁 | 51—65岁 | 65岁以上 | |
| 努力认真填写,这是行使权力 | 人数 | 63 | 280 | 200 | 179 | 245 | 111 | 1078 |
| | 本组(%) | 49.6 | 56.0 | 51.7 | 48.1 | 47.9 | 41.7 | 49.8 |
| 努力认真填写,这是责任 | 人数 | 54 | 189 | 153 | 161 | 215 | 128 | 900 |
| | 本组(%) | 42.5 | 37.8 | 39.5 | 43.3 | 42.1 | 48.1 | 41.6 |
| 反感,因为没有作用 | 人数 | 6 | 14 | 15 | 17 | 22 | 6 | 80 |
| | 本组(%) | 4.7 | 2.8 | 3.9 | 4.6 | 4.3 | 2.3 | 3.7 |

## 走进哲学
**练就批判的头脑**

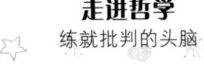

续表

| 政府问卷填写 | | 年龄 | | | | | 合计 |
|---|---|---|---|---|---|---|---|
| | | 20岁及以下 | 21—30岁 | 31—40岁 | 41—50岁 | 51—65岁 | 65岁以上 | |
| 厌烦，是对生活的干扰 | 人数 | 1 | 5 | 1 | 2 | 5 | 2 | 16 |
| | 本组（%） | 0.8 | 1.0 | 0.3 | 0.5 | 1.0 | 0.8 | 0.7 |
| 担心，怀疑其中有诈或担心不良后果 | 人数 | 3 | 11 | 15 | 11 | 18 | 9 | 67 |
| | 本组（%） | 2.4 | 2.2 | 3.9 | 3.0 | 3.5 | 3.4 | 3.1 |
| 其他 | 人数 | 0 | 1 | 3 | 2 | 6 | 10 | 22 |
| | 本组（%） | 0 | 0.2 | 0.8 | 0.5 | 1.2 | 3.8 | 1.0 |
| 合计 | 人数 | 127 | 500 | 387 | 372 | 511 | 266 | 2163 |
| | 本组（%） | 100 | 100 | 100 | 100 | 100 | 100 | 100 |

第11题，"北京每年有许多重大政治和外事活动，会进行交通管制，您的看法是？"选择"给生活带来不便，但生活在首都，应该承担这些不便"的人数最多，有1079人，占总受访人数的48.0%；而在"重大国事活动与年龄"交叉表中，可以看出，选择"给生活带来不便，但生活在首都，应该承担这些不便"，各年龄组差异不大。其中"20岁及以下"的为45.1%，"21—30岁"的为49.2%，青年人的比例低于中年人而略微高于老年人。而在对此表示反感的受访者中，"21—30岁"年龄组的比例偏高，为16.5%。同样在"没遇到，不支持"的选栏中，"21—30岁"年龄组的比例稍微偏高，为2.3%。由此可见青年人近半数的人对重大国事比较重视。也反映了大部分青年人和其他年龄组的人一样有一种较强的首都意识。但其他组的数据表明还有一部分青年人首都意识不是很足，这个跟重大国事影响上下班工作有关。由此可见，青年人在重视国事的同时，还是比较关注自我利益。

第15题，"北京是全国大专院校和科研院所最多的城市，您对这

第三课　文市观察训练

种现象的看法是?"在此题的选择中，大家的选择主要集中在"有利于北京的发展"（27.5%）和"教育资源集中，有利于产生科研成果，有利于国家发展"（34.2%）两个选项上。总体强调国家层面的要高于北京层面的。我们在"年龄交叉表"中可以看出青年人相对于中老年人更强调国家利益。（参见表5）

表5　北京是全国大专院校和科研院所最多的城市，您对这种现象的看法

| 抽样样本 | | 年龄 | | | | | | 合计 |
|---|---|---|---|---|---|---|---|---|
| | | 20岁及以下 | 21—30岁 | 31—40岁 | 41—50岁 | 51—65岁 | 65岁以上 | |
| 有利于北京的发展 | 人数 | 33 | 94 | 64 | 138 | 195 | 81 | 605 |
| | 本年龄组百分比（%） | 24.6 | 18.6 | 16.3 | 36.3 | 37.1 | 30.3 | 27.5 |
| 教育资源集中，有利于产生科研成果，有利于国家发展 | 人数 | 57 | 196 | 153 | 116 | 143 | 89 | 754 |
| | 本年龄组百分比（%） | 42.5 | 38.8 | 39.0 | 30.5 | 27.2 | 33.3 | 34.2 |
| 造成教育资源分配的不公平、不合理 | 人数 | 13 | 93 | 72 | 33 | 34 | 21 | 266 |
| | 本年龄组百分比（%） | 9.7 | 18.4 | 18.4 | 8.7 | 6.5 | 7.9 | 12.1 |
| 给北京市带来很大的就业压力，竞争更加激烈 | 人数 | 17 | 91 | 62 | 52 | 79 | 28 | 329 |
| | 本年龄组百分比（%） | 12.7 | 18.0 | 15.8 | 13.7 | 15.0 | 10.5 | 14.9 |
| 没什么看法，因为是首都这种现象正常 | 人数 | 14 | 31 | 41 | 41 | 75 | 48 | 250 |
| | 本年龄组百分比（%） | 10.4 | 6.1 | 10.5 | 10.8 | 14.3 | 18.0 | 11.2 |
| 合计 | 人数 | 134 | 505 | 392 | 380 | 526 | 267 | 2204 |
| | 本年龄组百分比（%） | 100 | 100 | 100 | 100 | 100 | 100 | 100 |

**走进哲学**
练就批判的头脑

数据中可以看出，在选择"有利于北京的发展"一项中，41—65岁以上的比例要远高于中青年。而在"教育资源集中，有利于产生科研成果，有利于国家"的选项上，中青年的选项又高于中老年。在这个问题上，大概呈相反的趋势。此外，21—30岁的青年人在认为"造成教育资源分配的不公平、不合理"以及"给北京市带来很大的就业压力，竞争更加激烈"方面要高于其他组。说明青年人更多是从国家的角度来反对"北京地方主义"，而且更强调要营造一种有利于青年人发展的社会环境。

综上所述，青年人的"公共责任意识"不强，这一方面跟当代青年人自身有关[①]；另一方面也反映了中国当前的一些社会现实，要求我们的政府和社会要塑造一个更有利于青年人发展的环境。

### 三　责任评价以及教育对责任意识的影响

（一）责任评价

意愿、行为和评价都是从不同角度反映着一个人的责任意识。而对他人行为的评价更是自我责任意识的直接表达。

本项主要分析第6题："在十字路口，一个要过马路的行人遇到红灯，这时并没有来往车辆，也没有交警，但他还是一直等到绿灯亮后才过马路，您对此的看法是？"选择"严格遵守交通规则是很好的习惯"的人数最多，有1904人，占到受访总人数的85.5%；其中青年人的比例："20岁及以下"的是76.9%、"21—30岁"的是79.5%，要低于其他年龄组。

---

① 我们的调查是在2010年进行的，此时的青年人大概是在1980—1992年出生的，这个时候正是我国计划生育的高峰期，此时的家庭大多是独生子女。对于这一情况我们是否也应考虑在内。

表6 您对虽没有车辆来往和交警值勤,还坚持等绿灯亮才过马路的看法

| 交通公德 | | 教育情况 | | | | | |
|---|---|---|---|---|---|---|---|
| | | 小学及以下 | 初中或高中 | 中专或大专 | 本科 | 硕士及以上 | |
| 严格遵守交通规则是很好的习惯 | 计数 | 125 | 730 | 557 | 413 | 77 | 1902 |
| | 教育情况中的(%) | 88.7 | 86.5 | 85.6 | 84.5 | 78.6 | 85.6 |
| 这个人有些死板,人应该懂得变通 | 计数 | 8 | 49 | 36 | 28 | 4 | 125 |
| | 教育情况中的(%) | 5.7 | 5.8 | 5.5 | 5.7 | 4.1 | 5.6 |
| 没什么看法,每个人自己可以按照各自的想法去做 | 计数 | 5 | 47 | 52 | 42 | 14 | 160 |
| | 教育情况中的(%) | 3.5 | 5.6 | 8.0 | 8.6 | 14.3 | 7.2 |
| 觉得现实生活中根本不会有这样的人 | 计数 | 3 | 18 | 6 | 6 | 3 | 36 |
| | 教育情况中的(%) | 2.1 | 2.1 | .9 | 1.2 | 3.1 | 1.6 |
| 合计 | 计数 | 141 | 844 | 651 | 489 | 98 | 2223 |
| | 教育情况中的(%) | 6.4 | 37.9 | 29.2 | 22.0 | 4.4 | 100 |

同时,在"这个人有些死板,人应该懂得变通""没什么看法,每个人自己可以按照各自的想法去做"两项中,青年人的比例都是最高的;而老年人则比较低。从大体趋势上看,绝大部分人是赞同"遵守交通规则"的,但青年人相对来说更"自由些",大体上,随着年龄的增大或减小,强调遵守的强度随之增大或减小。

人们对一些行为的价值评价反映着自己的价值判断。可见,对别人的责任行为的评价也反映着自己的责任意识。此题中青年人的责任评价就反映了他们的责任意识并不像老年人那么严肃。

(二)教育对责任意识的影响

与第6题相关,我们来看受教育程度和责任意识的关系,可以看到受教育程度和人们的选项比例大体成递增或递减趋势。

## 走进哲学
### 练就批判的头脑

在第一选项中,可以看到教育程度越高,选择"严格遵守交通规则是很好的习惯"的人的比例越低。除了第二选项之外,第三、四选项也是一样的趋势。

我们再分析其他一些相关题目中的类似现象。在教育状况与遇到诈骗电话告诉警察线索的交互分析中,我们看到了完全相同的情况。在收集上来回答这个问题上的两个变量均有效的2232份抽样问卷中,"小学及以下"学历组在这个问题上有38.6%的人选择"是",会把诈骗电话的线索告诉警察。这个百分比在所有教育情况组中是最高的。"硕士及以上"学历组在这个问题上,仅有22.4%的人选择"是",会把电话线索告诉警察,在所有教育组中是最低的。从数据显示可知,随着受教育程度的提高,在"把线索告诉警察"这个因变量上,选择"是"的百分比会逐渐降低,成反比相关。也就是说,学历越高的人,在这个问题上越不会选择把诈骗电话的线索告诉警察。

而在教育情况与不报警原因的交互分析中,我们看到的是"学历越高越觉得告诉警察没用"。

目前高校中绝大多数学生是青年人,若按照这一比例来看,我们是不是应该关注一下这一类问题呢?我们的教育是要培养有责任意识的公民,但是数据显示的却是责任意识随着受教育程度的提高而不断降低的趋势。

表7　　受教育情况与感觉举报了也不会起作用的交叉分析

| 不报警原因 | | 受教育情况 | | | | | 合计 |
| --- | --- | --- | --- | --- | --- | --- | --- |
| | | 小学及以下 | 初中或高中 | 中专或大专 | 本科 | 硕士及以上 | |
| 感觉举报了也不会起作用 | 人数 | 35 | 328 | 296 | 231 | 49 | 939 |
| | 占本组中(%) | 31.0 | 42.7 | 49.4 | 52.1 | 55.7 | 46.7 |

第三课 文本观察训练

# 结　语

　　基于以上我们对数据的分析，不难得出如下结论：首都青年在面对自己的发展前途时表现出较强的意识，他们想争取更多的机会。但当面对"他人或公共"时，则表现出了一种"相对淡薄的意识"。青年人更强调自己的权利胜过强调自己的责任，无论是在面对现实的责任还是未来的责任，"要"的意识要强过"奉献"的意识。

　　同样在责任评价中，我们也可以清楚地看到，青年人的责任意识相对薄弱。若说责任意识和教育有关的话，那这在一定程度上也反映了我们的教育问题。① 在面对"是否更有利于'北京'还是'首都'"的问题上，青年人的"首都意识"比较明显。在青年人反对"北京特殊"的意识背后，实际上是想以此来为自己的发展争取平等的竞争条件。

　　在分析之余，我们的政府和社会需要提供的是一个更为良好的、有利于青年人发展的社会环境；而我们的教育也需要进一步的反思，如何更好地、更有效地引导青年人的责任意识朝着一个正确、合理的方向发展。

---

　　① 因为若按数据上的显示推断，本科生中有76.4%，研究生中有77.6%的人不会把线索告诉警察；同时，52.1%的本科生和55.7%的研究生认为报警无用。也就是说，我们有将近一半的青年精英对我们的制度和社会是持如此失去信心的态度。

# 文本三：康德与福柯论"启蒙"

**教师一：** 文本观察是选择一篇或者两篇比较重要的经典文本让大家来阅读、思考，并围绕文本进行论文写作。其目的是训练阅读能力、理解能力以及反思能力。

这次我们选择的是康德的《回答这个问题：什么是启蒙？》（Beantwortung der Frage: Was ist Aufklärung? 1784，下文简称《什么是启蒙？》）和福柯的《什么是启蒙？》（Qu'est-ce que les Lumières? 1984）这两篇文章。

众所周知，在18世纪，以法国为代表的西方社会经历了一场轰轰烈烈的思想解放运动，史称"启蒙运动"。启蒙这个话题是这几年的一个热点话题。但启蒙不同于启蒙运动，它不是一个特定的、已完成的历史事件，而是与人类文明进程同步的、始终在进行着的一项人类活动。

启蒙运动反对封建专制、宗教迷信和愚昧落后，崇尚自由、平等和博爱，高扬科学和理性，主张教化大众。启蒙运动对于推动近代科学的发展和社会政治的改造起到了积极作用。但是，并非所有人都对启蒙运动持肯定态度。法兰克福学派的霍克海默和阿多诺在合写的《启蒙辩证法》中对启蒙运动进行了反思和批判，认为启蒙运动导致了很多不民主、不文明的东西，纳粹运动和极权主义在一定程度上就是启蒙运动的产物，甚至启蒙本身就带有极权主义性质。

法兰克福学派的批评是否正确呢？在我看来，纳粹运动和极权主义并不是启蒙运动的产物，而是启蒙不彻底的产物。按照康德的说法，启蒙始终是一个未尽的过程，始终"在路上"，启蒙没有完成时。也就是说，只有不断启蒙，只有一而再、再而三地启蒙，才能克服封建专制和愚昧落后，更大限度地实现自由、平等和博爱，

## 第三课 文本观察训练

更好地推动人类解放和进步。特别是对于中国社会来说，不是启蒙完成了，也不是启蒙过时了，而是还没有充分启蒙，还需要持续地再启蒙。

好，我的开场白就到这里。下面就来听听大家的想法。哪位同学先发言？

### 一 译名问题

**同学丁：**我想围绕康德简单说一说，算作抛砖引玉。

首先是译本的问题。在何兆武先生的译本中，文章标题是"什么是启蒙？"。但是在文本里，其实用的都是"启蒙运动"这个词。我看了一下，康德的英文本用的是 enlightenment，而康德的德文本用的是 Aufklärung。这两个词都是名词用法，翻译的时候都可以理解为"启蒙"或者"启蒙运动"。康德原文里，Aufklärung 就是名词，它的动词 aufklären 只用过一次。而何译本的标题是"启蒙"，然后文本里全部用的是"启蒙运动"一词，标题和文本的翻译是否不一致了？我发现了这个问题，需要说一下。

就康德而言，有两个基本点：第一，就是他对于理性的肯定。康德肯定人有理性，而且在整个启蒙过程之中，非常突出人的理性运用。在文本里，他对于理性的私下运用与公开运用做了非常详细的阐述，也就是说，他的前提条件是肯定了人的理性。

第二，在启蒙运动这样一个特定的时期，他特别强调人既是要有理性的，也要有勇气去运用理性。他在这里所说的"勇气"的一个非常重要的方面，我觉得应该是针对当时启蒙运动提出来的。除了肯定人理性能力之外，更强调的现实指向是，引导民众有勇气去使用理性。

然后康德区分了公开运用理性的自由和私下运用的理性。其区分的界限在于是否以自由为前提。"一个人在其所受任的一定公职岗位

## 走进哲学
### 练就批判的头脑

或者职务上所能运用的自己的理性",是所谓"私下运用的理性";而所谓"公开运用理性","是指任何人作为学者在全部听众面前所能做的那种运用"。他是以一个人在特定的社会职务分工来划分的。韩水法老师的一篇文章曾说,康德是从实践的观点出发,把人放在一个特定的社会职务中去讨论理性应用的可能性。这里仿佛有一个矛盾:理性的私下运用阻碍着社会的启蒙,它使得人们生活在蒙昧的"不成熟状态"之中;而理性的公开运用成了启蒙的动力,这似乎才是合乎逻辑的。因为作为理性的私下运用是固定不变的、完全被动的,就如同人作为社会的一个零件或是一个环节,他必须遵循某种既定的程序,这就使得人陷于某种特定的目的。但是,理性的公开运用和私下运用应该说是启蒙的一体两面。启蒙的对立面是阻碍启蒙的态度和力量,理性的私下运用则并不否认公开运用理性的能力。理性私下运用的可能性是来自理性的公开运用,只有理性的公开运用之后,才可能使得自己的原则被发现出来,并固定成为实践的原则,最终使得理性有私下运用的可能。"由于继续不断的启蒙就开始奠定了一种思想方式,这种思想方式可以把粗糙地辨别道德的自然禀赋随着时间的推移而转化为确切的实践原则。"所以,康德在此并不认为阻碍启蒙的是理性的私下运用。相反,理性的私下运用不断扩展,才成为理性的公开运用。从这一意义上而言,理性的私下运用也是理性公开运用的前提。

  我注意到,康德对于"学者"资格有着特别的关照,这应该是跟他的道德形而上学有关。军人、公民、牧师,是在特定的职务上去行使他的理性,他们在运用理性的时候总会受到自身的社会职务的影响。这是出于以自身职务的某种限制为前提的理性的使用,并非是为了理性而理性。而学者则应是为了理性而理性,理性本身,或者所谓的"自由"本身,就是他的目的。所以在康德那里,学者资格有非常特殊的地位。

## 第三课 文本观察训练

另外，康德并不致力于鼓动所有人都掌握运用理性的能力。他承认启蒙的过程是一个少数人的精神奋斗的过程，并且是一个非常艰辛且非常危险的过程。对比柏拉图《理想国》第七卷洞穴比喻的文本——柏拉图设想，在整个洞穴中，只有少数的囚徒获得了走上认识理念的过程，而囚徒在走出洞穴的过程中经历了各种磨难，最终才看到了洞外的光。而当看见真实世界的囚徒回到洞穴之中向其他囚徒诉说自己所见的时候，洞穴之中的囚徒不以为然，因为他们早已习惯于自己眼前所见的真实世界，也并不热衷于去寻求真实世界。——康德在此对处在尚未启蒙（还处在不成熟状态）的人的描绘，写尽了他们安于目前已经认识的、早已习惯了的生活状态，并出于本能的懒惰和怯懦，无心去寻求任何改变，但是并不能否认人本身是缺乏认识理念本身的，或者说，并不能认为人是不能被启蒙的。所以康德鼓励人在启蒙的过程中要有运用自身理性的勇气。我想这里应该是和《理想国》所构想的状态有着相似之处的。

康德将启蒙运动的重点放在宗教事务方面。在他看来，"启蒙的重点，亦即人类摆脱他们所加之于其自身的不成熟状态"。人是懒惰和怯懦的，在从不成熟走向成熟的过程中需要去操心，需要去思想，需要去做这类伤脑筋的事。所以在宗教意义下的人们更愿意接受上帝的"庇护"，而不愿意去做艰辛而危险的启蒙尝试。所以康德将启蒙的重点放在了宗教领域，但要强调的是，他并非否认除了宗教之外的其他法律、艺术和科学等诸多领域。应该说在中世纪长期的神学统治下，宗教领域是束缚人心最深的。而作为上帝的传道人，牧师在启蒙中公开运用理性是十分重要的。只有当牧师作为学者身份，在政治上保持极大宽容，公开发表自己对教义的想法，才能引导人类自身摆脱不成熟的状态。也就是说，在宗教事务上保持自由和宽容，是统治者基本的底线，除此之外，还要有更高的宽容条件，包括在法律、艺术和科学等其他诸多领域。

## 走进哲学
练就批判的头脑

**同学庚**：我没有听懂，他的德语问题是要问什么？

**同学丁**：应该是关于何兆武先生译本的问题，它的标题用的是"启蒙"二字，但正文部分全部用的是"启蒙运动"。我不太了解，区分"启蒙"和"启蒙运动"的意义何在？

**教师二**：是名词和动词之间的区别吗？

**同学丁**：都是 Aufklärung 这个名词，但是他在文本里面就翻译成了两个不同的词语——启蒙与启蒙运动。

**教师二**：按照惯例，一个术语在整个文章或者整个书中的翻译应该是一致的，但是这个术语的翻译没有一致。如果译者没有把它处理成同样的词语来使用，那么我觉得这个应该就是译者的翻译问题。

我不太清楚启蒙和启蒙运动有什么差别。一般来说，如果是大写的 Aufklärung，一般我们翻译成"启蒙运动"的较多，表明一个特定的事件。就像英语讲的"宗教改革"，"Reformation"的第一个"R"是大写的，它就特指16世纪宗教改革。其他时代有没有宗教改革？可能也有，但是就不会大写。包括文艺复兴也是，西方除了近代文艺复兴，在中古早期像加洛林王朝也有文艺复兴，但是会不会使用大写R？如果你使用大写R，而且不另加说明的话，大家就会默认这是意大利开始的早期现代的文艺复兴。当然也要看具体语境，但一般原则就是同一个词语的翻译应该是一致的，如果在同一篇文章当中翻译没有一致，那就是翻译问题。

**教师一**：在德语中，启蒙和启蒙运动是同一个词，都是 Aufklärung，何兆武先生在翻译时，有时翻译成启蒙，有时翻译成启蒙运动。我想他是有意为之的。德语中的名词都是首字母大写，我们无法从拼写形式上区分到底哪个是启蒙，哪个是启蒙运动，而只能从具体的含义中、从语境中来区分。康德在这篇文章中讨论的核心问题是"什么是启蒙？"而不是"什么是启蒙运动？"我们也知道，康德是启蒙运动的代表人物，他的三大批判、他的理性批判，本身就是在做一项启蒙的工作,是启蒙事业的一个重要组成部分。

康德写《什么是启蒙?》的主要目的就是要说明,启蒙与他的理性批判有什么样的关系。福柯在他的《什么是启蒙?》中,也认为康德写这篇文章的目的是要把理性批判与启蒙运动、与启蒙的事业结合起来。康德在文章中说他所处的时代是一个启蒙的时代,他引出启蒙这个话题跟启蒙运动当然有直接关联。但康德认为,启蒙运动的重点是所谓的"宗教事务",是关于宗教信仰的问题。而他所讨论的启蒙本身,却不限于启蒙运动,是一个更普遍、更一般、更宏阔的概念。他所谓的"启蒙"就是人类理性如何逐渐摆脱自己强加给自己的不成熟状态,从而变得更加成熟与理性。我想这是康德写这篇文章的主旨,所以何兆武先生在翻译的时候,并没有把标题翻译成《什么是启蒙运动?》,如果文章讨论的是"什么是启蒙运动?"那么结构和内容可能就不太一样了。他可能不会去区分理性的公开运用和私下运用,也不会列举纳税人和牧羊人的例子去区分一个人的两种不同的理性运用方式,可能会转而去讨论启蒙运动当中的代表人物、主要事件或者启蒙运动的主旨等等。

**教师二:** 我补充一下。教师一说得非常对。因为康德虽然受那个时代的影响,但是他也在说一个更一般性的启蒙,这种启蒙从人类最原始的处于野蛮的蒙昧状态时就一直在进行。比如古希腊时期,再是罗马时期,然后再往后说,在早现代时期都会有这样一个过程,这个我是完全赞同的。不过我个人还是认为,一个词在同一文章中的翻译应该是一致的。何兆武如果没有特别说明这二者有什么不同,在翻译的时候还是应该把它翻译成一致的。

**教师一:** 谢谢补充。何兆武先生是老翻译家了。他对思想史、对德语本身是非常熟悉的。我想他可能有自己的理由,但是我也同意他最好做一个备注,以免造成读者思想上的混乱。

## 二 理性的两种运用和"二论背反"

**同学丙**:我的题目是"对康德启蒙思想的政治实践反思",即在中国语境下的批判,主要是集中在论文的前半部分,我是想从政治实践的角度对康德《什么是启蒙?》进行一个反思。

首先,康德自己对启蒙的界定,就是针对人类脱离自身的不成熟状态,提出公开运用自己理性而不臣服于任何权威的态度。而且他将这种公开运用自己理性的态度,看作自由。然后又进行两个区分:公开利用理性是一种能带来启蒙的理性的自由;私下运用理性则会受到经验性因素的影响,因而是不自由的。总之,自由本身作为一个目的出现,就是启蒙。这是康德对启蒙运动理解的一个核心。因此需要对康德的自由概念,先有一个解释。

我选择的文本是《实践理性批判》。首先是两种"命令"的区别:一种命令只考虑结果及其充分性;而另一种则不考虑结果,仅仅对意志进行规定。第一种命令需要考虑某种达成目的所需要的手段,因此他需要考虑各种经验性条件,因此是一种假言命令,只能被当作一种随便的原则。而后者因为不考虑结果,只能是定言命令,因此就将是唯一的实践法则。

另外,康德也认为,作为一个根据的欲求能力,具有外在目的性,就只能作为质料而被理解。也就是说,只有把每一个对象的所有质料都排除掉,剩下普遍立法的单纯的形式,才可能成为具有客观必然性的实践法则。

但首先,一个人想要轻松自如地运用自己的理性,尤其康德说像学者一样使用自己的理性,是需要经过长期训练的。而这往往是大众所缺乏的。因此,公开使用自己理性本身就有难度。同时,人还受到传统习俗的影响,在传统和习俗里,非理性因素往往占据了相当重要的成分,但是很少有人能够真正直面虚无,完全摆脱传统。这也是启蒙在一个传统社会里之所以那么艰难的原因。因此，这种公开使用理性在多大程度上是一种对理性的纯粹使用？这就是一个很值得讨论的问题。

人在政治实践中，对其他人公开运用理性的包容，也遇到了困难。传统一方面限制了人的理性，另一方面它也限制了人的非理性。传统在它还具有权威性的时候，本身就能够解释人的非理性，防止或减少人的冲动行为的损害。一旦传统作为批判的对象被打倒，那么在一个没有传统联系的社会，人作为一个个直接的、原子化的个体，很容易就会走向某种集权化的冲突。在启蒙之后，政教分离就成为一个相对独立于政治的传统，形成了一种对政治权力的一部分制约。一个很好的例子，是中国古代所谓的道统与正统的分立。实际上，当启蒙运动开启之后，启蒙对人公开使用理性自由的宣扬本身，也造成了一定的不自由，对那些依旧想要按照传统生活的人来说，甚至是一种专制。这种专制本身造成了启蒙之后在实践中的一个整体性矛盾。这个矛盾在康德这里，是想要运用一种类似于契约论的办法去解决。而我在这里的反思，就是指向理性，它的公开使用是有困难的，而契约论中所需要的对意见的包容，则由于理性的公开使用的困难而更加困难。因此需要对启蒙进行反思，这种反思包含了对传统东西的某种发现。这就是我的思考和逻辑。

**教师一：** 好。同学丙提到了康德的《实践理性批判》，从自由和道德的关系切入来谈论启蒙，涉及了理性的两种运用方式。大家有没有发现什么问题，或者不清楚的地方？

**同学乙：** 我有个问题，是我之前一直在思考的。康德在这篇文章里提到"理性的公开运用"，这一点可以从他批判哲学里找到很多相类似的观念。在此他提出了普遍性和必然性的问题，与此同时，他在第三批判里也提出了"共同感"这样的概念，在先验的领域中，可以找到某种原则的普遍性和必然性，这种普遍性和必然性，我们可以认

## 走进哲学
**练就批判的头脑**

为是不局限于某一主体内部,并且可以在主体之间得到"公开"承认的原理。所以,当"理性的公开运用"同样具有普适性质的时候,可不可以将它看作某一先验原则的经验性运用呢?或者说,"理性的公开运用"作为一种经验性的原理,与先验原理之间是否具有内在关联呢?

**教师二**:刚才同学乙提到,康德有一些术语,比如他说的"公开使用",和其他的专业术语可能有一定的联系。我想指出来其中一个:康德有一个非常特定的说法,他喜欢说我们的知性或者理性怎么样使用。这个表达给我的印象比较深刻,比如康德在说知性的时候,他会说知性有逻辑的使用,也会说理性有逻辑的使用,有时候也会说"common use"——共通的使用。但是我认为,这篇文章跟他的哲学中一些核心的、理论性比较强的那些内容之间,还是有一定差别的。这是我个人的直观感受,因为我没读过其他二手文献,不知道其他人会怎么看。总体来说,我觉得这个文章的面向,可能更加公众化一些。也就是说,它并不预设听众已经知道了他的一些专业性的哲学理论。

**同学乙**:老师的解答让我想起了自己的硕士毕业论文——《论康德鉴赏判断的二律背反》。我的直观感觉是,康德批判哲学体系中有一种迫切的需求,就是我的判断、我的知识如何能传递给他人?为什么知识可以在不同主体之间有效呢?这是一个理性人对待知识的态度。在《判断力批判》中,康德提出了一个非常重要的概念——共通感,也就是"common sense"。在共通感的概念下,康德论证了为什么鉴赏判断在不同主体之间是普遍有效和普遍必然的,这也为美学的合法性做了一个辩护。

这就引出了另一个问题:康德对启蒙的态度和他哲学体系里的目的论有没有关系?根据福柯对康德的总结,在一定程度上,福柯认为康德的启蒙观是带有本质主义性质的,历史是具有目的的,民众得到启蒙就是这一结果。所以请问，康德对启蒙的态度和他的目的论是否有关联呢？

我的问题就是如何界定目的论。在比较熟悉的《判断力批判》中，康德有讲述过"审美的目的论"，提出了"自然的合目的性"原理，认为自然是一种具有内在目的的系统。同样地，第三契机也讲到了"无目的的合目的性"。而当福柯在总结康德观点的时候，说了这样一句话："批判不再是以寻求具有普遍价值的形式结构为目的的实践的展开。"意思就是，福柯认为康德所宣扬的启蒙，其实是把历史视为一种有目的的实践展开，目的被视为一种普遍价值的完成方式，在个体即每个人身上，都有勇气运用自己的"Intelligence"。

我的疑问在于，福柯对康德的理解是正确的吗？康德是否在他的启蒙思想中已经预设了一种历史目的论？

**教师一：** 好！在我们讨论的语境中，这个问题确实很重要。

你刚才在美学目的论的意义上谈论启蒙的目的论，我是不太同意的。康德认为启蒙的最终目的是让每一个人都能够自主地运用自己的理性，摆脱不成熟的状态。美学判断力意义上的那种无目的的合目的性，在启蒙的语境中不太适用。

你刚才提到伯克对康德的评价，说人类历史在连续性的意义上不断地进步，始终朝向一个终极的目的，我想福柯肯定不会同意这种看法。很多反启蒙的学者也会说，启蒙并不意味着进步，并不意味着在连续性意义上达到一个最终的目的。在福柯那里，讲知识型、谱系学、知识考古学的时候，从文艺复兴时期词与物的"相似性"关系，到笛卡尔哲学的"表象"的知识型，再到康德这里所讲的"有限性"概念，福柯强调的恰恰是一个断裂的概念，而不是在强调目的论意义上的连续性。他认为，从文艺复兴一直到19世纪，所谓"文明的进步"是通过知识型的断裂完成的，而不是通过目的论式的、逐渐累积的和逐步前进的方式完成的。

## 走进哲学
**练就批判的头脑**

**同学己**：我谈个小问题，关于在康德启蒙思想中理性自主运用的限度。康德将启蒙定义为"人类脱离自我招致的不成熟"，这种不成熟就是一种不经别人引导就不能够运用自己的理智状态。这种状态不在于缺乏理智，而在于缺乏自我运用理智的勇气和决心，大多是出于懒惰和怯懦。康德认为这种不成熟是自我带来的桎梏，而启蒙就是要从其中脱离出来，唯一的进路是主动运用自己的理性。只要赋予自由，只要理性的存在者能够自由地运用理性能力，那么就能实现启蒙。

但在自由运用理性能力这个问题上，过分地强调个人理性的自主运用，这样的启蒙是不是会削弱公共权威的基础或者导致政治暴乱？这样的疑问也使得启蒙在当时遭到了质疑。比如门德尔松就承认，也许存在着某些不幸的情形，在这种情形中，哲学必须保持沉默，以免对公共秩序造成威胁。卢梭也说，他并不认为理性能够为道德以及社会秩序提供基础，良好的社会秩序和风尚是以淳朴的情感为基础的。所以康德在《回答这个问题：什么是启蒙？》中，不仅强调了理性的自主性，还在理性和社会秩序的平衡上做了进一步的努力。福柯在《什么是启蒙？》中认为，在康德的启蒙中，人类要达到那种能够自主运用自己理性的成熟状态，并不是不再被要求服从，而是被告知："服从，但尽可如你所愿地运用理性来思维。"这里的"服从"，可以看作一种对于自主运用理性的自由的限制。为了平衡理性和秩序，康德给理性的自主运用加上了限制，以此来促使理性在限度内能够成为道德和社会秩序的根据，既完成启蒙的使命，同时又不至于扰乱社会秩序。

按康德的区分，"理性的公共运用"是在面对公众时的应用，在当时应该是指书刊检查制度下的出版和言论自由；"理性的私下使用"是在个人居于特定职业或者岗位时的运用。在发展或捍卫某些"公共的目的"时，它会受到一种"人为的一致同意"的约束。康德认为，

## 第三课　文本观察训练

这种私人领域对理性的限制，是不会特别妨碍启蒙的进步的。为什么不妨碍？因为康德认为启蒙的进步在于人们公共运用理性的自由，如果能够保证这个层面上的自由，那么在私人领域被要求服从，是理所应当的。因为这可能来源于这个社会共同体人们一致的目标或者是某种政治契约，使得在这个社会中的每个成员都负有这样的义务，以此来保证社会的运转。在这个理性运用的区分层面上，我们既能够服从，又能够保障在公众面前自由的运用理性。

总之，在康德看来，对理性私下使用的限制，与启蒙运动的目标和进步毫无矛盾，但理性的公共使用必须保持自由。区分了作为一部机器的一部分和作为整个国家乃至于全球社会的一个成员，是为了协调启蒙的理性和社会（公民）的秩序要求，而不是一味地强调脱离权威的压制和引导；是将这个理性运用的自由放在一定的限制下，才能被认为是一种真正的成熟状态。可见他在做出区分的同时，其实也就肯定了君主（理性存在者）对私人运用做出限制，即提到的"服从"。在我看来，这在很大程度上是对当时君主的一种妥协或者说是懦弱。康德说他认为最伟大的君主是腓特烈大帝，因为腓特烈说过："可以争辩，随便争辩多少，随便争辩什么，但是你要听话！"所以腓特烈大帝允许人们对宗教观点进行议论和争辩，同时放开了书刊检查制度，看起来也更像具有绝对主导地位的统治者对群众自由的施舍。但是，如果把我们的自由交给一位启蒙了的君主来掌握和拿捏，这还是真正的自由吗？

康德的理性自主运用，既是个人的权利，同时也负担了义务。因为启蒙不仅要求单个人的理性自主运用自由，而且还要求整个理性存在者共同体的自主运用的自由。所以我觉得，无论是对理性自主的批判，还是对理性的公开应用，最终都会指向一个自由的限度。限度的外在形式，可能是来自于政治和法律，即启蒙了的君主所给予的限度和范围。在公共领域是一种绝对的、不加限制的自由；在私人领域给

## 走进哲学
练就批判的头脑

予限制，不仅可以保障社会秩序，而且也不影响启蒙的进步。在这样的秩序下，能够结成政治共同体和伦理共同体以保障人类生活的价值，同时也为启蒙的进步保留了空间。

其实，真正的理性不是个人在所有领域的肆无忌惮和放肆，而是既运用自己的理性，同时也要尊重和承认他人的理性。参考宫睿老师的一篇文章。他认为，在康德看来，仅仅抵御和抛弃权威对自身的专断，还远未能真正称得上是成熟。真正的成熟是对理性自身界限的意识，不仅体现在对于自身与他人作为理性存在者的共同关系上，而且还体现在权力与限制的共同关系上。强调理性的自主，只是启蒙的一个初级阶段。在更深刻的层次上，启蒙还意味着对他人自主的承认和尊重，而不是以理性的名义为他人制定目的。用詹姆斯·斯密特的话来说："一切启蒙，如果使人放任于自己的任性、虚荣和激情，以一种撒旦式的自豪鼓励自己成为自己唯一的、独立的统治者，鼓励自己来制定自己任意的自然法则——那么，所有这些启蒙，不仅会导致毁灭、腐败和堕落，而且还会致使一切公民社会解体和崩溃，导致一场人类种族的内战。"

**教师一：**好，同学己主要是围绕康德关于理性的运用与社会、政治国家的关系来谈的，并对所谓的"启蒙君主制下的有限自由和启蒙所倡导的真正的自由之间的张力"，给出了自己的理解。说得很清楚。

**同学庚：**我的观点和同学己比较一致。所谓的"启蒙"，是否就是理性的公共运用？对这个问题的答案实际上我是存疑的。我觉得康德在区分私下运用和公共运用的时候，不是撇开其中一方肯定另一方；相反我觉得，他实际上是想说，理智的合理运用，是要调和私下运用和公共运用。就像同学己刚才所说，康德提到君主、牧师、医生这些职务的时候，并没有否认这些人应当在自己的职务上发出合理的声音，讲述所谓合理的知识，然后让人民做出正确的行动。片面强调私下运用和公共运用，有些时候可能发生冲突。我的问题是：私下运用和公共运用发生冲突的时候，真正理性的合理运用究竟是什么样的？对这个问题我自己有一个理解，我认为康德所谓的"理智的解决方式"，实际上和同学乙提出的"历史目的论"有关系。这个历史目的论可以从康德的实践原则，也就是《纯粹理性批判》和《实践理性批判》中得到启发。《什么是启蒙？》发表于1784年，而《纯粹理性批判》1781年就已经出版了第一版。我们可以将后者仅仅作为背景，而不局限于启蒙时代去思考，而是往更长远的地方去深入思考，发现它的整个结构。

例如他在文章的最后提到了一个很重要的观点：人是人，不是机器；人是有尊严的。这句话和《纯粹理性批判》中的某些陈述非常相似：人是自身的目的。所以，如果我们想要回归先验领域去谈论时，康德所谓的"普遍原则"，实际上是使一个人的准则可以成为所有人的准则。那么当回归实践领域，当私下运用和公共运用发生冲突的时候，康德的解决方式，是不是使一个人的准则成为所有人的准则？这点我是存疑的。

**教师一：**你补充得很好，也引发了前面讨论中隐藏的一个问题。你认为理性的公开运用和私下运用不是一个非此即彼的关系，不是说要公开运用就不能私下运用了。

**同学庚：**是的。

**教师一：**这是你从《什么是启蒙？》文本中解读出来的，还是依据康德的其他文本，从他的思想背景出发，自己做出的一个解释？

**同学庚：**我对这个问题提出的依据，第一是康德的文本，第二是福柯对康德的解读。福柯说，康德的文本实际上隐含了两个对子：第一个对子是争辩和服从；第二个对子是公与私。福柯认为，康德并不认为公与私、争辩和服从是非此即彼、截然对立的。他的意思是，我们应当从服从中求真求变，公和私也不一定是两个东西。我是比较赞同福柯这个观点的。

**教师一：**你是在福柯的《什么是启蒙？》中看到的吗？

## 走进哲学
练就批判的头脑

**同学庚**：不是，是在法兰西讲稿里。

**教师一**：好的，这确实是一个问题。康德明确说，一个人只有当他以学者的身份向全人类讲话时，他的理性的运用才是一种公开运用。而当他作为一个军官、作为一个税吏或者作为一个神父来讲话的时候，他有一个特定的职业身份，他的这种理性的运用就是一种私下的运用。普遍的运用和私下的运用怎么才能够结合起来？所谓的"在服从之下的争辩"，是不是就意味着已经是一种理性的公开运用了？还是说只要是在服从的前提之下进行的一切争辩，都还只是一种私下运用？因为它的前提还是服从。

**同学庚**：我赞同您说的后者，因为康德这篇文章中有一段说，我们必须要有一定的机器共同体的一切成员，必须靠它来保持纯粹的消极态度，以便它们由于一种人为的一致性，而由政府引向公共的目的，或者至少也是防止破坏这一目的。在这上面确实是不允许有争辩的，而是人们必须服从。——他承认国家机器这种大的公共利益的权威性的存在，而且他也认为人们应该去服从这种东西。

**教师一**：我看这段文字时也有一个问题。社会中的任何一个人都是有身份的，比如我是一个大学老师，他是一个职业外交官。作为外交官，他在面对媒体记者发言的时候，这个身份要求他必须维护国家利益，按照外交原则来发言。这样，他的所有言论就都变成了公共的东西。我们能不能说，他在这种情况下对理性的运用是一种公开的运用，而不是一种私下的运用？

我想说的是，我们现在在发表任何看法、任何言论的时候，不论是通过抖音，还是通过微博、微信，你总是会意识到，或者被提示到——你不是私下里，而是在一个公共领域中发言。因为你发言的平台是公共性的，你说的任何一句话，都有可能变成一个公共的东西，它已经超越了私人领域。所谓理性的"私下运用"和"公开运用"，在这种语境之下是必然结合在一起的，还是完全分离的？换言之，作

## 第三课 文本观察训练

为一个有社会身份的人,你的任何一种所谓的"私下运用",实际上已经是一种公开的运用了。我这里所讲的"公开",是从时空的角度、从形式的角度来说的。但是,由于你的立场、你坚持的原则、你的信念本身是受某种东西约束的,你是服从于某一个组织或某个权威的,所以不管你的讲话形式是不是公开的,只要你是基于服从、受制于权威的,那么你的这种运用就始终只是一种私下运用。这里的私下和公开与时空并无必然联系,而是你背后所坚持的原则,到底是一个纯粹自由的原则,还是服从的原则。我想听听大家针对这个疑问的看法。

**同学庚**:我赞同教师一的观点。我觉得私下运用和公共运用,在真正的经验领域很难区分。但是在康德的文本中,这种区分不意味着是平台的区分,而应该是自主和被动的区分。当我在职业的规定之下,可以主动地去做,不仅仅是基于职业道德,也是基于一些公共利益或者对其他人的考虑。

**教师二**:我觉得这可能是整个文章中学术性最强的一个点,其他的点都比较通俗。我同意刚才教师一提出的一些意见。公共和私人使用的区别,不是形式上,而是立场上的。这种立场我觉得非常西方式,它默认一个人是由不同的身份构成的,而且这种身份是可以被分析的。你作为父亲,作为儿子,作为公民,作为一个特定职业(比如医生、教师),一个人能分成很多的身份和功能。而康德的区分想说的是,当我们把自己身份上的那些局部性的特征全部都拿掉之后,会剩下一些东西,剩下的就是纯粹的人性。把所有的社会性、职业性全都抛掉,只作为一个人(也可能最后是公民性)来思考这个问题。比如在电影或电视剧里,一些公职人员和上级发生冲突的时候,他有时会脱离组织。例如我把徽章交出去,我就从警察身份中摆脱出来,变成一个纯粹的人或者公民的身份,我就能按照作为人而不是一个警察的道德,继续去追踪犯罪嫌疑人。这个例子可能会帮助我们说明私下的和公开的区别。

**走进哲学**
练就批判的头脑

另外,"公开的"和"私下的"这个翻译是会让人产生误会,使得场合性(时空性)非常严重。其实,我在和家人说话的时候,看起来是非常私下的。但我同样可以作为一个人,而不是作为一个丈夫或一个儿子在说话,这是完全可以的。你可以在一个广场上对大众演讲,在这个时候你可以去卖假药,这也是对公众的演讲,但是它其实是非常私人的一种立场。也就是说,我们所秉持的立场,而不是行动的具体形式,决定着公和私之间的区分。

**教师一**:我接着补充一点。在有些时候,比如某个国家的公职人员在公开场合利用大众媒体或自媒体发表言论时,别人会说这是某某大学的校长,这是某某部委的领导……把他的言论跟他的职业身份绑定在一起。此人一旦发言不慎,就很可能"因言获罪"。这是因为别人认为他是公职人员,他的言论不仅仅代表他个人,还代表某个单位、某个部门或某个党派。但这个人可能会用康德的说法,对自己的言论做一个辩护:我针对公共事务的发言并不是因为我的公职身份,而是基于纯粹理性。我是为全人类、全社会、全体老百姓的福祉发言的。这是我读文本时产生的一个困惑。

**同学乙**:这里提出了现代人常有的一种焦虑。一个拥有社会身份的人,他的话语都会和身份关联在一块,二者很难被公众剥离开来。在这种情况下,一个人如何能保证自己的私人性,也就是运用私人话语的自由呢?这是现代人的焦虑之一,是很普遍的。比如说一个老师在公开发表言论的时候,其实他只是想以一个普通人的身份,而不是以一个传道、授业、解惑的师者身份来说一些话,而这样的主观意愿,其实是很难被他人所理解的,从而,试图运用私人话语的人,受到了很多外界话语和评价的压力。

康德在写《回答这个问题:什么是启蒙?》的时候,肯定没有想到互联网这个东西出现。互联网作为一种话语的传播形式,它会把所有人的理性话语都放大,并没有保证不同的理性话语之间不产生冲突、摩擦，产生舆论的山呼海啸。换言之，互联网作为一种形式，没法保证它的内容。

如果结合老师的问题，我觉得每一位现代人都要设身处地地体会自身的存在处境，现代社会有多种多样的手段，让我们与他者的关系更紧密，更像同一个世界的人。此时，如果我们可以保持与公共话语、社交媒体的距离，以此保证自己的私人性，不沉溺于"在世存在"和"操心"于存有之间的关联，而是回溯到本己的坚固性之中，这或许是一个办法。

**教师二：** 康德主要说的是一个比较基础性的问题。我的考虑是这样的：正是因为当我们在进行理性的公共使用的时候，我们已经把自己所有的偶然性的身份都剥离掉了，才能纯粹作为一个人，或者作为一个理性存在去考量公共事务当中的一些问题。正因为这样，其他人才有可能抛开他们的一些偶然性的、职业性的身份站到一个同样的立场上去考虑问题。假如说我考虑这个问题和他人考虑这个问题在思路或结果上基本是相似的，这样我就可以通过这个结果去判断，那个人同样是站在理性的公共的立场上来考虑这个问题。这是一种类比考察方式，这是我暂时想到的一个想法。

**教师一：** 好，关于同学己的意见我们就讨论到这儿。下面请同学甲来说。

## 三 福柯怎样接着康德

**同学甲：** 我简单分享一下对两个文本的看法。

1783年12月17日，在"一个与《柏林月刊》过从甚密的'启蒙运动之友'的秘密协会"[①] 上，J. K. W. 默森提了这样一个问题：

---

① ［美］施密特：《启蒙运动与现代性：18世纪与20世纪的对话》，徐向东、卢华萍译，上海人民出版社2005年版，第3页。

## 走进哲学
### 练就批判的头脑

"我们应该对我们的同胞的启蒙做些什么。"默森对启蒙运动在德国的进展表示怀疑:腓特烈大帝取消书刊检查制度并对宗教问题保持宽容已长达四十多年,为什么启蒙在公众中的进展不大?究竟应该在多大程度上取消对出版自由的限制?[①] 同年的 12 月,神学家和教育改革家约翰·弗里德里希·策尔纳在《柏林月刊》发表的文章中提到"在启蒙的名义下人们的心灵[都太经常地]陷入混乱"[②]。在文章的脚注中,策尔纳写道,"什么是启蒙?这个就像什么是真理一样重要的问题,在一个人开始启蒙之前就应该得到回答!但是我还没有发现它已经被回答"。应策尔纳的请求,康德于1784年写下了《回答这个问题:什么是启蒙?》这是迄今为止对该问题最著名的回答[③]。这篇文章是对其所处时代的现实问题的一个答复,他对启蒙的定义、对理性的推崇以及对自由的热爱无不影响了作为历史事件的启蒙运动,以及之后西方历史的发展。直到 20 世纪,仍然有许多哲学家在讨论康德的启蒙概念,福柯也是其中之一。

1983 年福柯在法兰西公学院讲授《自我与他者的治理》时,专门对康德的这篇文章进行了长篇讨论。"1994 年法国伽里玛出版社出版福柯文集《言与写》(Dits et écrits)时,收入了这次讲座的节选内容,编者将其命名为《何谓启蒙?》(Qu'est-ce que les Lumières?)。"[④] 福柯首先指出康德对启蒙的定义引出了一种对待现在(present)的新态度。福柯认为,以往对现在的反思大体分为三类:现在是属于这个世界的区别于其他时代的某一时代;现在预示着未来某些事的发生;现在是面向新世界的转折点。康德是以一种否定性的方式定义启蒙,

---

① [美]施密特:《启蒙运动与现代性:18 世纪与 20 世纪的对话》,第 3 页。
② [美]施密特:《启蒙运动与现代性:18 世纪与 20 世纪的对话》,第 3 页。
③ [美]施密特:《启蒙运动与现代性:18 世纪与 20 世纪的对话》,第 61 页。
④ [法]福柯:《什么是启蒙?》,载《福柯集》,杜小真编选,上海远东出版社 1998 年版,第 528—543 页。

## 第三课 文市观察训练

即，启蒙不是走向成熟，而是脱离不成熟。这反映出康德以一种现实性的态度来对待现在，现在是区别于过去的现在。①"他寻找差别：今天相对于昨天，带来了怎样的差别？"②换句话说，和昨天相比，今天是否走出了自我招致的不成熟状态？

为了阐释康德对启蒙定义中面向现在的新态度。简要回顾康德的文本之后，福柯强调康德的这篇短文与其所著三大批判之间的联系。福柯说："'批判'在某种程度上是一本记载在'启蒙中'已成为举足轻重的理性的日记；反之，'启蒙'则表明'批判'的时代"③，他认为康德将自己的工作与其所处的时代相当紧密地结合在了一起。绝妙的是，康德的批判工作在某种程度上恰好符合了其所定义的启蒙的要求。因此，福柯说："一位哲学家紧密而又内在地把他的作品对于认识的意义同对历史的思考和对他写作的特别时刻（也正因为此他才写作）所作的特殊分析联系起来，这是第一次"④。从这个角度看，福柯发现了隐藏在康德文本中的现代性的态度。

福柯以波德莱尔为例解释他所谓的现代性的态度。就像康德以否定性的方式定义启蒙，注重现在不同于过去之处一样，现代性的态度意味着，意识到现在与过去断裂的同时，也意识到了现在的现实，并对现实采取一种积极而勇敢的态度，在现在中改变现在。同时，现代性不仅意味着与现在的关系，还意味着一个人与其自身的关系。人不能被动地发掘自己的本质，而是要在现在中创造他自身。在这种现代

---

① 参见福柯《什么是启蒙？》载《福柯集》，杜小真编选，上海远东出版社1998年版，第529页。
② [法] 福柯：《什么是启蒙？》载《福柯集》，杜小真编选，上海远东出版社1998年版，第530页。
③ [法] 福柯：《什么是启蒙？》载《福柯集》，杜小真编选，上海远东出版社1998年版，第533页。
④ [法] 福柯：《什么是启蒙？》载《福柯集》，杜小真编选，上海远东出版社1998年版，第533页。

## 走进哲学
**练就批判的头脑**

性的态度中，福柯认为联结他所处的时代与启蒙的是一种特定的精神气质，即，对其所处历史时代的批判。这种对其所处历史时代的批判在否定层面来说，意味着不单纯地支持或反对启蒙，不是非黑即白地要么信守理性主义的传统，要么摆脱理性的原则。启蒙运动作为一个历史事件，深刻地影响了之后的西方人。批判意味着不是以顺从或反对的态度看待启蒙，而是以历史的方法考察启蒙对现在西方人的影响，"也就是指向对于我们自身作为自主主体的建构来说并非必不可少的方面"①。在肯定的层面，对其所处历史时代的批判意味着一种界限态度，批判意味着对界限的分析和反思②，这意味着对时代和人的批判的关键在于考察它们本身是由多少的历史偶然构成的，以及如何超越这种偶然的规定。进而，这种批判是一种历史性的考察，需要运用谱系学与考古学的方法。

不论是康德还是福柯，他们对启蒙问题的探讨都与他们自身所处的时代紧密相关。康德将启蒙定义为"人类脱离自我招致的不成熟"，福柯根据对康德文本的独特理解，推崇现代性的态度和批判的哲学气质，并以谱系学和考古学的方法处理哲学问题。时至今日，人类似乎仍旧没有走出自我招致的不成熟，启蒙问题对当代世界以及当今中国而言或许仍然具有重要性。

**教师一：** 好，谢谢同学甲。福柯的《什么是启蒙？》确实是接着康德来讲的。福柯认同康德的一个论断，即启蒙的精神本质上就是批判的精神。他认为康德对理性进行批判的工作就是启蒙事业的一部分。

福柯自己也提出了新见解，正如同学甲所解读的，启蒙是一种态

---

① ［法］福柯：《什么是启蒙？》载《福柯集》，杜小真编选，上海远东出版社1998年版，第537页。
② 参见福柯《什么是启蒙？》载《福柯集》，杜小真编选，上海远东出版社1998年版，第539页。

度，是一种精神气质，是一种哲学的生活，而不是一个不断累积的、连续的、永恒的知识体系。启蒙追求的是对我们自身的一种批判，是对强加给我们的各种界限的一种历史分析，还追求通过一些实践的策略去超越这些界限。

福柯谈论启蒙的时候，有很强的主体性意识。他认为启蒙的工作跟古希腊、古罗马人使生活风格化、艺术化乃至成为一种生存美学的做法是关联在一起的。如果把启蒙理解为一种自我批判，一种生活态度，一种哲学态度，一种精神气质，一种精神修炼或操练的话，那么福柯跟康德所讲的启蒙就存在着一种内在的一致性。康德在讨论启蒙的时候，并没有把古希腊、古罗马人的生存美学作为它的一个出发点和背景。而福柯对古希腊的伦理生活有一种很直接的、很明确的观照。古希腊人、古罗马人的伦理生活所关注的，不是自我与他人的关系，而是自我与自我的关系，是一种自我关切、自我关怀，自我的修炼，是一种作为生活方式的哲学，这是同学甲在她发言中提出来的。

**同学戊**：结合文本，我对康德和福柯有三点简要的对比。

第一，从"启蒙"的角度看，有一个所谓"精英"和"大众"的区别。在康德那里，仅就《什么是启蒙?》这篇文章而言，相较于理性的私下运用，康德更强调的是公共理性。从康德说"勇于运用你的理智"这一点来看，它仍是一种面向大众的，一个更加具有普适性的原则。但是在福柯那里，虽然也讲到了法国哲学注重生活化的特点，比如"态度""气质"等，他在法兰西科学院的同事皮埃尔·阿多也主张一种作为生活方式的哲学。但如果具体来看他的谱系学或者那些考古学批判，我认为他主张的其实是一种更加专业化、哲学化、理性化、精英化的启蒙。

第二，从启蒙与批判，即启蒙是解放还是奴役来看，康德所要做的是为认识划定界限，为信仰保留余地。但在福柯那里，对理性所做的批判融入了一个新的视角，就是权力、话语、规训等等。这种视角

## 走进哲学
### 练就批判的头脑

也和法兰克福学派的启蒙辩证法、马克斯·韦伯的工具理性等具有相关性。所以从这个角度，在福柯看来，启蒙不是一种解放，反而甚至可以说是一种再奴役。它只是让人跪得更好，看着更舒服一些罢了，甚至是一种自觉自愿地被统治和被奴役。

第三，从建构和解构来看，康德从勇于运用理智出发，包含着一种建构性的力量。结合启蒙运动的背景，他的启蒙和"批判哲学"是强调摆脱依附、追求知识、道德和自由。这和近代西方哲学（主要是培根、霍布斯、洛克等经验论以及笛卡尔、斯宾诺莎、莱布尼茨等唯理论者）的认识论路向是一致的。

福柯作为一个后现代主义者（尽管他本人并不认同），他的一个著名口号是"人死了"。他认为康德所分析的理性（无论是实践理性还是纯粹理性）本身也是在资本主义的框架之内的。谱系学或知识考古学不是在建构一种所谓的"形式上学"，他并不是在寻求普遍价值的正式结构，而是对一些事件做历史性的探讨，比如性、监禁、疯癫等等。所以说福柯并不像康德那样致力于确定主宰着理性实施的先天必然条件，而是为了反思这些条件，以便弄清楚在何种程度上这些条件具有一种偶然的历史起源，进而去"解构"启蒙和理性。

**同学丁**：理性的公共运用何以可能？康德区别了军官、纳税人、牧师和学者，认为学者可以为了自由而自由。这是不是对学者运用理性有着比较理想化的想法？到了福柯，理性的公开运用更受到质疑，人类的启蒙还受制于政治。运用理性的前提，需要符合政治的要求，这就与康德有了差别。康德的公开运用理性应该是一个定言律令，不以其他前提作为理性的运用。所以如福柯所质疑的：理性公开运用何以可能？

**教师二**：给我的感觉是，这里的学者和我们今天说的学者的意思可能不太一样。或者可能不是概念内涵相同的一个意义。今天的学者一般还是跟一定机构如大学、研究院联系在一起。康德所表达的"学者"，

## 第三课 文本观察训练

可能就是一个那种最纯粹的意义上的求知的人。假如说我们的科技足够发达，我们的生活中所有职能化的方面都可以外包出去，吃饭、穿衣什么的都外包出去，公共安全之类也都外包出去，那么我们这些作为被剩下的人干什么？只需要去求知。在西方的传统思想中，亚里士多德也曾提过的"求知"。在这个意义上，这时的人就是一个学者。当然，即使不在这么理想的条件下，还是有些人可以作为学者去思考的。我觉得这是一种理想化的，而且是对现代学者去机构化的理解。

**教师一**：同学丁，你说到了福柯时代，理性的公开运用更受到质疑，人类的启蒙还受制于政治。为什么这样说呢？

**同学丁**：可能没有福柯想得这么多。我更多的是单纯地思考人怎么能够自由地运用理性。但在现实中，启蒙肯定是要跟政治、社会甚至宗教相关联的。福柯把理性的应用放在政治的框架下时，他的启蒙话语还是受到了包括来自政治的约束。理性使用的前提，首先是要符合政治的。如果说是这样使用理性的话，他还能够说是一种康德说的那种公开使用理性吗？福柯其实也是为了一个政治目的而使用理性，这就不是说以一个完全纯粹的学者身份，以自由的方式去运用理性了。

**教师二**：对于康德的思想，我觉得你的理解应该是没什么问题的。但是刚才说的那种"学者"，好像是比较纯粹的状态，因为它已经是一种抽象了。一旦出现这样的抽象，之后的内容肯定是只能在特定概念的意义上去谈论。

**同学丙**：我们是不是不应该把理性的公开运用完全单独提出来？理性的公开运用和私下运用是同时出现的概念，在启蒙运动之前它还是两种东西；在启蒙运动之后，虽然有了区分，却绝对不能完全剥离二者。同学丁的这个问题，我觉得是剥离了二者，所以还是要回到之前那个问题，就是怎么去界定运用理性是公开的还是私下的？

**教师一**：我同意同学丙的观点，二者不是完全分离的。康德在写

## 走进哲学
**练就批判的头脑**

这篇文章的时候,他就是以一个学者的身份在公开地运用自己的理性,更多是基于自由和理性的概念在谈启蒙。福柯的视角显然不一样。虽然福柯也认同启蒙的一个要义就是批判,但他在这里更多的是一种自我批判,而且这种自我批判实际上是在一个谱系学、考古学视角下展开的。正如他在《规训与惩罚》中所讲,现代社会已经进入了被微观权力所控制、被全面监控的时代。现代社会不再像以前那样,是通过肉体、暴力、惩罚的方式来控制个体的,而是通过对身体的关注,通过全景敞视的方式,通过将微观权力渗透进社会的各个角落、方方面面来控制个体的。从这种意义上来说,现代社会的权力结构对于人的控制已经达到了越来越严重的地步。我们可以从大数据对于人的管控来印证福柯的这种说法。

福柯在这里所讲的政治,跟康德意义上的政治也不太一样。福柯是从社会治理术的角度来讲生命政治,它跟康德意义上的君(王)权政治是两个不同的东西。

不论是康德还是福柯,在哲学史、思想史上都是特别重要的人物。这两篇文章都很难读,其中隐含许多问题,我们只是触及了表层的一些东西。他们两人的思想差异还没有完全展开。但是不管怎么说,今天的讨论使我们对于康德的启蒙观念,还是有了更进一步的认识。

启蒙与我们现实的生存处境之间,到底是什么样的关系?针对启蒙所引发的反启蒙的立场是否合理?这些都需要大家更深入地思考。此外,福柯反对人道主义意义上的启蒙,认为启蒙和人道主义是两个不同的东西,不应把二者混淆在一起。但是我们传统上习惯于认为启蒙是一种人道主义。福柯的异见与传统理解的差异也是值得思考的。

真正意义上的启蒙,是一个连续进行的状态,每一个人同时既是一个被启蒙者,也是一个启蒙者。所以每个人都既肩负着被启蒙的命运,也肩负着去启蒙的使命。让我们热情地接受自己的命运,也勇敢地履行我们的使命吧!

第三课 文本观察训练

## 文本四：儒学与现象学

**教师一**：今天研讨的主题，是徐英瑾和张祥龙（确切地说，是和张祥龙的学生）关于"孝与时间意识"的争论。起因是张祥龙写的一本书《家与孝——从中西视野看》（生活·读书·新知三联书店2017年版，以下简称《家与孝》）。这本书出版后引起了学术界的一些争论。参与争论的不仅有中哲界，也有西哲界的学者。复旦大学徐英瑾在《澎湃新闻》上发表了两篇评论文章，一篇是《当一个哲学家想关心家的问题的时候，首先就要放下哲学的架子》，另一篇是《孝文化如何安顿男女平权》，是直接针对张祥龙这本书的。

张祥龙认为中国哲学没有把家作为一个重要的甚至核心的问题去讨论。这里的中国哲学不仅指我们传统的中国哲学，而且指整个中国哲学界，包括西方哲学、马克思主义哲学等。在他看来，西方哲学也缺失了对于"家"和"孝"的讨论。为此他提出了一个命题：如果一种哲学没有认真地讨论家与孝的问题，那么这种哲学就算不上是一种好的哲学，至少不是一种完整的哲学。在这本书和相关的另外几篇文章中，他引入了现象学（主要是胡塞尔和海德格尔）的时间性概念，把它与家和孝的观念放在一起来讨论。我们知道张祥龙有现象学的背景，他的博士论文是做海德格尔与中国道家哲学的比较研究的，后来专注于中国哲学和中西哲学比较。在对家与孝的分析中，他认为胡塞尔的内时间意识现象学和海德格尔对时间性的生存论、存在论的现象学分析，是用来理解孝意识非常好的工具和模型。

徐英瑾不同意张祥龙的论断，并做了论证。他认为，哲学没有把家作为一个核心概念去探讨是有理由的。他的一个说法是，西方宗教中的信仰已经很大程度上解决了家的问题，不需要再放到哲学中来讨论。此外他还认为，现象学也不是切入家与孝问题的最佳视角或最佳途径。在他看来，我们要研究家的问题，最好去研究马克思主义哲学，要回到马克思、恩格斯的唯物史观中去，要去看达尔文的进化论，要注重实证科学的研究成果。总体上说，徐英瑾的文章基本上全面否定了张祥龙《家与孝》这本书的基本立场和主要观点。徐氏的文章发表后，也引起了其他学者如李希同和蔡祥元的反批评。蔡祥元在《澎湃新闻》上发表《认为"家"不能成为哲学命题，是质疑儒家思想的哲学合法性》，为儒家的家与孝观念做辩护。

下面就来看看，大家对文本如何观察，是否准确地理解并抓住了核心问题和论战的焦点？

## 一  现象学能否帮得上忙？

**同学乙**：我主要是围绕张祥龙对孝意识的时间进行分析的。对于张祥龙的孝意识论证来说，它是最能体现他的现象学方法和思想创新之处。我想概述一下他的基本论证方式，然后谈一下对他论证方式的理解和质疑。

张祥龙在摘要的部分，就已经点出了他所要论证的核心论点，是想要证明孝爱是最能体现人性特点的一种人类现象。他是通过论证孝爱是在时间中生成，而非社会与文化造成的方式去论证。但是我认为，他想要论证的核心，是要证明亲子关系是一种最为原初的源关系。这种源关系怎样论证成立呢？他想要证明慈与爱，也就是父辈的感情和子女对父辈的感情之间，形成一种双向的时间结构；如果这个时间结构可以成立的话，就可以证明慈与孝之间是一种必然的关系。我对这种必然性的时间联系是存疑的，后面会说出我的质疑。

他在摘要当中说，通过基本的论点可以引出五个结论。实际上第一个和第二个结论都是他论证的方式，说孝意识之所以能在自然状态中比较普遍地存在，是人类的基本生存方式，孝与慈是同一个时间意识的生成结构所导致的两种互补现象。这是他论证的核心。

## 第三课　文本观察训练

他的第三个结论，是补充批判了西方哲学中对所谓的"家"或"亲子关系"这样一种纵向关系的忽视。但他对西方哲学的批判，在我看来实际上并非那么有利。接下来在跟海德格尔对比的时候，也可以看出其短板。他说孝爱意识是经验活生生的构成，不是仅靠服从规则和礼数而产生的。这也是对人们批判他的一种回应。因为我们在现代社会中考虑孝的问题和儒家哲学的时候，会自然想到"三纲五常"或者封建礼教，但是实际上张祥龙是想要通过现象学的方法告诉我们，所谓的这种纵向关系，是一种自然而然的存在。人的家庭生活的普遍性是一个常识性的东西，毋庸置疑。但是西方的思想界几乎看不到亲子关系的特殊地位，从来没有给孝道以真正的肯定性关注。换一种说法就是，他认为一个正统的哲学，首先就应该把家放到核心位置上，因为亲属关系是一种源关系。

我的质疑是，当我们把家的问题视为核心问题的时候，那么是不是会忽略他者的问题？因为西方哲学实际上从一开始就讨论自我和他者的关系。他者既包括亲子之间的关系，也包括与朋友、社会上的形形色色的人之间的关系。没有把亲子关系放在核心，是否就一定忽视了这个问题？我认为不一定。比如在勒维纳斯的哲学中，就引出了父母和孩子之间这种延续性的关系问题，是他探讨自我和他者之间的关系时的一个延伸。

关于孝与慈的整段论证方式，我都不是很赞同。在这一段中他想要论证究竟是什么？他认为我们是在亲子互动关系之中才学到了生存的本能。但实际上我们学到的生存本能，不是仅仅在单一的关系中，这样的纵向关系对我们生存的影响实际上只占一小部分。他说在西方的人性关注中，只是找出某种只有人才有的现成能力，以区别人与其他存在者，中国的人性观则不特别关注这种能力，而是重在理解人在万物之中的地位；他认为我们在家庭关系中学得的能力是一种动态的能力，而西方所说人的理性能力，似乎是一种现成的静态能力；等

## 走进哲学
### 练就批判的头脑

等。我觉得这些论证都不是很成立。他这一段的最后一句话，说"幼年时的爱其亲近其长，在与他们的亲缘共生中获得学得生存所需的应急能力，这样看来只有这种亲爱化的良能才是达治天下"。也就是他认为，我们在这种家庭关系中似乎就可以学到足够的能力达治天下。这种说法可能太过于以偏概全了。事实上，我们在家庭关系中的互动关系、父母和子女之间的关系，并不一定都是良性的。

在第三节中他提到阴阳问题，我也不是很能理解。但是我发现张祥龙没有把阴阳简单理解成异性之间的结合，他特别强调异性结合之后必须育有孩子，这样的阴阳关系才成立。他在这里说了一个特别夸张的话：夫妇必变为父母才能得其志，否则就是浅陋的！

还有一个疑惑，就是我们通常意义上谈及阴阳关系的时候，实际上就是指异性。但张祥龙在这篇文章中，他认为父母和子女之间是一种阴阳关系，把父母理解成了阳，把子女理解成了阴！

张祥龙老师强调亲子关系在内时间中生成，我觉得这段论证非常好。因为毋庸置疑的是，亲子关系绝对是我们与他者关系的第一步。所以这样的一种生存体验实际上从最原初开始就形成了这种关系，同时，他强调实际上父母对孩子慈爱这一侧，就是趋近于某种本能的关系。在孩子成长的过程中，父母实际上无时无刻不在影响着他。这些慈爱构成了孩子本身生成的一个部分，也就是父母的爱已经成为我的一个部分。我觉得这里的论述比较精彩的是，当我们谈及西方道德伦理的时候，自然而然地与他者之间发生情感关联，比如说我们会用移情，会用共情。这些情感是从何而来的？是不是可以从这种最亲近的纵向关系中去探讨？当我们谈及西方社会的"超越性"时，总会说人面向上帝，在面向上帝的爱中超越了自身的角色。但张祥龙在这里提到，实际上首先要面临这种生存中最深刻的情绪性东西，我才能够更深刻地体会所谓的担忧，所谓的操劳，所谓的死亡。所以我认为，亲子关系在伦理学中应该占有更重要的地位，这个是毋庸置疑的。

## 第三课 文本观察训练

张祥龙论证的时间分为两个项目,既有从上到下,也就是从父母到子女;也有从子女到父母。他说父母和孩子之间存在某种"回溯"结构,这种说法有一点模棱两可,没有说清楚"回溯"结构到底是怎样发生的。他提到"恩惠"这个词,父母对我们的恩惠,长时间停留在记忆中,这种记忆无时无刻不在提醒着我们,想要去回报父母。但张祥龙在前文中又说,他非常反对亲子关系外在化、目的论化。所以我非常困惑,就是张祥龙逆转的方向性关系是怎样成立的?

他在下面又谈及了所谓的"自我意识",说自我意识实际上是一个挣脱和父母之间关系的存在。他的意思是说,在这种挣脱之后,我们仍然要回归到孝敬父母,尊重和敬爱自己父母的维度上去。但实际上我想提一个经验性问题:如果父母和我之间是一种捆绑关系,那么如果我个人成长得更好,我的自我意识发展得更好的话,这样的关系是否应该成立?这就是我对这篇文章的看法。

**教师一:**同学乙有几个问题提了出来了。谁来回答一下?

**教师二:**同学乙你有一个问题是说阴阳的,那个问题是什么?

**同学乙:**他把父母这一侧理解成了阳,把子女这一侧理解成了阴,这个我不是很能理解。

**教师一:**文本上有他把父母理解为阳这个说法吗?

**同学乙:**是的。在第五小节的第一段,他就说了这个。

**教师二:**其实阴阳在中国哲学中是一个非常流动的概念,它并不是"阴指女,阳指男"这么简单,阴阳是始终处在一个互动关系中的。

如果按照《周易》和中国哲学传统,阴阳实际上可以在任何事与物中呈现,它内在包含阴阳。比如一个女性或者一个男性,都是内在包含阴阳的,所有人都是阴阳二气和合而生的。但是在一定关系之中,比如夫妻关系之中,又包含一种阴阳。如果说以夫为纲,显然夫为阳妻为阴。但如果在一个家庭中,妻子处于主导地位,那也可能妻

## 走进哲学
### 练就批判的头脑

为阳,夫为阴,它是流动性的关系。张祥龙老师说子女为阴与父母为阳,正是在亲情的关系之中谈阴阳。因为一般我们认为阳是主导的,阴是顺从的,所以父母处于主导地位就是属阳的,子女处于顺从的位置则是属于阴的,就像说乾坤,也是乾主动坤主静。父子关系中的阴阳,主要在这个意义上而论。

你刚才还提到,是不是夫妻一定要有子女,这段情感才完满。张祥龙老师是一个儒家原教旨主义者,当然他是研究现象学的,但张老师做儒家哲学的时候基本是一个原教旨主义者。即使他用一个很新的方式去论证了孝这样的一个传统的儒家观念。我们可以看到,他对孝的理解显然是在一定程度上排斥现代性。张老师对儒家很多概念进行讨论的时候,实际上是与现代性对斥的。我们当前的生活遇到很多问题,他要从古代文化中找出更多的资源来指导我们当前的生活。所以在这个意义上说,古代对婚姻的理解,不是重在男女之爱、爱情的爱。古代有歌颂爱情的篇章,但是对婚姻的理解一定是在家族延续这个脉络中来阐述的。《礼记》中讲婚礼的时候,就是讲合二姓之好,是两个家族为了血脉延续的结合。所以年轻男女双方的爱情被置于一个比较低的位置,他们的婚姻主要是为了家族延续。从这个意义上来理解,张祥龙老师是回归到了一种古代对爱情和家庭关系的理解。他这个说法在古代是没有问题的。我们之所以觉得现在读起来有点吓人,是因为我们接受了现代的观念。而张老师跟我们恰恰相反,他是希望以古代观念来指导现代的。

**同学乙**:谢谢老师,这里我增加了新的知识。

**同学丁**:我补充一下。在《家与孝》这本书里专门有一章,就是讨论儒家如何看待同性婚姻合法化的问题。有那么一段可以作为回应。刚才同学乙提到男女结合是否要生孩子,在儒家看来,就是天地之大德曰生。人不是由上帝创造的,而是出自于天地阴阳大化。在男女乾坤阴阳的典型体现之外,还会有其他阴阳搭配的可能。表现在性

## 第三课 文本观察训练

取向上，就是"阴阴"——女同性恋，"阳阳"——男同性恋，"阴中阳"是女同性恋中的偏男一方，"阳中阴"是男同性恋中偏女的一方，等等。在这个基础上可以认为，同性恋也并不是一种奇怪的现象。儒家认为异性恋是阴阳化生这样一种原发机制的正常现象，而同性恋这种阴阴和阳阳的组合只能作为阴阳结合机制的补充。也就是说，儒家可以在理论上认同同性恋的合理性，只不过这种认可与我们现代的认可有所区别。

**同学乙**：这个补充我觉得很好。但是有一个更重要的、不是我们这样的情感关系的产生问题，是有没有孩子的问题。因为刚才老师也说了，张祥龙是从古代的一种角度，说结合的最终目的就是有孩子。我想说，放到现代社会当中，人存在的目的实际上可能并不只是为了去延续后代，人可以选择的生活方式和目的有很多。如果说人的最好的、最终的目的就是生孩子，有点太回到古代的感觉。

**同学丁**：我觉得这个问题背后有一个更大的问题就是：原子化的生存、个体化的人生，是不是一种社会发展的必然趋势？以我的看法，儒家不认同这种完全原子化、个体化达到个人圆满的呈现状态，就是不认为人生在世是与其他人无关的。比如说我们现在的一种普遍看法，认为婚姻就是两个人之间的事情，与自己的父母无关，与自己的周围人都是没有任何关系的。并且家庭组合成功之后，我们也可以选择丁克，选择不生，甚至离婚也是一种自由，这肯定和儒家伦理之间存在着一种巨大的张力。如果从宏观的角度去看，站在社会共同体的角度去思考这个问题，那么很明显，它呈现为一种很严重的社会危机，而这个社会危机是关系到我们每一个个体生存的。

**同学乙**：在社会结构中的孝，是不是一个必然产生？张祥龙老师一直反对把孝的关系外在化、目的论化。但是他在论证中又提出孝的发生有可能是出于一种恩惠、回报性的东西。我们的孝，实际上是提倡子女去孝，但是从本体论的生存论结构中，论证不出孝的必然发生。从它的论证结构来看，这个论证成不成立？儒家为什么会认为孝是必然发生的？我比较困惑这样一个问题。

**教师二**：其实这也是我读张祥龙老师著作时产生的最主要的问题，如果从儒家思想的角度来讲，当然孝是无可置疑的一个基本的情感和德性。但是跳出儒家视角，从现象学角度论证的话，我个人读张祥龙老师的整个论证逻辑，认为它是推不出来的。

**同学乙**：对，我也推不出来。

**教师二**：显然慈比孝更具有时间的在先性和源发性。

**同学乙**：是的。读了张老师的《家与孝》这本书，我主要对他的论证感到很模糊。张老师似乎想用一种人类学和现象学相结合的方式来论证孝概念。因为说孝的时候，他提到了猿人是怎么样的，又说从猿人到人，然后表现出了一种人类的时间意识的深长化。我不知道这个论证究竟是一个人类学的论证，还是一个更为普遍化的论证。如果说它是一个人类学的论证，那它的论证就似乎是一种对孝、对中国为什么会有这种孝的观念的一个历史性的说明。也就是说，在人类的进化过程中，时间意识不断增长，然后儒家注重孝，但是这没有证成孝本身在现代社会中的合理性。

如果他论证的是一个更为普遍化的论证，就是说任何人都会在意识到祖辈养育之恩的情况下变得孝，那么正如同学乙刚才提到的，似乎不能完全推出来它的必然性。比如，针对父母不慈的处境，如何能触发孝？

**同学戊**：针对大家的问题，我想请教一下。就是在张祥龙老师看来，"孝"是必然会产生的，这种必然的前提似乎是一种先验预设。毕竟"孝"作为亲情关系，应该是经验性、血缘性的。如果用逻辑的方式进行论证，是不是会偏离其本意？但是，如果我站在张祥龙老师的立场上进行论证，能不能从现象学的角度再进行补充呢？比如运用到本质直观、内时间意识等，证明出"孝"产生的必然性？

## 第三课 文本观察训练

这篇文章说夫妇可以变成父母并"达其志",这也是我所质疑的。在现代生活中,丁克家族很多,晚婚晚育观念也越来越流行,国际上更有很多平权运动、女权运动。面对种种现代思潮,如果儒家只是把它作为亲亲关系的边缘或者补充的话,那么儒家核心资源和我们的现代观念能不能相匹配呢?这仅仅只是一种张力问题吗?它更有可能是裂隙。这更能引申到儒家思想的现代转型。所以,我的疑问就是,儒家思想是否能对当下观念有所补充?

**同学丁:** 我觉得儒家不是也不应该成为"现代观念"的支持者或补充者,否则很容易丧失自己的内核沦为时代的祭品。站在儒家的立场上去发掘时代的问题、批判时代的错误路向,这才是儒家的价值所在。

**同学戊:** 就像我刚才的提问,要是换一种表述的话,现代人的自我意识、原子化的生存方式、个体的自我圆满性,与儒家的孝意识会不会必然产生冲突?如果冲突不会必然产生的话,那儒家思想怎样和现代人的自我意识相融合?我们又如何去尝试做此类事情?

**同学丁:** 我个人觉得是有一种必然的冲突。在儒家看来,一个人是要生活在一个伦理网络之中的,在一个家庭格局与社会格局中的人才可称其为"人"。如果人超离出去或者是存在主义的那种观点,即人就是被抛离在这个世界之上,完全就是孤零零、赤裸裸,这个肯定和儒家的观点是有巨大张力的,也不可能成为健康生活的典范。

**同学戊:** 如果从儒家的角度思考个人的行为自由或个体意识,关于"限度"的问题可能会很重要。比如说,儒家讲"从心所欲不逾矩"的个体自由,需要放在有限度的结构关系中才能成立。如果我们尝试将儒家思想和现代人的自我意识相融合,则需要讨论自由的"边界"问题。个体自由的边界何在?如果说边界就在于儒家所言的伦理秩序上,那么边界的树立是否有合法性,其树立者又是谁呢?是由孝来提供,还是由法律所支持的社会关系来提供?思考边界问题,以及个体自由的最大限度问题,也许是一个角度,我暂时想到的就只有这么多。

**教师二**:现在的儒家和中国哲学的研究有很多路向,某一个学派或者学者的研究并不是整个儒学现状。其中较为前沿的"生生理论",它肯定就不会认同这种儒家原教旨的家庭伦理关系,当然,它承认家庭伦理关系,但肯定不会认为它在哲学上是首要的或最基本的观念。当然也有学者像张祥龙老师一样,提倡我们要从古代去寻找现在生活的依据。因为今天有好多讨论的同学不是学中国哲学的,所以我怕大家有所误解。并不是所有中国哲学学者都认为一定要以夫妻大伦,以家庭之中的父子之孝作为哲学的核心概念的。我们今天只是在讨论"孝"这个主题。

另外张祥龙老师的著作出版之后,支持者很多,大家能看到支持他的文章,后来也陆续有一些研究现象学,同时也对中国思想有很深热爱的学者,继续沿着这个主题做相关的研究。我们只是在本次文本阅读训练中,选取徐英瑾的反驳意见做一个讨论。

**同学乙**:谢谢老师。同学戊让我帮张祥龙做一个现象学的论证。但是我刚才对他文章的分析是,通过现象学的方式想要论证出"孝"的必然性,是不成立的。

首先我非常赞同用现象学的方法去做。因为我们在探讨家和孝、孝和慈爱,它本身确实是有时间性、生成性的。用现象学的描述方式可以更好地去展现。

为什么所谓的"慈",在我们的生命中占据了非常重要的一个部分?我一直认为张祥龙老师通篇可以论证出"慈"占有一个非常本体论地位,它是很原初的东西。但是在论证"孝"的时候,虽然张祥龙老师论证了"慈"的重要性,但是他的核心其实是在"孝",也就是从后辈往前辈回溯。同时他又告诉我们,"慈"和"孝"是时间的两端,这两端是相互的关系。我认为,"慈"这方的流向性可以论证出来。那么那种逆时间而上的关系，是不是一种必然的关系？在他的论证过程中，实际上只是提到了海德格尔的现在、过去和未来相互交织的这样一种关系。但海德格尔的论证是一个非常个体的角度，就是生存论的角度。这个人是这个样子，但是当我们谈道子女对父母的这种回报的时候，实际上是一个非常经验性的内容，是一个偶然性的触发机制。所以我认为他不仅论证不出回溯的必然性结果，相反，他似乎还论证出了所谓的有功利性的、目的论的成分，这又恰恰是在他前文中所反对的。

我觉得他为"孝"预设了一个"慈"，但只是说了"慈"是一切人都应该有的，并没有论证"慈"一定是所有人都有的。从某种程度上来说，我觉得这是一种很经验性的、描述性的表达。我之所以认为"慈"比"孝"更本体，是因为他在论证"慈"的时候，说我们会出于本能发生"慈"的行为，所以你会发现在他的论证过程中，"慈"的发生要比"孝"的论证更有力，因为他会说"慈"是一种本能，而"孝"不是。

**同学甲**：张祥龙老师关于"孝"写了一篇文章叫《"孝"的发生》，专门讲了"孝"的问题。他认为是"养儿方知父母恩"，这就是构成孝意识的时间触机，也是从这个角度解答的"孝"的产生。

**教师二**：我个人读起来，觉得其实这里还是加强了对"慈"的论证，而不是对"孝"的论证。

**同学戊**：关于"慈"和"爱"的讨论，可不可以类比于关于"孝"和"仁"的讨论？儒家一直在说"孝"和"仁"之间的关系，从来也没有说在"仁"之前提出"孝"，也没有说"孝"比"仁"这个德性更重要，是"仁"把"孝"囊括进去了，所以有没有可能是，张祥龙老师在这里提"孝"和"慈"的关系，其实它们是一体的，而不是被分解为两个不同的德性在谈论。

**教师二**：同学戊，你对儒家仁爱德性的理解非常好。我想说，如

## 走进哲学
**练就批判的头脑**

果"仁"是德性,"孝"是表现、是具体的德行、是行为,那么这里显然可以说"仁"是包含"孝"的。它不但包含"孝",还包含"慈",还包含所有人与人之间关于爱的情感。但是"慈"跟"孝"显然是一对概念,慈是父母对子女之慈,孝是子女对父母之孝,很难用"孝"去囊括"慈"。

沿着张祥龙老师的论证逻辑,实际上是在现象学中讲内时间意识结构,并认为孝是最先的。如果从个体角度来说,这可能是成立的。幼小生命最初体会到父母之爱,从而逆向返回去爱父母,孝就出来了,所以"孝"是在前的。但是张老师认为,抛却个体成长的经验,"孝"仍然是最重要、最原初的德性,或者是比德性更大的一个概念。显然他想论证的是一个更大的概念,无论是时间在先,还是对生命的哺育在先,"慈"都是在"孝"之前的,不可能先有"孝"后有"慈"。

**同学戊**:我觉得祥龙老师借用现象学的方式无法达到他的目的。比如在先秦儒家提出的"四德"中并没有单独提"孝"。所以把"孝"赋予最为根本的地位,是缺乏传统的支撑的。因为按照现象学的时间结构形成的所谓"人性",严格说来,并不具有如其期待的那种根本性地位。现象学的时间结构所形成的那种人的意向结构,其包含的内容可以说是具体的人的全部意识大全,也就是说,这样的"孝"的确获得了它普遍性。但恰恰是因为这种普遍性,"孝"的地位变得和其他一切意识内容没有本质的区别,反而失去了那种根本的地位。也就是说,这种论述结构不是唯一性的,不是不可替代的。

另外,孝的意识是一种不断生成的、流动的结构,不具有儒家所期待的终极的形态。按照这样的时间结构所形成的"人性"之一部的"孝",难以在伦理学上形成所谓的"指导人行动的吸引力或强制力","孝"的力量难以体现。现在好多做儒学研究的人都在做现象学,似乎现象学变成了一个"万金油"。

当然，我并没有认为现象学的方式不能借鉴，也不是儒家的思想不能够与现代的个体化意识相结合。而是觉得，儒家独有的个体化意识与其集体意识是一体的，本身就是一个硬币的两面。儒家思想的魅力，就在于总能够在不同的时代获得新的内容去补充自己。比如魏晋玄学，就跟传统的儒家有很大的区别，但我们从不否认它是儒家的一部分。能不断地接纳新思想内容，是儒家思想非常重要的精神特质。

总之我认为，要提高"孝"的地位，不必把它和其他思想内容"拉平"，或说是一味地追寻传统，而是要不断赋予其更新的内涵。故而，我在敬佩张祥龙老师的精神之余，并不赞同张祥龙老师的做法。

**教师二**：同学戊说的第一点我赞同。其实徐英瑾老师也说了相应的问题。就是说，如果我们按照张祥龙的这种方式来讨论"孝"的话，"孝"就和所有意识混在一起，不具有任何特点了。我可以用同样的句式说其他的，比如情欲是不可替代的，"欲望""慈"是不可替代的，等等。这样的逻辑效果反而丧失了"孝"在儒家中应有的地位，没有因为引入现象学而提高了或重生了。

有同学提到，这种讨论是不是儒家可以包容的？其实现在就是在以各种方式和路径来重申传统的儒学伦理思想。我们可以看到，中国古代哲学的所谓"本体论"几经变化，是可以更改的。儒学一直持续下来保持不变的实际上是它的伦理思想，所以现在各种讨论、尝试，也应该都是儒家可以包容的。

## 二 "孝"的本质和儒家伦理

**教师一**：有些问题需要进一步共同思考。对于儒家来说，"孝"是不是具有必然性的？换言之，孝是不是人的本质特征？从张祥龙的一些表述看，他认为孝是人之为人的一个最重要的本质特性，不孝就不能算是人。这是一个很强的论断。但从经验来看，孝并非人的本质特征，也就是说，孝并不具有必然性。有的人"天生"就不孝，或者有时孝，有时不孝。这很容易找到经验证据。

　　同学戊刚才说，能不能从现象学的时间意识视角为张祥龙的观点做辩护？其实张在他的文章中已经做了。他是把"孝""慈"作为一个时间结构的两端来讨论的。胡塞尔的内时间意识具有结构性特征，"过去—现在—将来"。而"现在"又可以分为"活生生的当前—滞留—前摄"的结构。胡塞尔的内时间意识在海德格尔那里被生存论化了。他把此在的存在意义建构放在"过去—现在—将来"的时间结构中。在这个结构中，"将来"具有优先性，它所代表的是可能性，而可能性首先指向的是死亡。此在存在的每一种时态，都与另外两种时态关联在一起，三者相互依存，共同构成了此在完整的存在状态。张祥龙说，我们的孝意识恰恰也是在这么一个生存论的时间结构中显现出来的。他用了一个很好的词，把孝意识的产生处境化、生存化、时机化了。他提到，如果一个人长大成人、结婚生子之后，自然就会对自己的孩子产生"慈"爱。而与此同时，他也会联想到父母的养育之恩，以及父母仍然对他怀有的"慈"爱。于是在这种情况下，他就会生发出对父母的"孝"意识，所谓"不养儿不知父母恩"即是这个道理。

　　张祥龙在讲孝意识的时候，是跟死亡概念关联在一起的。海德格尔认为，我们面对死亡的正确态度应该是"向死而生"。但张祥龙把个体放在了一个世代结构中。日常话语中有"几世同堂"这种说法。在这个上有老、下有小的结构中，我们处在中间位置。在传统观念中，父母和子女比我们自己更重要。不管多苦多累、遭多少罪，都要把父母伺候好、赡养好，把子女养育好、教育好，这是我们的责任和义务。面对死亡的时候，我们也不像海德格尔所说的，是先行到自己的死亡中去，而是先行到长辈、父母的死亡中去。"子欲养而亲不待"非常典型地表达了我们中国人的死亡意识、时间意识、孝亲意识。面对父母的养育之恩，你会自然地生发出"孝"的意识；在你为人父母之后，对自己的孩子会自然地生发生"慈"爱之心，对他们爱护有加。在这种三代同堂的生活处境和血缘亲情的代际延续中，"慈""孝"意识是一种自然的生成、自然的萌发、自然的构造。这种意识无法从逻辑上进行必然的推理，只能采取一种生存论的价值解释。

另一个问题是："孝"与"慈"之间是不是有一种必然的联系？在张祥龙那里，二者是一直关联在一起的。他把"慈"作为源头，把"孝"作为从源头流出来的一个支流，"慈"与"孝"的关系是"源"与"流"的关系。慈上位，孝下位，这也是他说"慈盛孝弱"的原因。他指出孝意识有不同的发生阶段，其表现形式不一样，所以更多地不是有无的问题，而是多少的问题，有量的变化。从他讲的舜的例子中也能找到一点根据。尽管舜的父母对他是不慈的，但舜依然是一个孝子。这个例子是不是想告诉我们，"孝"与"慈"之间并没有必然的联系？舜的这种孝意识，显然是"无慈而孝"。那么孝是先天的，还是后天教化的结果？如果是教化的结果，那它也没有必然性。

舜是无慈而有孝。但父慈子不孝的情况，在日常生活中也太常见了。既然有的人是无慈而有孝，有的人是有慈而无孝，那么显然慈与孝之间没有必然联系。如果它们没有必然联系的话，张祥龙把慈与孝放在一个两极的结构中去讨论，就是成问题的。在我看来，他所讨论的只能是第三种情况：有慈而有孝。只有在这种情况下，"慈为源，孝为流"的关系，才能勉强解释得通。

**同学乙：** 我们如何看待孝作为重德之本？孝是如何引发其他德行产生的？可否说，实际上孝不是最根本的。引发所谓德行的，实际上是共情这种人的基本能力。我想听一下学儒学的同学是怎么理解的。

**同学戊：** 师姐，我试着回答你的问题。孝作为重德之本的观点，我不太认同。祥龙老师的目的是提高"孝"的地位。但是在我看来，本身没有必要把"孝"提到如此之高度。在儒家的传统中，很少有把"孝"当作所有德性之根本的。更多的是，所有德性的根本或总名是

## 走进哲学
### 练就批判的头脑

"仁"。儒家很少把一个具体的德性称作"根本",然后从它之中推出其他德性。祥龙老师从"孝"得出其他所有德性,这一点缺乏传统支撑。

关于第二个问题,我的想法是,儒家有一个趋向,就是在讨论伦理问题时,就自然地想在本体上寻找一个确定的依据。不管是在现代还是在宋明,都觉得单在伦理学中去讨论是不够的,一定要上升到本体的高度。这样就会引申出一个问题:做一个"好人",是否是做"人"的一个基本的要求?这里有两个不同层面的问题,但在儒家这里就很喜欢混淆在一起。虽然这是一个儒家的传统,但是否应该被继续沿用,是值得考量的。

**教师一:** 在儒家的思想中,孝是不是像恻隐之心一样是先天的?孟子讲的,小孩子掉到井里面,别人看见了都会有这种恻隐之心。孝意识、孝心究竟是人先天的、本体性的情感,还是后天教化的结果?

**教师二:** 有慈无孝和有孝无慈,这个问题其实是我们讨论的一个重点。但在中国古代,无论是在先秦还是在后来的儒学发展之中,有慈无孝和有孝无慈都不是一个根本性的问题,人们几乎不关注。为什么不关注?因为孝和慈都是德性的一种展现。如果把"仁"作为人的全德的话,孝显然是人幼儿时期的展现。孟子讲良知、良能的时候就说,孩子小的时候就会天然地依赖和爱自己的父母,长大之后逐渐理解更多的事情,就会知道对长者的尊敬,对自己的兄长包括家庭之外的长者尊敬。所以在人成长的过程中,孝和敬都算良知、良能,也就是说,实际上是人先天有的一种东西在不同场景的发现。这个时候,当然可能出现有慈无孝和有孝无慈。

**教师一:** 很好的回答。按照儒家的人性观或者伦理观,父母就应该慈爱,子女就应该孝敬,不慈不孝都不是正确的态度,不是好的伦理关系。有慈有孝,父慈子孝,才是一个真正的人、一个有良知良能的人的表现。一个人在不同的情境下、面对不同的人所表现出来的具体的德性，可能表现为孝、慈、爱、勇猛、忠义等，这些都是良能的具体表现。孝只是其中的一种表现形式。

**教师二**：由生而孝的观点，在汉代我们会看到大量的对于孝的讨论，实际上都是说，父母不爱子女不会影响孝的展现，这个时候孝实际上就是一种对生的反哺，可能确实是因有生命而有对父母的巨大感恩。如果再往上说，孝其实来源于儒家的伦理关系中的家族。个人在家族发展中承担的最重要的责任，就是延续家族——无论是在功德、事业方面，还是血脉方面，"不孝有三，无后为大"，就是说让家族血脉不断绝，实际上孝承担的责任远大于对父母之爱。

**教师一**：如果我们从同感、同情的角度去看待慈孝行为，实际上是把我们与他人的关系还原为一个更普遍的关系，就是自我与他人的关系。但是，在对儒家的这种慈孝观念的分析中，我们不能简单地把父母与子女的关系还原为自我与他人的关系，因为父母与子女的关系首先是一种具体的伦理关系。在父母—我—子女的关系结构中，我处在中间位置。恰恰是我的这种身份、这样一个结构性的东西，决定了慈—孝及其源—流关系。

在儒家对人的理解中，这种具体的身份关系、伦理关系是一个更重要的东西。不像现象学或西方哲学在讲伦理关系的时候，往往把这种亲情关系、家庭伦理关系普遍化、抽象化了，把我与父母、子女的关系变成自我与他人的关系，变得更简单、更普遍。我想是不是恰恰因为这个原因，所以在西方伦理学中，才没有给孝的观念、家的观念留下一个讨论的空间。

**同学戊**：我想讨论一下有关"愚孝"的问题，比如《二十四孝》中董永卖身葬父的例子。这些例子值得反思，即孝在不同处境当中的合理性。

**同学丁**：我问一个问题：刚才说，孝在古人那里从来不是德行的根本，那么你怎样理解《论语》中"孝弟也者，其为仁之本与"，以

## 走进哲学
### 练就批判的头脑

及《孝经》说的"夫孝,德之本也,教之所由生也"呢?

我非常赞同从生的角度去理解孝。如果顺着朱子《仁说》的思路,认为"天地以生物为心",那么"生生"也就是天地之人心的一个具体表现。换言之,天地之大德从心上来说就是慈爱,这也就是人为天理之心的一个确切的含义。天地是我们所有人的一个大父母,那么当我们一个人感到来自于天地这样一个慈爱时,就会对天地生物之慈爱有所回应,而这个回应具体落实到父母身上就是孝。

也就是说,孝并非是从人类学或生物学维度考察出来的自然情感,用人类学或生物学的方式去寻找"孝"产生的必然性,无异于缘木求鱼。"孝"是人直接对应天地产生的一种超越的情,也就是说,天地以仁感人,而人以孝应之。所以我觉得我们从"生生"的角度去理解孝,是一个非常好的切入口。

在愚孝这个问题上,《二十四孝》确实有一些极端,但也并非是让我们每个人都完全照搬他们那种做法,而是我们应该更加体会《二十四孝》背后的这种孝的精神。例如舜之孝,肯定不是愚孝;反而是一种大孝。只有在这个意义上,我们才能理解那句为现代人所特别诟病的话"天下无不是的父母"。宋代陈了翁对这句话有个注解,就是说"惟如此,而后天下之为父子者定。彼臣弑其君、子弑其父者,常始于见其有不是处耳"。也就是说,父母生我,就把天地之"生生之德"赋予我身上,而生生之德是无不善的。所以舜这种的孝心,也可能不过是"天下无不是的父母"的显现而已。

我最后想表达的就是,我们不能秉持着一个很具体的例子就去叩问孝是否是一个正确的价值,是否是一个应然的价值,因为无论再正确的一个价值,当其发显为现实经验的时候,都会有各种各样的呈现状态,而这种状态往往不是完美的,我们应该在这种不完美之后去发掘那种完美的本然呈现,就是发掘这种理论背后它所提倡的价值到底是什么。

**同学甲**：我们讨论的是愚孝问题。当儒家所崇尚的那种孝文化，即慈孝这种代际情感的追求，与其他的个人和社会的价值发生矛盾的时候，孝是否还是一个更根本的东西？比如"无后为大"。在生死攸关的场景中，如面对妻子生产中保大人还是保小孩的选择时，丈夫是否应该置妻子的生命于不顾，要求保全胎儿？

**教师一**：这是一个很尖锐的问题。看看我们学儒学的同学怎么回应。

**同学丁**：孝还是不孝，和保大还是保小，这两者之间并不构成直接的冲突。

**同学甲**：如果以"不孝有三，无后为大"的价值观为导向，是不是说，舍弃了生育下一代的机会，就是一个不孝的行为？

**同学己**：但其实反过来说也可以。因为按照孝的标准，父母显然更重要，所以舍弃孩子来保父母，这样的孝也说得通。

**同学甲**：对。但如果孝又可以这样解释，又可以那样解释，那么孝的指导标准又是什么呢？我怎样才能符合这个标准，拥有孝的德性？

**同学己**：所以我觉得儒家的德性中，其实可以分成两个部分，就是德性本身的内容与具体的行动问题，要在不同领域进行具体解答。儒家讨论德性，又讲"礼"，这是两个不同的层面。劳思光先生讲过，"仁""礼""义"三个不同层面，"仁"和"义"是关于德性的部分，也是"礼"的更根本的内容；然后"礼"是作为实现"仁"和"义"的途径或者是方法。我很同意同学丁的观点，就是舜的行为在儒家这里一定不是愚孝。所以我觉得，要把德性本身和如何做到德行两者区分开来，一个是德性本身，一个是"礼"的层面。"礼"是随着时代而发生变化的，但是对于"孝"德的提倡，自始至终都是在儒家的整个思想脉络中贯彻的。

**教师一**：我举个案例，假设500年前，几代单传的刘公子婚后十

## 走进哲学
练就批判的头脑

年之久,其妻都未受孕。后多方求医问药,方才怀孕,而且是一个男婴。不料临盆之际,太太难产。接生婆说,孩子和母亲只能保一个。这种情境与孩子的孝无涉,因为他还没出生,他不可能说为了孝顺我妈,你们别救我,救我妈吧。但是对于刘公子来说,他则面临的问题是,如果选择保老婆,那他就会失去孩子,而且可能再也没办法有子嗣,老刘家的香火就断了。依照儒家"不孝有三,无后为大"的观念,他就成了一个不孝之子。可见,像一切价值都是主体性的一样,在这里,"孝"究竟是以谁为主体的价值,就不能模棱两可了。

教师二:这种两难情景的设置,放在任何理论中都是很难回答的。要走出"道德难题"的困境,可以借鉴价值哲学的新成果。大家可以看看我们李德顺教授的《价值独断主义的终结》一文。

第三课 文本观察训练

# 文本观察训练小结

**老师：**先说说我们交流讨论的情境问题。有一个词，叫"情境适应"，指的是在课堂内或者会议上，如何根据现场的话题、思路、场景来发言，让自己的发言适应当时的情境？这也是一种学术能力，或者叫文化素养。

我参加过一些学术会议，感觉是一场"集体独唱"。就是大家虽然坐在一起，但每个人都只管"唱"自己的，每个发言人的想法，都只是把自己的所知、所想倾诉出来，并没有跟别人深入交流、把问题逐渐推进的意识。在什么时候、跟谁讨论，就要考虑使你的表达建立在理解对方、尊重对方的基础上。虽然我是老师，也不能走到哪儿都把别人当小孩，不管谈什么永远是那一套。这其实是不仅没有尊重和理解别人，而且对自己要讲的东西也没有嚼透，没有融会贯通的表现。

善于根据讨论的进展表达自己的意见，是一个比较高的要求，做到与否是一回事，但首先要注重这种学养。你去找那些大学者请教，他们不一定会跟你嚼字眼、掉书袋，也许就说那么一两句话，却是你要研究很久才能达到的，这就是水平。

我们前面实际谈了几点收获：

第一，文本观察批判意识，鉴别意识，对文本的真实性、可靠性、权威性要有一种确证、批判的意识。

第二，对于烂文本，对于一套自己不能接受的观点或谬论，如何加以批评反驳？我讲了鲁迅说的"男性笔法""女性笔法"两种。"女性笔法"就是紧紧追随对方，列举其论点论据一一反驳，细致周到；"男性笔法"是从宏观整体上抓住要害，针对要害点到说透，他的整个框架就倒塌了，这就叫"一击致命"。这是阴柔制胜和阳刚制

## 走进哲学
**练就批判的头脑**

胜两种方式。做到后面那一种不是太容易，比如我们争论一个问题，这个问题是不是全篇的要害，现在还把握不了；但是我对他的哪一个观点最有意见，就把这一点讲透，"伤其十指不如断其一指"，这样的分析辩驳方式应该是可以做到的。

我很高兴刚才几乎每个同学都指出了这点：有的议论虽然荒谬，但是它触及的问题很多是有来历、有根据或者是有影响的。我们可以把看似荒诞不经的判断变成值得研究的话题，然后抓住这个话题正面提出和回答问题。比如，有人说中国教育是失败的，我们反驳他的时候可以举出很多不失败的例子，这样辩驳，就不如回头反思：衡量教育成败的标准到底是什么？什么叫教育的成和败呢？达到一个什么样的效果，从哪个层次上来衡量？用什么尺度来衡量？对这一点的思考，就是等于把别人的一些带有偏见的指责，变成一种我们负责任的建设性思考。例如关于我们怎么使教育办得更好的定性和定位问题，可以从三个方面思考：首先反思我们的教育目的、教育方针定的是什么？它的合理性与优缺点是什么？其次是对我们教育的途径、过程、方式、方法进行反思。看它是不是能够达到我们的目的，是不是达到教育目标的最好、最合理、最佳的途径和方式？最后来看教育效果，用教育效果来证明，用它与我们效果的距离来证明它的成败、得失在哪里。

把别人的不合理的说法，变成一个的合理的问题，然后给予积极的回答，这是学术思考应该做到的。当然，有时你觉得人家说的好、说的对，那么就接受、就承认；但是接受和承认了人家的东西，也只有变成自己思想的一部分，才能把人家的方法变成自己的方法，而且有根有据，才能成为一种超越式的转换。

刚才几点是同学们发言中可以达成共识的。至于里面有些具体问题怎么看，比如信仰，我们怎么回答别人说"中国人没有信仰"？关键还在于我们怎么去把握信仰，要用我们对信仰的科学把握，来实事求是地回答这个问题。所以我主张一种积极的建设性的回答,而不是乱骂一通,骂倒了人家就拉倒。中国人的信仰生活现状如何?前景如何?我们追求的方向和途径如何?关于这些问题,将来都可以做出很大的研究文章,都是很大的话题,也是一些我们社会必然的、无法回避的问题。我们读一本书、读一篇文章、读别人的成果,对每个问题、每个观点都要有不断的积累。每一次阅读思考积累的时候,如果你能够真正抓住要点的话,那么你就能积累起一些有意义的、营养丰富的东西。

第三,通过几篇对照性文本的讨论,大家是不是发现,我们讨论的内容,有"前重后轻、厚古薄今、虎头蛇尾"的特点?如康德与福柯,说康德多,说福柯少;张祥龙与徐英瑾,则是说张祥龙多,说徐英瑾少;讨论孝的问题,虽然开头提出现象学视角,但其实没有力量,不仅对有关论证看不出什么帮助,反而使人对究竟什么是"现象学方法"、它有什么优越性,言者是否真正弄懂了这些,产生了疑问。事实上,却仍然是回归孔孟成了话题的出路。

依我看,这种"前重后轻、厚古薄今、虎头蛇尾"的效应,主要反映出两点:

一是读书积累还不够。尚在消化理解某些"初典"的阶段,对于重要"今典"的了解和把握,远远不足。这导致我们很多发言的内容,尽管努力跟随"热门"和时尚,如"现象学"之类,却还做不到"融贯古今",而有不少实际上还是在"敲那敲开的门"。

二是与上述相关,缺少"问题"本身的历史感和纵深开凿。有些深刻的、新的问题,似乎还未抓住、抓牢,中途丢掉了不少;有些问题虽然提出来了,但是跳跃较大,在理论层面的凝练、提升逻辑性不强,因此多是"我觉得",而不是找前人的终点处,提出如何前进的逻辑途径。

这是我对大家阅读讨论的一点感受,建议你们记住,将来会有用处的。

## 体会絮语

> 文本学的观察，先要确证它的真实可靠性，来历的合法性，要有文本的具体出处。
> 一个文本"出笼"的过程及其表现形式，充分说明了文本制造者自己的内心，我们从这里可以看到人们的内心。
> 学哲学会观察就是希望大家成为能够鉴别流言真伪的智者，不然你的思维就会被别人牵着走。
> 我们要有批判意识，但批判不是对人的，不是互相挑剔话语。批判要引向问题，是对问题、观点、方法的一种超越性把握。
> 大家不喜欢它，都觉得很反感，但是要讲出道理来。这个道理怎么讲，才能够不落入他的圈套？那就得超越它，就得看的比他完整全面，包括动态的、历史变化着的完整。所以，通过实际观察、文本观察来看清一种思路、一套思想，是一种基础性的功夫。

## 第四课
## 案例分析训练

**教师**：下面进入案例观察。案例是由我们共同选定的时下社会热点事件。希望大家对它们做分析的时候，要选定自己的角度，有一个侧重点，首先从你的角度把事情的来龙去脉说清楚。事件本身的经过，事件前前后后的报道方式，公众和官方对事件的反应。从思想内容上看，每个现实案例会涉及道德、社会管理问题，也涉及民族传统文化以及中国人的秉性特征、当代中国人的精神面貌的问题，还涉及民主法治建设等许多方面。一个人不要什么都想讲，每次从一个角度讲清楚就行。每人讲一个点，会比较清晰、精确，大家互补起来就会更完整、更全面。这里的"全面性"不是对个人的要求，而是对整体的要求。个人应该是各有所长的，如足球区分为前后卫、中前锋等，不可能一个人踢一场比赛。所以我们对全面性的理解，不要想大而全，不要想一口吃天，把一点讲明白就可以。所以，对案例分析的要求是：

第一，角度要清晰。这个角度不是你主观评价的角度，而是你观察事件真实性的角度。例如在观察某事件的时候，你要讲其中的道德问题，那么主要看谁的道德？在这个事件过程中，哪些材料不属于表现这些人的道德问题的？你要说得准确。比如，记者见到27个人围着一个摔倒的老人，没有动手相助，就说这27个人道德冷漠。我说，

## 走进哲学
### 练就批判的头脑

你为什么没有问问那 27 个人，他们为何只在那围观？难道应该不顾一切地抬起老人往医院跑吗？你怎样区别围观者的思想感情，是出于守护还是出于冷漠？是谁打电话叫的救护车呢？……这些观察都没有说清楚，就急于推导出"中国人现在冷漠"，这是对自己观察分析的角度缺少自觉的表现。所以，你是从哪个角度讲的，一定要清楚。然后再用事件过程本身的材料来辅助说明。

第二，重点要突出。角度清晰和重点突出不是一个意思。你自始至终从那个方面来看这个问题，这叫角度清晰；而重点则是说在你看到的这个事情的来龙去脉当中，哪一点是最重要的，哪一个问题或者哪一个环节是最重要的？你抓住了这一点，就不是人云亦云、鹦鹉学舌，也不是感情冲动随意而说，而是有选择、有根据地来说话。

第三，问题要明确。就是从你这个角度，从你所抓住的重点来看，我们真正要思考的是个什么问题？要特别注意把握的是，学会提出具有公共性的问题，即为什么值得大家来共同关注和思考？把这个情境突出出来。不要只忙于阐述自己的感受、观点和结论，更不要仅仅把它们当作前提，凭借想象去推导和臆测。

第四，思考要透彻。对于每个事件的当事人，如作为普通的有良知的公民，作为国家政府、法治建设者，我们都应该设身处地地思考一下，自己应该和能够怎么做？遇到某些情况要怎么办？要考虑得完整一点，把问题想透彻。当你论证一个观点的时候，也要考虑到可能用来驳倒这个观点的理由是什么，你怎样在你的论证中弥补这个弱点，保护你柔软的腹部与死穴？这就叫思考透彻，不要只是一味地说我认为应该怎样。那还不是做学问，也不是讲道理。

以上四点要求——角度清晰，重点突出，问题明确，思考透彻，要做到这四点，就要有自我批判意识，先把自己辩服了，然后再在小组讨论的时候互相辩驳。每一个环节都会引起争论，过程有争论，结论当然更有争论。争论有助于大家把问题看清楚，想透彻。

第四课　案例分析训练

# 案例一：事实与价值
## ——获奖新闻照片之争

**概述：** 2010年8月18日，在中国新闻摄影最高荣誉"金镜头"奖颁奖盛典上，记者张某的《挟尸要价》以全票赢得了本年度最佳新闻照片奖，然而长江大学党委宣传部李某却发文宣称，《挟尸要价》照片造假，不应获奖。

**教师：** 对这个照片获新闻摄影大奖持支持态度的同学，可以坐左边；持反对态度的坐右边；暂时没有具体肯定或否定态度的坐中间。咱们今天就这件事，按照哲学思维的方式讨论一下。

下面先请一位持中立立场的同学把这事件本身的原委简单叙述一下。

**同学甲：** 2010年10月，长江大学十五名学生，在长江宝塔湾河段营救两名落水的少年。因为江水太过汹涌，其中三名营救者不幸牺牲。大学生的事迹感动了全国，温暖了社会。大部分媒体宣扬见义勇为的事迹，也有少部分媒体发出了不同的声音。有人拍到的照片中显示，一条船上的船夫用绳子将尸体挂在船边，船夫打着手势，给这张照片配的画外音说的是："船夫在打捞大学生以后，跟大学生的家长和学校的领导在挟尸要价。"这张照片和新闻引起的反响很大，可能因为这种广泛的社会影响力，这张照片在去年的新闻摄影颁奖盛典上获得"金镜头奖"。

但之后不久就有相关人士对这张照片提出了质疑。其中有长江大学党委宣传部的部长，他在自己博客上发表了一篇文章，说明这个不是在挟尸要价。这张照片其实是船夫把尸体打捞了以后，因为水流很急，船夫急着把尸体搬运到岸上去。不管是否有挟尸要价这件事，但是至少对这张照片场景的解读是错误的，而且还提到那个船夫因为这张照片的广泛影响，其名誉受到伤害。在那之后很久，他都觉得生活受到影响，因为别人经常嘲笑他是道德败坏的人。

这里主要涉及新闻报道的职业道德问题。焦点是：拍摄者是真实记录，还是偏见误导？这张照片究竟应不应该获得"金镜头奖"？

**辩论过程**

**教师**：你是什么观点？

**同学甲**：我现在还没有明确的观点，还在求索中。

**同学乙**：我觉得甲说的前提有误，因为照片的真假毋庸置疑。

**教师**：这已经进入辩论了。

**同学甲**：对。当然我在叙述过程中可能加入了自己的主观看法，没办法完全客观论述。

**教师**：你梳理的争论的焦点，就是对于这个照片该不该获奖有两种不同意见。然而对于这两种意见各自的主要理由，你还没有详细介绍。能不能概括一下，认为应该获奖和认为不应该获奖的各自主要理由？

**同学甲**：其实我没有查到说它应该获奖的理由。查到的大部分言论都是觉得它不应该获奖。所以我很好奇它为什么会获奖。

**教师**：后来那个评奖委员会有发言人做过解释，你没有看到，是吧？

**同学甲**：没有。我看到的很多都是某些新闻评论和著名人士的博客针对这个事件强烈的谴责，说这是新闻道德不好的行为。

**教师**：但评奖委员会最后表态说这张照片没有造假，这个奖是应该的，不撤回，是吧？

**同学乙**：我觉得不应该从这方面去辩论。真假问题无须追究，因为它是真的。你看，"天涯"里面有很多相关资料，贵州卫视11月11日的《人生》栏目请两个现场救人的同学来叙述这个事情。这两个同学说挟尸要价完全是肯定的，绝非携尸靠岸。长江大学宣传部长的"携尸靠岸"说法是不能成立的,因为当时他不在现场,所以这张照片的真实性是毋庸置疑的。争论的焦点应该是照片的视觉道德性。照片中出现了尸体,可以争论的是这个图片有没有人文关怀,有没有对英雄的尊重,这是争论的一个要点。

**教师:** 也就是说,这个图片拿出来评奖是对人性的屈辱和伤害?

**同学乙:** 对,这不是一个真假性的争论。图片本身有一个视觉道德性,比如说我们拍一个人物,可能说我们拍得很好,但是我们报道别人的缺点,而且你没有事前跟当事人说过,这是对别人的不尊重。在第十八届"金镜头奖"里还有一个是白内障患者,其实他很丑陋,但是因为拍摄的时候光线、角度之类都很好,也获奖了。所以你要去拍摄一个照片的时候,就要有道德心,因为你可能展示了别人的缺陷。我认为这是一个辩论的焦点。新闻照片和艺术照片评奖的标准也是不一样的,一个新闻照片除了在视觉表现、主题挖掘、价值深度等方面被人看重外,视觉道德方面也是一个新闻图片进行评奖的重要标准。

**教师:** 那你认为这个照片到底应不应该获奖呢?

**同学乙:** 我认为是应该获奖的。

**教师:** 为什么呢?你刚才讲的那意思我听来好像是不应该获奖的。

**同学乙:** 其实一开始我也是处于中立状态的,因为这个事件很沉重,它确实触动了我们道德上的一些敏感地带。每次看完这件事,我就觉得心里翻江倒海,想象一下图片中展示的那种场景,心就揪在一起。我赞成照片评奖也是对一个新闻工作者的认可,因为他把这个图片发出来是很困难的,很多报社都不给发。张某是一个年轻的、刚刚毕业的新闻记者,在这个事件发生后遭到了打捞公司的威胁,但是他仍然坚守职业道德,对照片的真实性丝毫没有动摇。公布了这个事件之后,对他个人的伤害也是很大的。后来他离开了报社,他的人生因

## 走进哲学
### 练就批判的头脑

为这件事而改变了,而且有可能要隐姓埋名一段时间。那么他获得了一些奖项,从他个人作为新闻工作者来说,我觉得是一种回报吧。

**教师:** 也就是说,作为新闻工作者,他的举动应该得到保护和支持,所以应该给以奖励,是吧?

**同学乙:** 是的。而且这个事件公开之后,也促使了社会的广泛反思,就是说打捞遗体的责任应该由谁来承担。打捞公司打捞是一个民间行为,而那个地方常年都有发生这种事故。我看周围的居民接受采访,说每年都有三个到五个甚至是七八个落水的人,也就是说,在这个地方打捞行动是相当密集的,但一直是由民间承办。由民间承办,出船的话肯定是要花成本的,人力的成本、燃料的成本,无偿承担是不可能的。打捞是一种公司化的商业行为,它出船一次可能是两三千元。悲剧发生后,打捞责任的主体应该是谁?主体是要明确的。总之,我想可能会促使政府采取一些措施,从而使这种事件不再发生。这就是新闻报道之后取得的一个效果。如果没有这个事件发生,我们就不知道这种责任还要由民间承担到什么时候,通过这个报道起到了一个补救的作用。新闻报道的责任与效应,张某通过他的这个照片做到了。

**教师:** 后来当地打捞的事务改由政府组织了?

**同学乙:** 这个没有明确,现在还没有看到这方面的报道。

**同学丙:** 那里有一部分人是冬泳运动员,常年在那里练习。他们是以义务的性质对落水者进行帮助的。

**教师:** 冬泳只在一个地点啊!不会对整个江面负责,也没办法照看整个江面。

**同学丙:** 在这个事情报道出来之前,每次水急的时候都频繁地出现尸体,当地管辖这片水域的海事部门一般就是看一下情况就离开,说没有工具,他们不负责打捞。

**同学丁:** 其实打捞最后的承担者还是渔民,有主尸体则由家属来

## 第四课 案例分析训练

承担，无名尸体则由当地民政部门来承担，实际过程中都是这样的，只是说钱谁掏的问题。渔民打捞方便，但肯定是要钱的。

**教师**：在这件事上是长江大学出钱，是吧？

**同学丙**：捞一个人一万二，三个人三万六。

**教师**：这个钱为什么最后退了？迫于舆论压力？

**同学丁**：迫于舆论压力。实际上应该要收钱，一个人收一千元很正常。

**同学丙**：开始打捞尸体，是一个人两千元到三千元。因为那片水域没有一个专门负责打捞尸体的机构，有人注册成立了一个打捞公司，当时就是说打捞沉积物，并没有涉及捞尸。当时定下标准，是一具尸体一万二千元。

**同学丁**：政府要加强管理，可以打捞尸体，但是不能随便加价。

**同学戊**：不能没有一个统一的物价标准。

**同学丁**：我觉得可以由政府管理，具体情况大致要花费多少成本的确要给一个范围。

**教师**：刚才同学乙讲了三点理由：第一，打捞要价这个事是事实存在的，所以照片没有作假；第二，记者为这件事做了贡献，付出了代价，他应该受到肯定和保护；第三，这种报道的客观效果促进了政府改进这方面管理，效果是好的，所以应该肯定。还有别的需要补充的么？

**同学己**：我觉得从视觉画面来讲，这个新闻图片会给人一个很强的心理震撼。如果是平淡无奇的话，我想也不可能获奖，这个震撼就是反差。前面是英雄无偿救人牺牲，后面是捞尸要钱，而且尸首还吊在船上，大家就想到高尚和卑微之间的极大反差。这个照片给人的视觉冲击效果就很大，也反映出了某些道德取向，这是一个方面。另一方面是对生命的尊重。我想大家还记得，汶川大地震的时候，一个人骑着摩托车把他早就已经停止呼吸的老婆放在摩托车后头拉回去，走

## 走进哲学
### 练就批判的头脑

过了很长的山路。船上挂的这只手给我的感觉很揪心,这是对生命的完全漠视,何况他还是英雄。我觉得这个图片获奖给了大家一个对生命所持态度进行反思的机会,特别是对于死者的这种处理方式,也唤起了大众的一些道德意识,以及对生命的理解。

**同学戊**:人死了之后我们对待他是作为一个人,还是作为一个尸体?如果作为一个尸体,和作为物体来对待是一样的,打捞尸体和打捞物体也是一样的。如果这个尸体仍作为人的话,那可能就复杂得多了,而且这个人本身是一位英雄,他是为了救两个孩子牺牲的。所以这个事情就更不好解决了,于是挟尸要价这个事情给人的触动就会很大。

**教师**:那你怎么看打捞要价是正常的这个观点?

**同学戊**:他付出了一定的劳动,就应该收到一定的报酬。

**教师**:那你是不是认为以后在江上捞人就应该要价?

**同学戊**:应该要价。但是要价的话就要把尸体当作一个物来对待。

**教师**:你认为既然要价就是当作一个物来对待;又认为这样的对待是不尊重的,那么到底应不应该把尸体当作一个物来对待呢?也就是说,人跟物不一样,捞别的东西可以要价,捞人不应该要价。那么要么是,不管是捞什么,他付出了成本就应该要价;要么是,同样是打捞尸体,也要区分死者的身份。

**同学己**:如果他是属于商业行为的话,要有口头协议或书面协议。同时,商业行为还要符合公众道德和一般公众所接受的习俗。我认为他们是事先说好了可以要价的,只是不能以照片中这样的方式来处理尸体,不应该把尸体挂在船边。

**教师**:刚才同学戊说,是照片的拍摄人说他亲耳听到了要价。那么是谁在说话?是船上在打手势的渔民,还是岸上他的老板?谁跟谁在要价?用什么口气要价?当时现场有哪些人?等等,有没有具体的

## 第四课　案例分析训练

描述？

**同学戊**：当时张某说，他的确听到这个穿白衣服的渔民说了那些话。说钱不到位，尸体不上岸，而且说这些话是针对岸上的学生和群众。

**同学乙**：贵州卫视采访了一个目击者，他也是说一个戴安全帽的老头说的，清清楚楚地索要一万多元钱，这个更有说服力。

**教师**：关键是照片拍摄的时候，是不是在要价？这是决定新闻生命的东西。

**同学丙**：后来政府的几个部门专门做了一个调查，结论还是承认照片中反映的那个事情，老板说了没钱就不给尸体。

**同学甲**：吊着的是第二具尸体。其实我一直在想，通过照片上的时间等因素推断，那个捞尸体的老人家听到学生的哭喊，内心是很想把尸体捞上岸的。他本身不是为了赚钱，但公司是为了赚钱。他捞第一具尸体很快，而且是直接送到了岸边。后来是老板说不给钱不捞，所以第二具尸体就延后了很久。其实他自己最后并没有分到多少钱，是要等老板发话，在那等了半个多小时，等到钱凑齐。

**同学丙**：我的想法是，在一个完整的道德体系或职业体系中，有的属于个人的、小团体的，有的属于国家政府的。社会中很多事情是个人、小群体无法抵抗的，这时候就应该政府出面。打捞尸体，按照中国人的传统，尸体是不吉利的，打捞尸体算是个禁忌。另外，尸体对家属又很重要，不同于一般动物的尸体，所以价格相对高一些可以理解，当然也不应该要价太高。如果人人觉得打捞尸体不应该要钱的话，那这个打捞公司肯定开不下去，渔民也生活不下去。这样也不好（无偿打捞），那样也不好（打捞要钱），却又必须做的事，就应该由政府来办。当地政府也办了一个义务救助站，那个打捞公司也是登记注册过的。在这种情况下，政府要对打捞公司规范化管理，规定价格，或由政府预算来补贴。我反对获奖的原因就是他有虚假，并对个人造成了伤害。所以这个奖不应该颁给他。

**教师**：你反对获奖的理由，可以归纳为四条：第一，照片本身的新闻真实性有疑点，那位王姓老人当时不是在讲价，而照片说他在讲价，这是细节方面有问题，不符合新闻的职业道德；第二，在这件事上，反映出一种道德霸权主义，对当事人的人格尊严和权利尊重不够；第三，捞尸作为行业，有它的历史及传统规则，应给予理解和尊重；第四，从政府的角度来说，不应鼓励这样的新闻报道。

**同学庚**：我首先也是对这个新闻的真实性有看法。对新闻工作者来说，保持新闻的真实性是其最基本的素质。我觉得新闻的真实性一定要重于新闻的震撼性。现在哗众取宠的新闻报道很多，新闻工作者不能为了震撼性而去遮蔽真实性，这里的真实性不仅仅包括照片的真实性，还包括报道的真实性和对照片解读的真实性。张某的意思明显是说那个渔夫在要价，但是真正亲历该事件的人就那么几个，知道事情真实情况的人很少，这个照片和报道就成了公众认识这个事件的基础和前提。基于新闻真实性的标准，他是不应该获这个奖的。获奖的原因主要是两个：一是照片很直观，表达清晰准确，又十分具有冲击力；二是照片所拍摄的事件很有震撼力。也就是说，他获奖的原因是因为照片的内容，这个照片所反映的事件本身具有震撼力，而这个照片本身却是不尽真实的。所以获奖原因本身就是不可靠的。再一个就是对两位老人尊严的侵犯问题。我从网上的报道看到，这个报道给两位老人的生活带来了很大的影响，变得不敢出家门、不敢见人、不敢与人打招呼，说老人在宝塔湾被人打过三个耳光，腰上被踹过一脚，无数的砖头瓦砾向他们扔过去，被几百人涌过来大声指责谩骂，有人喊说"打死他，打死没良心的老东西，见死不救的畜生"，然后渔船被砸、渔网被收。

**同学丙**：其实被打这个描述发生在照片公布之前。当地人出于自身的愤慨，而非出自照片的误导，这个因果关系需要注意。

## 第四课　案例分析训练

**同学乙**：我可能受网上新闻的误导了，我不否认这个照片本身的真实性。

**教师**：想象一下，"挟尸要价"四个字能不能把这个事件导出来？这个照片是不是和这个事件的背景一起发布的？有没有别的解释？比方说，如果事先不知道这个事，我不会知道那是个救人的英雄，也不会知道那些具体的单位啊、人名啊、要价啊什么的。照片的发布是用什么方式把整个事件联系在一起的？是口头解说还是附有其他文字的背景介绍？

**同学丙**：他有不到两百字的图片说明。主要是某年某月某日某地发生了什么样的事。

**教师**：具体是怎么说的？要用这个说明来证明这个信息的完整和真实。因为照片本身没有经过电脑制作、没有造假，这个已经验证了。那么这个文字说明呢？观察要细致些，请你继续说。

**同学丙**：正方一再说这个照片的效果是好的、目的是好的，手段就可以是不好的，这就好像非法取证一样。我们想得到这个案件的真实性，就可以使用非法手段去获取证明吗？我是想说，虽然目的是好的，但是手段也要是正当的，是符合事实的。

**同学甲**：再比方说，我们常看到一些公益性宣传片，会拍到有人随地扔垃圾、随地吐痰，那我们是不是就不应该拍呢？或者拍出来就不应该在电视里播呢？或者有人违反交通规则，见了红灯亮起却依然走过去，那我们就不应该拍吗？在电视里就不应该播吗？

**同学丙**：我没有说拍两个老人的行为是不对的，我只是说要把事情说清楚，就像刚才这位同学说的，你有责任把这个事情说清楚。

**同学甲**：这两个老人虽然也是受雇于人，但他们自己也该有起码的良心啊。

**同学丙**：下面我就解释这一点。再强调一下，这个真正要价的人是陈某。后来政府也专门组织调查，从一开始到最后主持要价的人都

## 走进哲学
### 练就批判的头脑

是陈某。10月24号大约15时,陈某接到宝塔河蓝色家园一个小卖部老板的电话,说宝塔河这里出事了,让陈某出去看看。也就是说,一开始就是陈某过来和长江大学的李某某商量,商定每打捞一具尸体是一万二千元,打捞三具是三万六千元的费用。下午3时40分,两艘打捞船,一个就是王某,另外是照片上的那两位老人,也就是三个人,当他们到现场之后,是陈某指令他们打捞。约30分钟后,第一具尸体浮出水面,船上的王、盛、王三个人将他拖到岸边,学生抬着遗体上来。也就是说,第一具尸体打捞得很顺利、很快。这三位老人也是希望能把这些尸体顺利地打捞上来,他们可能也了解这个事情的过程。陈某见到之后很生气地指着船上的三个人说:"你们是第一次做这个事情吗?"通过这句话,我怀疑他们不是简简单单的雇佣关系。

**教师:**你提这个"简单的雇佣关系"是什么意思?

**同学丙:**我们要在多大程度上去谴责这两位老人?我们知道,现在好多医院见死不救,公共机构尚且如此,为什么一定要非难这样一个为了养家糊口的老人呢?

**教师:**就这样讨论,互相补充,尽量把事实真相了解充分,然后观点事实也就越来越清楚了。咱们讲的第一个就是要把事情看清楚。听任何意见,发表任何意见,都应该这么理解。咱们这儿没有人代表上帝说话,都是说自己的话。"把事情看清楚",说什么事要先把这事本身看清楚。什么叫清楚什么叫不清楚?实际上就是能够成为你得出判断的充分的根据。这里的必要环节不能有空白,否则就不成立了。

讨论起来发现还有个别细节没看清楚,是吧?比方说事情的时间先后,比方那个图片的不到一百字的说明。究竟是什么东西会使人误读,或者是产生了想要的效果,或者是产生了相反的效果?正读还是误读,是由读者自己的因素决定的。但是在这个原始材料中,什么因素,或者是哪些信息,在有选择地造成这种后果,这个要清楚。是吧?

## 第四课 案例分析训练

请中立立场的人评论一下，你们听了双方的陈述以后有什么感受？

**同学丁**：我简单说一下。首先，我给这个事件一个评价：长江大学学生的救人行为是值得肯定的，事件也是肯定存在的，要价这个事情也是存在的，通过很多媒体的曝光信息可以证明。我要说的是尸体打捞收费是正常的，但是这不能要天价，特别是在一些关键的时刻，这种索要的方式，政府要加强管理，而且这个是完全可以管理起来的。

另外，我认为这个照片不能获奖。因为事件本身是真实的，照片也没有凭空作假，但是照片的解读是假的。它的解读是一个穿白色衬衫者与几个学生在谈价，这个概括性的语言是不准确的。

**教师**：这是照片本身的说明吗？你这个说明是哪来的？是那个照片本身带的？还是评奖时对这张照片的说明？

**同学丁**：具体在场的说明没有，但这是一个浓缩的观点。照片有200多字说明，浓缩成一句话就是这个意思。为什么会造成这么大的争论？真正的焦点就在这。拍摄者后来说，他是为了证明照片的具体瞬间是在要价。但事实是这一镜头的瞬间，是老汉在指挥船靠岸。对这个照片定格瞬间的解读是有问题的，是不真实的。所以我觉得拿这张照片来评奖不合适。

媒体应该通过这个事情进行反思，反思媒体为什么会失去公信力，为什么我们对媒体报道的东西会产生很大的质疑。

**教师**：嗯，还有新看法么？

**同学甲**：第一点，如果从价值取向来说，我相信现在大部分媒体还是公正、客观的。他们既然身为媒体人，肯定是抱着一种为公正、为社会正义而奋斗的目标。但我只在乎你这张照片上是不是那个老人在要价？如果不是的话，你为了营造一个哗众取宠的效果，为了政府能够管制，而把自己的公信力、真实性给削弱了，那我觉得是很痛心的。比如，将来我是记者，个人抱着一个好的目的去记录一个大的黑幕，那么我可不可以在描述的时候动一点手脚，夸大一些细节？……长此下去，会不会引导媒体的风气变差？

第二点，今天听到很多信息，使我没办法确定哪个是真的，哪个是假的。但我觉得，在这些人中，这个老人是最大的受害者，他只是为了养家糊口。在他心中，有没有想过会产生这么严重的后果呢？有没有想过，那张照片会使他遭遇那么大、那么多的非议？当然，那个记者可能也没有预料到这种后果。刚开始的时候，他可能预料到自己会遭报复打击，相信自己是为了追求心目中的正义公平，所以他和那位老人都是牺牲者。

第三点，我想说一说媒体。报道这个事件的报纸媒体，有很多人都是采访英勇救人的英雄行为，我不相信那么多人都没有见到这个要价行为。为什么只有这个记者另辟蹊径呢？他刚毕业一年，没经验，考虑不周起初没有报纸肯给他发文，还要让他用化名，这就是媒体圈的一种畏惧，畏惧报道出来的新闻太劲爆，给社会现实造成某种影响。因此不能勇敢地面对全部的现实，这一点也值得反思。

**教师**：网上有没有其他到场的记者的说法？他们怎么想的？怎么看的？有没有？

**同学甲**：没有找到。

**教师**：没有？是吧。其他在场的人是何意见？咱们看看还有什么？船头穿白色衬衫者其实根本就不是船主，对吧？

**同学甲**：对，后来考证了，不是。

**同学壬**：我在想刚刚同学甲说过的问题。当时有很多其他媒体的记者在场，都是报道见义勇为，只有张某从另一个方面来做报道。媒体里是不是存在某种潜规则，或者说默契的共识？也就是说，越深入这个行业，反而越可能会对一些题材选择性回避。这也是一个问题。

**教师**：就是不报道社会的阴暗面？

## 第四课 案例分析训练

**同学壬**：对，因为见义勇为符合主旋律，而他这个"挟尸要价"就很明显不符合。

**教师**：不符合主旋律就不让报道，这可以理解为记者受到的压力？

**同学乙**：不是。他也是出于媒体的功能，比如说关于地震的一些消息，他就可能不会去报道，他怕引起一些社会骚乱。

**同学壬**：但我觉得这个考虑实际上有点幼稚。中国民众在社会承受力上，面对这种残酷的现实，实际上应该是需要更多锻炼的。

**同学乙**：可是你这样起不到积极引导的作用。如果让我处理这个新闻标题的话，我可能更愿意定位成"牵尸靠岸"，而非"挟尸要价"。因为牵尸靠岸更人性一些，更能给大家一种温暖，所起到的社会引导作用也会更好一些。

**教师**：那你的立场就有点变了，你是认为这照片题目起得不妥？

**同学乙**：嗯。但如果根据事实，那个新闻事实就是"挟尸要价"，这也是不能改变的事实。

**同学丙**：我想补充一点，就是党委宣传部负责人提出的质疑是在这张照片颁奖之后。颁奖是在这个事件发生的一年之后，他说出的四点质疑都是细节性的。我看到的时候首先想到的是，他作为长江大学党委宣传部长，提出这样的质疑是出于什么考虑？他为什么要质疑？是不是说，身为受害者一方还做出这样的评论，所以我是客观公正的？但很多人也质疑他为什么当时没有说，一年之后才说？而且他本人也并没有在现场。

**教师**：照片配有的这个说明，最先是什么时候发表的，是什么名字？

**同学丙**：这个"拍摄注"是当时在商报以"真真"假名发表的批注。后来张某本人曾出来说明过，说船主是陈某而不是那个王某。

**同学乙**：刚才我已经阐述了，作为一个媒体工作者，他要弘扬的

## 走进哲学
### 练就批判的头脑

是主旋律，让大家感到社会的一种爱。而作为宣传部长，他倾向于"牵尸靠岸"，是站在一个教育工作者的立场，他要培育他的学生以后要有爱心，要有责任感。

**教师：** 这可以是你的解读，关键是他的原话要先弄明白。

**同学壬：** 我这有一个李某在网上发表的声明：牵尸靠岸，这个记者造假。

**教师：** 李当时提出了三点呼吁：第一，建议有关部门核实照片的真实性和新闻性；第二，建议组委会和评委会撤销该照片的获奖资格；第三，通报作者弄虚作假，以杜绝今后评奖过程中有类似情况出现。前面他对事情的过程做了自己的叙述，说造成了损害，使四个老人生活艰难，让善良的人们于心何忍，等等。他是从这个角度提出的问题。

那么这个事情整体的、宏观的脉络是什么？也就是说，长江大学的学生救人牺牲是一年前发生的，因此他们得到了社会和各方面舆论的高度肯定。而这个要价的事情当时发生过，也报道过，并没有引起更多的争论。一年以后，当这个照片得大奖的时候，由当事人一方长江大学的宣传部提出了异议，认为这个照片不应该获奖。因此，重新引起了争论。……宏观脉络就是这样吧？结合这个宏观脉络回头看一下，实际是事情闹大了才引起争论。英雄事迹已经发生了，并且受到了表彰；那个打捞公司已经按照学校的要求去打捞了，也讲好了价钱，最后也兑现了。由于要价受到大家的谴责，有四个人挨了骂，甚至还挨了打。记者当时拍了照片，有的不发，有的发，发出来的有一个后来获了奖……这都是一年以前的事情了。一年以后再次成为热门话题，发生争论，导致对李某的人肉搜索，官方组成了调查组，评委会重新审定，并且发表了声明……请注意，这个"时间差"正是看清问题的一个关键所在。如果注意到这个时间差，我们现在来讨论时，焦点和重点应该放在什么地方？大家刚才似乎也涉及了一些。

## 第四课 案例分析训练

**同学丙：**其实好多人就是质疑李某申明的真实性，探询他这样做的意图，有一点原因，事实上在过去的一年中，这个事件使得全国把责任放大了，都在说滨州人怎么都没有人性，整个城市的名声也受到了打击。

**教师：**这是谁说的呢？是猜测的还是有根据的？滨州人形象受到了损害，这个有证据吗？

**同学丙：**网上的一些资料。有很多人在说，我也不知道是不是真实的，就是觉得一年以后做出这样的质疑，你的意图何在？而且是做这种细节上的推断，当时你又没有在现场。

**教师：**人们怀疑他的动机是出于一种地方自我保护，因为他是大学而不是地方政府，就怀疑他是受到了地方政府的压力，要求他为了全市的形象做工作，他才出来这么说的。你的意思是这样吗？

**同学丙：**对，就是这个意思。这些当然就是猜想了，但是他的依据就是说好多人对滨州的形象做出了一些攻击，然后他对这个细节如此剖析，但是他本人却没有在场。

**老师：**你这种分析，有充分证据的可能性有多大？

**同学丙：**这……就是推测。

**教师：**是啊，推断。任何一个事情发生了，都有人来做任何推断。但是哪种推断有比较可信、可靠的根据和逻辑，才值得注意。

**同学丁：**其实我们今天讨论的好多关于事实方面的信息都是听来的，因为我们都没有实地调查，只能通过网络传播以及别人的评论来获取信息。

### 案例小结

**老师：**讨论和辩论是追求真理的形式之一，在辩论中的输赢并不重要，重要的是大家通过互相质疑、互相补充，互相启发，共同来回答问题，追求真理。

## 走进哲学
### 练就批判的头脑

在我们讨论的这个案例中，实际上有两个问题：一个是"挟尸要价"这个行为本身是否发生过？该不该谴责？应该谴责谁？是否应该把谴责的矛头对准船头的渔民？等等。另一个是以"挟尸要价"为题材的这张照片，该不该支持？该不该奖励？奖励它的合理标准是什么？它的获奖意味着什么？等等。

这两个问题之间当然是彼此联系着的，但不可以当作一回事，以为是完全等价的。例如有人以"挟尸要价"本身的真实性不容怀疑为出发点，把它作为支持照片获奖的理由；有人却以新闻报道的客观准确性为原则，认为照片本身不成立，因此否定获奖；有人则陷入了新闻客观性与道德导向性之间的矛盾和困惑；等等。总之是如何把握其中差别的分寸和界限，成为讨论中产生分歧的真正原因。

我认为，辩论中大家观点分歧的症结，仍出于对事情本身的观察不够完整，因此共识性的前提和重点未达成一致：应该讨论的是事件本身还是照片获奖？因为这里有一个重要的因素似乎被忽视了，或者说被淡化了，就是"时间差"的问题。照片是在事件发生了一年以后才参加评选的。一年之间发生的事情，有没有注意考虑进去？所以讨论该不该得奖时，对于相关社会环境、氛围和效果的理解关照，就要有充分考虑。如果把这个时间差加进去，我们再回顾一下事情的完整过程，就会发现这样几点：

一、"挟尸要价"的事情确曾发生过，并且已经曝光，受到了公众谴责。

这里存在着事实与评价的关系问题。发生过这样的一个事实是没有争议的：首先，长江大学的15个学生下水，手牵手拉成人链去救三个溺水儿童。救上来之后，因为水流急，这个人链末端的三名同学被水流冲走，牺牲了。长江大学同学救人的英勇行为得到了社会的肯定，大家把他们叫作英雄。其次是打捞遗体。打捞目前在滨州是一种市场化的民营行业，经营者和具体操作实施者与要求他们打捞的主体

## 第四课  案例分析训练

之间有一种商业交换。这个打捞公司不是第一次进行这种合作，打捞公司老板陈某认为报酬不到手这活不能干，别人干的时候，他还批评别人不懂规矩。在这种指导思想下，不管是谁在说这个话，当时确实发生了"挟尸要价"行为。用冷冰冰的商业交易方式对待这事，未能体现出一种正常的道义责任感，所以当时就受到了谴责。几个人挨打挨骂，在道义上已经受到了惩罚，甚至有人是冤枉的。比如那老头，他不是船主，照片上他的动作实际是在指挥靠岸。老人挨打也是在获奖以前，和获奖无关。这是大家知道的整个过程。

二、人们对于事件的性质、根源和责任的认识，并未形成充分有效的共识。

分歧首先表现为对打捞公司行为的评价，包括是否应该要价、特别是要高价？是否坚持"先收钱后上岸"？对老板和船工的表现是否应该区别？等等。

然后是对该新闻照片的评价，包括拍摄的动机和目的。悬挂逝者手臂的画面是否符合人道精神？这样的照片是否适合公开发表？其效果如何？等等。

最后是对这件事及其报道的社会影响的评价，包括打捞江难遗体的工作性质和责任，政府管理的责任，事件本身及其报道对于各方面当事人的影响，特别是对于地方形象和政府形象、媒体形象的影响，等等。

这些问题在当时是没有也不可能全面考虑的，因此理解和对待也不够透彻。大学生救人牺牲以后，在后事处理上怎样更合理、更全面、更规范？这些问题没有经过认真思考形成共识，而任凭不同立场的人保持了不同的描述和评价。这导致在争议中，当时就没有把事情完全说清楚，留下了一些歧点和疑点，某些细节几乎成了"罗生门"。这些歧点和疑点，在照片评奖时引发了新一轮的争议。其标志就是长江大学宣传部的李某发出了不同声音。鉴于普通船民受到不应有的、

## 走进哲学
### 练就批判的头脑

实际上是不公平的压力和对待，应该有人出来说话。所以李某发出了自己的声音，无论是他自己这么看，还是他受到压力去这么说，至少这是一种不同的声音，应该允许发表。不管怎么说，长江大学是当事一方，宣传部代表学校官方。官方有责任保持真相的完整性全面性。他的观点对不对可以讨论，但不能用"动机论"剥夺他发言的权利。当然，我宁愿相信他是出于追求真实和公正。但事实是，李某发声后，他自己即在网上成为众矢之的，遭到了"人肉搜索"，迫使他不得不"隐身"。这是不好的现象。

我们社会如果是多元化和谐、民主法治的社会，各种意见都应该表达出来。正是有了不同意见，才重新开始讨论。不管赞成还是反对，大家对问题的思考，毕竟开始走向更多样化，更全面了。这一点应该肯定。

三、对于照片本身的真实性和是否符合新闻规范，存在着很大的争议。

照片的细节涉及新闻伦理的许多问题，行家可以进一步讨论，这里不再重复。我们应该注意的是，重新引发争议的焦点在于，事后看来，这个照片获奖所起的作用之一，是把"白衣老汉牵着尸体要钱"这个判断坐实了，传开了。人们通过视觉可以认定这一点。那么对这件事的理解就简单地定论了。而获奖则会对这种定论起到肯定和扩大宣传的作用，所以长江大学方面要试图阻止，这也是对媒体的一种意见。由于李某表达了反对的意见，评奖委员会也进行了复查。但复查后的意见似乎是：照片细节上有某些不准确的地方，但总体上真实，并确有新闻冲击效应，所以应该奖励。在这里，评奖委员会显然是把自己的道义主张当作了评奖的第一尺度。但我觉得，过于看重道德轰动效果，而缺少对自己道德标准的自觉把握和反思，对于整整一年的"时间差"的社会意义，未予以了解和重视，多少是用当时事件的道义评价代替了对新闻作品的专业评价，这是不妥的。

## 第四课 案例分析训练

四、现在怎样看待事情的经验和教训？

1. 我们为什么一定要从"把事情看清楚"练起？因为把一个事情看清楚并不是一件容易的事。除了信息的接收之外，还有我们的主观思想层次和境界、批判思维能力的问题。有一个自我批判和校正意识的问题，就是要学会对自己所掌握信息的真实度和全面性、可靠性加以检验。你看到的东西，对于你来说已经是一个"文本"，而这样一种意识则提醒你：要注意自己的"解读"，即自觉端正解读的视角和路径，使之始终不脱离真相。

譬如作为新闻规范，重要的是保持事实真相，公正地对待当事人。谁都没有权利只选对自己有利的、合乎自己想象的因素去单向认定，而忽视别的方面。这和最后得出什么判断是两回事。发生争议的时候，尤其应该这样。就新闻照片来讲，图片上的情景是完全真实的，不是伪造的。而用这个图片来说明什么，则通过它的文字说明、处理手段等方方面面因素表达出来。这个"说明"才是产生歧义和误导的原因，至少有这个可能。"挟尸要价"的并不是那个白衣老汉，而是不在镜头中的老板。而照片的效果，是把注意力放在老汉身上。这样就有了毛病。不顾老板与船工的差别，对于照片来讲是不准确、不真实的。

评奖是评奖委员会的权利。评奖理由体现了评委的取向和原则。其中，是否允许因为事件总体真实，新闻报道就可以不讲具体细节的真实严谨？其实，揭露总体真实的方法有很多。如果当时不是只用一张照片，而是用一组画面，用场景的一致、时间的连续来保证报道的真实完整性，应该是可以做到的。

"在细节真实无法确定的情况下，只要保证整体真实，就是正确的"，往往是导致一些假新闻的理由。例如那个"纸馅包子"，还有"茶水化验"事件。市场上确实有过拿报纸做包子馅的事情，但是他没抓着，就自己找人做了这么一个，然后自己做出了采访报道。这个

## 走进哲学
### 练就批判的头脑

报道有关的责任人后来全部受了处分。还有一个记者，听说医院的化验室不负责任，他就自己弄了一点茶水当作尿样送去化验，据说还查出了"炎症"。然后他拿这个来揭露医院的不负责任。医院化验室不负责任这类事确实发生过，大家是知道的。但是你自己去弄，在新闻规范中是绝对禁止的。不能因为目的是高尚的，就可以不择手段；不能因为整体是真实的，就可以拼凑或曲解具体的细节。

人们对任何事情都可以有自己的看法，这个很容易。但是讲道理的、有理有据的看法，并不那么轻易得到。专家、责任者、管理者的权利和责任，必须是从国家、社会的大局和长远角度来考虑。媒体特别是政府，在教育或引导人们的时候，不应该是迎合、煽动、利用情绪，更不应该朝着道德暴力方面去引导。应该是鼓励民主、多元、理性、法治的倾向。

2. 站在社会公众的立场上，更要倡导全面地理解和尊重人的尊严。在这件事上，不仅仅是牺牲的英雄，还包括所有参与者，如打捞公司、学校管理者、新闻报道者以及其他相关群众等人的尊严，都应得到体现和尊重，才能更真实、合理、有效。不能认为，只要以英雄的名义就可以去苛求于人，或使苛求合理合法化，弄不好这会导致精神暴力、道德霸权。

现在以道德正义为名随意地侵犯别人的权利的情况还不少见，我们应该反省。比如，应该怎样保护见义勇为和拾金不昧？作为个人的一种道德境界，见义勇为和拾金不昧是一种高尚境界。但是，国家、社会要保护见义勇为和拾金不昧，则不能要求每个人都无私忘我，而是应该通过立法执法给予见义勇为、拾金不昧者以必要的保护和回报，这样才能鼓励其他人去自主地见义勇为和拾金不昧。

当年《中国青年报》记者曾问我怎么看待一件事：一个女工在洗澡时捡到了一条金项链，她不想据为己有，但也不想马上交出去。她希望失主悬赏，就是有回报的时候，再拿出去。但后来她被揭露了。

## 第四课 案例分析训练

别人谴责她，她就很不服气。对这件事，我觉得，女工的矛盾其实表现了我们过去的思想教育留下的一个问题。她的个人选择，表明她处在一个道德境界与违法境界的边缘状态。在我们过去的宣传教育中，对于人为什么应该拾金不昧，多半强调这是国家、领导、父母、学校老师要求的，所以应该照着去做。捡到一分钱，交给警察叔叔，叔叔"对我把头点"。总之，做好事是为了得到别人的认可。老师要求小学生做好事，做了一件好事给一朵小红花。有的孩子为了做好事，甚至把家里的钱拿出来给老师，说路上捡的。这种教育导向把善行、见义勇为、拾金不昧这些品德，都看作他者的标准，而没看成是个人自己的原则。如果说我为什么拾金不昧？我就这么想：不是我的东西我不要；别人的东西丢失了，他会受损受害；所以我还给他是理所当然的；至于人家知道不知道、表扬不表扬、回报不回报跟我无关。也就是说，我是为了自己人格的纯正和完善，不是为了那些回报才拾金不昧的。如果拾金不昧、见义勇为是建立在这个基础上，就不会出现那个问题——别人知道的时候，才行善；别人不知道的时候，就不一定了。

个人的境界有道德与法律两个边界，前者重在自我约束，他人无法代替；后者则须诉诸国家、社会。从法律上看，就是要分清价值评价的主体：这事是谁需要的，谁就应该出场来负责任。比如打捞的钱应该由谁出？一般的打捞是家属或者单位出，另外某些场合是国家政府出。权利和责任的主体清楚明确，理解主体之间的关系，对每一个主体的权利和责任有准确的定位，不是仅仅停留在道德判断。以为"道德上是善的，一切方式就都是合理的"，这种观念背后的真正的意义，往往是忽视、抹杀、转移了国家政府及社会共同体的责任，后果是不好的。所以说，国家怎样对市场、经营者进行道德监督和引导是不应该缺位的。

这一次照片的事情，闹大了才去做调查，政府有关的管理部门只

## 走进哲学
### 练就批判的头脑

忙着宣传英雄事迹，没有进行充分的研究，包括明确哪些措施和规定，一方面保护人，少发生溺水的事；另一方面发生了这种事怎么办，应该有明确统一的责、权、利规定，明确规则，清楚到位，使得以后有章可循。如果国家、社会只作道德号召，舆论只作道德评判，而没有相应的法律和措施，就会无意中助长道德剥削、道德专制，这是很不负责任的。我们的社会过去对英模往往只欣赏他们的付出，却不注意他们的需求，对于拾金不昧、见义勇为之类善行，也缺少必要的保护和回报机制，这实际上往往伤害了高尚行为者的权益，不够负责任。

我们的道德情感和道德思维，需要加以反思和变革。传统中片面的道德理想主义思维影响太大了。人们遇到一件事情的时候，只注意里面的道德，却很少思考道德的全面性、历史性问题，更少把它与法律、体制建设联系起来。因此，这些事情激发起来的道德情绪往往容易偏激。一旦有什么现象觉得不道德，大家就会群起而攻之，不容辩驳，也不去深入考察。这种毛病，在关于《拯救大兵瑞恩》争论中表现出来，就有人说："你看人家，十二个人去救一个人，就不说值得不值得；而在中国，大学生张华去救老农，就有人讨论值得不值得。中国人太冷漠、太可悲了！"他没有注意这里的道理：救人固然是应该的，那么是不是任何人在任何情况下，都有义务无条件地去舍己救人？这是不是一个普遍化的规则？我们公共社会怎么对待？不讨论这些问题，就会把道德简单化。

3. 历史上有些事实很像是"罗生门"：事实本身是存在的，但是后来在人们出于各种动机的描述中，这个事实却死无对证，无法认定了。有学者说"历史就是当代史"。每一个时期的人去写历史的时候，写出来的都是他自己现在的观感，而未必是原来发生的那个过程。由于原来发生的过程已经不可重复了，所以就加了很多选择、推断，甚至是想象的联系。这在历史叙述中是一种必然的现象。通过这种现象

## 第四课 案例分析训练

得出什么结论呢？不能说历史事实不存在，也不能说历史事实不可认识。而是说，后人对已往历史的叙述都有后人自己主体性的因素和特征。意识到这种主体性的时候，就要对自己的叙述有批判性的反思。这个批判反思的一个表现，就是我刚才强调的，你的每一个选择、每一个判断都要找到证据，都要力求有证据。不能直接找到证据的时候，推理本身应该尽可能地严密、全面，是综合了多向度、能够包容多种可能性的，而不是单向的、想当然的。这就是我说的，你在综合多种可能性的时候，要抓住并提升公共问题的本质。这个本质的把握要建立在事实存在的充分可靠基础上。所谓"可靠"，是指带有必然性，而不是立足于某种纯粹偶然性的、多维杂乱的细节，加以主观推断。

社会上有些事情，媒体从方方面面把矛盾揭露出来了，那么谁来解决，怎样解决？这时候就需要政府。因为当事人和公众有各自的利益立场，肯定是众说纷纭。而把其中的问题分析清楚，给予回答，并且制定相应的对策、规则和制度，是管理者的责任。政府要集中公众的意见和智慧，形成有效的规则体系，这就是法制。形成法制的效果在于，不能一件事今年发生了，应付过去了；明年、后年还会发生，年年发生年年应付，没有一定之规。就像拆迁问题，三年前有个"最牛钉子户"，现在钉子户现象越来越恶化了，还真的死了人。那么在拆迁问题上，到底什么是必须执行的有效合理的规则？由于这套规则跟不上拆迁进程，地方政府也没有在政府的位置上解决问题，有的甚至跟着开发商走，可能是导致悲剧不断发生重复的根本原因。所以说，应该充分重视这里面的理性缺失、公共立场和政府角色的缺失所造成的危害。

**走进哲学**
练就批判的头脑

## 案例二:权利与责任
### ——小悦悦事件

**概述**:2011年10月13日下午,一幕惨剧发生在佛山市南海区黄岐镇广佛五金城:年仅两岁的女童小悦悦走在巷子里,被一辆面包车碾轧,几分钟后又被一小货柜车碾过。让人难以理解的是,七分钟内在女童身边经过的18个路人,都没有施以救助。最后是一位捡垃圾的阿姨陈贤妹把小悦悦抱到路边并找到她的妈妈。21日,小悦悦经医院全力抢救无效,在0时32分离世。

**教师**:对于"小悦悦事件",现在有各种各样的说法。比如:2011年10月19日凤凰卫视的《锵锵三人行》节目里面有位嘉宾提到:18个人见死不救,中国人到了最缺德的时候;主持人则说:这件事一点都不奇怪,因为中国人现在就是这样;网易女人网的"女性调查"强调此事件是父母监护人的责任;在调查中多人表示遇到此类事件也不会去管,这仅仅是对部分女性的调查。还有中央精神文明办王副主任说:由此说我们现在道德滑坡是不对的,我们现在道德是进步的,如果没有道德进步,我们的经济、汶川地震、奥运会能办这么好吗?这反映了我们人民的道德是好的。

我们希望,大家做案例观察的时候,一定要选定自己的角度,把事情的来龙去脉说清楚,并有一个侧重点,可以从表达主体的角度区分为:事件本身的经过,公众对事件的反应,官方对事件的反应,媒体对事件的看法;也可以从思想内容上区分为道德、社会管理、中华民族传统文化、中国人的秉性特征、当代中国人的精神面貌、民主法制建设等问题。下面请大家谈谈自己的观察分析与意见。

**一 对18个路人的视频分析**

**同学甲**:首先我向大家说明这个事件的过程。时间是在2011年

## 第四课　案例分析训练

10月13日的17点25分,地点是在广东省佛山市的南海区黄岐镇广佛五金城。当天佛山的日落时间,按照推定大概在17点45分。所以很多人难以理解,为什么光天化日之下,一个小女孩倒在血泊中,十多个路人却没有伸出援手。这是大家的一个主要疑点。下面我就将对其进行分析,主要材料是网上九分钟的完整录像。因时间有限,在这里不完整播放,仅截取片段直观说明。

首先可以看到,当天佛山的气象状况是较差的,2011年10月13日广东省佛山市发布了暴雨黄色预警[①],如下。

> 佛山市气象局10月13日17时15分发布禅城区暴雨黄色预警信号(Early-Warning):目前禅城区正受强降雨影响,预测强降雨将持续。请相关单位和人员注意做好防御暴雨的工作,并密切留意我台发布的暴雨信号的最新情况。

当时禅城区也发布了暴雨黄色预警信号。而禅城区和事发地距离非常近(禅城区和事发地点地图,略),我们有理由相信,而且在视频中也可以看到当时的降雨情况。下面这张图(略)就是事发后我们看到的五金城的全景。上面有一个露天的天窗,而且是没有玻璃的,就是说雨会直接掉下来。在小悦悦视频中,灯光有一种很充足的感觉,这使我们大家产生一种见死不救的感觉。其实事实上,当时的光亮情况是不足的,视频只是后期加大了一个光源,所以显得很亮。

下面这张图(略)是当时一些经过的路人还有两辆车的情景。左

---

① 参见:http://www.weather.com.cn/alarm/zhyj/10/1515513.shtml。

## 走进哲学
### 练就批判的头脑

上方的那张图片是一辆摩托车经过。可以看到，当时是有开灯的必要。而我们看到，第一辆车是没有开灯的。右上方是第二辆车，我们看到右边的灯是它的转向灯，它没有开前大灯。然后我们看到，它轧人的那一刹那开了一下前大灯，闪了一下。等于说这辆车的车主很有可能发现了什么，试图用灯光照亮前方，但当他照亮的时候，小悦悦已经被碾压在下面了。

我希望接下来大家听我的分析时，要抱有一种怀疑，如果我们大家都认可，比如说两位司机，他们并不是出于故意要去撞小悦悦——第一辆车可能是碾轧以后，司机因为某些情况（想要逃逸）而造成二次碾轧；第二辆车纯粹是出于无意的，那么在同样的光照情况下，我们为什么不能认可路人也是出于一些相似的理由而没有看见小悦悦，而要去指责他们道德沦丧？

很多时候，我们把很多社会的矛盾集中在一件事情上去宣泄，还有很多无关的人在其中推波助澜、煽风点火。比如事后有很多自称是在画面中出现的人：有个穿白衣黑裤的年轻人，他宣称自己是第一个路人。他的描述和我们从视频中（略）能看到的是一样的，不同的是他的描述中加入了他看见了小悦悦被撞的情节；但是同样也有一个人，编造自己是肇事者，后来又承认是因为无聊而编造事件，为了出名搞的恶作剧；后来采访视频中小悦悦的父亲也说有个肇事者给他打电话承认是肇事者……所以在我的分析中，对于自称自己是第几位的路人以及事后给出自己当时是什么心理状态的，我一概不予采信，我们也不需要去人肉他们，他们的话也并不一定就是真的。声称自己看到的未必是真的看到，声称自己没看到的也未必是真的没看到。我们只是通过隐藏的摄像头看到这些路人最真实的、本能的反应。

不同的路人经过小悦悦有着相同而又不相同的反应。比如第一个路人，就是声称自己是第一个的路人，他在汽车碾轧小悦悦后出现，他淡定而从容，抬头挺胸地走过小悦悦身边，而且还绕过了小悦悦，

## 第四课　案例分析训练

但是他一直顾视左右,自始至终都没有低下头看一眼流血的小悦悦。如果他真的知道脚下有个流血的人的话,我们很难想象一个成年人,能够做到这么稳定的步伐和心理状态。(视频略)

第二个路人,穿白色上衣,骑摩托车。他是瞄了一眼小悦悦,然后从容地骑摩托车经过。(视频略)

第三个路人,穿浅色长袖上衣,一直盯着小悦悦,但是速度未减地经过。(视频略)

第四个路人,开着三轮机动车,也是扫了一眼然后经过。(视频略)

第五个人,骑着三轮车,可以看到他经过小悦悦的时候,速度有明显的降低,但最终仍骑过去了。

第六个路人(视频略),骑着摩托车,虽然开着前大灯,但他完全不抬头,没有往侧边看。很有可能,他确实没有看见小悦悦。

第七个路人(视频略),开三轮车经过,中途回望了一下,但还是没有停下。

第八个路人,请大家注意(视频略),这个人在整个事件中还是比较重要的。他开始骑得很快,经过小悦悦时,他已经迅速减速,刹车了。可能借助尾灯他看清了倒在地上的小悦悦。然后他到了画面的正上方,可以看到他清晰地向旁边的一家五金店指了指倒在血泊中的小悦悦,但是我们看到那家店主直接没有理睬他。然后他就走了,很遗憾。

第九个和第十个(路人),是一对母女(视频略)。我觉得她们是很从容地走了过去,小女孩还转过头去看了一眼。网上有关于她们的采访,采访中说小女孩已经哭了。

同时在画面中出现了第十一个人,一个穿雨衣的骑摩托车的男子(视频略)。可以看到他距离小悦悦非常近,大概有半米。不管光线多么昏暗,他应该是能够看清楚的,但他确实也是没有施救,就这么慢

## 走进哲学
### 练就批判的头脑

慢地走了。

第十二个路人,就是事后被"人肉搜索"较多的人,他应该是旁边的店主之类的人。刚才第八位那个骑摩托车男子向那家店里喊话,很可能就是给这个店主,他听到了。可以看到,他的第一个动作是从店里面走出去,向画面下方走过去,但他马上又用更快的速度走了回来。也就是说,极有可能他知道地上有个小孩,自己认识或者不认识,更有可能发现不是自己家的小孩,就转身走了回去。

第十三位路人,仍像之前的路人一样。骑着摩托车,穿着雨衣,走过。(视频略)

第十四位路人,也就是最后救了小悦悦的那位拾荒的婆婆。网上关于什么"婆婆之前有十八个人"的说法是不准确的。说的十八个路人,很可能是拾荒婆婆喊了之后仍然有人路过,但是没有回应。大家可以注意一下这时候婆婆的动作。她是凑到了很近的地方去看了一眼。也就是说,小女孩的情况无法从一米以外看得非常清楚,需要走近去确认。大家注意小悦悦的手,说明这时她还是有知觉的。在婆婆把她拖到旁边之前,这个小女孩一直都是有知觉的,很可能看上去像摔倒在路边一样。

(视频略)大家注意画面中右上方的那个男人,他走到这里看了一眼,可能想到有什么不对劲,他又走回来看。就是说,之前的多个路人并没有走回来。他是第一个选择走回来看的人,当时周围也经过几个路人。这时候小悦悦的妈妈出现了,她走到画面中将小孩抱起,但动作也较大,把小孩颠了一下。

我们在批评这些过路人的时候,大家的疑问是什么呢?在十多位路人中,因为天气原因有可能看见了,也有可能没看见小悦悦。但是在这些人中,看见的人为何纷纷选择不施援手,或者那些没有看见的人、没有看清楚的人,他们至少也看见了地上有个人形的东西,为什么这么漠不关心?是什么阻止了他们?是否存在一种可能,包括小女

## 第四课 案例分析训练

孩的妈妈在内,都认为小悦悦只是不小心跌倒,并不是有生命危险?那么"见死不救"的"见死",是否真的存在?这些问题,将在下一部分讨论中给予回答。

**教师**:尽量采用第一手的实际材料,这是必要的。下面谁讲?

### 二 媒体的反映与热议

**同学乙**:首先,我想从一个整体的角度系统地看一下媒体起到什么样的作用。主流媒体对小悦悦事件的报道或评论,能从里面看出媒体是怎样来引导人们思考的。

第一个报道小悦悦这个事件的,是南方台15日出来的一个视频。整个报道以小悦悦两次被碾轧的监控录像为主体,具体的情况就不再重复了。报道出来以后,各个媒体又开始对这个问题进行批判,进行分析。

《羊城晚报》16日就在头版头条写了一篇题为"两岁女童先后遭两车碾轧,十多冷血路人见死不救"的文章。在文章里,记者写下的第一句话就是"人情冷暖,何至于此?"这份报纸不仅刊出小悦悦依靠呼吸机维持生命但仍"全身冰冷"的画面,还逐个截屏那7分钟里的十八位路人,请街坊邻居们来"看看这些冷漠的人"。之后《羊城晚报》和金羊网用他们的博客和论坛方式邀请大家来探讨这个问题:人性为何会变冷?是人们为生活疲于奔命,无暇他顾?还是社会风气恶化,使人们丧失了做好事的勇气?从新浪微博开始,只用了不到一个下午,"小悦悦事件"就已经成了搜索热词,咒骂、叹息成为那个星期天的舆情热潮。这时,不仅新闻媒体,而且各大论坛大多针对的是冷血的司机和冷血的路人,还有对冷血的假扮肇事者批判抨击,甚至还有对小悦悦父母的怀疑,对拾荒老人的质疑,可以说各种评论充斥网络。

在凤凰网,对道德底线进行致敬以后,播出"你爱,中国便不冷

## 走进哲学
**练就批判的头脑**

漠"的纪录片,在全国各地街头询问路人"你会怎么做""一起寻找良心的位置",得到的回答大致有四重境界:"我当然得救了""我要凑够十个八个人一块儿去救""真说不好""我不能救"。在自辩理由中,"彭宇案"成为提及率颇高的前车之鉴。他们说是因为法官们当时"误判好人"导致公众寒心,"做好人没好报,现在怎么能反过来怪我们老百姓?"

《新京报》针对这些自辩发表文章说:"人们往往把社会的冷漠、人与人间的互不关心,把悲剧面前人们的无动于衷,归咎于社会风气的败坏,以及法律条文和相关案例的负面作用,这些并非没有道理,但任何社会、任何风气,都是从一个个'我'开始构建的。"可以说,这些新闻已经开始从针对18个路人的批判,升级到了每个人的反思。

《南方都市报》社论版,以每日一评的规格来探讨小悦悦事件。10月17日刊《拾荒阿姨陈贤妹挽救文明颜面》、10月18日刊《小悦悦事件,你我都不是无辜者》、10月19日刊《拒绝冷漠应归位最简单风险评估》。因此说,媒体在尝试使社会认识到一个问题,不止这18个路人是冷漠的,司机是冷漠的,甚至我们个人都可能是那路人或司机。

在道德反省之后,《佛山日报》,也就是小悦悦事件发生地的市委机关报,提出了"发表完道德演说以后怎么办?"《人民日报》在文章里引用了英国见死不救罪的问题来提问:"在社会道德被严重污染的时刻,或者可以让法律来拯救道德?"

《广州日报》也提出:"当现有的道德体系已不足以引导社会向'善'时,法律就不能继续旁观,制度也不应冷漠依然,特别是作为公信力代表的政府规章制度。"凤凰网也用专题追忆了中国社会道德的崩塌过程。

《环球时报》写了《佛山事件度量出社会道德最低值》,文章最

## 第四课　案例分析训练

后认为，很难说到底从哪一方面来探讨小悦悦事件，但提出了中国的利己主义的问题，认为："近年来，利己主义在中国被一些人摆到比自由、民主还要高的'祖宗'的位置上，它还被当成意识形态的工具，用来突破中国传统价值中集体主义的特殊困境……让我们一起抵制利己主义的无限扩张，抵制一些人对利己主义的美化和宣扬。"

然而我想着重讨论一下，在这个事件中，媒体报道存在的一些不负责任的现象。

（1）媒体的报道出现部分失实：有些新闻稿详细罗列了从17时25分14秒小悦悦被撞以后18个路人经过的具体时间和穿着打扮以及动作，精确到秒。但是视频画面也可能会说谎。我看了苏州大学教授张成敏的一些分析，曾经当过警察的他运用证据学和逻辑学，推理出小悦悦事件的另外一种可能：这个视频竟然是被剪辑过的！而且网上出来的视频亮度不一，昏暗、较暗、明亮、清晰，哪一个更接近真实呢？我查了一下当时的气象台资料：傍晚17：00—20：00，日没点18：04，南海局部雨量1小时达30—50毫米。《中国青年报》实测描述是：暮色四合。此时，五金城没有开灯，车灯和反射光乱晃，铁皮顶撒豆般炸响。在这样的视觉条件下，加之下着大雨，试想作为一个正常人，我们会不会有可能看不到东西？

而且有的媒体标题也不符合客观要求，以金羊网—羊城晚报《佛山女童被碾事件追踪：18名路人否认亲历事件》为例，记者当时只找到了为数不多的几个路人，事实上不可能找到所有路人来证实，但是却以偏概全，断言18个路人否认亲历事件。

从以上可以看出，小悦悦事件被炒得沸沸扬扬，也有可能是经过媒体的报道材料选择、加工出来的。

（2）报道内容不够客观理性

我觉得，媒体要做的也不仅仅是呈现事件的面貌，更应该借此机会，从社会、政府、法律、大众心理等多方面入手，全面客观地对我

## 走进哲学
**练就批判的头脑**

们的社会进行深层次的反思。但是在我所能搜集到的资料中，大部分媒体都集中在"18路人冷漠"这个有震撼效果的话题，以一个道德法官的姿态进行道德审判。例如记者采访老板娘林某的时候，问其为什么没有施救？林回答："流了那么多血，我才不敢过去拉她。现在都指责我没人性，可我是害怕。"对这个回答，我选择相信。在一个下着雨的晚上，一个人血肉模糊地躺在地上，对于一个女人来说，产生害怕和不知所措的情绪是可能的。先不说其道德优劣，现在的一个事实就是，民众普遍缺乏一种最基本的在危急时刻实施救助的知识和能力。她未必是真正的冷漠，可能只是在面对危机情况的时候缺乏一种应急的知识和能力。

另外，也和一种大众心理现象，也就是最近网上热议的"责任分散效应"有关。责任分散效应也称为"旁观者效应"。当一个人遇到紧急情境时只有他自己在旁边，他会清醒地意识到自己的责任，如果他见死不救会产生很严重的罪恶感、内疚感，这需要付出很高的心理代价。而如果有许多人在场的话，帮助求助者的责任就会被分散，旁观者甚至可能连他自己的那一份责任也意识不到，从而产生一种"我不去救，由别人去救"或者"别人都不救，我为什么要救"的心理，造成"集体冷漠"局面。这种现象不能仅仅说是众人冷酷无情或道德沦丧。在不同的场合，同一个人的援助行为也可能是不同的。有个别路人冷漠也是正常，但如果十八个路人集体冷漠，就值得全社会重视和反思了，所以这样的新闻很容易吸引广大受众的眼球。我觉得国人的道德并没有媒体报道的那么夸张。但为了满足猎奇心理，制造轰动效应，媒体就选择将路人作为重点对象，而忽略了主要的责任者和肇事司机。

**教师**：请归纳一下你观察的结论。

**同学乙**：我想说，我们的信息大都是从媒体获得的。从小悦悦事件可以看出，媒体有时由于利益驱动等原因，并没有给我们展现事实的真相。我不想从道德方面来审判媒体或个人，只是想让大家知道，其实我们生活的世界和视角也是受到一定的局限的。

**教师：**说到局限就完了？

**同学乙：**其实是媒体在影响我们的生活，在引导我们思考。

**教师：**然后呢？然后你就心甘情愿地永远做一个被引导者？

**同学乙：**当然不是。看到一件事，不要一开始就进行道德批判，要多方面地去看一些问题，要多了解。

**教师：**也就是说，在媒体面前也要有独立的思考意识，媒体不一定代表道德。

**同学乙：**对，而且我想强调的是，媒体的责任也很重要，更应该实事求是，保障公民获取真相的权利。这才能对发现问题、解决问题起到积极的促进作用。

### 三 法律责任角度的分析

**同学丙：**我从法律责任的角度重点分析几个主体的责任。

1. 监护人责任

在这个案件中也就是父母的责任。很多人觉得他们是受害的一方，应该被同情，怎么会有责任呢？监护权不仅是一种权利，更是一种义务。因为没有履行好他们的义务，才导致了悲剧。

先来看一下我国现行法律对监护人责任的规定，《民法通则》第18条规定，监护人应当保护被监护人的人身、财产权益，如果监护人不履行监护职责或者给未成年人权益造成损害的，应当承担责任。《未成年人保护法》第10条规定："父母或者其他监护人应当创造良好、和睦的家庭环境，依法履行对未成年人的监护职责和抚养义务……"被监护人的权利至少还有"人身、财产"兜底，这是没有问题的。问题在于：

（1）我国对于监护人不当履行监护义务的行为，应该承担什么样的责任没有做细致的规定。在这个案件中，父母对孩子明显没有恰当履行监护义务。我相信按现在的立法，如果孩子没有出事，父母是不用承担任何责任的。因此我们对这对父母表示同情的时候，也要为其他类似的父母发出警告：拼命为孩子工作固然重要，认真履行监护责任、让孩子健康成长更重要。不然会受到法律的制裁，乃至剥夺监护权。立法干预，把这种悲剧扼杀在摇篮里是必要的。

（2）我国现行法律中没有规定监护监督人，也没有规定监护监督机关。也就是说，我国现行立法缺乏对未成年人监护人的监督制约。一个法律是否能实施，监督环节很重要。世界上多数国家将未成年人监护问题列为公权监督的范围，不仅有专门的机构，而且还有严密的法律程序。如美国的儿童福利局、德国的少年局、瑞士的监护主管厅等，担负着监控、管理、制约监护人监护行为。德国、日本、瑞士及法国的民法中都规定了亲权制度，认为国家是孩子亲权的最高亲权人，可以剥夺父母的监护权。而我国现行立法缺乏对未成年人监护人的监督制约，这是值得探讨的。

2. 市场管理部门的责任

我们先来看一下安全保障义务的定义：安全保障义务，是在综合考虑了在调整商业活动的秩序中，设立这种义务的社会经济价值及道德需要后，依据诚信及公平原则确立的法定义务。具体是指经营者在经营场所（包括服务场所的所有者、管理者、承包经营者等对该场所负有法定安全保障义务或者具有事实上控制力的公民、法人或其他社会组织）对消费者、潜在的消费者或者其他进入服务场所的人之人身财产安全依法承担的安全保障义务。不管市场管理部门为了防止市场内交通事故的发生是不是做了合理的设置，但就小悦悦被撞后长时间内竟然没有相关部门采取措施这一不作为来看，就没有很好地履行他们的义务。

3. 路人的责任与见危不救是否入法

路人的责任是我们要讨论的重点。我们无法一一考证当时18人的心态，我只能以我善良的心去揣测他们中不少人是这样想的。有这么一种人，有正确的道德观却没有行动力。这就要考虑到小悦悦案的社会背景——彭宇案以及众多类似案件的发生，缺乏对救助人的保护，见义勇为不仅需要勇于救人的勇气，更需要直面衍生麻烦的勇气，这就是社会的责任了。而我们在讨论见危不救是否入法的时候，要解决一个基本问题，也就是法律的人性基础。因为法律是调整人与人之间权利义务关系的规范，法律怎么看待一个人就显得尤为重要。从国家法律产生的原因来说，法律的直接目的是限制人们的私欲，限制人的利己，使人们在社会中有序的生活，最终保护每个人的利益。这就是我认为见危不救立法的必要性之所在——限制人的自利性，强制人们履行社会责任。

有人说道德也能达到这个效果。那就需要讨论道德与法律的关系了。这里有两个观点：一是立法代表道德倒退；二是道德也能限制人的行为，法律不应干预道德。我对这两个观点发表一下自己的看法。

一是立法不见得就是道德的滑坡，也不必等到道德滑坡。在本案中，立法是出于对个体社会责任的要求，对他人人权的尊重。只要一些行为可能带来严重的社会影响和后果，就可以考虑立法。例如《民法通则》第79条规定：拾得遗失物、漂流物或者失散的饲养动物，应当归还失主，因此而支出的费用由失主偿还。《刑法》条文第二百七十条规定："将代为保管的他人财物非法占为己有，数额较大，拒不退还的，处二年以下有期徒刑、拘役或者罚金；数额巨大或者有其他严重情节的，处二年以上五年以下有期徒刑，并处罚金。"直接将拾金不昧的道德准则在强制力上上升为法律。这样的立法还很多，这些立法是不是说父母对子女抚养的道德义务、拾金不昧的品德等等都滑坡了呢？至少在家庭方面，中国的道德观是根深蒂固的。所以立法是道德滑坡的观点是站不住脚的。

二是徒法不足以自行，法律实施需要道德等社会规范的辅助。在

## 走进哲学
练就批判的头脑

一些问题上一味依靠道德也不行。道德只是一种自律，在危机时刻，在别人的生命面临危险而我们有能力救助时，不能只依靠道德来促使外在行为。可见法律与道德并不是对立，而是相辅相成的。法律规范把道德的一些原则、要求加以确认，使之具有法的属性，从而使他具有强有力的保障。另外，法律可以促进道德建设。一般来说，法律所禁止的事情也是道德所谴责的。道德是一种自律，法律是一种他律。法律可以通过对他们外在行为的限制，从外部影响人的内心。因此，道德与法律是对社会秩序维护的双保险。道德的局限性之一，就是道德底线容易被突破——只需要一个说服自己的理由，比如救人会带来麻烦。而法律就不存在这个问题。法律重点关注外在行为，且由国家强制力保证，突破法律底线的成本是很高的。

见危不救立法在中国古代以及许多外国立法中也是可以看到的。比如唐朝规定，"诸邻伍被强盗及杀人，告而不救者，杖一百；闻而不救者，减一等。力势不能赴救者，速告附近官司，若不告者，亦以不救助论"；"见火起，烧公私廨宇、舍宅、财物者，并须告见在及邻近之人共救。若不告不救，减失火罪二等"。法国1994年修订的《法国刑法典》就有"怠于给予救助罪"，具体条文是："任何人对处于危险中的他人，能够个人采取行动，或者能唤起救助行动，且对其本人或第三人均无危险，而故意放弃给予救助的，处5年监禁并扣50万法郎罚金。"美国州法规定，发现陌生人受伤时，如果不打"911"电话，可能构成轻微疏忽罪。

但是，我们在把道德义务转化为法律义务时必须审慎，必须严格地控制适用范围，不能把普通人达不到的道德义务转化为法律义务，否则就是强人所难，结果既损害了道德，也不利于法治。强制救助应该是：第一，救助主体明确；第二，在自己支配的范围内；第三，存在某种危险状态，并且我认为这种危险状态应该达到在一般善意之人看来会威胁到需救助人的生命或者严重损害身体健康的程度；第四，

## 第四课　案例分析训练

这种情况是紧急的，需要及时的救助；第五，在自己的能力范围之内，比如简单地叫救护车，等等。法不强人所难，如果要他人超出自己的能力救助他人，不仅法律很难被履行，而且也可能带来不利的社会影响。

最后，在人大会上提议见危不救写入刑法，这也是很多人的想法。但我觉得就目前的社会现实来看，这样的处罚未免过于严厉，难以被接受。重刑主义已经被历史证明不是很好的方法。处罚可以在私法的层面解决，可以处以惩罚性的赔偿、警告等，逐渐培养人们在此问题上的法律意识。无论怎样，国家应该在这个问题上明确自己的态度：见危不救不仅要受到道德谴责，也要受到法律的制裁。对于道德高尚也敢行动的人应给予肯定和奖励，对于有正确道德观而不履行的人和没有正确道德观的人要给予法律的强制，事后给予惩罚，促使大家履行自己的社会责任。

4. 社会管理部门责任

立法部门：立法规定见义勇为的报酬请求权，肯定并鼓励这种行为。对于被救者的不当行为立法。如被救者反咬施救者，则须亲自上门向救助者赔礼道歉，并施以其本人医药费数倍的处罚，使公民在实施见义勇为时免去了顾虑和担忧。

司法部门：在法律的框架内解决问题，杜绝"彭宇案"的出现。

行政部门：为见义勇为者提供一定的物质资助与奖励等。

**教师**：在这个案件中，如何解决有没有看见等一系列的取证难问题？

**同学丙**：我们首先是讨论是否该立法的问题，也就是说，这个问题是否该纳入法律思考。在证据学上，一些比较实务的问题，我们确实会遇到很多困难，有时较难解决。但如果一个问题确实需要法律的干预了，那么我们要考虑的就是如何去解决实务中遇到的困难，而不是为了回避实务中的困难，而不立法。

## 走进哲学
### 练就批判的头脑

**同学丁**：意外的情况是不承担法律责任的。小悦悦案件就是一个意外，父母是不用承担责任的。

**同学丙**：父母对这个结果的发生可能解释为意外。但是，让一个2岁的儿童在如此复杂的环境下随意活动，就是父母没有看好，明显没有认真履行自己的监护义务，要接受处罚的并不是让父母对死亡结果负责，而是对他们不认真履行监护义务的行为负责。

**教师**：我认为同学丙刚才的意见是值得考虑的。从责任范围的角度入手，是应该涉及的，在理论上也值得思考。第一，强制救助只能赋予特定的社会主体，比如政府，不可能让公民也无条件地承担；第二，有两个词要注意区分——"强制救助"和"见义勇为"。但你有没考虑前面同学的发言？他认为要反对利己主义；而你的法律人性基础就是建立在利己主义之上的。

**同学丙**：利己主义不能反对，利己就是人的一个本性，就跟爱恨一样，没有善恶之分，不能去消灭，只能说控制在合理的范围之内。法律的存在与运行就说明了人的利己本性。

**教师**：这就涉及了一个理论问题，法律是不是应该以利己主义为核心？你无条件引用了"法律的人性基础是利己主义"，是不是非得这个理论才能解释我们的问题？是不是要把利己主义合理化、合法化？这个要继续思考。

**同学戊**：老师，在这个问题上，所有法学家都承认"经济人假说"在法学领域的适用。

**教师**：据我了解未必如此。以为法律的人性基础是自私，这只是一个传统观念。即使所有法律人都承认，那么它是不是正确地把握了法律的本质？这也是需要思考的。特别是我们剖析小悦悦这个事件，与抽象的人性理论之间有多大关系？说服力有那么强吗？我觉得应该抛开成见，从事实开始。小悦悦这个事件引发了你思考为什么要立法，如何立法，是不是？从这个角度深入论述，就会更深刻一点。

## 四 责任意识和义务的关系

**同学丁：**我就从责任意识的反思上来说这个事件。现在我们看到的是一个混搭的社会生活背景。我们生活在现代社会，却使用着后现代的技术，同时依恋着前现代的情感。而我现在讲的责任概念，不是从法律上，而是从哲学上来讲的。

虽然康德反对在经验中讨论责任，但责任毫无疑问是一个经验中的概念。责任必须是具体的和历史的。责任是一个自由的、有理性的公民对自己的行为所必须付出的相应等量的代价。与此相应，责任必然有如下原则：第一，责任是人的责任，物没有责任。也就是说，并不是所有生物学意义上的"人"都有责任，比如婴儿和精神病人就没有也不应该有责任，社会也并未对他们有这方面的要求。第二，责任一定在行为中确定是实践中产生的。世界上没有空头的责任，一个人身上被赋予责任，相应地承担多少责任不是先天的，而是在一定的责任关系中产生的；每一个责任必须有一定的境域，也就是说，责任是一个历史概念。

基于以上原则，责任可以划分为责任主体、责任对象和责任过程。基于对主体的定义，就否定了一些把责任的承担者只看作个人的观点。责任主体可以是个人，也可以是一群人。而责任对象可以划分为对自己的责任，对他人的责任和公共责任三个部分；责任过程是一个实践过程，也是对主客体的认定过程。

其中最为重要的是主体责任意识的表现，即责任行为反映着责任意识。人首先要对自己负责，其中最重要的是要对自己的生命负责，但是这个责任承担的主体必须是有理性的，有自由有选择的，而且在可能性上能够承担自己的行为后果。小悦悦还没有成为这个意义上的人，所以她不应该为自己走到路中央的行为负责。那么这个责任相应地就转移到了她的监护人即她的父母身上，在这个时候父母就要为她的行为负责。我们在国外的一些法律事件中可以看到，有些由于监护不到位而导致小孩死亡，父母是要被起诉的。这也是责任转移的理论表现。父母是有责任的，这已经可以确定。

两辆汽车的驾驶者要负责，这个不需赘述证明，因为他们的行为是这一事件的直接肇因。开车实际上是对他人的责任的体现。

我们争论最多的是这些路人。对路人只能从责任角度来划分，不能从权利角度来划分。如果从权利角度来看，他会说我有施救和选择不施救的自由权利，那么对该问题的分析就无法进行了。如果从责任角度来看，就是一个公民在看到其他人受到人身伤害时，有责任来拯救他人的生命。这个时候一个清楚自己作为公民的责任和权力的人，自然会明白我对他人的责任，进而明白这一行为也是承担公共责任的体现。事件中的每一个人和关注事件的人都相应地分担了不同的责任。每一个关注者，都要澄清事实，宣扬正气等。可以说，责任意识是一种深刻的、自觉的价值判断，是构成自觉主体意识的一个主要方面和标志，也是决定主体实践动力的一个内在依据。

每个人对待责任的态度和负责行为表现了他的责任意识。当人们有责任意识时就会对责任和责任意识有一个看法，这个看法就是责任评价。由于不同的社会现实，导致了不同的评价主体有不同的责任评价标准，但这并不表示责任是主观的。相反，责任有一定的客观基础，这个基础就是责任的现实历史性。责任的现实历史性是对责任主体进行责任和责任量划分的依据，也是责任评价合理与否的依据。不同的历史时期对责任的要求是不同的，我们不能拿现在的责任标准评论古人，也不能拿古人的责任标准来评论现代人。如果说对人的责任要求是"忠君、孝亲、治国、平天下"，这是古代人治社会的责任要求的话，那么现在进入民主法治社会，古人的标准就不能全部适用于现代人身上了。同时，也并不是说要把古人所有责任标准都抛弃，其中有一些普遍适用的责任依然存在，这也是我们对于价值、道德、责

## 第四课 案例分析训练

任等观念存在分歧的地方,就是人们对于什么适用、什么不适用的看法不一的地方,但这恰恰说明了价值研究的关键是对主体性的研究,也证明了一些价值是普世的和一些价值不是普世的。

我们在事件中看到,人们对自己所应有的责任并不清晰健全。而责任意识的教育要从两个方面入手:一是目的,要让每一个公民建立起自己的主体意识,对自己相应的责任和权力一目了然,树立自己的公民观。否则每一个不健全的人跟所有不健全的人斗争,像堂吉诃德跟风车大战一样毫无结果。每天都会发生很多有争议的事情,不是一句"公说公有理、婆说婆有理"就能把事情了结了。一直抱着不负责的态度,我们会在浑浑噩噩中让历史不断地重复。二是内容:知道如何去负责,这个就很具体,比如看到一个人倒地,这时候不但要知道"要去做",而且还要知道"如何去做"。

**教师:** 你把一个很强烈刺激的现实问题变成了一个很抽象的理论问题之后,这些理论对现实的事件有什么指导意义,那个现实感在哪里找到?那个点在哪里?你说人要有责任意识,用这种方式让那些"冷漠的路人"有责任感,他们服气吗?撇开权利来说责任,也许会是一个误区。

**同学丙:** 责任应该定义在权利上,权利应该是责任的基础。

**同学丁:** 就是说,必须首先要是一个自由的人,才可能有自己的让渡权,否则就都谈不上。

**同学丙:** 责任和义务是什么关系?

**同学丁:** 这个你问过我了,我也没有想清楚。

**教师:** 责任包含义务。责任更多是指对客观后果的担当,不在于是否认识到了。义务是法律或其他规则体系之中明文规定的责任,比如法律所规定的、人们必须履行的责任,就叫义务。而有一些责任并不在法律规定之内,比如道德责任、人情责任等。

**同学戊:** 那道德到底是一种责任,还是一种义务?

**教师**：道德中当然有责任和义务等不同层次。有一些在道德体系中公认（约定俗成）的或明确规定了的责任，就是义务。有一些虽未规定为义务，但作为人际关系的后果，也可以是责任，比如赡养老人是子女的义务，而能否让老人快乐则与责任有关，它能影响生活的质量，但实践中的条件和差别幅度很大，难以统一规定和量度。这个问题可以进一步观察思考。

## 五　看问题的社会历史角度

**同学己**：刚才大家讲了道德和立法的问题，我从社会学和历史的角度讲一下小悦悦悲剧的社会根源。我不想把它作为一个道德谴责的目标，而是作为一个客观研究的目标，去讲一下这个事件为什么会发生。黑格尔说：凡是存在的都是合理的。当然，这个事件从感情上来说完全是不合情理的，但它毕竟符合一定的发展逻辑。我主要引用的理论，来自于齐美尔的城市社会学。

先讲两个事例。

一个是最近的，在小悦悦事件发生之前，9月20号左右，星期五的一天，北京《法制晚报》的记者做了一个调查。他雇用一个五十多岁的女性群众演员去扮演一个六七十岁的老太太，在北京的街头摔倒。他选择了这样几个比较典型地点：王府井（商业街），天通苑（居民社区），清华大学的食堂，还有一个是北京朝阳区的CBD（中央商务区）。不同的地方得到了不同的结果：在中央商务区（CBD）的写字楼下，是显出人们最冷漠的地方，很少有人上去关心，更不用说去搀扶了，直到10分钟后，才有一个送外卖的小伙子骑车经过时，下车把老人扶起。王府井的情况好一点，不一会儿就有很多人聚集，并打电话求助。在天通苑情况也还可以，有一些人围观、打电话，但没有人将她扶起。在清华食堂门口，正好是吃午饭的时间，有很多人看到了，但同学都不知道该怎么办，过了五六分钟才有人打电话。这

## 第四课　案例分析训练

个实验说明，冷漠现象在一定程度上是存在的，而且在某些地方比在另外一些地方更严重。这是我们国家最近的情况。

再把时间往前推，1997年我国曾经拍过一部电影《离开雷锋的日子》，就预言了小悦悦悲剧、彭宇案。雷锋的战友乔安山由于间接导致了雷锋的去世，很内疚，所以决心继承雷锋的遗志。他是一个司机，有一次在东北出车的公路上看到一个老人被撞倒了。撞倒老人的司机已经逃逸，有几个司机路过，停车下来看，觉得不太好办，就走了。乔安山把老人送到了医院，但之后老人的子女反而诬陷乔是撞人的凶手。这个电影很感人，但说明十几年前就有这种情况了。那么，再早一些呢？我不能揣测。《离开雷锋的日子》是相当具有标志性、符号性的。在改革开放的浪潮下，道德受到很大的冲击，人变得越来越精于算计，在救人之前会算一下是不是可能被诬陷，或者说是他在社会上看到了很多这样的算计的现象，才会去考虑这种后果。所以，社会的基础已经变了。

再把时间往前推，不在中国而是在外国讨论这个问题。20世纪30年代，美国新兴城市社会学的芝加哥学派，曾在美国大都会——纽约的街头做过同样的实验：让一个人扮演跌倒的路人，看旁边有没有人把他扶起来。结果也是这样：冷漠的人占到相当大的比例，很多路人视而不见。当时社会学者认为，这反映了人们的大都市生活中的心理状况，以及大都市里路人的心理状态——对于周围的环境不太关心，因为他和环境没有心理上的联系，只是把它当作经过的路，他不觉得这是他的事情；再加上路人的心态，也就是说"反正有那么多路人，肯定有人去管"，所以就没人去管了。理论上的分析就是这样。

再把时间往前推，推到垄断资本主义大都市兴起，也就是19世纪20世纪之交，也是社会学这个学科兴起的时期。社会学研究的一个目标，就在于研究这个新的社会和传统的社会有什么不同。这个不同造成了很多的问题：很多人的心理不适应和道德素质下降，等等。

## 走进哲学
### 练就批判的头脑

有一个德国社会学家齐美尔，对大都市作了开拓性的研究，思辨色彩更强。在他的一篇著名的文章《大都会与精神生活》里是这样说的："都会性格的心理基础包含在强烈刺激的紧张之中，这种紧张产生于内部和外部的刺激的快速而持续的变化。"大都会的特点是："街道纵横，经济、职业和社会生活发展的速度和多样性，表明了城市在精神生活的感性基础上与小镇、乡村生活有着深刻的对比。……在乡村，生活的节奏与感性的精神形象更缓慢地、更惯常性地、更平坦地流溢而出。……都市人——当然他以成千上万的变体出现——发展出一种器官来保护自己不受危险的潮流与那些会令它失去根源的外部环境的威胁。他用头脑代替心灵来做出反应。"大都市的生活状态、货币经济的经济形式、思想中的理性主义（"每个人都是一个理性人"），这三者在缘由上是相同的，三者互相联系。在大都会中，人们无限地追求快乐，这反而使人变得消极厌世。都市人在心理上的一个突出表现是"自我退隐"，也就是人与人之间缺乏积极的关系，最典型的例子是：人们甚至可以不认识多年相伴的邻居——这是大都市的特点。大都市和古代中世纪的小城镇是不同的。"古代与中世纪的小城镇设置了障碍，阻止个人的行动与关系向外发展，它也在个体自身内部设置障碍阻止个体的独立和与众不同的色彩。如果现代人在这样的障碍下生活，会觉得完全无法呼吸。"（齐美尔语）所以，作为社会学家，齐美尔的态度是，我们要去研究在新的大都会中人们生活的特点，而并不是做一个简单的道德谴责——它既有优点，也有很多缺点。

中国改革开放之后，城市化的速度突飞猛进。直到取消票证之后，才有了完全意义上的货币经济。理性主义也是在市场经济之后才越来越成为主流、主导思想。我们现在的发展阶段有点像19世纪20世纪之交的西方国家，出现的问题也类似。我的想法是，可能我们可以借鉴西方在当时的措施，来做出我们的应对。至于具体的立法可以借鉴德国的具体立法，《时代周报》上有介绍，这个立法不仅有事后惩戒的功能，也有积极引导教育的功能。在当下这个道德灾难频发的时代，立法应该是首要考虑的。教育是长期的、缓慢的，但又有基础性的工程，立法可以走在它的前面。

**教师：** 那么具体到小悦悦这件事情上，你认为一个健全的现代文明的城市人会怎么想、怎么做？

**同学己：** 其实，如果是一个健全的人，那就不分城市人和乡村人了。救死扶伤，这是人应尽的责任——这也是人的本质性的东西。齐美尔强调，大都会造成的心理状态，并不是人的自然的心理状态，而是人在大都会生活中的扭曲的现象。

**教师：** 那么，解决问题的出路是什么？

**同学己：** 一方面要适应大都会里人的心态，并不是所有人对所有事情都会权衡利弊得失、精明算计。有很多人还是有道德本能的冲动的，超过了精明的算计。我们要考虑的，是算计的习惯压倒了道德本能冲动的那些人，怎么样去帮助他改变这种行为方式？我的考虑是通过立法。如果有法治的话，他必须把这个守法考虑在内。如果见死不救的话，他会负一定的责任。这样的话，即使是出于理性的算计，他也会去救人。所以，不管是出于道德本能，还是出于理性算计，他都会去援助。

**案例小结**

**教师：** 同学们一次比一次做得认真，准备也很充分。这个比喻很好：石子投水后波的传递过程。我们是站在哲学的高度，也就是站在社会公共领域思维的高度来看待这样一个有重大影响的社会事件，分析它的性质和它的意义。所以在观察中要注意把握以下几个重点。

第一是把握观察的角度和层次。人是受主观因素、个性特征影响的，公共事实在每个人的主观里能够形成切实可靠的观察，宏观定位是怎么样看问题的关键点。如果你看这个问题的层次不够，就看不到

## 走进哲学
### 练就批判的头脑

它的背景和来龙去脉，就很容易被很多琐碎的细节牵着跑，就事论事，迷失方向。哲学的功能，要求抽象，就是要达到一定普遍本质的高度去看问题，这是需要训练的。

在这个事件中，首先需要明确和总结的是，面对事件本身的全过程和我们每个人的思考，聚焦点在哪里？就像我强调的，哲学和别的学科不一样的地方，就是不在于它看什么，而在于它要怎样看。我们所看的，就是我们的世界和我们自己的生活历史实践。大家看的是同一个对象，但看到了不同的内容和结果。这就要找到各自的焦点，我们应该思考的是站在哲学高度上，应该看到整个事件的完整过程，和它在当前具有的时代意义的新特点。

大家对于事件本身和有关议论的方方面面基本上都谈及了。小组会上甚至有人讲到，市场监管也看到了自己的责任，后来在路上增加了减速带。再如摄像头在事件过程中所起到的作用，画面的清晰明暗，像这样的问题大家都注意到了。光线的明暗不是毫无意义的，你们知道，当年林肯当律师时，曾破了一个案子，就是由于光线问题。一个证人说他在月光下当场看见了某人杀人的过程。林肯去查证，发现那一天是没有月亮的，是这个证人在说谎，于是就找到了解决案子的突破口。在我们这个案子里，本来昏暗的画面后来被处理成光亮的场景，这个处理本身的意义和导向是应该注意的。很多相关人士对它的态度和处理方法，包括新闻报道的方法，本身就表达出一种导向。

不管是好事还是坏事，类似的情况每天都会发生，关键在于如何解释。一个并不少见的意外事故，怎么被炒成了轰动国内外的重大道德事件？这是在什么样的社会背景下发生的？没有背景分析就不能更多地看清楚这件事情的意义。同学们提到事情的社会背景，最多追溯到"彭宇案"。从我这个角度看，实际上中国正在面临这一场转型期的苦恼和困惑。表现之一就是，近十几年来，关于道德形势判断的"滑坡论"与"爬坡论"之争延续不断。到底怎么看我们现在的社会

## 第四课 案例分析训练

和现在的国人？要朝哪个方向去推进和引导？通过眼前这件事，最后集中到这个具体问题上了：我们中国到底是最缺德还是最缺法？迄今为止，无论是官方还是民间，都把主要视点聚焦在道德上。官方下了很多力气在全国树道德楷模，并让他们到处做报告，官方媒体也尽量报道新涌现的道德正面的事件、好的行为。宣传这些是为了什么呢？是为了强调，中国人的道德是好的。比方说我们奥运会、亚运会、汶川地震表现出来的主流，证明我们中国人的道德是好的，不能说道德滑坡；另外有些人则相对立，他们更愿意随时拿出实例来证明，中国人现在的道德不好。比如在小悦悦事件中，事件原因是多方面的，其中四个环节的疏忽——父母监护、市场安全漏洞、司机肇事、路人淡漠，至少是这四个方面的失职造成了一个两岁儿童生命的悲剧。但舆论是怎样一下子就集中到18个路人身上，并且力图用以证明"中国人到了最缺德的时候"？显然是出于背景影响，事件被有选择地重点发挥了。各方都对事件做出了自己的解读和取舍，但有一个共同点，就是聚焦于普通群众的道德。民间把这个事情聚集在中国人的道德上，官方也是这样，只是说法不同，但是聚焦点都在这里。实际上，各种不同的表态都是有潜台词的。有人夸大说中国人道德不好，是用来和主旋律唱反调；但对方也可以以此证明主旋律的道德宣传教育的必要性。于是双方不约而同地把矛头指向"18个路人"，否则议论这件事就没有新鲜感了。比如，民间一种意见强调，18个路人可以代表大多数中国人，道德冷漠是普遍的；而从领导角度来讲，可以说这18个路人的冷漠证明了我们以往工作中的很多缺点和失误，由此应该进一步加强社会管理和公民道德教育……不管怎么说，都先默认了18个路人代表冷漠，从而使这个问题成为焦点。

第二是关于观察的思路与细节的追问。与前一点相联系，确定了一个角度和层次之后，就要从这方面形成自己的观点，并为自己的观点寻找证据。有些细节在本质上可以忽略，但对某个观点、某个结论

## 走进哲学
练就批判的头脑

来说，这可能是关键的证据。例如刚才说的光线问题，是判断这些路人看没看见的证据。有同学能指出这一点，说明观察得很仔细。你没有多样化的理解和观察，要想知道什么是主流，就都无从去找。我们要求有自我批判、自我超越的意识，你的观点要和证据相联系，在提问、设想和评论的时候，你对你自己的东西要有自我批判意识，才能帮助你寻找那些切实可靠的证据，而不是想当然，用自己习惯的心理"完型"事情过程，用想象代替事情本身，那样就妨碍我们对事实的深入观察。

关于总体道德势态的背景判断，也关系到怎样看正在走向现代化的崛起的中国、中华民族和中国人民的现状。如果保持客观冷静的心态，如同学们所说，抓住自己的角度和层次，从头到尾看清楚、说清楚关键性的细节，才可能看见那些未被注意的问题，抓住事情最重要的、本质的方面。比方说，有个骑车人看到了地上的小孩，并告诉了旁边的店老板，但店老板并没有去管，这是出于什么心理？再有，带小孩的妇女解释说，怕伤害她自己的女儿，而她也提醒了别人，但别人并未在意。人们的心态，是和前前后后的许多事件，和社会的整个氛围相联系的，有人甚至已经很自然、很习惯了。这种情况恐怕不在少数，有种"看客心理"，鲁迅就曾经很痛心疾首地斥之为"国民的劣根性"。对这种劣根性的反思，已经不是一天两天了，我们怎样有新的高度？

刚才同学讲了不要离开权利讲责任。权利和责任是相互赋予的，人有什么责任应该和他的权利相统一，有什么权利就意味着要承担什么责任。冷漠麻木表明，一些人在心里没有对把这个国家、社会、公共的事情的参与当成自己的权利。他没有权利意识，也必然没有责任意识，认为这是与我无关的事，是我管不了也管不起的事，很多人是出于这样的心理。所以尽管他内心是愿意帮助别人的，特别当他看清楚是一个孩子躺在那里流血，我想90%以上的人是于心不忍、愿意帮

## 第四课　案例分析训练

助的。但是在一定的社会文化氛围内，他首先想的却是：我没有权利自己按照自己的良知办事，我要看别人怎样对待，要和别人一样，……这种潜移默化的意识，在我们的文化传统里影响很深。从我的角度看，长期以来，权利意识和责任意识分离的状况是个根源。有很多很多东西告诉人们：你没有权利，所以你也没有责任。所以人们可以理所当然地看待这种现象。从宏观总体上把握，在整个过程中我们抓什么问题，从哪个角度、哪个侧面来把握问题，是考验我们是否会观察的一个指标。

第三是叙述的繁简与思想升华。当你的思想明确了，材料充分了，观点清楚了，怎么样把最关键、最核心、最实质的东西表达清楚，就要要言不烦，而不要把自己说乱了，弄糊涂了。今天几个同学的发言都准备得很成熟，有的成熟到形成文字了。但你说的时候念稿，别人就不好讨论，因为太严谨、太完备了，而别人听一遍可能还听不清重点，就不好和你讨论。你不刺激别人，别人就不跟你争论。你想要大家讨论，就要把刺激人和挑战人的观点的材料突出出来。怎么突出？这就是表达艺术。其中很重要的一点，就是繁简得当，像古人画画一样，有的地方"惜墨如金"，有的地方"用墨如泼"。学会繁简，组织材料，不要把自己的思想火花和观点精华湮没在乏味的套话里，这是需要提炼的。

我通过观察发现，人才有各种类型。其中有人善于把一件事掰碎了、嚼烂了，从头到尾一点不差地说出来，而且无论说多长都不会乱，这样的人是做学问的好材料；而有的人善于三言两语把一件事情的实质和要害说清楚，这样的人则适合于干实事、当领导。我们这里将来做学问的应该是少数，所以更应该学会要言不烦，言简意赅。当然，做学问也要看对谁说，不可能什么时候都像给学生上课这样掰碎了、嚼烂了说。同行同道的高手在"盘道"的时候，因为背后都有共同的知识和理论、逻辑思路做基础，也可以一两句话就能进行交流。

## 走进哲学
### 练就批判的头脑

　　总之，善于删繁就简的表达，实际上是自己思考的一种升华。用哪些核心概念来表达观点，用什么样的实例和实证来支持我的观点，也是需要组织的，这种能力需要反复地训练。

　　最后是这个案例的启示。我对于整个事件的思考已经公开发表过了。简单地说，我认为中国现在不是到了最缺德的时候，而是到了最需要法治的时候。现在补充一些：

　　看问题要有全局眼光。如果专挑中国人干的好事和表现好的那一面，例如全国已有几百万人被选为"道德楷模"，据此仿佛可以说，咱们中国人大都像雪村歌里唱的一样，"东北人都是活雷锋"；你要专挑中国人干的不光彩的事来说，例如18个人看见一个孩子倒在那就没人扶，那么我们中国人确实糟到家了，真的没脸活着！如此朝两个极端去说，都不是完整准确的判断。毛病首先出在前提上：谁是"中国人"？谁在说中国人？谁有权利说中国人？根据什么来说中国人？缺德不缺德的判断的标准和原则何在？而首先要交代，判断的权利和责任是谁的？我们不应该把自己放在中国人之外、之上，否则便不可能看清事情的来龙去脉和全貌，更不可能得出切实有效、积极上进的结论。

　　我们中国人最关注道德，这是个传统。两千年来一向关注道德，但这种关注方式并没有给我们带来比别的国家和民族更高尚的道德、更优越的道德面貌和更先进的道德形象。因为我们所讲的道德理念、道德理想和道德标准本身，有一些陈旧的、僵化的因素。很多问题看起来是道德问题，但它的根基和基础不是道德本身，而是人们的社会生活方式和环境问题，是人们具体利益关系问题，特别是社会法律和体制保障问题，等等。我说目前我们面临两大危机：其一是公信力危机；其二是公民的安全感危机。二者互为因果。政府的公信力危机包括法律的危机，一个"彭宇案"那么判了以后，很多人认为法律不能解决问题，法律不起好的作用，但是很少有人去关注，该案的法官判

## 第四课 案例分析训练

案的时候是体现法治精神还是违背法治精神。很多懂法的人说，法律上有两条可以保证他不错判，第一条是谁主张谁举证，不是彭宇的主张不应让他举证；第二个是疑罪从无，拿不准的时候，我们不要先往坏处说人，这是一种以善诱导的思路。如果违背了这两条，就是违背了法的精神。可见我们缺乏的不是法律法条，法律法条有很多，但得不到理解和尊重，得不到执行。有的人把问题归于"法律不是万能的"，这样的结论不是进一步依靠和信任法律，而是怀疑和否定法律；而怀疑和否定法律之后，总是回到道德，向人们呼吁要讲良心，讲责任，讲公德讲贡献，这就能够解决问题吗？

法的精神和法的原则，就是尊重和保护每个人的权利，并规定每个人相应的责任，公平地对待每个人的权利和责任。在小悦悦事件中，18个路人的权利被无端地蔑视和忽视了。我们讲道德的传统一向如此。传统道德最大的弱点，就是没有主体性和层次感。不区分是谁的权利和责任，一概要求所有人都要像君子那样行事。而且这种要求，往往是只对别人不对自己的。比如，当我要求别人高尚的时候，我是站在什么位置上，我有什么权利，承担着什么责任？现代人就缺少这种意识。我们的传统很重视赋予老百姓各种道德责任，在赋予责任的时候，却很少告诉人们相应的道德权利是什么。这种传统道德理念造就了一批道德权贵、精神贵族，他们争相站在道德制高点上，喜欢唱高调，但这高调都是要求别人的。而他对自己有什么权利和责任去要求别人高尚，却没有反思、没有交代、没有限制。如号召读书人要"修身齐家治国平天下"，其实那只是大人物的事。假如普通人讲道德，不是为了自身人格品质的完善，而是为了取得管理指导别人的资格，即"齐家治国平天下"，那么这就变成了表演给别人看的做作了。

我有一篇文章专门讲，公民的道德权利不是软权利。在要求公民的时候，是根据什么权利来要求的？你得告诉公民，他的责任和什么权利联系在一起。雷锋精神之所以有生命力，核心在于雷锋认为：这个国家、社会就是我们自己的国家和社会，我们有权利去把我们的国家和社会弄得更好。因此遇到事情时，我就自觉地行使权利，也承担责任。但在"文化大革命"的极"左"时期，雷锋精神也受过批判，说是"阶级斗争熄灭论"，见了谁都帮，也不论是哪个阶级的……这实际上也彻底否定了雷锋的道德权利，这样的道德理念不把维护良好的社会公德当成公民的权利，而只是要求他们承担责任，结果必然是，这个责任在不被监督的时候就不被履行，或者因代价过大而无人承担。

如果这样来看待我们的道德现象和道德问题，那么就能够理解，我们的道德也需要用法治精神来维护、来支撑、来引导。道德是什么？法是什么？争论非常多，人们习惯把道德和法律分开来说，只看到它们形式上的区别，看不到实质上的一致性。很多人只知道照搬西方的说法，从所谓"人性善恶"说起，其实是把主体抽象化、虚无化了。在我看来，法律和道德都是人与人之间社会关系结构和秩序的反映。在现实生活中，为了维护和推动社会秩序的良性互动和发展，才有了道德和法。从形式上看，道德是柔性的，法是刚性的；但它们的内容并不是对立的，而是实质一致的。把它们对立起来，常常是由于割裂、混淆了主体。在讲道德时，总是无条件地要求所有个人，这些人没名没姓、没有家庭、没有职业、没有个性，只是一个空洞的、应然的"人"；而法的建设，正是站在国家、社会的公共主体这个立场上考虑，不是苛求于公民个人，而以公民的权利与责任为根据，重点讲国家、社会应该怎么办。比如，道德是个人选择和精神境界的追求，国家和社会考虑问题，就要对每个人的利益都考虑到、照顾到，不能一味地要求人们只求道德高尚，不管利益得失。现在有的道德楷模，他们付出之后陷入困境，就是因为只有别人要求他做贡献，没有对他奉献所付出的东西给予保障、理解和支持。谁都要求别人当圣

## 第四课 案例分析训练

人，但当人们为此付出，却得不到补偿、补充和维护，致使做好人的风险越来越大，就适得其反了。

所以说，从方方面面理解人、尊重人的权利和责任，就应该考虑，对于每个人来说，什么是他在法律规定范围内必须执行的道德权利和责任，什么是在法律之外完全应该由个人加以选择和决定的东西，这样才能使行善成为人人自愿而且效果良好的行为。但现在还没有形成这样的体制和风气，使得干什么事风险都很大，政府和法律得不到信任，老百姓也缺乏安全感。小悦悦的父母为什么事后忙于调录像、找记者、开账号接受捐赠？孩子死了，这些钱该怎么办？陈贤妹也被折腾，很多记者天天围绕她要采访，就影响了她的正常生活……干好事的代价那么大，后果不胜其烦，这也削弱了人们心中的道义安全感，弄得人不知道一件事到底该怎么做才对，对错也不能由自己来判断和选择，铺天盖地的舆论能压倒人，唾沫星子能淹死人，"人言可畏"。这种社会风气不能给人们自由自主地进行道德选择提供空间和保障，所以人们的道义安全感也很差。把安全感危机与公信力危机结合到一起，以为解决的希望在于道德，这种导向本身，仍是在滥用道德，无视法律。不以尊重、理解和依靠每个人的权利和责任为基础，肯定是不能解决问题的。在这种思路中，无论是官方、媒体，还是网友，讲道德者自己的道德如何呢？自己处于道德特权者的位置上苛责别人，而不是在理解和尊重的基础上和别人共同探讨，这样一种道德氛围是很有害的。

要扭转这种风气和氛围，就要倡导法治精神和法治意识。具体立法是个细致的操作过程。但是我们应该首先扭转这种道德氛围，让每个人都能凭着自己的良知进行选择和判断，谁也不要忽悠别人，也别被别人忽悠。学者受过高等教育，代表社会精英，要保持这种理性。在我们法大的学生这里，从法的角度谈论比较多，但不要从法和道德对立的角度，而要从法和道德相互一致、相互联系、本质贯通的角度来谈。

总的来说，两个危机告诉我们，在道德问题上，我们不能再继续

### 走进哲学
**练就批判的头脑**

营造这样一种氛围：一部分人总是高于他人和社会之上的道德评判者，这是人治主义的传统道德观念。现在的社会是多元化的社会，具体利益关系错综复杂，不能因为某些次要的细节而忽略了根本的、主要的问题。我们最需要的是建立法治。当然，这不是具体地研究见危不救入不入罪，保护见义勇为怎么立法，等等。这些是立法和司法界的事，他们会有更充分的理由和办法；而是要倡导法治文化，从总体上呼吁一种法治精神。所谓法治精神的实质，就是平等地对待和保护一切人的权利和责任。种种事件证明，我们中国现在到了最需要法治的时候！

### 第四课 案例分析训练

## 案例三：法律与道德
——中西两个经典案例的剖析

本次课程以"瞽叟杀人、舜负父而逃"和"苏格拉底之死"这两个中西经典案例为对象，进行示范性的案例分析和比较。由本校李德顺教授主持，并邀请北京航空航天大学高全喜教授、清华大学苏亦工教授进行专题会话，数百名本科学生参加讨论。

李德顺（以下简称"李"）：作为今天这堂课的主持人，我的主要的任务是让两位老师发挥自己的思想，请同学们参与。这里选择了对比案例，用中国和西方历史上两位圣人的故事，来思考"法治"在中西方文化背景和传统中的地位、性质和意义问题。

第一个实例，是西方的"圣人"苏格拉底。苏格拉底被雅典的法庭以蛊惑青年的罪名判处死刑。面对这个不公正的判决，苏格拉底有

《苏格拉底之死》，法国画家雅克·达维特在1787年创作的油画作品

## 走进哲学
### 练就批判的头脑

《虞舜孝行感天》，清代王素绘画的二十四孝图之一

机会在别人的帮助下逃走，但他拒绝了这种好意，坚持要留下来受死。苏格拉底留下来的理由，按照他的学生柏拉图的记载是这样的：苏格拉底认为"人民和政府所定下的契约是自愿的，那么既然我有权利享有雅典政府给予我的生存，我就有义务遵守它的法律，即使是恶法也是法。也就是说如果我一开始就不认同雅典政府的法律，我应该尽早和它断绝关系，另觅他乡。我既然接受了它的法律，我就要服从他的判决"。在这种情况下，苏格拉底与亲朋好友高谈阔论一通哲学之后，从容饮鸩而死。在西方哲学文化传统当中，苏格拉底之死是一个经久不衰的话题。

另一个实例，是我国的"亚圣"孟子。在《孟子·尽心上》中，记载了他与学生桃应的一场对话。桃应说："舜为天子，皋陶为士，瞽瞍杀人，则如之何？"皋陶相当于大法官或者司法部长；舜为皇帝；瞽瞍即指舜的父亲。"瞽"是瞎眼、盲目的的意思。瞽瞍是民间给起

## 第四课 案例分析训练

的一个外号,就是说这个人一贯不知好歹、胡作非为。这里说:如果瞽瞍杀了人,皋陶要法办他,这事儿会怎么样?孟子回答说:抓起来就是。桃应又问:舜不可以干预吗?孟子说:舜怎么可以干预?!这是他应该做的。但我们知道,儒家是讲"百善孝为先"的。因此涉及自己父亲的时候,舜也一定要守孝道。那么他该怎么办呢?这就是给儒家学说提出来的一个很尖锐的挑战性问题。按孟子的意见,就应该这样回答:舜应该"视弃天下犹弃敝屣也。窃负而逃,遵海滨而处,终身䜣然,乐而忘天下"。这就是儒家在遇到"忠与孝""法与情"两难选择时的主张。

在今天追求现代法治文明的情况下,对比以上中西两个经典,我们应该如何看待?如果我们自己是当事人,又该如何抉择?首先请两位专家谈谈。

### 一 "苏格拉底之死"的解读

**高全喜(以下简称"高"):** 很荣幸来到中国政法大学跟大家一起讨论这个题目。这个题目出得好,确实对当今大学生的思想能力有很大的影响。我认为大学教育不仅仅是专业知识的教育,而且是对人格塑造和思维的培养和扩展,而这种扩展需要对古今中外历史有深入的了解。

这个题目在我看来有三层含义:首先,它是古典的中西两国文明的典型的故事,涉及了"法"与"情"的问题,已经被不同的思想家从不同的角度研究过了,并没有统一的结论;其次,我们要理解这两个故事所包含的思想层面的丰富性,在我们当今社会怎么去理解与思考,涉及传统文化的现代性阐释问题,即一个古今之辨的问题;最后,这两个故事之间既有相同也有不同的方面,属于两种不同文明的思想系统,对于我们来说,就涉及一个中西之辨的问题。

"苏格拉底之死"其实蕴含着一个深层的哲学命题,体现了古典时代人对于自身的一种理性的思考。这个问题至少有三种解读方式：一种是从纯法学上来看，苏格拉底对自由的思考与传统的城邦社会的公共意识是相对立的。当时是以一种民主的法庭审判的方式判处他死刑的，因而是合法的，符合古典城邦国家的法治观。我们知道，古典社会没有我们当今社会所谓的公域与私域的二元区别。整个古典社会就是一个政治化的城邦国家，个人没有自己的独立地位。苏格拉底就是因为与这种古典社会的公共精神相对立，显示出一种独特的个人主体性思维，因此对公共社会形成了挑战和冲击。从这个角度看，当时的民主制法庭判处他死刑是有一定的合理性的。这是以涂尔干为代表的法社会学或者法政治学的一种解释，苏格拉底的自主德性与公共德性之间产生了不可和解的冲突与对立。但施特劳斯对此提出了批判，由此形成了第二种解释，认为那时候的人们大多像是在洞穴中思考问题，苏格拉底代表的是人们走出洞穴的启蒙者，是自由的殉道者。苏格拉底就是不懂得隐晦写作，而以显白的方式触犯了大众的意识和国家的戒律，故而受死。第三是黑格尔在《精神现象学》中的解释，我是比较赞同的。他认为在古希腊社会，苏格拉底的出现代表了从政治社会到伦理道德社会的转变，即从自在的社会向自为社会的转变。在这个社会转型中，两种精神，即公共精神和追求自主的自我精神，都具有片面的合理性。这两种精神在苏格拉底之前被掩盖着，而在苏格拉底之死后得到释放。历史发展到基督教时代，自我意识才逐渐形成，我们应该把苏格拉底看成是古典时代的耶稣。黑格尔认为，西方的历史是从古典时期的自我意识到启蒙运动，之后才发展到德国古典哲学的现代自我意识。人类的思想史就是这样一步步走来，为此要付出一定的代价。苏格拉底是哲学的代言者，是人类思想进步的先驱。

**李**：感谢高全喜教授的详细解读。这个解读是不是能让我们现在的人认同？虽然当时的判决是合法的，不得不执行，但那个法毕竟是恶法。由于思想和言论不符合当时的道德和法律规范，即"因言获

## 第四课 案例分析训练

罪",这样的法从历史的角度看是不是合理的呢?再请苏亦工教授谈谈。

**苏亦工(以下简称"苏")**:大家好,很高兴有机会来这里与大家探讨问题。我曾经翻译过一本美籍犹太裔学者戴维·鲁本写的《法律现代主义》。书中讲到了20世纪60年代美国民权运动领袖小马丁·路德·金所领导的伯明翰进军的故事。1963年在美国亚拉巴马州伯明翰市发生了一系列的示威活动,这些活动是由当时的南部基督教领袖联合会组织的。小马丁·路德·金因组织这场活动被逮捕了。法庭就判处小马丁·路德·金罚金及五天监禁,他的上诉也遭到法院驳回。小马丁·路德·金在监禁期间写了一封信,信中谈及了苏格拉底之死的问题,也就是恶法要不要遵守的问题。这在西方文明史上可以说是一个争论很大的问题。遵守法律是每个公民的义务,但是恶法到底要不要遵守?我们有没有这样的道德义务?如果没有这样的道德义务,公然破坏法律也会带来很多问题,尤其在主观上说,如果公民认为法律是不公平的,是恶法,我们有权利不遵守、破坏它,那么法律将不复存在。反过来,如果我们都去遵守恶法,那么这个社会就会不求进步,正义就不可能得到伸张。在柏拉图的《申辩篇》中,苏格拉底认为对于恶法没有必要去遵守,他自己也不会遵守不公正的判决;但是在《克里多篇》中却是:苏格拉底本有机会逃走,却选择了赴死,并提出了他有义务服从法律的论点,包括对自己不公正的死刑判决。这些论点基于"同意"或"社会契约",基于感恩、接受政府监护的职责,以及个人抗命不遵的悲惨后果。可见这个问题在柏拉图的时代,就已经面临着这样的两难处境了。那么小马丁·路德·金是怎么处理这个问题的呢?他有一种说法,称为"公民抗命"。这是我的翻译。我看见有的翻译是"公民不服从",我感觉那样的翻译不太像中文。最后小马丁·路德·金没有选择《克里多篇》的服从,而是选择走"公民抗命"的道路,也就是坚持了《申辩篇》的西方传统。

## 走进哲学
**练就批判的头脑**

**高：** 我补充一点。这个讨论的前提是判处苏格拉底的法律是恶法。问题在于，我们用什么标准来说它是恶法呢？作为现代人，我们看当时的法律似乎不符合现在的价值和理念，但是对于当时的人来说，恶法怎么定义本身就是一个问题。我比较主张历史主义，就是要回到当时的历史情境之中。当时对恶法判断的依据是什么？这是一个很大的问题。就算判处苏格拉底的是恶法，但是判决的程序不是恶的，制定的一些规则也符合希腊人的基本理念。我刚才谈及的三种观点都不太关注恶法或者个人良心的问题，而是更注意判决之后个人的态度，并没有对判决本身做出评价。我们现在有人权公约，它们是在西方历史发展的基础上慢慢生长出来的。所以，作为现代人看古典故事的时候，我们一方面要在当时的具体情境中去看；另一方面，如何看待现代人的评价，我个人有一种矛盾的看法。我以前认为判决苏格拉底之死是冤枉他的，而现在则是趋于一种保守的态度。我认为，过于追求自我未必是一件好事。苏格拉底以他的死告诉人们，还是要维护伦常。但同时他又结束了这样的一个时代，唤起了希腊民众自我意识的觉醒。这真是一个深刻的悖论。

**李：** 我认为，苏格拉底之死是他一生业绩的光辉顶点。如果不这样，可能他还不会显得这么伟大。这件事留给后人最大的精神成果就是他对民主法治的尊重。虽然他认为当时的民主水平不高，法律还是恶法，但是为了维护民主法治，他宁愿前进一步死，而不退后半步生。这是他追求自身境界的行为，所以成就了他伟人的地位。但是，他的这种行为在当时可能太超前了，所以是极少数。那么对于国家、社会来讲，应该满足于苏格拉底的表现吗？最先提出重要看法的是柏拉图，他通过苏格拉底之死告诉人们：民主和法律不见得是个好东西，恶法不应该被奉行，我们应该追求善。柏拉图把人们引向"至善"，从而扭转了思想的方向。在我们中国，类似的问题也是：如果伦理道德之善与法律的公正严明之间发生冲突，该如何解决？

接下来我们来解读孟子的这个故事。首先请苏老师谈谈你的看法。

## 二 "舜负父逃"的解读

**苏**：桃应的问题其实很难回答。桃应问孟子：舜作为天子，能看到手下将自己的父亲抓起来却不加干预吗？孟子回答说：舜虽为天子，但不能干预皋陶执法。赵岐对这段话做注说："夫天下乃受之于尧，当为天理民，王法不曲，岂得禁之也！"（赵岐《孟子章句》）他的意思是：舜为天子是从尧那里继承下来的，舜只有义务为天下服务，无权将天下归于自己一人。这是从舜的角度说的。朱熹也有一个解释，是从皋陶的角度："言皋陶之心，知有法而已，不知有天子之父，皋陶之法，有所传受，非所敢私，虽天子之命亦不得而废之也。"（朱熹《孟子集注》）从中可以看出儒家对法治的态度，就是认为即使天子也不能无视法律，不能把自己的父亲置于法律之外。《论语·尧曰》篇中有段话，是说舜从尧的手中接过政权的时候，尧告诫舜说：治理国家和人民的责任就交给你了，你一定要公平守正，如果弄得天下穷困，人们都吃不上饭，那么天子的职位就要永远被剥夺了。后来舜将政权转交给禹时也是这样说的。后来商汤也说：自己的错误绝不能推给别人，但是天下万方到处都是犯罪，那就是天子的罪过。所以儒家认为天子是有责任的，而不只是有权力。回到刚才的问题中，孟子说舜可以把抛弃天下看得如同丢弃破草鞋，偷偷背着父亲逃跑，找个海边住下来，一辈子高高兴兴地生活下去。朱熹对其做注："此章言为士者，但知有法，而不知天子父之为尊；为子者，但知有父，而不知天下之为大。盖其所以为心者，莫非天理之极，人伦之至。"意思是，舜没有忘了人伦之本，没有因为作了天子就忘记了自己做人的本分。近人胡毓寰解释说："儒家以守法为义，同时又以孝悌为仁。"身为天子，处在法制与孝道的两难境地，当然是很难抉择的。孟子说，舜只有带着父亲走出国家法律管辖的范围之外，这也是个不得已的办法。

**李**：舜的故事，原本是虚拟的。故事只说到负父而逃就完了，没有继续往下设想。但是在现实中，这个问题不会就这么简单地过去：舜负父而逃了，那么皋陶应该怎么办？是追还是不追呢？如果去追缉，那么捉到以后，要不要追究舜干扰司法和擅离职守的责任？如果放弃追缉，又是为什么？这种放弃追查，只是对舜而言的，还是对一切坚守孝道的人都如此？一个国家、社会的纲常秩序究竟应该怎样维持？这里的公平正义何在？

所以有同学递条子说：想听听老师自己的看法，面临这样一个两难的境地，到底应该如何选择？假设我现在是苏格拉底，被判了死刑，但我认为那是恶法，那么我应该是受死还是反抗？如果我是皋陶，我要不要继续追究？希望老师们大声地说出自己的意见。

**高**：要回答这个问题，有两层是需要说出来的。第一，舜的这个例子说的是情与法的冲突。我们需要知道的是，情与法并不总是大量冲突的，很多的法律是包含情的（无论古代还是现代），并不是说所有的法都排斥人情。这个例子把一个文明所产生的情与法的内在张力表达出来了，是非常极致的一种情况，不是在我们现实生活中随时都可以碰到的，大量的法律和人情是不冲突的。这是我们需要说的第一层意思。

第二层意思就是，无论是苏格拉底还是舜，孟子给他出的主意，都是古典时代的语境下生长出来的，有其特定的历史环境。但我们现在的生活不是在古典时代，首先我们很难遇到像苏格拉底这样的情况，即使遇到我们可能也不会以苏格拉底、舜的方式去思考，所以要回答刚才这位同学提出的问题，先需要明白，是在古典时期还是现代遇到这个问题？如果是在古典时代，那么舜和苏格拉底就是最好的选择；假如是我们现在遇到这种情况，那么就不再具有典型性，回答将

## 第四课 案例分析训练

因人而异。如果有正当的价值判断和程序判断告诉我们什么是恶，因此我们抵抗恶法是完全可以做到的。如果所有的东西都是公正的话，那么这个问题就不可能出现。例如小马丁·路德·金是在现在社会的环境下遇到这个问题的，他可以很好地分辨出这个法是否是恶法。但是在没有基本人权保障的古典社会，却很难做出分辨其是否是恶法，当时那个时代的希腊人并不这样认为，其所在的语境是不同的。回到舜的这个例子上，我很同意苏老师的观点。但是要理解这个背景，就是在中国的古代社会，公域和私域没有基本的区分，个人和国家是绑在一起的。所以我觉得，孟子提出的是一个理想国，假如我遇到舜的这个问题的话，我只能这样解决，不能超越这个解决的方式，在现代社会实在不好表态。

**李**：苏老师你也是这么看的吧？

**苏**：高老师讲的挺好。其实对于舜的这个例子，还有一个需要弄清楚的地方，就是舜作为天子，如果他只知道有父亲却不知道有天下，那么大家会怎么想？肯定会认为这是一个极端自私、不称职的君主，那他还算什么圣人呢？就算是一个普通的公民，如果只知道有父亲却不知道有天下，不知道有法制，不知道有国家，只是想着自己，那他不仅不是一个圣人，连一个合格的公民都算不上。这个是从我们今天的这个角度来看的。但是这个例子是有象征意义的，当瞽叟杀人，皋陶执法，舜作为天子并不能动用公权力来干预，这是从法制的语境上来说的。孟子所要表达的，正是遵守法律的意思。但作为个人，他虽然也没有要破坏法律的意思，却还有人伦的义务是必须要尽的。因为儒家所讲的圣人，就是"人伦之至也"（《孟子·离娄上》）。所以在孟子那里，圣人的人伦之至就是把这种人伦关系做到极致，在法律上遵守了法制，在道德上遵守了的良心，所以说他是人伦之至。孟子认为舜在这个问题的处理上还是一个圣人。至于我呢，在这一点上我是同意高老师的。现在人的智慧不一定能超越古人。虽然现在社

## 走进哲学
### 练就批判的头脑

会距孟子已经过了两千三百多年,但我们的道德不一定比古代有多少发展。现在让我处理这样的问题的话,我的选择也会和孟子所说的一样。

**李:** 同学们递来一些条子,提的问题都很尖锐。现在我念几个:

问题一:舜窃负而逃,这是一种盲见么?既然他父亲是不合法的行为,这不是在助纣为虐么?

**苏:** 这个问题很尖锐。其实刚才我已经回答了,孟子的回答是象征意义的。从法制角度上说,不管是谁,都要守法;但同时,道义、良心也都不能违背。

**高:** 我补充一点,在中国古代有"父为子隐,子为父隐,亲亲相隐"(《论语·子路》)。也就是说,在道德和法律相关的问题上,涉及亲情的时候,法律有时候要做出一定的让步。不是说要鼓励包庇他犯法,而是作为一个有亲情关系的共同体成员,在法律层面上不应涉足过深。法律维护的是正义,是给社会共同体创造一个比较好的生活,不应当只是一个惩罚。亲亲相隐是很有道理的,这不只是在中国社会存在,在西方社会也是存在的。舜对于这个问题的处理一方面体现了他对法律的尊重;另一方面则体现了他对道德与人文方面的尊重,故而给他开了一个口子,这种情况在法律上也是得到认可的。

问题二:什么是恶法,如何判断恶法?

**苏:** 中国古人,特别是儒家对这个问题有一些自己的回答。在我的理解中,儒家认为,法律是人定的,很难有一个绝对的、客观的、公平的标准。所以呢,法律是否公平,还在于立法的人、执法的人和守法的人。

问题三:愚忠愚孝这个问题要怎么处理?

**苏:** 大家都知道,儒家的思想后来被批评为愚忠愚孝——父要子亡,子不得不亡,君要臣死,臣不得不死。这是在五四运动以后儒家经常受到批评的一句话。其实,儒家并不是真的主张父亲叫儿子去

## 第四课　案例分析训练

死，君主有随意的权力生杀予夺。只是说，当没有办法做出判断说法律是不是一个恶法的时候，儒家做出这样一个推断：做臣子的应当假定君父有这样的权力，这就是"三纲五常"。但这是从道德的意义上说的，虽然我知道这个是恶法，尽管我知道君主做得不对，但是作为臣子，我应当尊重君父的权力，把君父的权力看作绝对的权力，从道德良心上来说我应该配合他，我应该尽人伦上的义务。

大家想一想，春秋战国有五百年的时间，一直是战乱不断，为什么会到汉武帝以后逐渐安定下来了呢？贺麟先生认为，恐怕不完全是政治、经济的原因，还有一个伦理道德的原因，即董仲舒的"三纲五常"得到了社会的普遍尊重和接受。这与孔子时的"君君臣臣父父子子"还是有区别的。孔子说的君臣关系是相对的，如果你不像个君，那么我也就不必像个臣。如果对待法律也是这个样子的话，社会也就不再会有秩序了，只有压迫、只有暴力和强权。虽然后世对"三纲五常"有很多的批评，认为礼教吃人。但贺麟教授曾经说过：吃人的东西多了，哪个宗教、哪个主义不吃人？你不能光想着他吃人的那一面。应该换一个角度来想，每一个人在社会上都应该尽到他的本分，这个本分并不完全是靠法律来约束，而是靠自己的良心，是靠社会的伦常道德来支撑的。所以人首先应该满足这个最基本的良心的要求，至于法治还在其次。儒家认为，一个在道德上达标的人，他不会是一个违法的人。所谓"求忠臣必于孝子之门"（《资治通鉴》卷第四十六），所谓"不好犯上，而好作乱者，未之有也"（《论语·学而》），这其实表达了儒家在道德法律上的基本态度。这个问题到这儿就可以初步得到回答了。但是，我们的良心该如何去服从呢？从"文化大革命"开始，甚至从更早的时候起，我国出现了很多这样的问题，父不像父，子不像子，妻不像妻，夫不像夫，整个伦常、良心都被颠倒破坏了，在这种情况下可以看到，法制观念也就淡漠了。所以要尊重法治，没有一个道德环境的配合是不可能的。作为一个人，首先他应该是一个道德上的人,其次才是法制意义上的。对此,台湾"中研院"美国所的一个所长也是这么认为的:比较来看,西方的法制客观冷酷,与中国王道和德治来比还是差远了。法治可以说是人伦道德堕落的产物,法治和道德不能说没有冲突,但是最基本的人伦道德是所有人都不能够破坏和背离的。在这个基础上再去考虑其他。

**李:** 苏老师认为"法制是道德堕落的产物"。高老师,你说说?

**高:** 我认为苏教授的儒家思想过于张扬了。我对儒家的传统思想、传统文化也是推崇和赞赏的,我的导师贺麟先生也是这方面的代表人物。但是我觉得,还是有一个古今之变的。古典时期中国传统的德治、儒家的这一套,是有很好的价值,我是赞同的。但究竟如何判断恶法与否,还是要根据历史的情境,要有一个历史演变的视角,不能用我们现在的标准。应该指出,在我们的现代生活中,传统只是一个资源,不是全部,不是我们现在生活的本身。在现代社会情况下看待法律问题,我和苏老师的看法有相同的地方,也有不同的地方。刚才苏老师说法治是道德堕落的产物,我就不完全赞同,我承认法治社会只是一种较低的生活状态,法治状态是一个社会共同体中最基本的起点。古典社会是把美好社会放在首位,道德是最高标准,而法治只是一个最低的标准,或者只是一个最不坏的制度预设,因此不能说有一个法治,社会就可以满意了,在法治的情况下,人还要追求一个美好的、有德性的生活。但问题在于,在现代社会中法治之所以成为最核心的问题,是因为它们能够保持基本的正义。为什么当今社会道德败坏?大多是由政治上的公权力恣意妄为所致。法治说到底是要制约公权力的。所以,在现代社会所谓"恶法",就是指公权力的肆意妄为、对个人权利的横加剥夺。对于恶法我们可以有两种应对方式:一种就是不服从,另一种就是通过宪法制约那些掌握公权力的部门和个人。因此我觉得,在现代社会中,第一,恶法是有一定标准的,是可以区分的;第二,在现代社会中法治是最重要的。这是我想补充苏老师的观点。

除此之外,即使是公权力得到制约了,即使我们是一个法治社会了,也未必我们每个人都是一个好人,未必这个社会就是一个美好的社会。要达到德性社会,单凭法治是做不到的,在这个时候,传统社会中的一些基本的人文价值、传统礼仪、传统道德则作为补充,显示出其重要性来,但这与法治就不再有什么关系了。因此我觉得,在现代社会,第一,法治是最核心的;第二,法治并不必然导致一个德性社会。德性社会应该是在法治的基础上,通过调动传统资源把古典的那一套礼仪与德性吸收过来。例如,古代的三纲五常,"三纲"就要不得,但是"五常"在现代社会还是很有用的。所以说现代法治与古典传统相结合的社会才是一个好社会。但是在中国现代的情况下,只讲道德、儒家的东西是不够的,因为从制度上解决不了现代政治中的公权力专制的问题,这就需要一套民主法治体系。所以我在这点上不太同意苏老师的看法。古今中西之汇通,只有将这几点都结合起来,才是一个好社会。

## 三 法治与德治的文化纠结

**李**:刚才我们的话题已经进入对"法治与德治关系"的思考上了。我再念几个同学们给我的条子:

问题四:中国传统中有"父为子隐,妇为夫隐,亲亲相隐"的传统,现在又有"大义灭亲"的号召,您如何看待这种选择呢?

**李**:这个同学信息有点儿落后了。对于"大义灭亲",我们现在已经有了"对直系亲属不利做证可以保持沉默"的法律规定。但现在法律上认可的这个权利,并不是提倡"亲亲相隐"。

问题五:假如是皋陶的爸爸杀了人,皋陶能够怎么办?如果他也背着爸爸逃跑,这行吗?希望三位老师都表个态。

**李**:请两位老师简单地说一下。

## 走进哲学
### 练就批判的头脑

**苏**：我不想在这儿当被告。

**高**：皋陶如果是一个完整意义上的儒家，回答肯定"是"，他的这个选择是一个最好的选择了。但是如果他是法家式的人物，就不会这样做了。因此要具体考察他的价值认同是什么。

**李**：就是说，回答要历史的、具体的判断。人的选择不可能是千篇一律的。

问题六：在今天中国，如果自我意志与法律发生冲突的话该怎么办？

**李**：这还用问吗？先说说你想不想坐牢吧！

问题七：尧授舜位是将天下责任赋予舜，舜负父逃是弃天下人而求其父之生。那么那些舍小家保大家的人是否是舜的反例？不考虑其父母之辛苦而以多数人为先，两者孰优孰劣？

**李**：舜和我们现在的道德楷模多半是不一致的，你问的是这个么？这还是在我们讨论和思考之内的问题，需要把道理弄清楚。

问题八：对于杀人藏匿罪，现在法律已经有了明确规定。而且面对亲人犯罪时，隐或不隐成了个人在法律和道德之间的选择。那么讨论舜负父逃有何现实意义？

**李**：这现实意义恐怕不是逼着大伙说你爸杀人了你怎么办，而是要考虑一下人伦、情理与法律规定之间如果发生了冲突，我们怎么想的问题。现在我们讨论的正是要怎么"想"这个问题。

问题九："舜负父而逃"这一命题与现在的"裸官"现象还是有一定的契合度的，可见儒家的某些思考方式不适合法制社会。请问推动中国法治进程是否需要思想革命？改造儒学还是服从传统文化允许不健全法制？

**李**：在这个同学的问题中，其实他自己已经有答案了。我赞成！

问题十：古代法制是为封建统治服务的，那么"舜负父而逃"岂不是很合理么？而苏格拉底不是统治阶级，故他没有权利选择。当代

## 第四课　案例分析训练

法律是维护人民权利的，所以我认为这不是道义的问题，而是不同时间段阶级斗争的结果。

李：这种解释方式实际上就是那个逻辑，你那套法律如果是正义的、是善的，我们就服从；如果是不正义的，我就不维护它。再进一步说就是良法与恶法的区分，我们有责任维护和执行良法，也有权利颠覆恶法、否定恶法。这样的前提在理论上提出了一个更深层次的问题，即法律的主体性问题。法律究竟是谁的法律？是谁的法律，谁就有权利、有责任维护它，不是谁的法律，那个人就没权利也没义务维护它。对于法律主体性这个概念，法学界可能而且需要有进一步的理论思考。当然，这也是一个历史的问题。

问题十一：执着追求思想境界与顽固不化何以区分？岳飞这样的人和苏格拉底是否相似？明知其错而守之，本身不就是对罪恶的纵容和对正义的不争么？

李：这显然是不赞成苏格拉底的行为的。

问题十二：我觉得苏格拉底的死起码和晚清谭嗣同的死是有一定相似性的。为了自己的理想而去牺牲也有很大的意义，因为当时的社会对于他们的思想有很多不理解，而他们的死则可以唤醒人们追求自由，牺牲的那个人将会被大家所铭记，这也是一种价值。如果他逃到别的城市，说不定还不如在这儿过得好呢。

李：你意思是"要死就死得轰轰烈烈"？但这是否是苏格拉底的本意，你是否在以己之心度人之腹了呢？

问题十三：苏格拉底之死是讨论恶法是否需要遵守的问题，而舜负父而逃是讨论的服从法律还是良心的问题，并不一定是恶法。所以这两个例子讨论的重点并不相同，那有何共性呢？今晚是否讨论权利与义务的统一呢？

李：这位同学的思考概念很清楚，问题提得很好。那么我们下面就应该再深入下去，把不明白的东西一点点的澄清。当然，知道我们

## 走进哲学
### 练就批判的头脑

要讨论的是什么问题,并不是要急于表达看法,比如"我赞成苏格拉底""我赞成舜"……表态并不是学术讨论。学术讨论是要澄清问题与澄清概念,然后抓住要点进行深入思考。

问题十四:如果一个民主的社会,其法律制度必然是由大多数人价值认同的,恶法的出现与是否与之相矛盾?是民众的公民意识不够,仅是服从,还是契约的权威不可违抗?

李:这就是提出来要思考的问题。如果是在一个民主社会,怎么会可能产生恶法?对此,我想大家可以去注意观察历史,到历史上看一看,良法和恶法有无截然的界线?有无固定的模式?有无一成不变的标准?从法的不知其良恶到自觉地分辨良恶,再到逐渐地构建越来越充分的良法,这样的历史过程本身应该比简单的结论对我们来说更宝贵!

问题十五:一直以来,人们对苏格拉底之死、舜负父而逃的事情研究不止、争论不休,但显然评论的人都想证明自己的观点。如孟子所答想证明儒家孝为大;近代启蒙思想家将苏之死作为宣扬自由平等的例证。那么在今天的文明远远超过了当时文明的局限,我们也很难遇到苏格拉底式的抉择。我想问的是,今天在这里讨论这两个案子有什么现实意义呢?对当今文明的发展有何借鉴?

李:这个,恐怕得讨论过后才知道。如果我们只是说空话,那么讨论确实没什么意思。但是,在这两千多年中,在人们的讨论中弄明白了什么?还没弄明白什么?我们如果能够把这个弄清楚,我想会有重大的借鉴的意义的。不能一上来就指望演讲人给提供完备的答案。我想,只想要答案却不想知道回答步骤的学习,并不是一种好的学习。

问题十六:如你所说,苏格拉底之死成就了他的伟人地位,但就现在的观点来看,他的死是否缺乏一种灵活性?是否值得?俗语说"好死不如赖活"。死亡代表终结,他选择了死亡是否就真的是明

## 第四课 案例分析训练

智的？

**李**：高老师刚说过，施特劳斯的解读就是让人适当学的圆滑一些，在不同场合说不同的话，保护好自己，然后再慢慢想办法改变那个恶法。当然这也是一种选择。每个人的选择都不同，我们现在没必要去苛求前人。如果现在让我们选择，我想正如高老师所讲的，首先我们现在不会再碰到苏格拉底的选择了，因为那套法律已经被废除与改造了，成为基本上的不可能的了，这就是历史的进步。

**问题十七**：请问老师，你说如果苏格拉底不死或者还没那么伟大，是不是就说苏格拉底的巨大贡献就在于对民主法律的尊重，而苏格拉底生前所提出的"美德即知识"（柏拉图《美诺篇》）、"认识你自己"（色诺芬《回忆苏格拉底》）等命题就没那么重要了？对苏格拉底的价值判断是应该在学术方面，还是应该在对于法律与民主的尊重方面？

**李**：我说他的死是"最高点"。如果没有他的死，大家对他所讲的很多思想的深度和力度就不会太注意。当时判他死刑，主要是因为不理解他所说的。他的伟大思想正是伴随着他惊天动地的一死而引起人们重新关注和思考——是什么样的追求能够使他不惜一死？这里有一个清晰的逻辑和标志，所以说并不矛盾。

**问题十八**：刚刚提到的恶法的判断标准，我们知道不应该以今天的眼光去看。但是苏格拉底作为一个哲人、一个超时代的杰出人物，他为何选择接受恶法的处罚呢？

**李**：正因为他是一个哲人，苏格拉底才有自己的解释：恶法也是法。他是这么认为的，所以他对恶法的尊重并不是尊重"恶"，而是尊重"法"。他在这方面做出了典范。而如何把恶法变成良法，则是他的学生柏拉图及以后的人们、世世代代致力于法治建设的人们，一直在一点一滴地做着的事情。

**问题十九**：由于本次的标题为"苏格拉底之死与舜负父而逃"，

## 走进哲学
### 练就批判的头脑

主题也为法治与道德的关系。那么，以古鉴今，今天我们应该如何处理和对待道德与法治的关系？再结合党的十八大，如今中国对道德与法治孰轻孰重应如何看待？

**李**：这是一个非常大的问题，比我们这次课的主题还大了许多。我们今天就是从两个案例来看中西文化传统中对待法与德关系的方式有何异同。它可以成为我们进一步思考法律与道德关系的一个例证，这也是今后不但同学们要学习，老师们也要进一步关注和思考的问题。

到此，我这里收到的条子都念完了。

**高**：因为问题很多我就不一一念条了，对于刚才李老师念的问题，我有几点感想：

第一点，就像刚才李老师说的一样，首先是法，其次才是恶法与良法。这两个例子都涉及了如何对待法律的问题，它们具有一定的共同性——无论处于什么状况、面临什么问题，首先尊重法律是最基本的。无论苏格拉底主动选择不正义的法律的判决，还是舜认为皋陶法律判决是对的。无论是古典社会还是现代社会，法律都是一套规则，这套规则的不同就在于古典社会法律的规定来自自然法或者是神法，古典社会的立法民主是直接民主，这套法律要求社会中的每一个人就必须遵守，这是需要注意的第一点。

第二点，如果进一步思考，在遵守法律的情况下，我们会进一步追问：这个法律究竟是善法还是恶法？为什么一个社会的法律会有善法与恶法之区别？法治究竟是善法之治呢，还是笼统的法治，其中还包括恶法？究竟我们应该怎样对待恶法？

第三点，在这种情况下个人应该怎么做？就我而言，随着年龄的增长，我的看法也是有变化的。抱怨法律制定的不公平，认为它们是恶法，甚至试图加以改造的情况，在年轻的时候确实也有这种想法，这很正常。但是，后来我反问自己，如果我们每个人都认为自己的主

## 第四课 案例分析训练

张具有正当性，并据此违背法律的话，那么这个社会就很难有秩序，很难形成共同的规则。我会时常问自己，那个所谓"恶法"的区分与判断的标准是什么？谁来判断？谁有能力与资格来判断一种法律是善法还是恶法？所以，随着年龄的增长，我认为对待法律要慎重，哪怕是恶法，或者我们认为是不好的法律，也不要随便就抗拒与反抗，而是通过正常的途径推动法律的更改。激进的革命方式并不能建立一个美好的社会，与其先破再立还不如逐渐改良，逐渐演进。我们应通过改良来变革我们的法治环境，推进社会的文明演进。

**李**：还有问题二十：希望我们三个人谈论一下这两个故事中折射出的中西方文明的异同是什么。

要做完整系统的阐述，这个题就太大了。大家都不妨自己回去琢磨琢磨，每个人也都可以找到自己的答案。

**苏**：我们这个题目涉及了中西方的问题，其中的共同性可以说是法律与道德之间的问题。在这个问题上，我看到过一些，我个人也比较赞同这种观点——比较起来，西方更注重外部的强制，即法治，法治相对来说是一套从外在对行为的规范；而中国则更强调内在道德的觉醒，相对来说更注重内在的道德的约束。但是以儒家较为中庸的观点来看：外部的规范和内在的觉醒都是有必要的，没有内在的觉醒只靠外在的规范也是不起作用的。至于刚才说的"三纲"，如果从法律的角度上来说，那是错误的，但是在道德觉醒上来说，它恰恰是一个至今仍有很重要价值的思想。刚才很多同学也针对李老师讲到的，为什么说苏格拉底的死可以说是升华了，成了他人生的一个巅峰？因为他恰恰与中国古圣人的观点是一样的，即服从了内心的要求——是不是守法首先是一个道德上的义务，而不只是法律上的义务。从法制上来说，苏格拉底可以逃跑；从道德上来说，苏格拉底认为作为一个公民有尊重法律的义务，他决定服从这个法律，维护法律的权威。

如果有人诘难说，儒家这么高明，为什么现在我还面临这么多的

## 走进哲学
**练就批判的头脑**

问题？其实问题多了，不只是中国面临，西方一样也面临很多问题。比如作为"民主国家""法治社会"的美国，直到今年才对19世纪末的歧视华工问题道歉，这岂不是法治上存在的问题么？西方的法治并不是人类的终极理想，西方的民主既不是最高理想，也不是最终的价值。比较起来，我觉得中国现在需要建立法治，但是法治不是我们的终极目标，我们还是需要回到中国古圣人的理想，需要回到儒家的德治理想。

### 案例小结

**李**：时间已经到了，我们必须结束。以上的讨论，大家感觉如何？收获不小吧？当然还不够满足。我的感觉是，我们虽然有些细节上澄清并说明了一些概念和问题，但总体上仍可以说，我们更多只是显示和展开了问题，表达了已有的各种观点，还不是回答和解决了问题。

例如，我认为这两个案例里的一个很重要的问题，我们关注和讨论的还不够，就是公共视角与私人视角的差别，怎样在道德与法律的关系中统一起来？通过对古今、中西的比较，我们究竟如何站在现代中国的立场上，得出一个对我们自己有意义的选择标准，或建设性的结论？苏格拉底的公共视角，让人得出"恶法也须维护"的印象；孟子讲的舜之仁义，则是站在个人的立场上，认为舜可以把公共权力和责任置之度外，"弃之如敝屣"。虽然各说各有理，但是对我们今天如何理解和对待道德与法的关系，究竟有什么启示？是否仍然把它们当作二元化的，至多也只能是"互补"的关系，即支持"德治与法治并举"的主张？这种主张能否解决由于公共视角与私人视角的差别而带来的实践中的矛盾和冲突？等等。可见正面触及和提出问题，才是立足于现实推进理论思考的关键。

显然，真正要回答和解决这里的主要问题，恐怕还得靠今后的实践探索和与之相伴随的深刻思考。让我们期待并努力吧！

第四课　案例分析训练

# 案例四：舆论的泡沫与潜流
## ——"苟晶案"的反思

**教师二：** 我们是在疫情期间上这一堂网络课。今天讨论的主题，也是网络上出现的一个事件——"苟晶案"。最近一个社会热点问题，在学术界和知识界引发了很多讨论，就是近期曝光的山东高考顶替案。第一个披露这一事件的陈春秀，可以说很不幸，没能通过高考跳出"农门"，改变自己的命运，一直四处打工维系生活。后续又出了个"苟晶案"，一个名叫苟晶的女子在微博上发声，称自己当时高考也被别人顶替了，由于苟晶对事件的一些情节加入了渲染的元素，大家关注的焦点转移到了苟晶身上，引起了更为广泛的社会关注，正面、负面的评论越来越多。之前已经请大家提前熟悉了案情，同学丙也分享了网络上的一些讨论，特别是"南风窗"的评论，还有胡锡进的评论，这些应该是比较有代表性的。下面，我们就进入讨论环节。

**教师一：** 咱们这个训练课练的就是"把事情看清楚，把问题想透彻，把道理讲明白"，所以还是先把"苟晶案"这件事情的来龙去脉再复述一下。关于事实经过，可以用"大局观"照亮关键的细节——把关节点说清楚，就会有我们的话题和我们的独立看法。

## 一　舆论为何反转？

**同学丁：** "苟晶案"的"受害者"是苟晶。她现在是浙江省湖州市某公司电商部主管。她第一次高考之后，认为成绩不太满意，在班主任的劝说下，准备进行复读。就是说，她第一年的成绩是有效的，并且达到了当时的录取线。但是她不太满意，准备再考一次。她的班主任叫邱某某，邱有一个女儿同年也在参加高考，成绩很差。班主任就利用这名考的还不错的学生——苟晶的成绩偷梁换柱，给了他的女儿,以苟晶的身份和成绩,被录取到北京煤炭工业学校。这个过程,实际上就是顶替了苟晶第一年自愿放弃的机会,冒名上学了。这是第一个事实。

随后苟晶开始复读,并参加了第二年的高考,顺利地被湖北黄冈水利电力学校录取。录取程序都是正常的,符合招生制度。多年之后的今年,她发现了23年前的成绩被冒用了,于是在网上披露,随后在一系列关于社会公平,尤其是高考公平的事件中得到了大量的关注。这个案件得到了有关部门的重视。山东省纪委监委机关、省教育厅、省公安部联合成立的工作组,经过调查,最后从学校到招生办到公安局户籍部门,有15名公职人员被查处了。

"苟晶案"和"陈春秀案"不一样的地方在于,苟晶陈述的事实,和最后由中纪委调查得出的事实有一点不符:她说她因被冒名顶替,第二年也没有考上,但事实上她第二年考上了。这是我目前根据资料得到的情况概述。

**教师二**:这一部分只是这个事情的冰山一角。后来还有一次所谓的"舆论反转"。因为这个事情曝光以后,一开始很多人都对苟晶抱有强烈的同情心。但随着事件的细节逐渐呈现,舆论又发生了重大变化,批评苟晶的声音越来越多。为什么要批评苟晶呢?焦点是她自己曝光的所谓被顶替的经历,有没有夸大或歪曲事实?她在网络空间描述自己所谓的悲惨经历时,有没有道德上、人格上的瑕疵?这是社会舆论的又一个关注点。

**同学戊**:我补充一些有关舆论反转的内容。刚开始,网友是对苟晶表示同情和支持的;后来经过很多网友调查,发现很多信息是不真实的,因此转变为憎恨和愤怒。很多人认为自己的善意被苟晶利用了。因为苟晶并没有被想象的那么可怜。比如,她的成绩不符合通常意义上"学霸"的分数;她讲自己第二年的高考还是被顶替了,但官方所调查的结果是正常录取;她谈及班主任带几个大汉到她的公司去

## 第四课 案例分析训练

围堵等，这些经网友调查后，认为苟晶所说的都是为了博取眼球而夸大不实的东西。

另一个更加激起网友愤怒的，是苟晶发了一个视频直播。她在里面竟然说："那些反击我的，说我夸大其词的，说我卖惨的、消费人们的感情的，我没有请你来。然后你又这么积极地，这么活泼地到处码字。"并且脸上露出轻蔑和嘲讽的表情。

**同学丙：**其实"反转"的无非就是"网民的态度"，反转之前，网民的态度可以用"同情"来概括——同情、怜悯、正义的伸张。而网民态度的根源，是她本人对自身遭遇的陈述。苟晶在微博上披露了大量关切于己的单方面信息。我们可以看出，在事件的前期，网民的信息获取是不够多维和立体的，而是一维的。而反转的原因，就在于纪委部门的权威调查结果，在中央纪委的网站上发布出来了。它以时间为线索，把苟晶二十几年前这一遭遇的来龙去脉详细地公布了出来，网民的信息源就变得立体了。此时，网民注意到国家机关的调查结果和苟晶的个人陈述有重要偏差，于是就由"同情"变为了"指责"。

如果我们采取"面对事情本身"的态度，会发现事件当中还有很多细节不甚清楚。我个人认为这就是"多重的话语结构"。多重话语在建构同一事实时，就堆积起了许多值得推敲的细节。此时我们需要明辨，哪些才是"事件本身"，哪些描述才"符合"事实，不同话语的偏差又在哪里。在事件反转中，很多媒体不仅夸大其词，还包含有歪曲的成分，不同的发声源把对事实的建构错位或打乱了，使事实变得更加扑朔迷离。在信息源众多的情况下，我们到底是离真相越来越近，还是越来越远？种种问题都可能浮现出来。

**教师二：**下面请同学乙来谈一下。同学乙刚刚从英国回来，正在隔离。现在是在隔离点吗？

**同学乙：**对，我刚好在山东隔离，比较巧。

## 走进哲学
**练就批判的头脑**

**教师一**：你家是山东的？

**同学乙**：不是，我只是刚好在青岛隔离。

很高兴有这样一个机会跟老师、同学们探讨这个热点问题。我想说的是，这个事件所谓的"反转"，是在道德层面上看的，觉得苟晶事件在后期出现反转。但我认为如果从法律角度看，这个事件并没有反转。在法律人的眼中，看待事实的角度和普通人应当是不一样的。比如，当事人的权利是否受到侵害，与其实际的利益受损并没有关联。苟晶反映自己连续两年被冒名顶替上学，但是根据山东省纪委监委的网站调查，苟晶第一年的高考成绩达到录取分数线，但是本人未填报志愿而选择在原高中复读。第二年她的成绩达到了录取分数线，本人填报了高考志愿，并且服从调剂，按照一个正常的录取程序被湖北某高校录取，不存在当年被她人冒名顶替上学的问题。其实换言之，苟晶第一年因成绩不理想，放弃了自己升学；第二年成绩比第一年更高，按照正常程序升学。

网友们有一种质疑，认为苟晶的生活条件已经达到了中上等的程度，为什么还要去为难自己的老师？然而我觉得这种质疑是毫无道理的。苟晶第二年是否考上了比第一年更好的学校，她是否因为第二年上了更好的学校而没有遭遇严重的后果，都与邱某某父女是否侵犯了她的权利没有关系。那么既然已经查明苟晶第一年被冒名顶替，那么法官只需要考虑这一事实对苟晶所造成的权利侵害，无须考虑与此无关的其他事实。

当然，舆论可能会关注苟晶先前在反映自身情况时夸大其词的表述，但是我认为这不应当作为我们关注的重心。胡锡进认为苟晶消费了大家的感情，愚弄了人们，败坏了辩论文化，增加了我们听到故事可能是陷阱的风险。但是在我看来，胡锡进完全错失了问题的焦点。苟晶通过网络这样一个舆论平台去编造一些虚假的情节，消费大家的情感，这样的情况并不构成一个情节严重的违法行为，甚至在法律

## 第四课 案例分析训练

上，苟晶的言论都应当是言论自由的保护对象。

法律权利意味着我们有做错事的自由，当然除非你的自由行为危害到了其他人的权利，这个时候法律才应当介入。但是如果我们过分地关注苟晶事件是否消耗了大家的情感，我觉得会导致错失问题的焦点。相比之下，我们应当把关注的焦点投放在这次事件的违法行为上，这就是我的看法。

**教师二：** 同学乙果然是学法的，分析的角度跟其他同学不太一样。先说关于这个事实的描述，同学们有要补充的吗？

**同学己：** 我是2019级马哲专业的研究生。关于这个事件的事实情况，我觉得前面都已经说得非常完善了，我没有什么要补充的。但对于刚才同学乙的观点，我想提出我的看法。我在看待"苟晶案"的时候，是从法律层面和道德层面同时着眼的。在法律层面，冒用别人高考成绩上大学这件事本身违法乱纪的性质无须多言，这涉及教育公平和机会公平的问题，必须要予以严厉的制裁。我想补充的是，在邱某某女儿冒用苟晶成绩的事件背后，还有一位隐藏的受害者——当年成绩排在苟晶之后可以递补录取的考生。于苟晶而言，第一次读大学的机会尚且可以看作她自己放弃的，而这位名列她成绩之后的同学则是被人活生生地抢走了一个原本该属于他/她的求学机会。所以在这个冒名顶替的事件中，受害者不仅是苟晶，还有一位不知名的可怜同学。邱某某的这种暗箱操作行为藐视法律、毁人前程，的确应该受到严惩。

但在揭露此次事件之初，苟晶通过给自己立学霸人设（模拟考试全区第四）、故意夸大和捏造部分事实（班主任带人堵截她）以达到博取网友同情和关注的目的，这种做法着实令人鄙夷。实际上，她两次高考成绩均只符合中专录取分数线，第一次高考因为成绩不理想而选择复读，第二次高考按正常程序被中专学校录取。其班主任邱某某及女儿虽然通过不正当手段冒用了她第一次高考成绩，但苟晶本人的

## 走进哲学
### 练就批判的头脑

人生轨迹并未被冒名顶替者改变。苟晶在最开始爆料的时候,却描述自己在高三时期成绩优异,获得全区第四名,第一次高考莫名落榜后又无奈复读,将自己塑造成一个被人盗走辉煌人生的无辜学霸。此举无疑是在消费网友同情心和正义感,利用了大众朴素真挚的情感,这种手段并不光明。同时她这一操作也夺走了真正需要关注的另一位陈春秀式被顶替者的热度。因此在最终真相大白之时,也难免被广大网友嘲讽和抨击。

事后在直播中,她面对网友的指责和批判时还说:"就算我夸大其词了,你们又损失了什么?"她的这种态度,我个人感觉是,她显然对这种夸大是早有预谋的。也就是说,她一开始就明知自己是故意夸大事实以博眼球。所以,我认为可以合理怀疑她之前所述之误并非无意,而是故意为之。她还说"我坚信正义会来的,真相也会来的"。没错,正义和真相的确在她的夸大之下姗姗来迟。涉案人员均已被处理,所有的一切也都水落石出,当然也包括她处心积虑地博关注、赚热度的手法。

从更深层的角度说,苟晶的这种态度可以说是侵蚀了大众对于公共舆论的信任感。毕竟在网络时代断章取义、片面解读这种手法已经并不罕见了。苟晶的做法只能获得一时的收益,对整体的社会舆论环境来说并不是一件好事。她的这种做法使她的热度盖过了陈春秀,成功让自己成为舆论的焦点。这种虚假又浮夸的做法不应受到鼓舞,如果我们不对苟晶的做法予以谴责,其实就是变相的纵容。如果这种行为被效仿,以后我们的网络舆论环境将会是怎样的一片狼藉?所以我觉得从道德层面,也不应该放松对苟晶的这种不当作法的批判。

**教师二**:我要给同学己提一个问题:就是"南风窗"的一篇文章认为,虽然苟晶现在是湖州某公司的电商部门主管,但在巨大的网络世界中,她只是一个普通的公司员工。如果她不夸大,不去修饰渲染这个事件,不把她的经历描绘得那么悲惨,可能就吸引不了别人的眼

## 第四课　案例分析训练

球。因为从她获悉自己被人顶替，到现在已经过去将近 20 年的时间，也许她曾经也向相关部门反映过，或者说做过一些调查，但是总是被敷衍、被推诿，没有得到任何正式的回应，也没有对她这个遭遇给出一个真正公平、正义的处理结果，恰恰是借助陈春秀事件，她来曝光自己的遭遇，很自然地引起了大家的关注。而且，就像你刚才所讲的，她的学霸人设是非常重要的，如果她不把自己描绘成一个学习特别好的人——哪怕真的是主观故意的，是一个很有心机的设计——那么她可能根本不会被关注到。这是"南风窗"对她的一个辩护。

另一个辩护理由就是：很多人批评她抢走了陈春秀的热度。"南风窗"认为这对苟晶的指责是不公平的。因为陈春秀的事情是陈春秀的事情，苟晶的事情是苟晶的事情，苟晶只不过恰巧在这个时段，也就是别人在关注冒名上大学案的这个时候，把自己的经历说了出来，她不是主观恶意地一定要去抢陈春秀的风头，只不过是因为她的学霸人设和她所谓的两次被冒名顶替的说辞，博取了更多人对她的同情。所以在这一点上，她不是有意地去抢陈春秀的风头。

其实这也涉及一个公共说理的问题。你随后的说法还是认同了胡锡进的态度，对她还是应该进行道德谴责的，这一点我也认同。对"南风窗"的两个辩护，你看是否现在回应一下？

**同学己**：关于第一个辩护，如果她不通过夸大的方式，如何才能获得如此高的关注度，如何才能推进这件事情的解决？我有一个可能不太恰当的比喻：饮鸩止渴。苟晶的做法可能没有到"鸩"这么严重的程度，但这是一种类似的状态。用夸大不实的方式博取大家关注，我敢说，这个方法不会百用百灵的。当这样的事情发生次数多了以后，大众的同情和善良被利用多了以后，很有可能会导致大家都逐渐吝啬或者收起自己对于陌生人的共情感和正义感。所以我觉得，从长远的角度来看，这种做法仍然不应该采取。

另一个问题值得我们思考：如今总是出现这样一种奇特的现象，

## 走进哲学
练就批判的头脑

社会舆论关注度高的事件，相应的政府部门办事效率就高。为什么会这样呢？当前很多政府部门的办事效率和态度总是和舆论的关注度呈正相关关系。经社交媒体曝光、获取大量社会关注后，倒逼有关部门展开工作的这种手法，其实已经屡见不鲜，冒名顶替事件也不例外。前有陈春秀，后有苟晶，以及后面"拔出萝卜带出泥"的240多个被顶替者。到底是从什么时候开始，我们政府部门的办事效率和动力要靠曝光率来推动呢？这是政府部门需要反思的一个问题。如果各地各级的政府部门都能够对百姓反映的问题尽快做出回应，及时地进行处理和解决，我想百姓们不会动不动就去找媒体来曝光，并极尽夸大渲染之势。所以我觉得，究其根本，这个问题需要我们政府部门对自身的工作态度和效率做一个反思。如果政府公务人员真的能够把为人民服务的意识化为自己的行动、融入自己的血液里，相信大家也不会总是通过媒体曝光这种迂回的方式来寻求事情的解决。

关于她是否有意抢陈春秀热度这点，我认为她虽未必有意，但事实上的确如此。从现实角度来说，苟晶追讨公道的必要性不如陈春秀大。不是说苟晶不应该为自己争取合法权益，她当然随时随地都有权利为自己被顶替的成绩讨回说法。但是她现在的争取，既不会改变当前的人生轨迹，也不会为自己未曾拥有的荣光正名，而只是使曾经利用自己的不法分子得到惩罚，抑或是为自己赚取一波电商流量，获取一些实际利益。陈春秀才是顶替事件中切实的受害者。苟晶当年虽被冒用了成绩，但并不影响她的人生轨迹，因为是她自愿放弃的，不是别人盗取了她求学的机会。她班主任的劝告虽有私心，但我们都经历过高考，也知道班主任所言非虚。所以当时的放弃是她自己的选择，那么当今这条路也是她的必经之路，她的人生并没有被改写，她确实不曾拥有过辉煌的"985的人生"。苟晶此时的乘势行为难免让人觉得她有为自己博利益的嫌疑。毕竟相较而言，真正被盗走人生的陈春

## 第四课　案例分析训练

秀更需要这一波热度和关注来为自己讨回公道。因此我认为，从主观上，我们无法断定苟晶是否真的故意抢走陈春秀热度，但客观地讲，苟晶的确抢走了陈春秀该有的关注。

**教师二**：好。我接着问一下，我觉得你是一个第三人称的视角。当然，我们的社会治理、我们的党政机关存在这样那样的问题。你说苟晶通过舆论倒逼的方式来引起关注，这确实是一个事实。那么是不是苟晶恰恰意识到了这一点，即这一社会现实，利用了人们的同情心和现行的社会治理模式才去这样做的？如果从这个角度来为她的行为做一个辩护，是不是可以给她多打点同情分？这是我的第一个问题。

第二个问题，其实刚才你也提到了。对于苟晶来说，她自称当年学习非常好，在全区的排名很高，按说是可以上一个985/211重点大学的。但我们知道，在20世纪90年代末的时候，查阅自己的高考成绩不像现在这样便利，再则招生录取工作也不如现在这样公开透明。在这种信息不透明、不对称的情况之下，她有理由相信自己是考了600分、700分这样的高分，她有理由这样去想象。而且如果她一开始主观上真就是这样认为的话，那么就不存在主观欺骗，不存在恶意撒谎。所以，如果她主观上就是这样认为的，而不是刻意地捏造这么一个噱头的话，对她进行道德批判是不是不够公允？

**教师三**：其实是有一些细节可以回答刚才这两个问题。有一个细节说了，苟晶的第二次高考成绩是电话查分的，高考电话查分实际上是一个全国统一的查分系统，不可能存在造假。而且苟晶是自己亲自打电话的，在电话系统中查出的成绩，和她学校公布的成绩是一样的。接下来的问题，是她有没有主观故意。主观上的问题他人很难做判断。但从她的几次发声来看，苟晶非常熟悉网络，非常熟悉网络语言的导向，所以她的话在关键点上能抓住人的眼球。比方说，她能考取985/211这种话，这还可以解释为每个人能对自己有一个认定，但

## 走进哲学
### 练就批判的头脑

是她说窃取她考试成绩的邱某某女儿上了北京的大学，却不说实际上的是一个北京的三本煤炭学院。从这点上可以看出苟晶的言论取向。她在关键点上能抓住人的眼球，可能确实有好多人在开始时被她的这个操作误导了。

**教师一**：她这个学校是一个中专是吧？

**教师二**：是的，我看到有人认为她考上的是中国矿业大学。

**教师三**：对，是大专，实际上苟晶本人是知道这个学校的，但是她模糊处理了。在这个模糊点上，我们能看出来她应该是故意的。另外，她认为自己第二次高考也被调包，实际上这种可能性几乎没有。因为她自己电话查询成绩，但是她为自己被调包举出一个例证，她被一个"野鸡大学"录取了，那个学校非常差，她没有读完就不读离开学校了。但事实上，这所学校是一个正规的大专，学制就是三年，她本人学习完了，并且拍了毕业照，有毕业证。如果你在的这个学校是什么学校，你自己毕没毕业，连这也要说错的话，显然就有主观故意了。

另外我想说一下，整个事件中有这样几个部分。最开始的两方，是苟晶和邱家以及连带她这个家族的好多人。后者现在都受到法律制裁了，这是两个当事人。然后因为苟晶把这个事情在网络上曝出来后，参与进来的网友们，以及相关调查部门，都成为参与力量。我们在评论这个事件的时候，首先要确定自己的站位。有时候我们是站在受害者苟晶的角度上替她讲；有时候我们站在网友的角度想，实际上就站在了第三者视角；事件全部调查清楚之后，还可以站在一个"上帝的视角"。调查组、政府部门就是这样一个视角。在这几方视角之中，我们是不能任意切换视角来评论的，说对错的时候，要首先看我们站在哪个视角上来评价。我们不能站在苟晶的视角去说网友不对，也不能站在网友的视角去评价苟晶的支持者们。好多网友实际上是站在了苟晶的视角，我觉得"南风窗"的文章实际上也是站在苟晶立场的。胡锡进的评论实际上是站在了所谓的上帝视角上。但是我觉得把一个事件看清楚想明白，参与公共说理，就正是要我们理清多个视角的关系。先明确一下自己从哪个角度看，才能够讨论得更清楚。

**教师二**：我同意教师三的评论，这里确实涉及立场和视角的问题。站在不同的立场上去评论这个事件，关于是非对错的判断是不太一样的。如果站在上帝的视角，你可以对各方的是非对错都做出一个最后的评判来，似乎这是一个最全面、最客观的视角。

## 二 舆论反转说明了什么？

**教师一**：我提两个问题。因为自从陈春秀那个事情开始，我就关注了。因为临近高考的时候，媒体发布一些东西，揭露过去高考招生录取方面的不合法不公正的现象，是为今年良好的高考秩序造舆论的。几乎每年到这时候，都会抓出一些典型案例，以儆效尤。陈春秀那个事情出来以后，大家都很关注。后来冒出苟晶这件事情，意义就变了。因为我注意到一个细节，即所有违法的当事人都受了处罚，但这里始终没有涉及赔偿问题。从法治建设这个角度来讲，这是应该交代的吧？

就苟晶这件事来说，调查组的结论出来了，该处理的人也都处理了，然后大家还吵什么？据我回忆，好像苟晶这件事一开始就有两种意见，一种意见是替苟晶说话，从法律的角度讲，讲邱家违法，这跟陈春秀什么其他人的事情都是完全一样的。另一种意见，也有人发帖子替邱家说话，说邱家没那么大的过错，你不要的，人家捡起来利用了，后来还给你补偿了，这样对待你的老师一家，你有点不道德，等等。到调查报告出来以后，指责苟晶"不道德"的，实际上也是有两股劲头。一股是刚才大家说的，都是普通的网友，前面被煽情了，后面发现上了当，开始反转；还有一股，是从

## 走进哲学
练就批判的头脑

一开始就认为苟晶不道德的人。我想，在已经有了结论的情况下，人们还争吵，是不是跟接下来的赔偿有关呢？维护苟晶的，是帮助她要高价；批判苟晶的，则是压低赔偿价格。但是，这方面却没有了下文。无论苟晶，还是陈春秀，还是其他的人，我们只见处分一些人，却没见给受害人任何补偿。我不知道你们见到了没有？这是涉及实际利益的问题。因此我也设想过，如果苟晶索要赔偿的话，她可以提出0元赔偿，这才是比较适宜的。如果她借机向老师那家要高价，那么她将很可能赢了官司，输了人格。但是赔偿的事大家都不提，我也就白说了。

关于后来的吵架，"南风窗"替苟晶说话，胡锡进代表网友反击（因为开始也是支持苟晶的，所以后来的言辞也更激烈一些），这些都是人之常情，可以理解。但吵了一下突然就没声了，是什么原因？是删帖封帖，还是双方觉得话都说完了，再没的可说了？我觉得，其实这件事接下来如何处理，才更应该好好思考。苟晶自己对公众舆论确实不怎么尊重，不怎么严肃，是吧？她说那话表情我也看到了："你又损失什么了是吧？又碍着你什么了呢？"这个话她都能说出来，表明她对公众的舆论感情这些东西，确实是跟大家想象的不一样。她把自己抬得那么高，使这场舆论争夺一下子变成了一种游戏，这显然不是在真正维护什么公共的权益。这种表现的结果，最终造成了舆论的反转和撕裂。

所以特别应该注意，在这件事情上，应该引起我们真正思考的是什么？我认为，陈春秀的调查报告引来的是对权力体系的深刻追究，而苟晶这个造成的只是一种舆论的撕裂。所以我想，对咱们这一段的讨论，重点应该放在这里。如果要我为它起个名字，就叫"舆论的泡沫与潜流"。很多舆论，闹的都是泡沫。比如说苟晶这件事，跟陈春秀与其他人比起来，实质内容一点都没增加，都属于侵权、冒名顶替、违法操作吧？但是深挖一下，陈春秀一事，我找到了一篇文章，

## 第四课　案例分析训练

它通过陈春秀的遭遇，把权力系统存在着的黑暗现象揭示出来，这对全国的民主法治建设是有示范意义的。但一下子转移到苟晶上来，重要的事情实际上就被冲淡了、转移了。所以，我们不应停留于泡沫，而应注意下面的潜流。这些年来，确实有些人力图用舆论诱导、舆论裹挟、舆论胁迫，来冲击和干扰法治建设。所以我们要从法治文化建设的高度观察和思考：一个什么样的良好的舆论环境，是符合法治建设要求、法治文化建设要求，有助于法治文化建设的？什么样的舆论环境是不利的，总是要把我们拉回到充满戾气的那种话语炒作和道德撕裂的？

如果从这个角度，用一种大局观照亮关键的细节，抓住能够说明问题性质的关键细节。同学己挺厉害，我发现你刚才抓住了这个方面，但我们还可以再深入再展开一点。特别是我们作为网友，在观察事件发表意见的时候，是跟着那个案件事件里的两端当事人，选择其中一端，跟着他们跑，还是站在整个社会的民主法治建设的立场，思考应该怎样对待一个事情，怎样对待人的合法权益？我们是要靠弄明白道理，坚守民主法治的方式来解决问题平息纠纷，而不是靠什么私下里的交易和强力干预来解决问题。这就不是"上帝视角"，而是人间的公平正义视角了。我想大家可以再议论议论。

**同学丁：**我说一点其他想法。首先，我发现这个事件里缺少一个特别重要的人，即被冒名顶替（加塞）顶掉的那个人，他才是最大的直接受害者，他们才是真正应该提出索赔等权利诉求的人。所以我觉得，在公共讨论中，如果我们只顾站在某一立场说一些非常主观的话，就渐渐偏离了事情的完整真相。还要注意：这些教育不公的事情，大多数发生在乡村区县。我们全中国有一半的人口是农村人口，而农村人其实很多没有上网。而我们这些少数人中的少数人去讨论一个少数人的事件，一定是片面的，没法去表达真正的广大人民的诉求。可见，网上的舆论也未必靠得住。

## 走进哲学
### 练就批判的头脑

还有，国家法律法规是否存在关于冒名顶替的立法？上述处理到底是被舆论所迫，还是充分依法的？这一点表达得好像还不够充分。我在读这个通告时就不明白，这个事件是依据哪条法进行处理的？是否有这个法？我注意到，时逢两会，全国人大常委会副委员长丁仲礼也说，要从立法的角度关注社会公平正义的问题，而不是仅仅去处理一次结果，给出一个调查结论。更多的是需要从立法上、从根源上、制度上去维护社会公平正义。如果事件始于舆论，结束于"一锤定音"式的调查报告，相当于画上了一个句号。那么我总有一种小时候看包青天或者是大众感谢青天大老爷的结局。我觉得，这种青天大老爷似的救赎公平，暗含着将法律仅仅当成一种可有可无的工具了。根据法律来处理，更要告诉大家，是根据哪条法规，才有助于树立法律的权威，起到震慑和教育作用。

**教师二**：从纪委监委的通报来看，是给了我们一个事实澄清的结果。据媒体报道，湖北黄冈水利水电学校当年投放当地的招生计划是30人。由于邱女冒名顶替了苟晶，原本考试成绩第31名也没被该校录取。那么这个第31名是不是真正的受害者呢？从法律上怎样判断？

另外，同学丁提到，纪委监委的职责、权限和功能定位，与它发布最终调查结果的措辞是相对应的。那么在没有提起诉讼或者说在诉讼主体缺失的情况下，纪委监委是不是可以给出一个具体的行政裁判？

**同学乙**：这个案件中没有看到当地检察机关提起诉讼，也没有看到法官的裁判。也就是说，是行政处理，而非司法裁判。

在这个案件中，苟晶的受教育权并没有受到侵害。受到侵害的应该是她的姓名权。所以苟晶可以就自己的姓名权被侵害提起民事自诉。检察院可以针对事件中一些相关的国家机关的工作人员提出公诉，比如涉及修改苟晶户籍的派出所以及招生办的工作人员，他们的

## 第四课 案例分析训练

职权方面的一个疏漏渎职或者是徇私舞弊，但是因为自诉和公诉都没有进行，所以说这个案件可能就是停留在了目前纪委通报以及舆论讨论的阶段。

**教师一：** 那陈春秀是怎么处理的？后来有赔偿、补偿、公诉一类的下文吗？

**教师三：** 今天陈春秀又在微博上重新申诉这一案件。确实是因为苟晶事件，使陈春秀的案件没有得到推进。

**教师一：** 不过为什么没有人帮助她正式起诉？而且也看不到维权律师……

**教师三：** 我猜她们都不采用起诉这条路，是不是从法律上操作实际是很困难的？

**教师一：** 陈春秀是2004年纯粹被人顶掉的。上大学，毕业后工作，这么多年，损失赔偿应该是很高的。如果我们对违法犯罪行为进行惩罚，光是撤职、除名、开除党籍这些，不让这种人赔偿得倾家荡产，有些人他们是不会在乎，也不会害怕的。

**教师二：** 对。陈春秀跟苟晶不一样，一方面，她高考考得很好，确实是考上大学了。但被人顶替，上了大学，找了工作，拿了多年的工资。而她自己还在农村，到处打工，过着很艰苦的生活，家庭还很贫困。按理说，她是应该提出赔偿的。另一个方面，陈春秀之所以能够被顶替成功，不仅由于冒名顶替者一家人的主观故意，还由于相关公职人员的渎职失职、不作为或者工作上的疏漏，以及可能存在的腐败行为。那么是否能够或应该提起行政诉讼，申请国家赔偿？政府机关是不是应该承担相应的赔偿责任？

**教师一：** 我的体会是，在今天的中国，如果想干成任何一件好事，若不能把它落实为具体人的权利和责任的话，都只能是一番空想；如果要想制止任何一件坏事，如果不去切断它的利益链，那么所有的谴责和正义呐喊，也只能是一堆空话、废话。所以我纳闷的是，

## 走进哲学
**练就批判的头脑**

既然苟晶在那里炒作,想抬高自己的身价,为什么大家却不去关注真正该获得赔偿的?这就是同学丁说的,我们很多人还惯于"青天大老爷来了,把坏官抓走了,就万事大吉"的旧式思维。这样去处置侵权行为是否有效?给人家造成的那些损害损失可以不予补偿,那么下回不是还可以照样干,甚至更坏吗?

**同学甲:** 赞同。但这就涉及受教育权遭到侵害后的可诉性问题。关于接受教育,《中华人民共和国宪法》明确规定其既是权利又是义务。陈春秀和苟晶两个案例的性质确实是不一样的。"陈春秀案"是典型的被顶替上学侵害教育权的案例;而苟晶却有炒作之嫌,但她至少引起了我们的讨论和深思。

刚才同学乙和同学己两人的观点有点针锋相对,但我个人对同学乙的观点还是比较赞同的。因为通过这个事件,更多地体现出我们教育制度,尤其是高考录取制度的缺陷,这值得我们所有人深思。此案中,陈春秀包括苟晶在内,她们的相关档案、证件等材料都能被篡改,显然这个制度的漏洞是很大的。目前,只是陈春秀和苟晶案浮出水面并引起了我们的注意,其实高考被顶替的事情以前也发生过,现在也有很多,只是没有像在新媒体环境当中表达得这么明显而已,所以我们要感谢新媒体。我个人觉得,要把"苟晶案"本身与由此引起的舆论事件区别开来。这个事情过后,肯定会引起相关方面的重视,尤其是立法部门的重视。

其一,解决关于受教育权利的可诉性问题,归根到底就是宪法的可诉性问题。这是一直以来我们法治层面的一个难题。

其二,涉及具体制度的设计,就是刚才所说教育制度和高考录取制度的具体立法问题,这里面也分几个层面:一方面是受教育权的法律问题。陈春秀是受教育权被侵害的典型,而"苟晶案",正如同学乙所说的,可能是姓名权受到侵害,其受教育权利并未受到侵害,我觉得也有道理;但另一方面更重要的是,该案件牵涉很多国家公权力部门，在此事件之后会引起发酵。中纪委或者山东省纪委和监察委员会发布的公告，我认为那不是最后的结局。后续肯定会由此引发相关的民事和刑事的公诉。总体来讲，我觉得最终它得到的结果，要远比苟晶等当事人主观故意炒作带来的价值要大得多。应该从这个角度出发，推进社会的公平正义，推进我国教育制度，尤其是录取制度的完善。同时，在我国宪法对教育权保护的可诉性方面，实现宪法的体制下充分保护陈春秀等受害人的权利权益。我觉得这可能是此事件给我们最大的启发和最大的价值。

**同学丙：** 我们可以继续深究，苟晶事件在媒体上发酵之后，会引起大家冷静的深思或推动制度改革吗？在我个人看来，制度改革和民众深思的社会性前提，就是制造舆论影响。相比于陈春秀，苟晶显然拥有更大的社会影响。陈春秀所代表的那样一种善良的、温和的、弱小的声音被压制下去了。从结果主义的角度来看，明显的是，一个撒谎的人比说实话的人引起了更多关注，因为此时撒谎的声音并不微弱。

那么，假设我们人人都是苟晶，都在不同程度上遭受过社会结构性的不公平对待，每个人反观自己的生存境遇，又该如何处置此类问题呢？如果撒谎带来的实际效益能弥补人生损失，那么撒谎是不是就是被允许的呢？在我个人看来，对关乎于己事件的"应对策略"是十分重要的。

首先是发声的可行性问题。陈春秀的声音太微弱了，她所获得的关注度远比苟晶少。苟晶选择了法律框架之外的途径，即利用社会的舆论风潮寻求结果正义。此时就出现了一种悖论，即程序的不正当性与结果的正当性之间的冲突。程序的不正当性表现为她面对公众说谎以求关注的事实，结果的正当性就是还高考冤案录取一个清白。我们每个人都是理性主体，在与他者、社会进行博弈的时候，力求将自身利益最大化，是无可厚非的。而这一博弈的过程，就是一种程序、应对策略，或可行性。

此外，同样重要的是损益比。苟晶这么做，首先损失的是自身的名誉，她将受到大众的道德谴责，人们会质疑事件的可信度，部分人也会选择不再继续帮助她。而对她来说，有益的方面在于，这件事的的确确引起了大家的注意。要知道，舆论可是不可小觑的力量，一件事引起的社会反响甚至会波及数年之远，苟晶正是利用了这一点，把自己安置在了聚光灯之下。作为一个理性主体，她确实"有勇气动用自己的理智"来思考了，苟晶认为这么做是可以将自己的效益最大化的，所以她选择了说谎。

**同学甲：** 我个人认为，苟晶她好像采用的是一种我们通常讲的消费大众感情的做法。当然产生了一定的影响效果，要比陈春秀的诚实和温柔更容易引起关注。苟晶的做法肯定是有问题的，甚至令人所不齿。但是如果从社会危害程度的角度讲，苟晶的行为还没有达到法律所认为的社会危害性程度。有一点是需要我们重视的，即在有些情况下，还是要把法律和道德结合起来加以审视。我们通常说"法律是道德的最底线"。行为人如果已经突破了法治的最底线，那就要采用法律的办法予以解决。在整个事件过程中，相关公职人员违法行为对社会的危害程度要比苟晶大得多。

**教师一：** 这个时间顺序不要弄颠倒了：先是陈春秀的事情引起大家关注；然后山东那边又查出了242个冒名顶替；在这些之后，苟晶才突出出来。所以我认为，苟晶是"蹭热点"且另有所图，与前面的事件性质不同。

**同学甲：** 对，所以苟晶事件要从法律和道德两个维度来谈，它的法律意义可能会更大一些。

**教师三：** 不能说苟晶用了一种不是特别好的手段，最大限度地维护了自己的权益。这里要区分一下利益和权益，很多已经不是权益，而是她用手段获取更大利益。实际上你刚才提到了一个问题，就是我

### 第四课　案例分析训练

们作为个人，是否可以为了获得自己的最大利益而不择手段？道德和利益相比较，我就选择利益，抛弃道德，并且应该被大家同情理解。是这样吗？我觉得不能这样！

我觉得我们现在出现了很多问题，比如网上的很多言论背后，实际上崇尚的是丛林法则，实质是谁能争夺更多的利益。如刚才同学甲说的，我觉得确实是这样。把这一事件进行了最大程度传播的，是苟晶，而不是前面的陈春秀。陈春秀也是采用新媒体手段，为什么她不如苟晶获得的关注多？当然是撒谎可能把事件推至极致。陈春秀不用撒谎，她本身就比苟晶更值得同情。但两者相比，苟晶获得关注的最大原因，实际上是因为她熟悉网络的运用，她作为一个新媒体的运用者，非常熟悉哪些点可以引爆网络，非常熟悉如何运用新媒体去控制舆论。

这样来说，其实我一直希望我们讨论中区分出不同的角度和立场。苟晶的案件推动了整个案件迅速水落石出，从法律的角度看，这一点没有问题。从苟晶角度来看，实际上她清楚自己的优势在哪，清楚自己在哪些点上进行模糊处理可以有效地控制舆论。她也是运用了自己所占有的优势去为自己获取更多的关注，无限运用自己手中的权力，甚至不惜造假。在这一点上，我觉得她有浑水摸鱼的嫌疑，和我们痛恨的顶替案件中的其他责任方，在本质上区别不是特别大了。

**同学甲：**我赞同！我认为，苟晶通过所谓"撒谎"的方式博取了人们的同情，消费了大众的感情，恰恰从侧面反映了我们自媒体的管理的不健全。就是说，新媒体本身也存在着漏洞。这是我从法治的角度出发去思考得出的一个结论。苟晶采用新媒体直播的视频我也看了。她说，纵然我夸大了，但是你们损失了什么？这话确实很刺激人的神经，显然是不妥当，让人不舒服的。这种做法的确让人不齿，但如果从制度建设的角度出发，这方面有没有超出，比如说行政处罚

## 走进哲学
### 练就批判的头脑

法、治安处罚法的界限呢？如果没有，那只能是上升为道德层面的谴责。所以我认为，有道德的法治才是有人性光芒的法治，有法治的道德，道德才不会冲破底线。所以道德和法治是相互关联、相辅相成的。

总之，我认为道德层面肯定是要考虑的，但这个事件给我们更大的启发则是不同侧面的制度完善，包括刚才所谈及的中纪委、监察委，它们发布这种消息的形式是不是符合法治的精神？符不符合当今全面依法治国的理念？所以我觉得不论是官方，还是个人主体，他们的行为都需要法治的自觉来予以制度化，这样才可以避免以后类似悲剧的重演。

**教师三**：这点我很同意。案件背后有两个更重要的角度，是应该继续深挖的。其中一个角度就是，"陈春秀案"刚刚出来的时候，我最大的疑惑是这个案件怎么能发生？我们都知道，中国的户籍制度是非常严谨的。我们平时去办点什么事，比如去银行，甚至要证明自己是自己。但是在这里竟然有那么多人能冒名顶替，档案却没有问题！这是我当时觉得最震惊的。

两个案件出来之后，我们发现有相似之处。高考顶替实际上是一个非常复杂的过程，并不只是我偷了别人的分数再把档案造假这么简单，实际上还包括户籍制度、学籍制度、录取学校等，每一个关节点实际上都做了一点假，才能使这个案件最终完成。这个事情比我们想象的单独犯罪要复杂得多。如果深挖下去的话，可能就更清楚一个什么样的环境会滋生此类犯罪。

另一点就是，我们应该借这个案件去反思我们的新媒体治理。我们应该在这个过程中更加反思：一是信息渠道的问题，二是新媒体的风气问题。而新媒体风气其实是我们所有人共同参与形成的，我们不能只去指望通过媒体把关，更要通过网友理智的公共说理，最终将它推向更好的舆论环境。

## 第四课　案例分析训练

**同学己**：在苟晶这件事上，法律与道德方面的问题都应该引起广泛重视，而不是偏重某一方。一个社会只讲法治不讲道德，就会变成冷漠和极端的社会。我赞同这件事的法律价值，但这和警醒这件事所带来的道德包袱并不冲突。我们评判一件事情的价值和意义，不能只从结果或功利的方面来看。如果我们这次由于苟晶带来的现实益处对苟晶宽容，那么以后会有无数个苟晶出现，到那时，这样的手段和方式还能否得来如今的这种益处和价值，就是个问题了。

另外，善良诚实并不一定没有好结果。如果没有讲假话出现，讲真话是可以得到应得东西的。所以，净化网络环境、提倡诚实善良是非常有必要的。对苟晶这种方式的理解和纵容也正是对诚实善良的人的一种欺负和侮辱。

**教师一**：都说自媒体要想尽办法吸引眼球，这是可以理解的。但是它要有道德和法律的界限。不能说，既然谁都想吸引眼球，那么它就怎么做就都可以了。苟晶这个案例，放在整个事件的进程中，实际上是起了带偏的作用。我们真正要监督检查的，是揭露高考招生录取上的黑暗。人家陈春秀有人报道了，也有人去查，揭出了冠县的官场政治关系网。通过陈春秀的权利被侵犯的前后过程，揭示了关系网，这是更有普遍性，更应该注意的。可是苟晶这个事儿，像其他标题党什么的一样，靠夸大的一些消息吸引眼球，要么是想多得到点什么，要么是想败坏点什么，总有其实际的、具体的目的。那么它实际目的是什么？我发现，网络上炒作的，有时候是有组织的团队在幕后推动的。比如我发一个帖子说你什么，马上就紧跟着发多少个帖子陪你；然后，甚至我还可以找人发帖子骂你，召唤别人也都掺和进来；于是就把你炒成了当前的最热点，不管你这个题目对大家来说值不值得。炒到了这个程度，就能够影响舆论，就可以引来行政干预或者市场干预……这样的恶性循环，结果必然是干扰和阻碍社会进步。

## 走进哲学
### 练就批判的头脑

我说的泡沫和潜流，是指那种专门热衷于制造泡沫的潜流，是借泡沫打掩护的一种不正当的潜流。它并不是我们社会文化的主流，但它可能冒充主流，借主流之势，为自己制造更多更大的泡沫。所以说，从我们建设法治文化这个角度来讲，在关注事情时，一定不要光看表面的泡沫，更要看到制造泡沫的潜流所在，它的来历、它的流向、它带来了哪些东西，等等。只有这样我们才能知道，正面的、积极的、健康的建设应该从哪里着眼。

网络时代、自媒体时代，我们要能够把所有的事情看清楚，很重要一个问题就是我们得学会沉着观察，不要被泡沫一弄一冲就冲起来，加入泡沫。因为一旦闹起来了，如果你立刻就站一边跟另一边吵，你就上当了。有时人们缺少这种觉悟和警惕性，就被套进去了，就被绕进去了，成了别人的舆论工具。而独立思考、坚守公平正义的社会舆论，则被冲淡和削弱，甚至被遮盖。现在这种现象太多了，有时候我说，微博上不时有些骇人听闻的东西出现，无论其重要或不重要，至少要观察24个小时以上再说，不要一看见立刻就跟风表态。一般来说，如果它是虚假且重要的话，那么24小时之内，一定会有知情或相关的人出来回应，真的假的都会有着落。互联网的优点是快，缺点是有时太快。它的优点和缺点也是相互作用的，只要我们头脑清醒，就可以多从中获益，而少受其害。

**教师二：** 教师一做了一个非常好的总结，最后这一点说得尤其好。其实网络裹挟民意，最终影响司法的这类事情这些年已经屡见不鲜了。我印象最深的是"药家鑫案"。类似苟晶这样的事件曝光之后，作为一个网民，作为一个观察者，我们应该以什么样的理性态度去面对呢？是不是一看到别人爆出了一个事件，就不假思索地跟风表达自己的意见？但这时你可能根本不了解事情的真相和来龙去脉，成了舆论泡沫中的一个小泡沫，最终这个泡沫破灭之后，才发现你的所言所行完全有悖于事实真相。如果我们等一等，静观事态的发展，24小时

## 第四课 案例分析训练

以后再去看看有没有人出来拆穿骗局，捅破泡沫，再根据情况理性地发表自己的观点，这可能是一个更好的方式。

任何一次这样的舆论大战、网络大战，对一个网民、一个旁观者、一个参与者都是一次很好的自我反思、自我启蒙、自我教育。社会在不断进步，网络在这个过程当中起到了积极的助推作用。我还想到一点，就是现在的信访制度。如果没有自媒体，没有网络平台，陈春秀、苟晶她们这些人依靠原始的方式去上访，能不能成功？我个人觉得希望渺茫，她们要付出的代价可能非常大，也许终其一生也无法实现，可能到现在，我们都听不到她们的声音，那些被冒名顶替者都还被蒙在鼓里。正是因为自媒体，因为网络时代的到来，她们才有了伸张正义的机会。自媒体的发展对我们国家改革和完善信访制度也提供了一个很好的契机。

法治的均衡化、均质化，在当前中国社会还是一个很大的问题。可能在北上广这类一线城市来说，像高考舞弊、冒名顶替这种暗箱操作难度很大，成本很高，能够实现的几率也相对较小。但是在欠发达地区，在偏远的农村地区、小县城这样的地方，由于缺乏监督或监督力度不够，公权私用，为亲戚办事、为熟人办事的现象更加严重，"微腐败"盛行，出现高考舞弊、冒名顶替这样的事情是比较容易的。所以，怎样去推进底层社会、欠发达地区的社会治理和法治进程，是法治建设的一项重要任务。

关于苟晶事件，我们从哲学的角度、伦理学的角度、法治的角度、社会治理的角度进行了讨论。正如一开始所说，只有把事情看清楚，才可能把问题想明白，把道理讲透彻。希望今天的案例观察讨论，能让各位同学掌握正确、有效的观察方法，在今后的学习和生活中勤于观察、善于观察，在观察中思考，在思考中进步。

## 体会絮语

- 批判意识的反思的表现就是，你的每一个选择、每一个判断都要找到证据，都要力求有证据，不能直接找到证据的时候，推理本身应该是尽可能全面的，多维度多向度的，综合了多种可能性的，能够包容多种可能性的一种推断，而不能是单向的、想当然的。
- 哲学思维方式就是要在能够综合多种可能性的时候，提升并抓住公共问题的本质。这个本质的把握要建立在事实存在的充分可靠基础上。所谓"可靠"，就是指带有必然性而不是偶然性，不是立足于某种偶然性的、杂乱无章的、多维的细节，而是把握它的这个必然性的这个层次。
- 总的来说，法治精神，就是平等地对待和保护一切人的正当权利和责任。用这样的法治精神指导我们观察各种现实现象，有助于我们保持客观公正的理性，少受人为炒作的误导和欺骗。

## 第五课
## 综合训练

**教师**：回顾一下课程，我们已经进行了三个部分。每一次观察，都不可避免地遇到抽象批判和反思的哲学方法问题。当然，使用这些方法的时候，不一定要很显露。至于效果如何，大家可以对照一开始的目标，看看是否有所收获？

例如，按照观察和叙述要包括七个"W"（什么时间、什么地点、什么人物、什么原因、什么过程、什么结果、什么看法）的要求，观察一定要是完整的，这是一切观察的要素。而对于哲学的观察来说，还要特别注意三个特点：

首先，保持它的理论层次感。要有概括性，把问题抽象出来。比如同一个事件，看看能否用最少的字，说得最全面、最清楚？这就需要一种字斟句酌的概括和表达的本领。

其次，定向描述，力求把握事情的实质过程。不仅要有理论层次感即高度，而且要有理论思考的方向感，即导向。有方向感的描述是定向描述。单纯的语言描述，即使使用最现代的技术，例如四维动画，都不可能把事情完整再现。所以我们的描述，要尽可能地达到自己所认识的事实的实质过程。

最后，观察过程中的价值中立。价值中立不是不做价值判断，而是坚持从实际出发，不抱成见，不用主观的价值判断去掩盖或回避事实过程的实质，为可能得到的精准价值判断提供充分的准备。

那么我们接下来的课程，是做一种综合训练。方式是，请大家模拟项目申请论证书，做一个研究项目的选题论证和设计。

第一步：选题。每个同学自己确定一个题目和考察对象，选一个自己想做的和能做的研究题目。要尽量做真实有效的问题，避免"假、大、空"模式。

第二步：写一份自己的研究计划。其中需包括以下六方面的内容。

1. 题目。对选题的概念和定位要清楚，阐述选题含义、选题原因和旨在解决的问题，这是最重要、最核心的内容。

2. 该选题已有的背景资料和学术成果。如果选题是关于一个实际现象，例如"小悦悦事件"，就不能忽视背景——近年对国人道德面貌的关注和争论；如果是学术理论题目，则需对前人在这个问题上的研究方式、进展情况以及代表性成果等加以梳理分析，考察在这个问题上前人做到了什么程度，解决了什么问题，还存在什么问题，用以说明你打算在怎样的基础上前进。内行专家一看到这里，就会对你的选题和讨论的意义形成判断，大体知道它是否值得支持。

3. 提炼选题的关键问题和重点、焦点。把含义和背景说清楚后，对选题做进一步提炼和升华，找出论题要解决的最关键问题，这就是论题的成果和创新点。如果这个问题一直被很多人讨论，那么你主要想讨论哪个方面？这个方面是别人没有讨论过的，还是虽然有过讨论但你认为原有讨论有不妥之处？又或者是大家还没注意到这个问题的分量和价值？总之要有你自己的特色和创新点，人家才会认可。

4. 论题的研究意义分析。资料是公共性问题的基础；研究，就是把问题上升到公共思考的范围，而不能仅仅在自我兴趣范围内讨论。要讨论大家都感兴趣的公共性问题，论题应该是以解决公共性问题或

## 第五课 综合训练

难题为目的的。

5. 在研究条件和研究资格上的实力显示。这也很重要，尤其是在申请国家社科基金项目时，会有这一栏。当然如果你有先期成果或特殊资源更好。

6. 研究方法及步骤。这项内容一般都容易抽象而空洞。大概是因为难以事先描述。所以要力求做得实在、具体、规范些。

字数不宜多，大概两三页就行。要学会写提纲、计划和要点。

第三步，大家回去做出来，并打印成篇。然后在下次课上逐一评审。每个陈述的同学都是项目申请人，其他人是评委。我们一起来评价每份论证方案，其分析立项的合理性、可行性、需要资助的力度，以及还需要哪些改进等等。

这就是所谓"综合训练"，其中既包含了搜集材料的观察，也包括对现实问题的批判思考和提升，同时要求你用最精练的语言表述出来。

走进哲学
练就批判的头脑

# 设计方案一：从网络传播在"占领华尔街"运动初期中的作用看民主的实现

**同学甲：**我的研究共分八个部分。

第一部分是参考资料，大部分是从网上找的，也有些是从期刊上找的。

第二部分是"占领华尔街"运动及其影响。美国民众于 2011 年 9 月 17 日发起了名为"占领华尔街"（Occupy Wall Street）的示威活动，此次活动由加拿大非营利杂志 *Adbusters* 于 2011 年 7 月发起倡议，并被命名为"占领华尔街"。之所以选择 9 月 17 日，是因为这天是美国宪法日。这个活动虽然没有纲领，但还是有些共同点。"我们共同的特点是占总人口 99% 的普通大众，对于仅占总数 1% 的人贪婪和腐败，再也无法忍受。"1% 和 99% 的对比源于诺贝尔经济学奖获得者斯蒂格利茨的文章《1%有，1%治，1%享》。这个倡议影响比较大，抗议活动已经扩展到美国上下，100 多个城市卷入其中。截至 10 月 17 日，"占领活动"扩至全球 82 个国家 951 座城市。包括布拉格、法兰克福、多伦多、澳大利亚墨尔本、东京和爱尔兰科克等。前两天有权威报道说，美国再次对华尔街运动进行清场，表明这个运动还在持续。

第三部分是分析华尔街运动中传统媒体的反应。示威报道在主流媒体上的突破，是在第八天（9 月 24 日），也就是游行爆发后的第二个周六。当天警察用胡椒喷雾攻击在警戒线内的和平示威者，逮捕示威者的图片上了当天晚上提前出版的周日《纽约每日新闻》头版。晚上，有示威者在"Twitter"上欢呼："我们上了头版，谢谢《纽约每日新闻》!"直到 10 月 1 日，"占领华尔街"才真正作为一条新闻登上《纽约时报》头版的下半部分。10 月 5 日，第一次有美国全国性的电视台 MSNBC（微软全国广播公司电视频道）新闻节目的记者来到曼哈顿下城的游行地点祖科蒂公园做了长篇现场报道。

第四部分是网络传播在占领华尔街运动初期中的作用。之所以只研究初期运动，是因为这一运动在后期由于规模和影响的扩大，主流媒体的重视报道也逐渐增多。初期很少有媒体对"占领华尔街"运动进行报道，示威者甚至尝试自己办报纸免费发放，但是效果并不理想，主要还是依靠网络如"Twitter"和"Facebook"。抗议者通过在更新照片和视频，上传世界各地诸多抗议活动的实况直播，使人们越来越关注这件事，而且可以直接获得第一手资料。Facebook 上近两周的总关注数已增长到超过 120 万条，影响非常大。

第五部分是网络媒体同传统媒体的区别。网络媒体有很多优点，首先，相比传统媒体受地理条件影响的局限性，网络媒体的优势就在于普及性高、传播范围广，不受地理位置限制，很多网站都具有全球性，在不同的国家均可直接登录。所以网络媒体可以使该运动在初期不受传统媒体重视的情况下传播至 82 个国家 951 座城市。其次，网络媒体时效性强，相比于传统媒体要受到出版时间、节目制作审查等条件的制约，通过网络媒体网民随时可以将自己得到的信息上传，随时可以汇报运动的最新状况，直观性强，视频也更具有说服力，使人直观地感到第一现场。最后，网络媒体得到的反馈更迅速，人们接收到通过网络发出的信息可以很方便地做出反应，如作评论、转发，而传统媒体这一过程通常很缓慢，无法直接统计出受众的反馈。但网络媒体也有缺点，第一，无序性。没有固定的中心主题，每个人都表达自己的看法，一些正确的观点可能被淹没在庞大的信息洪流中；第二，片面性，网络观点往往带有很强的个人感情色彩；第三，虚假性，很多信息难辨真伪，甚至可以伪造视频；等等。

第六部分是研究网络媒体对于实现民主的意义。"华尔街运动"可以被看作几个阶层的对抗，主要是草根阶层对精英阶层不满的集中爆发。主流媒体却被精英阶层所控制，所以在运动初期，由于运动规模小、人数较少，影响力不足，更由于掌握话语权的精英阶层对报纸、电视等传统媒体的控制，导致华尔街运动在初期没有得到应有的重视。但运动之所以会扩至全球82个国家951座城市，主要还是依靠网络传播。运动不仅仅是两个阶层的对抗或是两种传播方式的对抗，它更为我们指明了一条实现民主的新的途径。通过对运动初期的网络传播特点和作用的研究，可以使我们更好地利用网络这个新兴的媒体工具（尤其是在传统媒体封锁报道的情况下），比如对前面网络传播的优点加以利用，对缺点进行克服。利用网络我们可以对抗话语权威，发出自己的声音，更好地表达底层草根民众的意愿，使民主的实现真正成为可能。

  第七部分是探讨传统的民主和网络传播条件下的民主。传统的民主表面上是社会中每个人都参与其中的，但其实传统民主的实现总是少部分主体代表大多数的主体来进行的。传统民主政治形式主要是靠选举实现，个人总是需要一个能表达他声音的人来代表自己，而传统的媒体也是传统民主的体现形式，个人的意见需要汇集、被筛选之后才能面向大众。正是由于传统民主的特性，导致数量庞大的草根阶层的意见总是被忽略或者不受重视，民主成为少数人的民主。与此相对的是新形式的民主，在现代社会，通过网络每个人都可以自由地表达自己的意见，他们不需要被代表，他们只代表自己。在网络传播条件下实现民主的主体才真正地是个人，通过网络这一新兴工具，我们可以更好地表达个人的观点看法，数量庞大的草根阶层不再是沉默的大多数，1%的人意见再也不能够随意的代表、忽略99%的人的意见。

  第八部分主要阐释研究方法，对华尔街运动中网络传播事实进行研究；对网络传播的作用进行归纳和总结，看其对于民主的实现有什么具体的作用，对于我国的现实有何帮助，而不是对"占领华尔街"

## 第五课　综合训练

事件抱着一种隔岸关火、幸灾乐祸的心态去看待。

**教师**：大家看看他这个做得怎么样？作为一个研究方案，他是把研究观点和结果说出来了，而研究方案的选题、方式、根据、依靠的主要手段等，在方案中则不是很突出。已经像一篇稿子，而不像个方案了。大家看这个方案怎么样？假如让你做"占领华尔街"方案，你是否赞成他选的题目和角度？他的依据成立与否？方法能不能达到目的？大家都以评委的身份对他的报告进行评论，对他的内容可以提出质询，看给不给他经费。

**同学乙**：你认为你的资料来源以及论证过程有什么独特性？同别人的研究有什么不同之处？例如你的研究方法比较新颖或者你的资料来源是第一手的，现在我看你的PPT里基本上都是网络资料，这属于二手资料，甚至三四手资料。

**同学甲**：从引用的资料可以看他们有研究网络媒体的，也有写新闻自由的，但是很少和民主结合起来……主要还是在主题上和他们不太一样。

**同学乙**：那资料来源呢？如果我是你，我可能会尽可能地联系到参与运动中的第一个人和第几个人，然后你可以做一手访谈与资料搜集，这样论证就会很鲜活，而且你也可以了解到他们的真实想法。你现在都是通过别人的观点看观点，这都不是最真实的。

**同学甲**：我当时也想从Facebook，Twitter上找资料，但是翻墙功夫不好，我看那些报道的时间、人物、地点都比较详细，应该是可以采纳的。

**同学乙**：那是不是换另一个人也可以做呢？

**同学甲**：同一个事情、问题，可以有很多人进行研究，但每个人的研究方向与角度都不同。比如说有研究社交媒体的，有研究新闻自由的，每个人有自己的研究方向。

**同学丙**：题目到位，但实质内容还没有跟上题目。内容缺少了关

## 走进哲学
### 练就批判的头脑

于民主的阐述,你一直在谈网络,最后突然把话题转向民主,太跳跃了,过渡内容有所缺失。

**同学甲:** 对,有这个问题。

**教师:** 这个方案的最大优势,就是把考察的对象收拢,放在运动前期。这样就能突出网络媒体和传统媒体的区别,这对突出你的主题、对整个研究来说是好的。但你的弱点是:视野没有展开,缺少奠定你研究基础的内容,只是罗列参考资料。选题论证的第一个工作,就是总结以往的研究成果,学术问题要列出研究成果,现实问题要列出历史背景;而你只列了从网上找的资料,没有把相关历史背景列出来。"占领华尔街"是在一个什么样的思想文化、社会、政治、经济背景下发生的,不一定要追溯很远,但必须呼应后边的主题,比如你材料里讲斯蒂格利茨的文章《1%有,1%治,1%享》,他的经济学理论社会影响有多大,这都得进行说明。另外,你考证了最初发起运动的是加拿大的一个刊物。其实我说过还有更早的,就是美国总统奥巴马,在上次金融危机的时候对华尔街表示不满。"傲慢""贪婪"这两个词,可能是奥巴马最先提出的。从这些材料看思想背景,这次经济危机所带来的后果,身处其中"占领华尔街"运动的民众,在理念上实际是受经济学家和政治家的影响,抑或是经济学家和政治家反映了底层的状况,他们之间是有呼应的。如果将这些背景、材料和联系阐述清楚,那么你的研究就很有意义。

这次对民主的讨论,主要发生在经济领域。经济民主是更基础、更深层、更实质的民主,其背景必须拓展开来。一直说该运动是"无组织、无领导、无纲领"的。而你重点要研究的是:无组织是怎么组织起来的,无领导是如何领导的,无纲领表达的是什么纲领?因此,不要被表面的形式蒙蔽,而忽视实质的东西。这样一种非组织的、非有明显领导、非有明显纲领的运动,它潜在的组织、领导、纲领是怎样通过网络来实现的?这样网络的作用也就凸显出来了。所以我说,

## 第五课　综合训练

你这个题目很好，但要真正研究到位，有力量，还需要揭示出其背景和过程之间的深度关联。做到了这点，你再讲后面的问题就更有说服力了。

题目抓得很好，材料已经基本齐备。将网络媒体和传统媒体的差别与民主发展联系在一起，这个立脚点非常好！但要把它做到位，还有两点需要注意：第一，弄清楚背景脉络，才能找到问题的解决方式和解决途径；第二，研究方法，实际上采用了"深度比较方法"。透过事件本身，去比较它的背景条件和过程，比较最实质的内容。比较的结果是，由于我们中国也参与全球化，同样面临金融秩序问题，所以我们不能隔岸观火、幸灾乐祸，我们需要达到这个深度。但现在我们有的媒体还没到这个深度。他们更热衷于幸灾乐祸：资本主义不行了、没落了。没有看到这个全球化时代，中国在这场金融全球化中不是置身事外、不受影响的，而是和我们进入全球化的深度是一致的。中国是美国第一大债主，中美在金融关系上已经互相依赖了。对此不加反思、不予关注，将不利于中国的发展。

另外，从你的PPT来看，层次感不够。一个文档大纲，要有一级、二级、三级标题，通过标题的层次结构就能看出你的理论层次和方法层次。要注意别用西方理工科论文的那种"1""1.1""1.1.1"格式。动不动点上一大串点，总得数它有几层点，一看就晕。那不是中国传统的方式，也不是活人的而是计算机的方式，太数字化了，缺少中国文化鲜活的人文气质，这是表达方式问题。作为一个中国人，写给中国人看的文章，应该有中国人思维的风格和意蕴。要考虑对象的文化基础、背景、思维特点；站在对象的立场上，让别人更容易理解你所说的内容。

你的报告很好，但不要满足于现在已经得到的结果和认识，可以再加工、修改，把各个要点变成问题，你要进一步去寻搜、充实、研究、说明，这是研究计划的要求。如果一切都有了结果，就不需要再

## 走进哲学
**练就批判的头脑**

研究了。比如，在讨论传统媒体和网络媒体区别的时候，不要单讲网络媒体的优势，也要讲到其片面性，像"观点带有个人感情色彩""虚假性信息"，等等；同时还要对网络媒体与传统媒体两者各自的优劣势，都做出比较分析。同样是"虚假信息"，传统媒体的虚假性体现在哪里？二者有什么不同？可以挖得再深一点，只看到"技术上可以伪造"的深度还不够。虽然你的申请写得像成果，但通过追问和进一步论证，就可以形成一个很好的研究纲要。

## 第五课 综合训练

# 设计方案二:从实践过程中发现症结
## ——《人民调解法》在社区的实施现状和问题研究

**同学乙**:我的题目是"《人民调解法》在社区的实施现状和问题研究——以北京市海淀区人民调解委员会为例"。课题设计主要分七个方面:一、研究本课题的意义;二、本课题国内外研究现状;三、课题研究的主要内容、基本思路和方法、重点难点、主要观点及创新之处;四、收集到的研究成果以及主要参考资料;五、完成项目研究的基础和保证;六、研究计划(调研内容、调研周期、调研报告的完成时间);七、预期成果。

首先我先界定一下我课题的相关观念。《中华人民共和国人民调解法》(以下简称《人民调解法》)已由中华人民共和国第十一届全国人民代表大会常务委员会第十六次会议于 2010 年 8 月 28 日通过,2011 年 1 月 1 日起施行。该法案的构架是:第一章是总则,主要是概念和原则的规定;第二章是人民调解委员会的性质、组成和形式;第三章对人民调解员进行了规定;第四章是调解程序的规定;第五章是调解协议及其效率的规定;第六章是附则。

《人民调节法》是我国第一部关于人民调解的成文法规定,使我国民间调解活动有了制度性的规范,在解决我国社会矛盾方面起到促进作用。"人民调解"采用了法律上的规定,是指人民调解委员会通过说服、疏导等方法,促使当事人在平等协商基础上自愿达成调解协议,解决民间纠纷的活动。人民调解委员会的性质是依法设立的调解民间纠纷的群众性组织,分别在村民委员会、居民委员会设立人民调解委员会,企业事业单位根据需要设立人民调解委员会。但是在附则中有一个特殊规定,乡镇、街道以及社会团体或者其他组织根据需要可以参照本法有关规定设立人民调解委员会。比较有代表性的是北京电视台的"第三调解室"成立了"第三调解室人民调解委员会"。在电视节目上现场调解好的案件，经过双方当事人签署后形成的调解协议就具有法律效力，并且一经法院确定便具有强制执行力，这是一个非常有突破性的规定。人民调解和诉前调解、行政调解有区别，在这里就不展开说了。

需要特别说明的是，《人民调解法》中包括村委会、居委会和企事业单位的设置，我在这个课题中把范围限定在"社区"，也就是以居委会设置的人民调解委员会为主要研究对象。

研究意义分为实践意义和理论意义。一部法律从制定、实施到大家接受是一个比较漫长的过程，这种观念上的转变、行动上的转变，在我们国家立法状况的评估和考察时，是需要考虑到的因素。在《人民调解法》实施一两年之际，我们以现有理论研究为基础，以北京市人民调解组织的实践成果为依据，尽可能地展现新法实施下的人民调解机制在社区运行的全貌，调查人民调解工作的现实困难以及研究解决对策，从而进一步完善人民调解制度的理论和促进多元化纠纷解决机制的理论研究。

在现有的研究成果这块，目前国外没有专门的人民调解制度，但是关于 ADR 的制度研究与我国的人民调解制度相类似。ADR，即 Alternative Dispute Resolution，一般译为非诉讼纠纷解决。学者范愉在《纠纷解决的理论与实践》中总结了各国的 ADR 制度研究——美国的"调解制度"，德国的"和解制度"，日本的"调停制度"。它们和我国调解制度最大的区别是，他们或多或少是由司法部门来主导调解工作，而不是我国这种依靠基层组织和民间力量。虽然国外学者对我国人民调解进行了诸多论述，但他们只是将"中国"作为研究的对象，不可能具有中国的主体性意识，他们的研究更多是为了解释和验证西方经验，难以解决人民调解在中国遭遇的现实问

## 第五课 综合训练

题,更不可能提出既兼顾传统,又直视社会转型,并面向世界的人民调解法制化的具体政策建议。例如,日本的早川吉尚就认为人民调解是我国公民反对国家权力以及司法职业对纠纷解决的垄断,希望发展一种与审判不同的纠纷解决机制,并以调解的非权力化解决为其追求的首要目标。

国内对人民调解制度研究经历了曲折的过程。从萌芽时期实践远多于理论,到新中国成立初期统一称谓"人民调解委员会",形成人民调解制度"三原则",又经历了"文化大革命"时期的停滞,以及十一届三中全会之后的恢复发展,一直到2010年《人民调解法》的通过,人民调解制度走进了一个新时期。但是国内关于人民调解的角色定位、具体实施方法和程序以及诉调对接问题仍是学界争论的热点。

我们将研究三个主要问题:对人民调解制度在实践层面上法制化运行的研究略有不足的问题;学术界与实践部门等不同性质研究主体间的对话与交流的问题;以及新型纠纷的出现,如快速增长的物业纠纷、群体性纠纷和医患纠纷等新问题对人民调解制度提出的挑战。主要内容分为四个部分:第一部分梳理人民调解制度的概念和历史考察;第二部分是重点,实证考察《人民调解法》在海淀区人民调解委员会的实施现状,具体分为社区矛盾纠纷概况和人民调解工作基本格局概述,和《人民调解法》实施前后人民调解工作对比,包括性质、组织结构、人民调解协议效力的变化,第三、四部分总结人民调解制度运行的现实困境及其应对之策。

研究的重点难点和创新之处。我们将着重考察《人民调解法》的实施过程和效果,如法律与案件事实、社会环境和民众的生活样式相融合这个独特的法治文化形成和发展的现象,消解大家的调解在法治社会的正当性仍然受到部分法律人和社会精英的质疑,人民调解被指为"和稀泥"、权利妥协,软化和弱化法律作用,甚至有一部分人视其为传统社会落后遗存的标志。我们想通过实践考察论证驳斥这种观点。思路如下图所示:

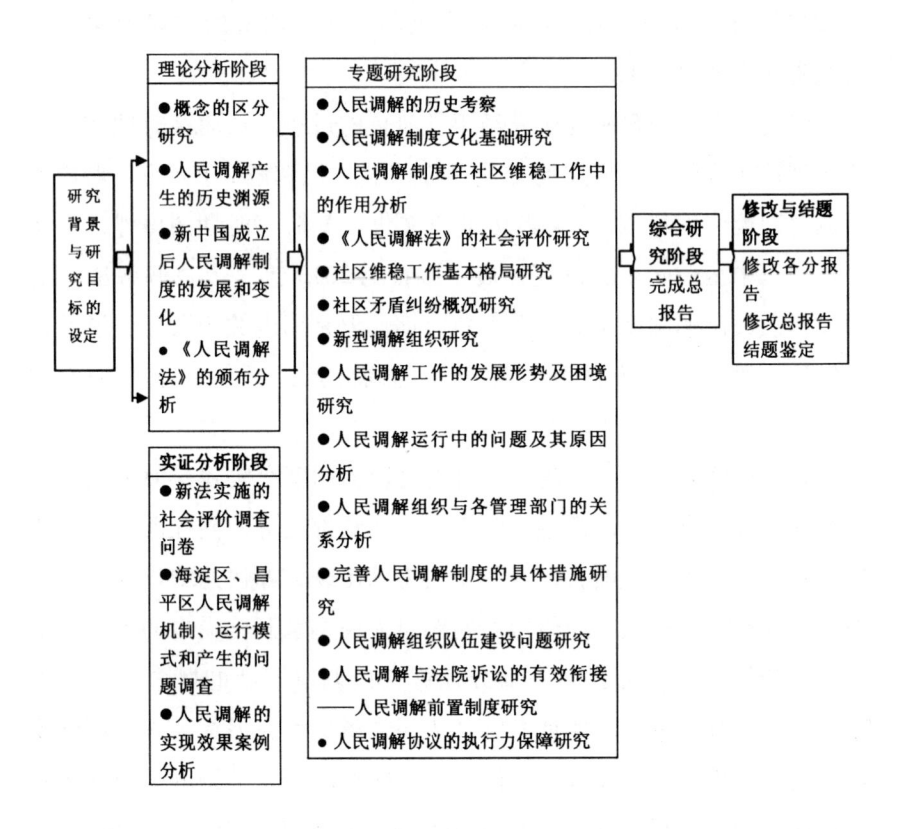

```
┌─────────┐  ┌─────────────┐  ┌──────────────────┐  ┌─────────┐  ┌─────────┐
│研究背景  │  │理论分析阶段  │  │专题研究阶段       │  │综合研  │  │修改与结题│
│与研究目  │  │●概念的区分   │  │●人民调解的历史考察│  │究阶段  │  │阶段     │
│标的设定  │→ │  研究       │  │●人民调解制度文化  │→│完成总  │→│修改各分报│
│         │  │●人民调解产   │  │  基础研究         │  │报告    │  │告       │
│         │  │  生的历史渊源│  │●人民调解制度在社区│  │        │  │修改总报告│
│         │  │●新中国成立   │  │  维稳工作中的作用  │  │        │  │结题鉴定 │
│         │  │  后人民调解制│  │  分析             │  │        │  │         │
│         │  │  度的发展和变│  │●《人民调解法》的社│  │        │  │         │
│         │  │  化         │  │  会评价研究       │  │        │  │         │
│         │  │●《人民调解   │  │●社区维稳工作基本格│  │        │  │         │
│         │  │  法》的颁布分│  │  局研究           │  │        │  │         │
│         │  │  析         │  │●社区矛盾纠纷概况研│  │        │  │         │
│         │  └─────────────┘  │  究              │  │        │  │         │
│         │  ┌─────────────┐  │●新型调解组织研究  │  │        │  │         │
│         │  │实证分析阶段  │  │●人民调解工作的发展│  │        │  │         │
│         │  │●新法实施的   │  │  形势及困境研究   │  │        │  │         │
│         │  │  社会评价调查│  │●人民调解运行中的问│  │        │  │         │
│         │  │  问卷       │  │  题及其原因分析   │  │        │  │         │
│         │  │●海淀区、昌   │  │●人民调解组织与各管│  │        │  │         │
│         │  │  平区人民调解│  │  理部门的关系分析 │  │        │  │         │
│         │  │  机制、运行模│  │●完善人民调解制度的│  │        │  │         │
│         │  │  式和产生的问│  │  具体措施研究     │  │        │  │         │
│         │  │  题调查     │  │●人民调解组织队伍建│  │        │  │         │
│         │  │●人民调解的   │  │  设问题研究       │  │        │  │         │
│         │  │  实现效果案例│  │●人民调解与法院诉讼│  │        │  │         │
│         │  │  分析       │  │  的有效衔接——人民│  │        │  │         │
│         │  │             │  │  调解前置制度研究 │  │        │  │         │
│         │  │             │  │●人民调解协议的执行│  │        │  │         │
│         │  │             │  │  力保障研究       │  │        │  │         │
└─────────┘  └─────────────┘  └──────────────────┘  └─────────┘  └─────────┘
```

研究方法借鉴了哲学方法论课程的实地考察、文本观察和案件观察的方法,主要有文献分析方法、访谈法、问卷调查法、个案研究法。在分析中,我们将运用 SPSS 软件以及 stata 软件对数据资料进行分析。运用定性方法对文献资料和相关实证资料进行综合分析和理论研究。

**教师**:总体思路有个秩序没有?有没有核心的问题?

**同学乙**:我们讨论的思路是这样的:中国怎么实践法治的过程?

## 第五课 综合训练

是不是成文的非诉讼解决方法就不是实现法治的路径呢？我们认为，法治最终的状态是规则之治。这种规则，应当包含保护人民自主选择的规则。《人民调解法》的颁布不是弱化法治的功能，而是用法制保障了一种非诉讼制度的实现，将民间调解制度化、程序化，保护人们自主的选择权，这也是法治的体现。在以前散乱的民间调解中，调解协议得不到承认和认可，也没有受到强制力的约束。而新法规定，人民调解委员会做出的调解协议，法院确认后就有强制执行力。小成本不张扬解决纠纷，也是法治实现的一种状态。

创新之处在于，我们是《人民调解法》实施后第一个对该法的实施状况进行研究和分析的项目，借助人民调解的平台，深化正式与非正式规范之间的交流与融合，把握社会转型期的人民调解法实施过程中国家、社会、个人的利益结构的变化。

**教师：**你的报告较为清楚的有两点：第一，你对实施《人民调解法》是肯定的；第二，你想通过调查研究了解真实的情况，用以回答对《人民调解法》的质疑。但字数太多，还缺少整体性形象鲜明的提炼。

**同学乙：**我期望的成果，就是一篇调研报告以及相关论文。

**教师：**在学者和专家看来，也许这样的调查研究在理论上标准不高，因为没有提出重要的理论问题。比如衡量调解效果的价值标准如何确定？是不是只要解决了纠纷就行？等等。你只是想用多种方式了解一下执行的情况，对业内外专家来说，还没有在已有理论储备的基础上提出什么新的、值得研究的问题。

**同学乙：**我觉得应该给他们的论证目标提供数据实证支持。

**教师：**研究调解问题，别人也可以随机地、有方向地去采集。你怎样保证自己资料的可靠性、全面性和权威性？关键是你理论定位的高度。其实你已经谈及了调解和诉讼的衔接，与法庭审判的对接，调

## 走进哲学
### 练就批判的头脑

解对于化解矛盾的意义，与人治和法治导向的关系，等等。那么法律界在思考调解时，关注的焦点在什么地方？焦点似乎在于：调解和法治到底什么关系？在什么情况下，调解是促进和巩固法治的，在什么情况下则不是？这里不管你事先提不提出来，人们总是会有这种担心。据我所知，学界有人担心，如果仍然是在人治的框架下，过度地强调了调解，用人治的方式通过调解去解决纠纷，那么就会削弱法治。所以你的研究要有回答这个问题的准备，要明确学术上的问题和焦点，然后再从实践上去印证和解决。比如要我去做的话，我就想弄明白，调解是否有利于法治取决于哪些因素？因为过去中国传统社会就有家族调解、到祠堂里调解。调解能解决纠纷，但是这种解决纠纷的方式和效果，总体上仍是巩固人治的秩序。说极端一些，强盗分赃不均闹纠纷，调解一下，均匀分赃，就不闹纠纷了。在局部它可以这么解决，但在总体上，你让强盗越团结，对这个社会危害越大。

推进法治还是维护人治，这个态度要明朗。从你的构造过程来看，你没有突出问题。前面讲人民调解的历史演变、来龙去脉，这是一些必要的实际情况和资料。那么在这过程中留下了什么问题？比方说，调解是不是"阶级斗争熄灭论"？而批判了"以阶级斗争为纲"，我们就可以肯定人民调解？人民调解问题是不是只有这个视角？《人民调解法》是法。从现代化进程来看，法治还是人治这个视角也适用于调解问题。你阐述了日本学者的观点，他认为人民调解是为了反对国家和司法部门的垄断，并肯定了这种意义。你不完全同意他的观点，这正值得我们争论：在现实中，是不是应把法治的权利和责任交给整个社会？如果是这样，就是很积极、很进步的方式了。还有一些专家的评论暗含类似问题，突出这些问题，用实践做出回答判断，这应是你的方案的深度和力度。

总之，你认为人民调解在中国是有深厚的历史根源的，这没有争

## 第五课 综合训练

议，但你真正应该关注的是人民调解在中国当代意味着什么？如何对待人民调解？如果人民有权利反对司法垄断，那调解当然是进步的；但如果大家都看人情面子，以私了的方式解决法律纠纷，那就是社区内小范围的公共利益得到保障，而全局性的公共利益可能就被牺牲了。因为如果大家依赖这种方式，那么是否还需要法律和法庭呢？所以说，人民调解的主体是谁、对象是谁、规则和标准从哪里来、检验它成败的利弊的尺度在哪里、怎样做才会导向法治、怎样做是维护人治，等等，这些是你要了解和回答问题的关键，要突出这种最有科学力量的理论角度。

**同学乙**：我有矫枉过正的心理吧，对目前泛学术化的探讨有点反感，促使我想从真实中了解真实，不是在学术中讨论出焦点在哪里。我想从实践过程中发现它的焦点和症结在哪里，然后才能就症结做进一步的探讨。过多地预先设定理论点可能会导致在实践中有倾向地选择数据，对今后的研究也不太好。

**教师**："从实践过程中发现它的焦点和症结"，好！完全正确！但在你的设计中要如何完全体现？一是对问题本身采取客观的态度，把它如实提出来；二是对结论采取客观态度，然后用事实来回答。这两点在设计中要交代清楚，表明自己的态度和倾向，也须先说明根据和理由。报告后面的很多内容都是从肯定的角度来讲，人家就会考虑你到底是不是知道这个分寸。

大纲总体很规范，你的优点是比同学甲规范和完整。缺点刚好相反，他的观点很集中、很鲜明，但思想不够开阔；你是太开阔，但不够集中。一份研究中最能吸引人、打动人的，不是观点而是问题。你把问题讲出来，让看报告的人觉得必须通过调查研究来回答，调查研究势在必行，这就是你方案的力量所在了。

**同学乙**：谢谢老师的建议，我想得还不够深入。

### 走进哲学
练就批判的头脑

**教师**：这样的方案别人也会做。拿一个模式去套，任何问题都可以这么做。所以对你方案的必要性论证，就要很见功夫。从题目上看，这是一个很重大的现实问题。在这个问题上，中国面临一个分歧点：走向人治还是走向法治？最近在司法界，"三个至上""法治理念""调解""能动司法"等概念，都是在法学理论、法治建设中有争论的问题。各种不同观点都有自己的理论背景。你的观点是：究竟哪种观点正确？要拿事实说话，要到实践中研究，而不是仅仅靠抽象推理解决。这是你立项的根据，很好。但你需要对实证研究的必要性进行论证，为什么抽象推理得不到结论？为什么根据以往的经验不能判定？为什么需要实证调查？你讲的"新纠纷""新矛盾"就是一个根据。为什么旧的观点在解释这些新问题上不实用，或者旧的观念相互冲突时无法调和无法解决？你给出了一个似是而非的答案，说这种无法解决是脱离实践导致的，那么你就必须对此有所分析，才能深入探讨。

### 第五课 综合训练

## 设计方案三：从逻辑学视角看"排除合理怀疑"

**同学丙：**我要讲的是刑事诉讼标准研究中，从逻辑学视角看排除合理怀疑的问题。我们知道，民事诉讼和刑事诉讼证明的标准是不一样的。在民事中，证明被要求达到"盖然性优势"；而在刑事中，则是要求法庭对其达到"排除合理怀疑"的程度。这两个标准主要是指在英美法系中的标准。在我国的刑事诉讼标准则是"犯罪事实清楚，证据确实、充分"，相对于"排除合理怀疑"的标准来说，是难以操作和理解的。

刑事诉讼证明标准，是指法律规定的司法机关做出有罪认定所要达到的证明程度。在英美法系中，刑事诉讼中由控方承担证明犯罪的构成事实或构成要素的责任，其证明要达到"排除合理怀疑"。"排除合理怀疑"在英美法系的理论界和实务界经常被使用，但是却没有一个确切、清晰明白标准的词语。我的论述就是试图通过逻辑学视角对这一标准进行理解。

什么是"合理怀疑"？是针对什么的合理怀疑？何谓"排除"？对于这些问题的回答存在很大的分化。法学界研究的很多，在中国期刊网上搜索可以得到几千个结果，很难全部看完。但是从逻辑学视角去进行这个问题的研究可以说还很稀少。并不是说中国法律逻辑学界完全忽视了这个问题，但应该承认确实还没有人进行系统、规范、充分的相关的逻辑学研究。

首先，我要向大家介绍一下排除合理怀疑概念的形成过程。排除合理怀疑（BEYOND REASONABLE DOUBT）这个概念是英美法系法官在审判实践中逐步形成的。其最早产生于1793年美国新泽西州一个法院对 STATE V. WILSON 案的审判。该案中，法官指示陪审团遵守"人道规则"（humane rule），如果对于被告人是否成立所指控的罪有

"合理怀疑"就应当裁定其无罪。1954年霍兰诉美国案中,"排除合理怀疑"得到一个稍微可以被大众所接受的定义,称为"合理怀疑是一种导致人们在行动上产生犹豫的怀疑……而不是人们愿意据此采取行动的怀疑"。加州刑法典中规定合理怀疑是它不仅仅是一个可能的怀疑,而是指该案的状态,在经过对所有证据的总的比较和考虑之后,陪审员的心理处于这种状况,他们不能说他们感到对指控罪行的真实性得出永久的裁判已达到的内心确信的程度。英国证据法学家摩菲认为可以用百分比表示出排除合理怀疑的大致范围。只有当控方的主张证明到远远超过90%可能性时,控方才能胜诉。

  以上是一些法学家他们对排除合理怀疑的一些看法,但是我们可以看到,"排除合理怀疑"虽然有一些可以被大多数人接受的概念,但是仍然没有一个明晰的,分析性质的概念,而更多是描述性的。在实践上,大家可以而且也确实是根据这个概念进行操作的,但是却很难对其进行充分明晰的阐释。如果我要写这篇论文,就要从逻辑学的角度去勾勒这个法学概念的真正内涵和运作过程。对于一个理性的人,"排除合理怀疑"主要可以分为两个方面:一个是对案件事实的怀疑;另一个是对案件结论的怀疑。在一般的理解中,比如以我国证明标准为例。讲究的是从证据到结论的过程,从一个证据链得到结论。但是从前提导出结论是非常困难的。从实践上看,法学家也并不是从前提去找寻结论,而法官更多的是根据直觉去判断。面对一个司法事实,他的内心在最开始的时候可能就已经有了判断了。接下来,他更多的是根据自己的结论找出支持这个结论的前提和证据。要说的"排除合理怀疑",并不是以前提即案件事实为基础的怀疑,相反是以案件结论为中心的怀疑。

  以大众耳熟能详的"彭宇案"为例。公众所难以理解的是,证据如此不充分的情况下,法庭为什么会得出彭宇负有责任的结论?再比

## 第五课 综合训练

如"佘祥林杀妻冤案",在妻子没死的情况下,法官又是如何得出佘祥林杀妻事实的呢?问题出在过去的以前提为结论的思想与实际情况的不符。从排除合理怀疑的角度来看,都没有排除对事实的怀疑。但是法官在这种情况下,他所认为的是对结果的合理怀疑的排除。在"彭宇案"和"佘祥林案"当中,法官是有结论认为他们有罪,再去寻找支撑结论的证据的。在佘祥林案中,因为认为存在佘祥林杀妻的行为,因此在水塘找到无名女尸,从而认为是他的妻子;而不是因为发现存在无名女尸,认定是他的妻子,从而去证明他的杀妻行为。

现在的法学,很多时候"无罪推定"成了理论用语,一到实践就"有罪推定"。这在法庭辩论中特别明显。法庭辩论并非双方根据证据而得出结论的过程,而实质上是双方先有结论而后寻找原因的过程。控辩双方都有自己的立场,并不会因为证据的改变而改变自己的立场。虽然双方的角度不同,但控方和辩方都只努力找出有利于自己结论的事实和证据,并加以强调和夸大。

在法律证明中,因为法律事实具有不可再生性,仅仅通过证据的列举是不能得到确证的。证明甲某天拿着一把刀进乙的家中,结果第二天发现乙死亡,并不能100%确定甲是凶手。但是寻找合理怀疑,反驳的过程则不然。有证人、作案时间、作案动机并不能证明嫌疑人就是罪犯。但是只需要一个反驳,比如有证据显示嫌疑人并不具备作案时间,案发时间他在别处。那么就已经有足够的证据表明嫌疑人不是罪犯。所以我们更多要做的是先假设一个结论,再去寻找对这个结论的反驳。如果找不到这个反驳,很多时候在实践中往往会相信和确认这个结论。

"排除合理怀疑"是一种法学和逻辑学相结合的观点,即对于直觉所假设的结论,围绕这个结论寻找能够威胁到这个结论的证据,排除所有相关可能的怀疑的时候,即可说假设的结论排除了合理怀疑得到确认。这在逻辑学中是可以被理解的，但证明是困难的，即使排除所有对证据的合理怀疑，结论仍然没有得到证实。而反驳是简单的，排除合理怀疑在这个意义上，不如说是对反驳的反反驳。如果不能提出有力证据，反驳结论的合理性，那么在实践过程中，则会被当成被排除了的合理怀疑对待。合理怀疑即是对预定结论反驳的力度。

在这个意义下，确立结论后的"排除合理怀疑"有了确切的操作方向。虽然法庭直觉这一部分还是非逻辑的，难以用逻辑方式去说明如何产生这种期望和结论，它更多是社会学和心理学的工作。但是这一努力至少说明了这一部分逻辑的脉络，对这一问题进行更深刻的研究是有其必要性的。以上主要是说明了选题的意义。

另外本人是有相关的研究条件和准备情况，作为逻辑学研究生对法律逻辑、谓词逻辑、模态逻辑有相关的知识背景。如果对这个问题进行深入的研究，采用模态逻辑这一现代逻辑的扩充法则对其进行研究是很有意义的。现代模态逻辑已经有广泛的语言和可以研究的对象，也可以对这个问题进行分析。以上即是我所要讲的内容。

**教师**：这个方案的特点就是集中力量提出问题。主要是第一部分，把选题必要性的论证基本上充分表达了，剩下的就是按常规去做它。但是你这个问题到底是个什么问题？你能不能用个疑问句式来表述？

**同学丙**："排除合理怀疑"的一种逻辑内涵和运作机制是什么？怎么去排除？怎么去证明？我认为过去的法学家没有深入从这一角度去说明，更多是从前提到结论，实践上也不是按照这个去做。从逻辑学上看，从结论到证据的反驳过程，是更符合逻辑而且事实上也是这么去做的。这是我要说明的东西。

**同学丁**：你是不是要从逻辑学上给排除合理怀疑提一个正当性的证明呢？

## 第五课 综合训练

**同学丙**：能否解释一下你所说的"正当性"具体是什么意思？

**同学丁**：就是你觉得排除合理怀疑有可操作性吗？

**同学丙**：我现在要做的就是确立结论以后，揭示这一部分的可操作性。排除合理怀疑就是我确立了这个结论，需要排除什么样的怀疑，怎么就算排除合理怀疑了，把这一部分规律规范化。

**同学戊**：我问一个问题，该研究的最终目的是什么？为什么你要从逻辑学去研究？用现在的法学家思维方式或是实践经验的方式去解决证据问题有哪些不足？你要把它量化吗？你认为从逻辑学角度说更有利于保障犯罪嫌疑人的权利吗？就是在这个论述方面稍微薄弱了一点，不知道你最终要干嘛。

**同学丙**：其实我认为我刚才说的还是蛮清楚的。排除合理怀疑，对于法学家来讲这是一个很暧昧的过程。究竟合理性怀疑有没有排除，他心里知道，但说不出来。

**同学己**：先说一下你理解的"排除合理怀疑"究竟是什么呀？

**同学丙**：排除合理怀疑就是我刚才讲的反"反驳"。我理解的是，确认结论以后，寻找对结论可能造成的决定性威胁的证据，然后加以排除，要达到没有对这个结论进行怀疑可以显示的程度。

**同学己**：你刚才讲的一个是怀疑事实，一个是怀疑法律，是吗？

**同学丙**：一个是怀疑事实，一个是怀疑结论，不是法律。

**同学己**：你的报告是比较全面，逻辑上也比较严密。但是和法学的契合还不够。

**教师**：你这个排除合理怀疑，有点像对否定的否定，对反驳的反驳，对可能的最重要的反驳进行反驳，从逻辑上解决如何实现对合理怀疑的解除。同学们刚才给你概括的"排除合理怀疑的正当性论证"挺好。那么，你的论证中是否排除了合理怀疑呢？

你首先有个描述：法学家们通常认为是"从证据到结论"；而法

## 走进哲学
### 练就批判的头脑

官们经常凭直觉和感性去判断。这里主要是在说,排除合理怀疑的这个司法判断方式是来自实践的,是合理逻辑的。也就是说,从经验产生的这个逻辑是正确的。比如自古以来,那些神探们破案的有效经验本身,是遵循了排除合理怀疑的逻辑的。由此说明,排除合理怀疑的逻辑根据不是什么,而是什么,这是你实际上是要说的。但是,当你说"不是什么"的时候,你自己也要排除"合理怀疑"——人家是你说的那样吗?是谁、怎样表达的?要有证据说明现成的学术靶子在哪里。因为你自始至终没有一个经典的引证,人家就会怀疑你的选题来由,是不是在重复一个已有的共识,是不是在"敲那敞开的门"?

另外,你虽然没有现成的学术靶子,但是你是有对象的,你的对象是实践。这一点很好。然而越是这样的问题,你越要拿出实践中典型的案例,在案例中分析判断过程,以此点出你要论证的问题的重要性,告诉别人接受你的逻辑会有什么样的好处,不接受你的观点会产生什么样的后果。比如"辛普森案"中,排除合理怀疑的后果,就是无法定他的罪,虽然所有的证据都指向他,尽管所有人都认为是他杀了他老婆,但是最终一个关键的证据找不着,法庭只能判他无罪。如果你用这个案例来说明对排除合理怀疑的不正确理解会导致什么后果,那么美国大法官都得来读你的文章。因为他们当时用传统的方法排除了所有的合理怀疑之后,只能那样判,释放辛普森。

**同学丙:** 我再说一下,其实我的论证分为两部分,第一部分是从结论到前提为什么重要。这一部分的话,并不是我一个人在说,很多法学家也有类似的观点,他们认为才是更符合实践的观点。第二点是从逻辑上论证为什么从结论到反驳更好,这是我的观点。

**教师:** 从结论到前提的意义到底是怎么回事?这个应该交代。就是说,我先断定了这个人是自杀的,那么我就找他自杀的原因,就不找别人(凶手)了;如果断定是他杀的,那我就必须把目光对准和他

## 第五课 综合训练

发生过接触的那些人的范围。从这个意义上,从结论推出前提是必要的。但并不是说,只要这个人是他杀的,我就马上断定是某某杀的,然后我就去搜索某某的证据。事实上人家并不是这么干的,比如说宿舍着火了,一定是有火源。那么宿舍里面可能成为火源的是什么,可能范围就会确定下来,不可能是化工厂炼钢厂着火的那些原因。所以这个推理是怎么推,你要理解人家,不能把别人的思维模式简化成一个很初级的模式。

既然你的对象是实践,司法实践,就意味着要用实践来说明。你研究这个问题的目的,不是让外行人感兴趣,而是让内行人懂得问题的分量。所以在你的报告里,应该有一个实证的研究,抓住一个案例,用你这套逻辑分析到底,说明用这个逻辑会有什么效果,不用这个逻辑会有什么效果。这样,整个论证的设计就会更好些,你会发现,你后面需要涉及的论证环节、材料和方法就出来了。

你的报告的优点在于问题突出,只是表达还没有一步到位。正因为如此,你的相关后续研究,研究过程的框架设计这一块,你就没觉得它有很大必要。这是因为你太有自己的明确结论和看法,然后整个思考就是围绕我怎么说明它,而缺少对自己的论证的"合理怀疑"和自我批判。就是说,作为一个课题设计,后面那几大块应该认真考虑,反过来会对你前面怎么提出问题有促进作用。

**同学丙**:应该更深入研究个案会好一点。

**教师**:对。你要能够抓住一个典型的案例,通过用你的方法分析这个案例。证明这个逻辑是必要的。好吧,就到这。

## 设计方案四：公共领域的私人面孔
### ——主体的社会责任认同

**同学丁**：我基本上是想写一篇论文，解决的问题是上次讨论的"小悦悦事件"。老师的题目里也有分析"为什么发生当代道德焦虑和责任缺失"。但我觉得光谈道德谈不出什么，所以我想具体到责任的问题，限制在公共领域里主体对责任的认同。

先说理论意义，尝试分析当今社会道德焦虑以及责任感缺失的深层原因。力求打破传统道德观中强调个人责任和义务而忽视其自由和权利的惯性思维，尝试解决社会对个体的社会责任权责界限划分不明，以及主体对自身责任缺乏认同的问题。

再说实践意义，一些社会事件（如小悦悦事件）反映出上述问题产生严重的不良社会后果。通过本文的分析能够得出一些对形成公民在公共事务中对自身责任的认同的有益结论，引导个体主动承担社会责任。

然后就是研究条件和准备情况，本人对相关问题有浓厚的学术兴趣，已经收集到相关的著作和论文，有一定思路，准备将本设计扩展成本学年的学年论文，如有可能，可以进一步深入研究，写作毕业论文。

题目本身的界定和说明。先界定一下"公共领域"，主要引用哈贝马斯两篇文章的界定，是指我们的社会生活的一个领域，私人组成公众；他们不是作为商业或专业人士来处理私人行为，而是个人公民在非强制情况下，处于普遍利益问题时，可以自由地表达和公开他们的意见。

"公共领域"研究的一条基本路线是国家和社会的分离。它不是公共权力领域而是社会领域的，指由私人组成的公共领域，然后在文章中界定为"城市"。

界定"个体的社会责任",个体是具体的、历史的、生活在现代社会中的人,即公民,在本书中被限定为我国公民。我认为个体责任需要分析概念的几个层次:首先,个人责任的前提是公民可以自由地思考和判断,责任的基础是权利,有行动权。然后是它的可能性,实践其是否对于社会赋予的责任是否完全的服从。这里的思路主要来自阿伦特的《责任与判断》。这本书里主要写艾希曼在"二战"时最终签字执行犹太人屠杀事件。他在给自己辩护的时候说,没有一个外在的声音给我一个不能这样做的理由,没有给我的良心进行唤醒,我只是在执行长官给我的命令。阿伦特指出,当人失去自己独立判断的时候,他的理由是所有的人都有罪,这其实是错误的。我也引用了罗尔斯的公民理论和良心拒绝。人在承担责任的时候应该有自己的思考和判断,必须通过自己的思考来指导行动,才能判断这样的责任,否则这个强加给他的并不是他普通承担的责任。

相关成果。目前拿到的书,没有全部看,有的翻了翻,时间太紧迫了。基本分三部分,一部分和现代公共性有关的;另一部分是和伦理学有关的;还有一小部分和法学有关的。学术成果我一共找了三本,一本是政治哲学的《责任论》,两本伦理学的《责任论》《责任伦理导论》,还有一本是心理学的书籍。这些都是在自己领域里泛泛地谈,写得比较长,我觉得我把它们打通了,写一篇比较浅显地面对现实的文章应该也有学术意义。

本选题所关注(提炼)的问题及其重点、焦点(特色与创新之点)。首先我对几组概念进行了比较。比较责任与自由,个体的自由包括意志的自由和行动的自由,是其承担责任的前提。比较了责任与权利,权利是自由的基础,无权利则无责任。比较了责任与义务,责任在《现代汉语词典》里有三种解释,第一种是主动尽职、效忠;第

## 走进哲学
**练就批判的头脑**

二种是分内应做的事；第三种是做不好分内应做的事，而应承担的过失。目前在我们的专业领域里，道德责任的意思倾向于分内应做的事，法律责任经常是没有承担法律义务，或者违反了法律规定而应该承担的责任，基本是一种做不好分内应做的事而应承担的过失。其区别是：道德责任是向前看，说以后该怎么做；法律责任是向后看，对行为后果的承担。然后比较义务，比较法律义务和道德义务，法律义务在法条中是大于法律责任的概念的，法律义务具有强制性，强制性产生的后果是法律责任。道德义务具有他律性和自律性的统一，但它也具有外在导向性、外在约束性，不限于法律责任的话，责任的范围应该大于义务的范围。

我觉得自己论证得不是很确定的地方是，我认为责任是自己负责，对自己的行为产生的负担，是具有主动性；而义务是你与他人的关系或由于他人权利产生的负担，具有被动性。大家有不同意见欢迎提出来。

然后关于"自由、权利、责任、义务、道德"这几个概念的共同点，就是它们都是由主体通过思考、判断、行为和实践都是由个体实行和完成的。如果责任是我们自己的，应该是一种自愿行为。我想突出的是，责任总是由个体承担的，他必须有一个"我是谁，有什么资格"去判断这个思维的过程。

下面的，我不是想得很充分。现代社会不可能实现雅典式的公民大会直议式公共意见表达方式，这是由一种时空错位所导致的商品社会的发展导致了个人主义，这种个人主义以自己的角度看问题，考虑自己的利益。另外，科学技术的发展导致了工具理性主义。两者导致"公民冷淡"，几乎没有人愿意主动地参与自我管理，宁愿留在家里享受私人生活的满足。只要政府生产和广泛地分配这些满足的手段，他们就认为这个社会是可接受的。但这里有个问题，政府会不会公平地

## 第五课 综合训练

生产和分配满足他们？人类行为的道德关切的核心是自我，而政治关切的核心是秩序。如果政府也采取一种工具主义的手段治理社会，每个人都只是社会机器上的一颗螺丝钉，不存在自主的意识和判断的话，则实际上便没有了责任的产生和承担。这个时候每个人都是工具，那就没有所谓"责任"的产生，其后果就是集体无意识之恶，个体对社会责任的回避。

最后解决方式，我打算从法治方面论证。法治就是集中在法律是否应给个体思考和判断留出空间，对涉及良心判断（理性）的事务是否应强制要求公民服从。这两点都没做到的话，就会导致其结果是所有人都有责任，便没有人负责任，而这是错误的。

研究总体大概就是这样一种思路。本人拟采用的研究方法和实践步骤，概念比较、文献分析和理论研究。这个问题我挺疑惑的，好像我们每篇论文后面都要写方法，但是对于方法到底有怎样的分类，我们都比较迷茫，还请老师给解答一下。

**教师**：那些其实都是拼凑的，是为了填表而开列的。通常的情况是，如果真正有自己创新方法的时候，也并不一定能够事先表达出来。所以说，如果你没有自己的新方法的话，按常规凑一些也行。

**同学戊**：我提一个问题：自由是不是也是一种权利呢？

**同学丁**：我觉得自由的概念范围应该大于权利，自由应该是权利的基础，自由是人不在社会之中，在没有与他人建立社会关系的时候就有自由。当人和人组成一个社会的时候，其实为了限制自由而产生"权利"，所以自由是更基础的概念。

**同学戊**：那你说的自由进入社会之前，是自在状态，像动物一样，但自由应该是社会中界定的。

**同学丁**：自由是自在的话，就和动物一样吧。这种自由是没有加上任何限制的，我认为自由和责任相对，权利和义务相对。有权利的时候，别人有义务。我的概念里责任是自己的，所以自由也是自己的。

**同学己**：我觉得你的自由是"自我"，我们应该在公民社会里理解自由，而不应该孤立地理解自由。

**同学丁**：自由和自我有差别，自我意识到我，其实是自由式意识加上行动。

**同学戊**：关于民主的形式，你认为现代社会不能形成、不可能实现雅典式的公民直接意见表达方式，对吧？那同学甲讲的新的"草根民主"难道不是直接表达意见吗？

**同学丁**：我说的公民大会的形式，是每个人都直接表达自己的意志，然后每个意志就被接受下来，就像雅典时候开公民大会，直接判苏格拉底死刑。

**同学戊**：这是他刚刚提到的新的一种民主形式。

**同学丁**：但那不是直接的，虽然是个体提出来，但是不能被直接接受。

**同学戊**：第三个问题，对人类行为的道德的依据是什么？

**同学丁**：这是我从阿伦特的书里引用的，他认为道德和责任是一种个体行为，最后要落实到每一个人，没有所谓的"集体责任"，所有的责任都是要具体到个人的。道德本源是个体的判断，也是从个体内部生发出来的。

**同学庚**：我感觉你先有一个结论，然后拼凑一些论据，但又没拼凑好。具体来说，就是一些概念的界定很不清晰，很多论据站不住脚。例如"政治关注的核心是秩序"就需要再思量。还有政府的法治，法治和民主的关系更密切，但你放在了权利和责任，衔接不紧凑，逻辑性也不强。

**同学己**：还有一个问题。我刚刚看你的学术成果，全都是"责

## 第五课　综合训练

任",我觉得真的是要搜集这方面的著作,不应该搜索"责任",因为搜索"责任"是搜不到学术大家的书的。

**教师**：一看就知道,这是用"关键词"搜到的。这样搜集来的,往往是比较肤浅直白的东西,或者仅仅是时下论文的层次。

**同学丁**：我还搜到更广泛的资料,确实有些和这个论题没关系,但有些书没有找到。我没有看到的也没有列上去,我觉得还是主要涉及三方面——政治哲学、伦理学和心理学的。

**教师**：搜索方式,也就是你们的阅读路径问题。靠在网上用关键词搜索,想研究"责任"问题,就去找有"责任"这个词的网上记录,因为它很快,这是最误人的阅读路径。真正可靠的阅读路径,是查阅"史"料,思想史、文化史、学科发展史、著作史,等等。我们读书的那个年代,没有网络,所以学术研究不能太急功近利。在研究一个问题的时候,应该主要靠读史和读经典来给自己打基础或者提供线索。一靠读史,二靠读经典,以此解决学术资料的来源问题。特别是一些思想大家的著作,多是既阐述自己的观点,也阐述历史上与其想法不同的其他学者的观点。

**同学丁**：我也读了一些,但不是很容易。

**教师**：这个路径不是短平快的,是长期思考积累的路径。我每年都审好多博士论文,一看后面的索引我就笑。索引都是网上搜来的,文章里并没有用到。而文章真正用到的反而没列。比方说你报告里的阿伦特。阿伦特对你影响很大,而让你搞不明白的也正是她。

比如你提到的这几个概念：自由、权利、责任、义务、道德。首先要解决概念层次关系,分别在哪个层面上讨论。比如自由这个概念在历史上是和"必然""不自由"相对应、对立的；"权利"和"责任"是一对概念,属于事情的两个方面；义务是一种责任,明文规定的责任叫义务,责任后面可以用括号把义务括起来,责任范围大,义务范围小，等等。责任实际上是主体对自己的行为和后果之间联系的担当。权利是能够实施行为的那种社会条件，社会容许的条件叫权利，可以按照自己的意志，或者是能够实施某种行为的社会条件。那么权利与权力呢？权力是 power，right 有的人叫"利权"，只强调利益权。但是只把公共权力叫 power，就好像一般群众没有"power"，只有"interest"，这是西方式的理解观点。我的观点是"right = power + interest"这样的关系。

  在概念上研究得最不清楚的，就是"个人主义"。很多西方学者基本是用"个人原子主义"的思维模式来理解社会，把"社会"还原成"个人"，认为只有"个人"才是实在的，就像"原子"构成一切物体一样。跟"个人"对立的是"社会"，不承认有"群体""社群"，比如民族、阶级、行业、政党等可以成为独立的主体。对主体做简单化理解，是西方学者思考问题的传统。如果"群体"不可以成为主体，那么"公共性"就没有层次了。实际上现实的"公共性"是有层次的。就像"班级"，"班级"这个概念相对于"个人"，有其公共性，但对"学校"来讲又是特殊的个性；"学校"对于全国来讲既有个性，又有其公共性。用"个人原子主义"的思维方式去理解人和社会，必然会使各个主体应有的层次发生混乱。最终的结果就是大家都只关注"个人"内心的想法和追求，而将"社会关系""社会责任""公共权利"都排除到视野之外。所以如果谈"责任"，则需把责任主体、责任来源、责任范围、责任的表现等几个方面的逻辑关系整理清楚。

  **同学丁**：这样讨论主体的层次，其实最后"责任"就出来了。

  **教师**：是的，要讨论主体的层次，是"谁"的责任？比如讨论环境污染的责任问题，如果仅在"个人"的层次上讨论，那就找不到责任人了。因为工业发展时期的个人全都不在了。现在的环境污染，等

## 第五课　综合训练

于是后人为前人的行为承担责任，那么这个责任的来源又在哪里？有了法律规定，责任会被表示成义务，似乎这就是责任的来源。那么法律没有规定的地方是否就没有责任？所以，责任的本质、责任来源、责任主体形成过程，都需要很深入的分析。

你的报告实际内容特别多，如果没有在概念上分清层次，而把不同层次的概念放在一起讨论，势必会混乱。你们所拥有的西方社会学、政治学、伦理学等理论背景，并不是全部的理论根据和思想来源，必须弄清它们对该问题的研究进行到了哪个阶段，遭遇了什么难题。我们要从前辈走到的终点上开始思考。

**同学丁**：在读这些东西的时候，我个人感觉有点困难，我的哲学是零基础。

**教师**：你以前是学什么的？

**同学丁**：法学。

**教师**：那离哲学不远了。如果讨论责任，两个学科应该更近。

**同学丁**：但我的确不擅长读哲学书，读的时候是云里雾里，想和法学联系，又已经拉不回来了。

**同学戊**：可以读读李德顺老师的《价值论》。

**同学丁**：那个其实我已经读了好多遍了，但是读的时候觉得懂了，放下书自己回想，体系太庞杂，只能回想起一些片段。

**教师**：想逐字逐句念《价值论》是很有难度的，但这本书的重点和核心，就在于三个字"主体性"。尤其在讲政治、哲学和法学的问题时，需弄懂"主体"和"主体性"，明白了这点，书都不用看，你自己就可以写价值论。

学术研究的关键，是概念的提炼和归结。科学上也有一个原则：用最少的概念说明最多的问题。但现在的学风好像倒过来了：用最多的概念讲最少的问题。"意有尽而言无穷"，与中国传统文化的韵味

## 走进哲学
**练就批判的头脑**

"言有尽而意无穷"背道而驰。时下耐琢磨、有广阔发挥空间的文章太少了。尽管我们在做学问、写文章的时候不能把问题说得简单化,但在逻辑上、概念的演绎和归纳上,逐级的层次仍要阐述清楚,什么是一、二、三级概念,如何将概念逐步深入,或者某个概念如何从实践中层层提炼最终形成,等等,不管是走演绎,还是走归纳的路线,一定要有这样的认识。

第五课　综合训练

# 设计方案五：关于"新工人文学"
## ——艺术与身份

**同学甲**：关于"新工人文学"这个题目，我大体在三个方向上进行阐述：第一是解释这个项目的立意；第二是目前的初步设想，从几个角度切入；第三是贴近文本的具体研究。

第一是申报书的选题内容。不知道大家有没有读过范雨素等人的作品？可能很多人会有这种感觉，就是坚持这样的精神产出，是一件非常不容易的事情。之前的底层文学、打工文学研究，是立足在一个自上而下的基点上，觉得工人很不容易，所以去关注，给他一点关照；这是出于精英话语自上而下的审视，但这不能成为新工人文学的学理化研究。一定要立足于工人特有的身份，注意作品里包含的阶级意识，理解这种意识如何能够成为一种社会现象。

"新工人"向文学界提出了一个很重要的问题，主流文学界没有包括进来的一种东西，说明了原有的架构需要进行重构。我举个例子——"路遥现象"。路遥的经历是中国文学史上一个非常重要的现象。他的作品不只是红，还会真的影响到很多读文学的人的人生。但文学史很少写他，写的话也只是提到一笔而已。主流的架构很难把他包括进来，是因为那时强调的主题，要求一种更加现代主义的表达，要远离政治。而从路遥到现在，却实际上有一种要求，就是我们需要把文学内部的学科化的限制打开，包容更多的东西进来。所以我觉得在文学研究上，我们需要注意的两个方面，一方面是对这个问题之前的研究结构的打破；另一方面是对文学史的叙述结构的打破。这是文学研究的内部方面。

文学研究的外部方面，现在的工人已经和之前的工人非常不一样了。改革开放之前国企的工人是什么样子？改革开放之后进城打工的、下海的工人是什么样子？现在的工人给自己起了一个名字，叫"中国新工人"。新工人的"新"在哪里？工人意识发生了怎样的转变？体现了怎样的阶级意识？它代表了现代化大潮里出现了什么样情况？而"新工人文学"概念，主要显示了三点，正是需要关注和研究的：第一是创作主体，我从精神生产的角度去研究它；第二是批判意识，我从对现实的否定性角度去研究它；第三是对未来的关注，如果它立足反思和批判，那么它肯定的是什么？

考察"新工人文学"如何自下而上地生发出来，需要有个样本。我选的样本是北京皮村的文学小组。当然其他地方也有，比方说深圳富士康也有一些工人组织。但皮村比较近，而且它确实非常成组织。皮村在2002年左右就有了文艺演出队，现在又有了成规模的文学小组，会定期上课。在疫情之前做得比较好，每个星期会有文学课，有固定的电影放映之类活动，还不定期举办自己的音乐会，他们有自己的摇滚乐队。这让我觉得之前研究的思维定式要改变了，这已经不是拿来几首诗去研究，而是拿一个组织来研究。

第二部分是研究进路设想。首先这是一个现代的问题。作为现代人，我怎样去建构自己的身份？为什么会认为知识、文化这些东西比过去更重要？这是现代化进程中需要完成的一个现代性的建构。一进打工博物馆，就会看到一行非常醒目的字："没有我们的文化就没有我们的历史，没有我们的历史就没有我们的将来。"其次就是阶级意识。现在的工人阶级和我们记忆中那种左翼运动里的工人阶级，是很不一样的了。他们不会说我要组织一个工会，我要罢工游行之类的。但不可否认的是，阶级意识在他们的作品里是一个非常重要的东西。他们很多人都清晰地意识到我是工人，我要表达自己，要为我的阶层说点什么。我之前看过一个相关的视频，就是有一个在东北的炼钢工人，他说他坚信有那么一首关于工人的诗歌一定会出现，把工人的东

## 第五课 综合训练

西说出来。它可能会来得比较慢，但是它一定会来。可见我们现在的文学阐释，是两套话语。现在，如果你说你看小说，对方会问你看严肃文学还是网络小说？精英的、学院的文学和大众的文学，是两个话语体系，它们发生了碰撞和交汇。它向我们提出一些问题，比方说现在去研究它，是在消费它，还是存在跨阶级共情的可能性？等等。这就是把它放到了一个更大的公共场域：它在社会上作为什么存在？在它内部就是工人的小圈子里，它又是作为什么存在？皮村也让我们反思这些。

第三部分是文学范式问题。接下来说一下作品里的诗。许立志的《流水线上的兵马俑》，他把"夏丘 张子凤 肖朋"这么一串名字读下来，你会觉得他是在反抗什么，是在反抗那种"编号001 编号8271"这样的东西。这些念出来的名字，代表一个个活生生的人。同时他的表达又好像很随机，他没有把他自己放在前面，没有说"沿线站着许立志，我觉得许立志怎么怎么样"。他把许立志插在这么多名字中间，会让你觉得他只是甲乙丙中的一个，世界上存在千千万万这样的人。然后"只一响铃功夫 悉数回到秦朝"，让你想象他们就是在你面前站着的一群穿着完全相同静电衣的人。然后你在脑海里把这个画面打一个灰黄色的底色，是不是看起来就和兵马俑一模一样？"我咽下一枚铁做的月亮 他们把它叫作螺丝 我咽下这工业的废水，失业的订单 那些低于机台的青春早早夭亡。"会让你想到那些在富士康跳楼的人（他本人也是富士康的工人），会觉得他在抒发这些人所没有说出来的东西。我们看到了一个皮村，有千千万万个没有被看到的皮村。我们看到了一个许立志，他身后有千千万万个许立志。

下一篇是陈年喜《炸裂志》："我微小的亲人 远在商山脚下 他们有病 身体落满灰尘 我的中年裁下多少 他们的晚年就能延长多少。"他讲的是一个工人，工人是一个个人，他存在于一个怎样的社会关系里，要肩负一些什么样的东西？我把陈年喜放进来，是为了扩展一种视角。因为如果是仅仅研究许立志的话，我会把马克思、卢卡奇那些异化之类的东西套进来，我会说现在的工业把他们搞成了这个样子。但那是不全面的。把陈家喜放进来，就可以从一个更加"人"的角度去研究，他会看到"秦岭有好月 约等于沙金半两"——这样的视角是什么样子的？我们不需要把他搞成一个多么苦大仇深的形象，用一个先入为主、带了偏见的、特别彻底的阶级斗争方式去研究它。

最后一个是《吊带裙》。我觉得，女性的态度也是非常重要的视角。我并没有一定要用女性主义视角去研究整体工人的意思。但邬霞是个非常不一样的人，她也让我们关注到一个更加人性的视角。她说她特别喜欢这些裙子。她会在已经很晚了，大家都躺在床上睡觉了的时候，到衣橱里拿出一个吊带裙，偷偷跑到洗手间换上，然后在窗户里照镜子。大概就是说，一天里只有穿裙子的这几分钟她最开心。我觉得，不能仅仅把它理解成一个小女孩爱美之类，不要这么窄化。你要想的是被湮没在这样的机器、数据里的人，也有正常的人的需求，而这些是现代工业不能给予他们的。

最后是《皮村的孩子》。对于未来的想象，不要总是要求他们在作品里说自己是在为伟大的目标而战斗，不要只是让他们相信更好的将来肯定会到来。《皮村的孩子》表明，对这个也是可以怀疑的。而这也恰恰构成视野的打破。例如陈年喜说的是："请允许我一生做一件事情 请原谅我一生一事无成。"大概就这样，谢谢大家。

**教师一**：很生动！我还沉浸在你给我们读的诗歌之中。但这些文学的体验和复述，从研究角度来看，还停留于表象的层面。你对"新工人文学"的关注，除了饱含同情之外，究竟想深入探讨什么问题？好像还不明确。

**同学乙**：我认真看了同学甲的报告，觉得已经做得非常完整了。

## 第五课 综合训练

但有两个小问题：第一个是工人身份的问题。我所了解的工人，一个是国企工人；另一个是陈年喜为代表的非国企工人。原来的国企工人大多是在被看作"共和国长子"地区从事工业生产活动的人。他们面对的问题，可能大多是主人翁身份的失落，比如国企改革后工人下岗。而陈年喜代表的当代工人，面临更多的是没有经济社会保障的生活问题，比如没有医保、空巢老人、留守儿童。你觉得这两种差异的代表，能不能完全共享"工人"这一身份？或者"新工人文学"是否属于另外一种工人文学？它们二者是一种并列、递进或者分化的什么样的关系？

第二个是，我第一次了解新工人文学是从《我的诗篇》这样的电影纪录片里。当时多数人包括我自己在内，好像是持一种围观的态度。他们的主办人似乎在后面还组织了一系列类似研讨、宣讲之类的宣传活动。你觉得，这种工人文学的出场方式，如果转向为一种文本、资本跟媒体三方合作之后，对他们的工人群体身份是否会有所削弱？会不会减少工人文学的严肃性或者厚重性？会不会存在这样的问题，又应该怎么解决呢？

**同学甲**：问题提得非常到位！我之前也在考虑。"新工人文学"不是我的提法，是他们自己提出来的。比如他们给自己办的电子期刊，名字就直接叫"新工人文学"。是已经离开了之前的生产环境，和之前不一样的工人。关于工人身份的问题，我觉得确实需要非常注意。有一个诗人叫郑小琼，她给那些讨薪的农民工写诗，她写的句子起到一种标语一样的效果。然后那些讨薪的农民工会读着她的诗，跪在朝阳门地下通道里讨薪。我看到这些非常震撼。现在的工人文学，会从传统斗争里稍稍地脱出来那么一点点。当然他还是在讲阶级的东西，但是并不高喊着"我要用我的笔当作枪"，反而会有一点避免和资本家之类的对象发生直接冲突的意识，会把"绝不跨越罢工纠察

## 走进哲学
### 练就批判的头脑

线"这一句话来回讲。如果对比一下年代更前的英国工人运动,这些工人真的是不太想去做那样的事情。在现实中就是发生了这样的变化,不能用之前的壳去套现在的群体。需要思考在社会转型期,工人群体为什么会有这样的变化。我跟一个在皮村讲过课的老师接触过。她说皮村现在变得稍微商业化了一点,他们可能会更想要一些来自外界的关注,有一种"我是一个城市的人,我是一个来自其他阶级的人,我用工人的经历和作品来满足我的想象和需求"的感觉。包括范雨素为什么红,我觉得大家通过像她一样的人会满足一些东西,比方说田园想象,或者像你刚刚说的"围观",来满足心里的一些东西。这些确实是会有的。

**同学丙:** 我觉得这个选题非常有价值,可以进一步突出选题的现实意义。工人阶级在我们国家是有特殊的历史地位和现实意义的,众所周知,工人阶级是我国的领导阶级。从现实来看,今天的工人群体失去了往日的荣光,他们在生活中遇到的一些困难,成为一个亟待解决的社会问题。

**同学丁:** 我确实感觉涉及了一个很新的领域。这两年这种草根或者底层人民的文学创作确实愈发红火,互联网是一个能够促使它传播得更广泛的工具。我有个疑问,就是你想要表达的是一个文学的研究,还是这群新工人背后的阶级意识?我看你这里好像都有。有一部分是作为一个新兴的文学现象去研究,不是通过精英化表达,而是打破精英人道主义的闭环去表达,这是一种工人对自身的精神生活的建构;另一部分,就是这些诗所表达的是这群工人,也有农民,自己想要抒发在新时代新条件下的有关自己生活的种种意识。如果朝这个方向走,就不是一个偏于文学的研究。所以这个问题应该注意一下。

**同学甲:** 您说的是一个文学的内部研究和外部研究的问题。我觉得,如果我避开工人意识研究文本的话,我在研究什么?比方说,许

## 第五课 综合训练

立志写的诗放在我面前，假如仅仅做文学的内部研究，我分析什么？分析他的用词、他的意象、他的表现方式是不是现代主义？我觉得做这样的东西一定是不彻底的。所以我就非常想去做一个工人意识方面的东西。但我觉得你讲的这一点确实很有价值，就是我是把文本当成研究对象，还是把整个工人当作研究对象？我觉得应该是有所结合。用结合来形容未免显得界定不清晰。但确实，我不研究文本的本身，我研究文本的生产。这样就可以讲一种工人意识怎样去影响一种文学的产出，然后才能进行社会价值上的关照。

**同学丁**：好的，我大概知道了，在这个方向应该是确有文章可做的。

**教师一**：我仍有很多疑问，但一时也讲不清楚。其实从文学史上看各个时代有特点的文学的时候，它们实际上都是有一定群体诉求的，然后反映那个时代的风貌。不止文学，哲学也是这样。那么我们当前的文学是什么样子呢？比如我的一个朋友是研究网络文学的，他会研究一些网络文学之中常用的故事套路。显然，网络文学面对的就是商业化，它要有受众和点击量才能生存下去。点击量的高低不重要，重要的是阅读的人多；而阅读人的水平不重要，阅读人是否深入阅读也不重要。这就让我想到，研究新工人文学，是不是就要根据文本来研究呢？因为它跟传统经典不一样，那么研究它的意义，就在于新工人的需要。就主体即作者来说，像你说的，皮村其实是一个文学培训的系统，包括文艺赏析。那么在这个培训班的培训过程中，是在贯彻什么样的原则？他们写作实际上是一种自我情感的表达，还是像以往一样，是要发出自己所在群体的声音，对这个群体以及现实生活的看法和批判？或许跟网络文学差不多，他们是愿意吸引更多的关注，以此来改变自己当下的生存境遇？你觉得他们更倾向于这些取向中的哪一点呢？

## 走进哲学
**练就批判的头脑**

**同学甲：**看来大家比较关注接受的方面。老师最后提到关于培训的问题，我现在的工作还是没有做透。理论上来说我应该去听几节课。

**教师一：**没关系，你是刚开始选题，准备进行深入的研究。

**同学甲：**我只能根据我看到的材料里对皮村文学课的记录去分析，其实我们应该从更加亲民的角度去想象这个事情，它的很多课程特别的基础。上来先提一个社会新闻，有时候是跟他们切实相关的，有时候是一个热点新闻，然后大家来讨论一下，对它有什么看法。然后开始上课。比方说中国艺术研究院的张慧瑜老师，深耕皮村，一直在做写作培训这方面的事，做了很多年，始终没有报酬。他会告诉大家，如果你想写一个东西，应该怎么表达出来。但更多时候很难请到一个非常有素养又有这么大公益热情的老师。只能是老师愿意讲什么，他们就听什么，带点普及的意思。所以我觉得，如果你是一个有志于文学的青年，不太可能通过去皮村听课获得系统的写作培养。我觉得这更多是一种文化课而不是文学课。

所以我觉得，皮村的创作更大程度上还是从自己身边写起。他们在一种没有太多人关注的情况下，已经写了很多年。我记得有一个工人她在采访里掉眼泪，那时她还在当月嫂，她说："我非常怀念我的青春时代，有诗歌陪着我。"所有采访里都有人问她这个问题，说你是不是想通过这个改变生活？包括范雨素在内很多人都说不会。他们说，家人也都劝，不要靠写书出名生活，也指望不上。关于他们自己，《我的诗篇》里面就有一个人，想凭借他的诗找到一个内刊编辑的工作，但没有找到。

我觉得老师提出的第一个问题是一个特别严肃的问题：现在的文学研究什么？我觉得很难解释。但因为现在的场域发生了变化，文学现实确实发生了这样的改变，所以文学研究者必须去研究它。比方

## 第五课 综合训练

说,之前一个文学放在这里,我可能只看这个文本就行了;现在一个网络文学文本放在这里,就像一个学者说的那样,作者提笔的时候就知道是写给学院还是写给好莱坞的。如果是写给好莱坞的作品,它就成为一个群体性生产机构的一部分。我作为一个文学研究者,就必须去关注他。

**教师一**:你讲的是,确实发生了改变,所以需要研究。但究竟研究些什么,或怎样研究,仍然需要进一步明确。

**同学己**:谈几点感想。第一,同学甲的分享,真的是给我打开了一个新的窗户。我也听说过皮村,但还是第一次这样深入细腻地去了解这个现象。对于"新工人"的定义,是很复杂的。因为城乡发展不平衡,很多农村劳动力来到了大城市,但他们是不是传统意义上的工人呢?还有,他们在城市的时候,我们称之为"新工人"。那么他有返乡的时候,是否那时也可以称之为"新农民"?这里就有一个身份视角的问题,值得研究。

第二,我想谈谈文学艺术现象。前段时间就有朱之文、旭日阳刚等现象出现。我也看了蒋大为与朱之文对话的视频。就是说,纯粹的艺术本身就是美的,它和身份有关联吗?朱之文现在都不敢说自己是歌唱家,仅仅说自己是一个喜欢唱歌的农民,非常谨慎。我就觉得,很多艺术的东西本质上是类似的,但是贴上身份标签之后,就会发生一些变化。从整个社会的发展进步来讲,也是从身份到契约的一个过程,更多是强调契约意识,而对于身份,真的需要淡化。在一个人追求理想和目标的过程中,被贴上"我是农民""我是新工人"等标签,马上就想到这人背后的标签是什么,让人真的是很无奈。这好像已经形成一种习惯了。

因为同学甲的报告围绕新工人文学的生存与发展来阐述,它的落脚点应该是新工人文学。所以在文学样式或者是类型方面,这个报告就很容易写成通过文学形式来反映社会现象。所以我就问一下，最终是研究文学本身，还是研究一种社会现象？这是我想问的第一个问题。

第二个问题，阶层的文学成果的特点或价值是什么？以文学的形式表达自己的思想和感情，这是人的一种生活习惯。就是农村的普通老百姓，他们有时候还说说歇后语、打油诗和那些顺口溜。我觉得这里有文学现象和人们身份的关联，如果有关联，它的特征到底是什么？

第三个问题，这种社会现象有什么值得关注的地方呢？由于他们的生存状况，才有他们未来的发展方向。如果是从社会现象出发，这个现象就还要上升一个层次，不可流于纯粹现象。我觉得，应该从主体性的意识和价值的角度着眼，把这个社会现象背后的哲学的或者价值的逻辑理清楚。任何一个人都想实现个人的价值，都有主体性的意识。要想真正了解这个现象背后的原因，还是可以深入综合考虑的。后面是不是有一些商业和文化的逻辑？我觉得这也是很矛盾的一件事。就是说很好的文学艺术作品，也需要通过宣传或商业的渠道传递给大家。如果新工人文学的确有很独到的、美的地方，那么是需要通过出版或其他文艺表达形式与大众共享的。这对社会的发展绝对是一个有价值的文化现象。

**教师二：** 我们现实的主流文学界，可以区分成两个方面：专业的或者说职业的诗人作家。他们是在中国文学或者诗歌协会有注册的，有明确的标签；另外一些是这些学院的文学教授学者。这些学者可能也写诗，但是更多的可能是以学术的角度来研究文学，他们是评论家，要了解这一方面对新工人文学的基本态度。

另外是同学甲提到的社会大众的态度。你用了一个很重要的概念——"共情"。谈及共情，我想主流文学界和普通老百姓，会不会

## 第五课　综合训练

对新工人文学的崛起怀有共情甚至同情？也许因为这样的东西太稀缺了。像皮村的这些人，还有富士康，还有很多工人，他们其实是非常辛苦的。因此但凡一个贴着工人身份标签的人写了一首诗，哪怕他写得很稚嫩很笨拙，没有技巧，不讲究修辞，但是因为他的朴素，而且最主要的恰恰是因为他的身份，比如一个快递小哥写了一首诗，很快就受到了追捧。背后的这种文化心理，是不是一个精英阶层对非精英阶层文学爱好者的一种共情，甚至同情？这是一个问题。

第二个问题，是关于新工人文学的这些作者的写作，首先是一个人、一个工人身份意识的自觉表达，是一种个体性的艺术，也会传达出一种所谓的"阶级意识"。新工人在当代社会环境下的阶级意识，相比于旧工人，他们有没有一个明确的政治诉求呢？是在一般层面上追求社会身份的认可以及得到公平的、平等的待遇，还是需要一个更高的目标呢？这个更高的目标，是不是与建设中国特色社会主义事业彼此相关的？不知道你有没有考虑过这个问题？

接下来一个问题，就是你现在读的专业是美学，从学科上来说属于哲学。你这个选题的讨论和研究当中，是怎么样跟美学关联起来？这里不是福柯或者尼采意义上所谓的"生存美学"，对于他们来讲，其实生存是不美，是很辛苦、很卑微、非常艰难的。按此可能不会把自己的生活作为一个审美对象去考察，而更多的表达是不满于这种被忽略、边缘化、无助的痛苦和悲伤的情绪。所以，有没有可能从一个不是那种生存美学的生命鉴赏的角度，或者说从美学的视角去考察呢？

**同学甲：** 老师提到的问题，对于我后续工作非常有帮助，谢谢老师。两位老师提到的很多问题，我觉得可以归纳成一个核心的问题，就是在我的报告里试图提出的，工人身份怎样影响到一种文学的生产与发展？老师提的问题让我意识到一点，可能没有很好地把周边的一些表述，体系性地归到这个问题的框架之内。老师说的悲剧文学，我觉得它首先是非常有价值的，我真的不能从审美鉴赏的意义上去磨平它的否定性。当然我还需要按照老师说的，把主流文学界的态度、社会大众的态度归在下面。还有，关于身份，在这里是被强调的还是被淡化的？我有一个问题想让老师指导一下，"政治诉求"这个问题应该怎么去思考？

**教师二：**其实我也是有一点点模糊。所谓的"新工人"在当下的社会结构中，到底该处于一个什么样的位置上？他们既不是传统的工人，不是国企和央企的工人，也不是纯粹的农民。很多农民工其实是新工人当中的最主要的群体，他们既不是农民也不是工人。在某种意义上，其实他们自己选择了逃离农村。到了城市之后，作为一个城市的劳动者、建设者，他们的身份又未被这个城市完全接纳。在这种社会的变迁过程的夹缝当中，他们的身份确实是还未明朗。所以他们在政治上应该获得一个什么样的权利，比如说户口、教育、医疗保障等等。这些情况应该是会在他们的文学作品中折射出来，他们后面所要表达的，其实有政治上的诉求。我认为这可以被理解为新工人的一个政治诉求，可以在这方面去挖掘一下。

**教师一：**现在社会主义建设仍然是在大刀阔斧地往前进。在这个时候，新工人这个群体怎么确定，这个群体怎样融入前进的精神导向中，在其中找到自己的位置和人生的方向，正是需要挖掘的。在真实的生存处境中的真实的超越，才是神佑历史前进的真实动力。所以，你的方案设计，还可以在深度和力度方面再下一番功夫。

## 设计方案六：老子的"天下"观与人类共同体

**同学丙**：我设计的题目是"老子的'天下'观与人类共同体——通向人类命运共同体的可能之路"。

第一部分梳理国内外相关研究的学术史及动态。"天下"是中国传统政治思想中最具独特性的观念，赵汀阳的研究提到，"天下体系"的基本原理之一是老子的"以天下观天下"，即以整个世界为单位去思考问题。近几年老子的天下观开始有专文讨论。李若晖的《老子基于大国关系的天下秩序观》，认为天下秩序是老子的核心观念，而天下秩序的核心在于天下是有道还是无道。他提出诸侯国之间的大国小国两种关系类型，是老子通往天下秩序的两条道路。但学界对老子天下观的直接研究是很少的，只有李若辉的那一篇论文是直接以老子"天下观"为题。除此之外，在学术专著中有一两部将老子天下观作为专门的一章。学者们更多关注的是治天下的理念，比如王中江关注的是老子"道政"到黄老学"法治"的转变过程；还有老子小国林立的天下和平秩序；曹峰关注老子道论与政论类型与黄帝的道论与政论类型，他们都是关注治天下的具体的技术和理念。总体来看，当今对儒家的天下观的研究很多，对道家天下观的相对研究较少。道家天下观的专门研究也较集中于庄子，对于老子天下观的重视不足，研究甚少。而老子思想是早期道家的出发点和源头，并且老子的天下观念又和老子的政治哲学紧密联系在一起，所以研究老子的天下观，也有助于我们理解道家政治哲学以及中国古代政治哲学。

当前"人类命运共同体"是一个比较热的话题，如果想在中国古代思想中寻找支持性的资源，必将涉及儒家和道家的天下观。而老子提出的以"天下观天下"的观点，是非常具有独特性的，具有很大的价值。本课题的研究对象主要是老子的传世本，包括王弼本、河上公本，结合出土文献，也就是老子的四古本（郭店楚简本、马王堆帛书甲乙本、北大汉简本）。具体的研究框架和内容，我列了五点：

第一点"天下"的含义，探讨天下的三个主要含义，分别是至大的地理空间、政治共同体、天地万物之全体这三个主要含义；

第二是理想之天下，也就是所谓的"天下有道"的理想状态应该是什么？老子提出的理想状态为甘美安乐、小国并立、相安无事；

第三是价值根据，也就是天下有道的价值根据，主要关注老子哲学中的道与天道；

第四是实现原则，也就是道与天道具体落实在现实政治领域中的原则，主要是无为和自然，具体来说是处于统治地位的决定性的圣王的无为造成天下万物和百姓的自然；

第五老子天下观的特点，也就是老子和庄子以及儒家天下观的区别。

重点难点部分，第一是要放到老子政治哲学的范畴内去进行讨论；第二是《老子》的文本比较多，出土文献中有四个比较重要的版本，传世文献有两个比较重要的，一共就是6个版本。版本间的对照、不同的文字表述以及背后的不同的思想倾向，都是研究中的难点。

**同学戊**：你能不能从人类命运共同体出发，谈一下"老子天下观"的现实意义？

**同学丙**：人类命运共同体是我们党和政府关于国际关系问题的一个价值取向。那么它反对或者超越的是什么？我个人理解，主要就是一种逆全球化或者说只考虑本国利益的思路。结合疫情来看，国家与国家之间不可能实现完全隔绝，它们之间必然有一种你中有我、我中有你的联系。我们要从全球的视野，从人类的角度，而不是从本国的角度去单一地思考问题。这样一种视角，在传统中是会得到一些支撑

## 第五课 综合训练

的,也就是说,中国传统中也有一种对天下的关切。具体到道家,就是我之前引的那一句"以身观身,以国观国,以天下观天下"。这是老子文本中比较独特的一种观点。这种思路就和"修身齐家治国平天下"那种推扩的思路不同。老子的天下观涉及国与国之间一种交往原则的构想,以及国家内部的一种治理的方式。两者结合起来,具体来说,一句话,他的视角是要从国家上升到天下。如果我们充分了解并认识这种思想资源,可能会对我们今天的国际政治问题产生一些有利的帮助。

**同学丁**:首先,说"以天下观天下"是老子的一个最独特的视角。其实《管子》里也有"以天下为天下"。诸子涉及天下观的时候都有这个说法。而这句话本身表达的就是一种内部性,世界的世界是没有外部的,世界就是一个内部化的整体,所以要从一个没有外部的视角去观天下,所谓的"内部性"本身就是"天下"这个词里所包含的一个意思。说它是老子最独特的视角,是怎样凸显出来的?独特在哪里呢?像儒家的天下观,孔子的"天下为公",《中庸》的"万物并育而不相害,道并行而不相悖"等,都包含了内部性的意义。所以我觉得如何区分老子和儒家的区别,可以再挖掘一下。

其次,如果主题是以老子这句话为线索,那么接下来哪去了?说老子理想的天下是甘美安乐,小国并立,相安无事的有道天下,就是理想的天下主义,是一个无为的天道存在并形成秩序的天下。那么与"以天下观天下"是一个什么样的逻辑联系?整个文章的结构跟老子的"以天下观天下"有什么关联?

最后,说到人类命运共同体,当然也不得不说,但是怎么体现老子天下观所能给予的现代启示?如果说还拿疫情举例子,不能只考虑自己国家利益,而必须有广泛的合作。这样说有新意吗?儒家甚至只要提出天下观的人,都会这么说,因为这只是一个理所当然的想象。

老子的启示在哪里？我们今天说天下观，包括赵汀阳去写《天下体系》，其实更多关注的是世界秩序的构建。随着全球化的大势，未来世界秩序是否还是现在这种民族国家林立，还是政治上遵从类似于"丛林法则"的一种规则？怎么去构建一种可能的世界、可能的秩序，成立一个以世界为单位政治制度，应该说是"天下主义"之所以被这么广泛讨论的原因。所以说只从老子天下观去讲指导实践的原则，不如去探讨它对于这种世界制度、世界秩序的构建有什么现实意义；对这种现代民族国家的反思，其实是更能够深挖的方向。

**同学丙**：我列的那五部分研究内容，个人觉得还是有比较密切的关联的。可以把天下观分两部分：第一部分是如何看待天下，第二部分是天下有道的状态如何。这两部分都是包含在老子天下观里面的；第二部分涉及自然无为这些概念。

老子天下观的独特性，或者说如何与儒家天下观相区分。据我的肤浅的认识，儒家天下观区分了华夏和四夷，它是有一个中心的，然后去往外推扩。而道家的天下观没有这样一个中心。老子提出理想状态叫小国林立，小国之间没有谁是中心，他不觉得我们的位置就是天下的中心。

最后是和人类命运共同体的联系。我实话说，最开始的设想是只谈老子天下观，单纯做一个哲学史的研究，能有一些收获就已经很不容易了。如果再涉及人类命运共同体和天下体系，可能工作量就会比较大，也不一定能完成。但是在老师的建议下，我添加了副标题：通向人类命运共同体的可能之路。我用的是"可能"，老子天下观或多或少能提供一些有助于我们今天思考的角度吧。或多或少，哪怕很少，我认为也是有意义的。

**教师三**：你回应的第一点很重要。不仅是老子天下观与儒家传统观念的区别，而且今天在构建人类命运共同体问题上，有没有、要不

## 第五课 综合训练

要一个"中心",也是一个根本的分歧点。很多人的纠结点,实际上也是在这里。

**同学丁**:我是想说,"以天下观天下"作为老子天下观的一个特点,是有点不恰当。所有天下观都是这么一个视角,不论是谁对"天下"这个概念进行思考,必然要从"大一无外"的整体世界视角进行。总结老子天下观的时候,最好还是从他的无为天道层面去总结,这样更能凸显他跟其他家的区别。

另外,如果说道家与儒家的天下观的区别,就是一个是否有无"中国—四夷"的话,是不是有点过于武断?我认为这其实是一个实践主体和权力结构的问题,即由谁去构建天下体系?天下体系之下权力是如何分配的?儒家天下观更加强调从家庭向外层层推扩以至于四海一家的天下,这是儒家有别于道家的地方,也是可以讨论的地方。但就是否中心化来说,儒道在我看来反而是一致的。如果将老子的天下观理解为一种无中心的天下主义,那么这与以联合国为代表的现行国际政治体系是否还有区别?老子本身不也是赞成有君的天下吗?只是君王施政的原则应当是无为而治,但这与无政府主义还是有所区别的。

所以我认为有无中心并不是儒道天下观的一个根本区别。当说到一个没有外部性的天下时必然是在政治上体现为实质统一的世界秩序体系,否则所谓的"天下体系"不过是一句空话而已。"以天下观天下"不一定就是去中心化,我的理解反而是要有一个世界中心,否则这句话根本不成立。因为,除了从基于世界的中心去观世界之外,任何的"观"都是从世界某一部分去"观"的。所以我还是认为,应当从"无为而治"的角度去说儒道天下观的分歧。"以天下观天下"与"无为而治"之间当然是可以建立联系的,而这种关联性我觉得才是老子天下观真正的独特之处,即在一个存在中心的世界体系内如何做到无为而治。

**教师二**：老子和孔子时代的"天下"概念，跟我们现在的理解肯定是不一样的。那个时候他们只有周天子、华夏这种观念，没有所谓的古希腊、非洲、欧美概念，这种天下观念其实是有局限性的。而"天下"这个概念肯定要跟世界概念关联在一起。那么我们的哲学是如何理解世界的？"世界"本身是一个很重要的哲学的概念。还有民族、国家跟天下之间到底是一个什么样的关系？这个天下是谁的天下？这个天下是一个中心和边缘的结构，还是说它是无中心的？我们现在这种民族、国家的联合体的组织，就像联合国，它的使命和任务是什么？还有哲学中也有提出"世界公民"的概念，它与这种天下的观念是不是能够对应起来？讲到人类命运共同体，应该是由谁去主导呢？对于这个观念的提倡和实践层面上的操作，执行的主体是谁呢？是中国吗？是美国吗？还是应该是联合国呢？还是有一个政治家所提出来的理想层面上的"世界政府"呢？这些问题都可以落实到你所关怀的现实之中，你可以从疫情或从很多事情跟它关联在一起。所以，你提出天下观到世界的天下观是要解决什么问题？在理论上关注的是什么？在实践层面上有没有一个诉求？它的意义是什么？这些可能都是要去思考的问题。你可以回头再考虑，在写作中完善它。

我刚才看了你的项目设计，写得比较清晰，但有很多地方过于简略了。有些问题，可能是中国哲学跟西方哲学一个风格上的不同。有时候一些做西哲的人会吐槽中国哲学缺少论证，或者说论证性不足。你是在阐发思想，没有从正反合的角度去进行论证，没有批评，没有对于批评的回应，没有对理论上可能遭遇的反驳进行辩护。我们看到很多中国哲学的论文，所写的体悟性的、个人的感想的内容比较多，真正落实在哲学论证和分析上，就显得不足，这方面尤其是我们做中国哲学的同学要注意的。

## 第五课　综合训练

**同学己**：刚才老师说了，"天下"在当时的范围和当今的世界是不一样的。如果用我们传统的思想来比附当下，我觉得的确有难度。我觉得，同学丙你纯粹研究"老子天下观"，就变成一个文化史或者说是哲学史学的研究，偏向于阐释性和解释性的。如果你把天下观和人类命运共同体相联系的话，又变成一种类似于政治哲学，侧重点不一样。我认为你拿天下观比附现在的人类命运共同体，然后达到所谓的"理想天下"，事实上是比较难的。我就结合法制这一块分享一下。在文化上面的规则，和意识形态有很大关系。比如你看我们现在，在全世界设置了很多儒家孔子学院，很多国家是很反对的。他们认为你在搞文化侵略，认为你在搞文化推广和霸权。从东汉董仲舒那时候开始，一直到清朝，到现在，儒家是一直处于意识形态的主导地位，在世界推广的时候，会让其他国家很敏感。相比儒家，很多国家对道家的反应就不一样了。因为国际上很多哲学家喜欢研究中国的"道"。所以从规则意义上讲，在国际层面的推行是比较困难的。

第二就是单边主义和多边主义。引申讲还有政党及国家利益和全球利益的协同问题。就是刚才教师二说的，是以谁为主体去推行？我们的人类命运共同体，如果是按照我们的理解，是最根本的价值导向。事实上，虽然人类命运总是在一起的，但是我们很少用普世价值概念。有些人说"天下大同"，包括"大道之行""天下为公"等，可能是我们主观的和理想化的想法。那我们怎么样能够提出一些中国方案，或者中国智慧，让世界接受？这次疫情体现了出来。那么怎样破除意识形态的偏见？意识形态是客观存在的，你只要涉及政治层面，马上就面临着意识形态的偏见，该怎么去解决文化的认同问题？我们讲"己所不欲，勿施于人"、求同存异的理念。但是有的国家就是非此即彼。包括美国这次就表现得淋漓尽致，"逢中必反"。所以说要说通过天下观比附人类命运共同体，是一厢情愿，的确会遇到很多困难。

## 走进哲学
**练就批判的头脑**

怎么样弱化价值观念的冲突呢？我觉得文化的东西背后都会涉及政治利益、经济利益等，如果从经济学的角度出发，因为资源是有限的，所以我们占用这种不平衡结构的资源时，就必然会产生冲突。所以说，如果从天下观引申到政治，影响到经济，乃至于整个世界的这种格局，我觉得仍有很多问题值得研究。我认为你的天下观的确很有意义。虽然你提出自己的观点时，可能会遭到很多人的反对，但是只要你的观点独到，我觉得这个论文同样也是可以成立的，比如说亨廷顿所说的文明冲突，虽有很多人反对，但是不妨碍它成为一个名著，不是吗？所以说现在的确是存在一个你自己观点的阐发和受众对你是否认同，然后能不能决定你论文价值的问题，我觉得这个的确需要考虑。

**同学丙**：我觉得这篇文章的确很好，但是的确所涉及的历史跨度和时空跨度很大，怎么样解决它们之间的这种问题，你看能不能类比问题，怎么样用古代的思想解决现实性问题，的确是一个难题，有时候我们要讲它的现实意义，事实上它的现实意义只能是启发性的，很难做到完全类比。

**教师三**：在大家的意见中，我觉得很重要的一点是，我们以古论今的时候，一定要注意概念的历史演进，才能抓住要点，启发思路。切忌望文生义，生搬硬套，简单类比，以至于产生偏离和倒退的效果。

就"天下"这个概念而言，同学丙对它的追根溯源式的考证，特别是重新理解老子的本意是很有必要的。但将这种考证和阐释，与"构建人类命运共同体"的新时代议题联系起来时，要特别注意其中的"时代差"。这里的"时代差"，我认为主要表现为以下两点：

一、在中国历史上，"天下"的含义所指是悄悄地变化着的。例如，正像同学丙所引用的老子之说：要"以身观身，以国观国，以天下观天下"。这原本是一种含有自然主义味道的多元化思路：个人的身事，要从个人的角度去看；国家的事，要从国家角度去看；天下的事，要从天下角度去看。这里的主体是多层、多元的，并非要求简单。如果从这个角度理解和发挥老子的天下观，无疑会对我们当下的时代精神产生重大而积极的实践启示。但是在中国思想史上，从"普天之下莫非王土，率土之滨莫非王臣"开始，"天下"就已经从一个自然主义的概念，完全演变成了一个王（霸）权主义的概念了。所以，绝不可以把它与今天的"世界""全球"等概念，轻易地等同或混淆起来。时下有些人把"构建人类命运共同体"与"天下主义"当作一回事，他们若非不懂或望文生义、生搬硬套，就是在"巧言令色"，有意混淆以挑动争斗了。对此我们一定要清醒。

二、作为王（霸）权主义的"天下"概念，其核心是一元主体主义的权力观，即：认为一切在"天"之下、地之上的事物，都一定要由一个唯一的最高的主体来主宰，"天下"即是这个主宰者的目光所及。显然，这个观念意味着，在一国之内，这个主宰就是"真命天子"（君主）；在世界范围和各国之间，也一定要有一个强悍的"老大国"来主宰。这是一种已经根深蒂固的信念和思维方式。不难想象，用这样的观念来看待历史，就必然停留于专制和霸权，即权力争夺的传统政治语境和思路；用这样的观念来看待我国提出的构建人类命运共同体倡议，就必然引向"修昔底德陷阱"，想象中美争霸的场景和意义。当人们总是为"谁来主持构建人类命运共同体"而忧虑的时候，就表明尚未摆脱一元主体主义的思维方式，不知道"多元主体共建"应该是怎样的思路。而我们今天提出构建人类命运共同体，首先要破除的，正是那种根深蒂固的信念和思维方式，确立多元主体基础上的新型思维方式。事实上，习近平总书记代表中国智慧所提出的构建"百花园"式命运共同体设想，正是立足于多元文化主体，倡导

## 走进哲学
### 练就批判的头脑

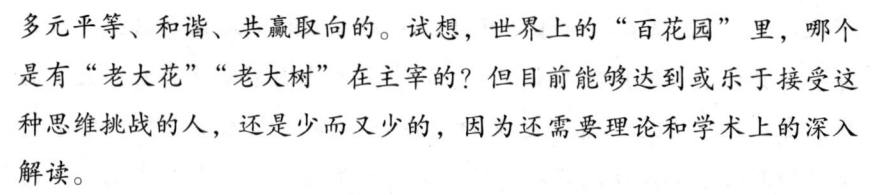

多元平等、和谐、共赢取向的。试想，世界上的"百花园"里，哪个是有"老大花""老大树"在主宰的？但目前能够达到或乐于接受这种思维挑战的人，还是少而又少的，因为还需要理论和学术上的深入解读。

总之，这个题目和立意很好。但要抓住关键，即天下观中的主体意识及其定位，我们才能把它与时代相联系，做出深意和新意来。

---

### 综合训练体会

➢ 作为一个中国人，你写给中国人看的文章，应当有中国人思维的风格和文化意蕴。

➢ "资料性是公共性的基础"的意思是，要把论题纳入公共思考的范围以内，并非以资料多少来判断论题。

➢ 单凭在网上输入"关键词"来搜集学术资料，是靠不住的。真正经典的论著，未必在书名或篇名上用到"关键词"。

➢ 真正可靠的阅读路径，是查阅"史"籍。一靠读史，二靠读经典，以此解决学术资料的来源问题。

➢ 以古论今的时候，一定要注意概念的历史演进，才能把握其中的"时代差"，避免望文生义，生搬硬套，以至于产生偏离和倒退的效果。

# 第六课
## 课程总结

**教师**：我们的课就要结束了，大家感受如何？我感觉自己收获很多。

收获之一，是进一步体会到，哲学作为人类的一种理性能力和文化境界，在我们生活中是处处看得到的。要纠正对哲学的一种偏见，认为它是一门很晦涩、枯燥、死板的学科，要把哲学的精神实质与哲学家的书本话语形式区别开来。学哲学的过程，不一定是追逐哲学家，拿他们的书本咬文嚼字，讨论空泛的概念。那样学哲学的结果，是只会在话语中兜圈子，面对生活实践却常常"失语"。如今我们换了一种方式来学哲学，把它作为方法训练和素质培养。大家是否已经多少体会到，哲学不仅具有学术性，而且也可以很有生活气息，可以很有趣味？有了这种体验，哲学就可以跟你们各自的专业结合，可以跟个人自己的研究写作相结合，学以致用。不管同学们将来从事哪种行业，我希望都能从中获益。

收获之二，是进一步体会到，能够"把事情看清楚""把问题想透彻""把道理讲明白"，三者之间实际上是一回事，是三位一体、不可分的。我们这门课的目标，是通过学习训练，引导大家学会把事情看清楚，把问题想透彻，把道理讲明白。这一学期我们经历了实地

## 走进哲学
### 练就批判的头脑

观察、文本观察、案例观察和综合训练四个环节。大家积极参与之余，是否已经发现，这三者每个都不容易，而且每个目标都不能孤立地实现，必须与另外两个目标联系起来才能做到？

例如在逻辑上，我们要先看清楚再得出判断；而实际上，你在看清楚的过程中就要有判断。那么这叫不叫看清楚？"看清楚"不仅有认识论的意义，也有价值论的意义。后者是指解释了我头脑中的疑惑，或者像有同学说的"排除合理怀疑"。把所有的合理怀疑都排除了，才能叫彻底"看清楚"了。这时头脑中就有一个批判、反思和选择表达的过程，这就是所谓"三位一体"。要想使我们的观察更加深入，更能把握事物的本质、关键和要害，就须不断地进行自我提问、追究和反思，并就问题进行更加深入的观察验证；同时，只有能够用一种简单的、凝练的表达方式，准确地提出一个个的真问题、好问题，才能推动观察往深入发展，到达超越成见的境界。说不明白，就是还没有看明白、想明白。因为有时候，我们会纠结概念，而忽视了生活、实践和历史，因此不是去用心思找到并提出一个真问题，或者即使有了问题，也忽视了对这个真问题的准确表达和真正回答，而是重新又绕回到原有的话语圈套之中，不能自拔。这正是三者之间相互脱节的后果。

"想透彻"的关键是抓住真问题。什么叫真问题？真问题就是实践的矛盾和思考的一个起点。就是说，在前人和自己以往的思考都达到了终点，但依然不能解决的时候，才会发现真问题。要在这个地方找问题，抓住真问题要批评到终点，不可满足于现下人云亦云的言论。什么叫假问题呢？就是把人牵到现成的话语体系中去的"问题"。只是牵到那儿去，丝毫不开拓、不前进，那样的问题在我看来就是假问题。而真问题一定是在思考的终点、顶点上仍未解决的问题，成为新的起点。如果要超越话语，有现实感，很重要的一点就是与当事人对话。当我们说什么人、什么事的时候，比如"倒了为什么不扶？"你别一上来就断定人家冷漠。你可以去问问他为什么不扶？要有现实

## 第六课 课程总结

感才能避免放弃真问题。对构想中的答案也要自我批判，要有被逻辑和实践双重检验的意识。这正是三者之间相互联系的要求。

而所谓"讲明白"，实质就是要用生活实践的语言来对话。我们自己是站在实践者、参与者、建设者的立场，不是一个旁观者的立场。你在跟谁对话的时候，要站在跟他共同探讨的立场上。不是来斗鸡，一上来就要跟他吵架。如果只想是教训人、修理人，在这样的立场上是不容易讲明白的。明白是要让人明白，你自己明白了之后还要让对方明白，就是要尽可能的简洁。理论本身可能很复杂，但是回到现实中，一定要让它简洁明了。就像我说的，电的原理很复杂，但是给我们用电的人来说，其实就是一个开关。简洁了才能走向实践，利于操作。讲明白的关键，是该谁做结论，就把思考和结论的权利交给谁。我们自己也可以得出结论，但是我们的结论要留在实践的延伸思考当中，不去代替别人做结论。

能否真正"把事情看清楚""把问题想透彻""把道理讲明白"，总是与主体的立场、视角、思想理论高度联系在一起的。所以说，不在于"看什么"，而在于"怎么看"。日常生活中，我们随时随地会遇到重大的、震撼人心的突发性事件。我们怎么看清这些事件，需要经过深入观察分析，才能够看出问题来。每个人都可以从不同角度和层次上看出很多问题；法官可以把一个具体的案子看清楚，而在哲学上，不是说把什么具体的事看清楚，而是不管看什么事，知道怎样才叫"看清楚"。学会这个就是学会一种抽象、批判和反思。我们要自觉地把握一种公共性的立场和理论视角。一般地说，哲学就是要把人类历史实践、社会发展、人的命运看清楚。我们要在抽象、批判和反思这个层次上不断提升和扩展我们的思想，这就是哲学训练。作为一种哲学素养，这种训练是可以随时随地选择和应用的，平时就要多练。

收获之三，是对于做学问时如何积累资源的一点体会。有些事本身不重要，但会观察、会思考却很重要。我说这是做哲学学问的秘

## 走进哲学
### 练就批判的头脑

诀。做学问的积累，就像是摔泥巴——雕塑家们在准备创作目标的时候，总要先摔泥巴，就是一点水加土，揉吧揉吧，将生泥巴揉成熟泥巴，一坨一坨地放在那里；当他有了构思，用钢筋搭成骨架之后，把这些泥巴块往上一堆，再加修整，一个大的雕塑就出来了。我们现在就是练习摔泥巴，学会把"生泥巴"摔成"熟泥巴"。你把一个个对象和案例看清楚了，琢磨透了，说明白了，虽然并不一定马上就能构成理论，不一定马上就能解决多少问题，但你积累多了，就有了做大文章的材料。所以不怕事情小，只怕不动脑，不肯下功夫深究思考，遇事只凭"想当然""大概齐"是不行的。我们热爱生活、关心生活，那就用自己的眼睛去看，用自己的脑袋去想，不要总是被别人的概念话语牵着走，让别人的思想在自己头脑袋里"跑马"。要把他们的话语也变成我的资料，摔成自己的泥巴。平时要多做这样的训练，这是一种哲学功夫的素养。

"摔泥巴论"对于做各门学问也许都能用上，但不能代替各门专业知识的积累。毋宁说，它是各门专业知识和能力积累的一部分。这部分很重要，但常常被忽视，所以我在这里强调，不要偷懒，不能忘记专业学习和平时的知识积累。有了相应的知识，你才能知道怎样"摔"泥巴。专业学习要注重两条：一个是史，我这个专业的历史上，各个阶段都讲了什么问题，说了什么道理？不光是为了长知识，还要注意史上留下了什么线索。另一个是经典。从各门专业"史"可以知道古今中外都有哪些经典，然后认真看经典著作。这么一点一点学过来，有一个好处，就是让你的思想始终在正路子上走，不会被眼前浮躁的"泡沫"所干扰。在正路子上走，才能走向较高的思维层次。不然的话，现在的很多东西太容易把人变得浅薄、浮躁。不愿多思考，实际上是把自己思考的权利和责任放弃了。我们现在做学问的条件特别的好，你在网上提出什么问题都有人回答，你发出呼救都有人来帮忙。如果你过度依赖这些，你就弱化了自己阅读、观察、思考的能

## 第六课 课程总结

力,所以还是要学会自己练。平时在阅读中练习,注意每时每事的思考。一旦有重大事情发生了,要试着怎么把它看清楚。在看的过程中,你越自觉就越容易看清楚;你能把问题看清楚的时候,也就能把道理说清楚了。

总之,通过这门课,我们师生之间进行了密集的、高强度的相互启发和操练。甚至可以说,同学们在具体问题上给我的启发更多些。这么多人从那么多角度来看问题,有很多想法和材料,是远远超过了我们教师能力范围的。特别是,你们网上搜索能力很强,还会"翻墙"。但是有一点,不知大家注意没有?在这门课上,我们教师是有导向的。每个同学可以有你的导向,结合你的专业,提出什么问题,朝哪方面看,朝哪方面讲,形成什么结果,你都可以有自己的导向。但我们的导向,就是哲学层面的科学理性精神,政治实践层面的民主法治意识。我们强调在每一个事情、每一个说法当中,都要注意体现什么是应有的民主法治。这门课进行下来,我们希望大家把握的是这个导向。对我们的专业学习和国家建设来说,都是必要和有积极意义的。

下面是我的总结提要,大家拷贝回去留作参考吧。

一、"看清楚":"事实"是经验性的存在,但须理性地把握。

1. 事实的具体全面性,动态历史性——避免观察的片面性和凝固化;

2. 事实中存在与价值的区分——避免误用因果联系,分析价值关系结构;

3. 事实观察的主体性与客观性——观察者的自觉限定与公共性追求。

二、"想透彻":抓住真问题,批判到"顶点"。

1. "真问题"是实践的矛盾和思考的终点,不是人云亦云的感受;

2. 对问题与解答的逻辑梳理与批判,解析语境,超越话语;

3. 找到现实背景下的症结,与"当事人"对话;

4. 对构想中答案的自我批判，逻辑与实践的双重检验。

三、"讲明白"：与生活实践的对话语言。

1. 参与者、实践者、建设者的立场；
2. 尽可能简洁明确的问题与概念，切实可行的结论；
3. 平等尊重的探讨态度，留待检验的延伸思考。

四、在实事求是的分析中贯彻理论导向。

1. 从观察现实出发的总体结论；
2. 对诸方面社会因素的理解和选择；
3. 建设性探索的执守与体现。

今年的课程到此结束，谢谢大家！

## 体会絮语

➢ 学好哲学有三个关口：弄懂学说和学科、文本和解读、问题和提法。

➢ 我们热爱生活，关心生活，就要用自己的眼睛去看，用自己的脑袋去想，用自己的心去体会，千万不要让别人的思想在我们脑袋里"跑马"。

➢ 什么叫问题？就是在前人和自己以往的思考都达到了终点，但依然未能解决的时候，才是真问题。什么叫假问题？就是把人牵扯到某个现成的话语体系去，并且拴在那里，既不批判，也不前进。那样的就是假问题。

➢ 哲学就是要把人类历史实践、人的命运、社会发展尽可能看清楚。